实现担保物权非讼程序及适用实证研究

SHIXIAN DANBAOWUQUAN FEISONGCHENGXU
JI SHIYONG SHIZHENGYANJIU

李林启◎等著

中国政法大学出版社

2021·北京

声　明　　1. 版权所有，侵权必究。

　　　　　　2. 如有缺页、倒装问题，由出版社负责退换。

图书在版编目（CIP）数据

实现担保物权非讼程序及适用实证研究/李林启等著. —北京:中国政法大学出版社,2021.1
ISBN 978-7-5620-5142-8

Ⅰ.①实… Ⅱ.①李… Ⅲ.①担保物权－民事诉讼－诉讼程序－研究－中国Ⅳ.①D923.24 ②D925.118.4

中国版本图书馆 CIP 数据核字(2020)第 267826 号

出 版 者	中国政法大学出版社
地　　址	北京市海淀区西土城路 25 号
邮寄地址	北京 100088 信箱 8034 分箱　邮编 100088
网　　址	http://www.cuplpress.com (网络实名：中国政法大学出版社)
电　　话	010-58908586(编辑部) 58908334(邮购部)
编辑邮箱	zhengfadch@126.com
承　　印	北京朝阳印刷厂有限责任公司
开　　本	720mm×960mm　1/16
印　　张	20
字　　数	330 千字
版　　次	2021 年 1 月第 1 版
印　　次	2021 年 1 月第 1 次印刷
定　　价	86.00 元

实现担保物权非讼程序及适用实证研究

撰稿人：(以姓氏拼音为序)

陈　勇　郜　洁　贾敬严　李林启　李　焱

孙晓阳　王　萌　温双双　姚　艳　张　艳

目录

第一章 绪 论 ……………………………………………………… 001
一、选题背景与研究意义 ……………………………………… 001
二、国内外研究现状 …………………………………………… 007
三、研究思路与方法 …………………………………………… 019
四、主要研究内容 ……………………………………………… 021

第二章 我国担保物权实现机制立法演进实证分析 ……………… 023
一、《民法通则》：担保物权实现方式的明确 ………………… 024
二、《担保法》：实现担保物权诉讼程序的建立 ……………… 025
三、《合同法》：担保物权实现机制的有限改进 ……………… 028
四、《物权法》：担保物权实现程序的重要修订 ……………… 030
五、《民事诉讼法》：实现担保物权非讼程序的确立 ………… 033
六、《民诉法司法解释》：实现担保物权非讼程序的完善 …… 042

第三章 实现担保物权非讼程序价值实证检验 …………………… 045
一、低成本实现担保物权 ……………………………………… 046
二、快速实现担保物权 ………………………………………… 051
三、维护社会公平正义 ………………………………………… 057

第四章 实现担保物权非讼程序运行现状考 ……………………… 063
一、案件分布区域分析 ………………………………………… 066
二、案件申请人分析 …………………………………………… 069

  三、案件被申请人分析 ………………………………………… 073
  四、案件涉及担保物权类型分析 …………………………… 077
  五、案件审理时间分析 ……………………………………… 079
  六、案件结果分析 …………………………………………… 083

第五章　实现担保物权案件审查制度实证检视与完善进路 ……… 084
  一、实现担保物权案件审查制度的界定 …………………… 085
  二、实现担保物权案件审查制度的运行现状 ……………… 090
  三、实现担保物权案件审查制度的现状检视 ……………… 111
  四、实现担保物权案件审查制度的完善 …………………… 119

第六章　实现担保物权案件被申请人异议制度实践探索 ………… 129
  一、实现担保物权案件中被申请人异议类型分析 ………… 132
  二、实现担保物权案件中人民法院对被申请人异议的处理及其完善 … 147
  三、实现担保物权案件中被申请人异议救济的现状及其完善 … 159

第七章　实现担保物权案件调解适用的实践困境与反思 ………… 169
  一、实现担保物权案件调解适用的法律规定 ……………… 170
  二、实现担保物权案件调解适用的司法实践 ……………… 172
  三、实现担保物权案件确立适用调解的正当性 …………… 177

第八章　实现担保物权案件撤诉制度的实践探析 ………………… 185
  一、实现担保物权案件撤诉制度的现状分析 ……………… 186
  二、实现担保物权案件撤诉制度存在的问题及成因 ……… 198
  三、完善实现担保物权案件撤诉制度的建议 ……………… 204

第九章　实现担保物权案件申请费用交纳标准实证考察 ………… 209
  一、实现担保物权案件申请费用交纳标准的立法冲突 …… 211
  二、实现担保物权案件申请费用交纳标准的实践乱象 …… 214
  三、确立实现担保物权案件申请费用交纳标准应遵循的原则 … 221
  四、实现担保物权案件申请费用交纳标准应确立为按件收取 … 224

结　语	……………………………………………………………	229
参考文献	……………………………………………………………	231
后　记	……………………………………………………………	252
附录 1	河南省各地基层人民法院审结实现担保物权案件基本信息 ……………………………………………………	255
附录 2	河南省各地基层人民法院审结实现担保物权案件被申请人异议理由情况 …………………………………	271
附录 3	河南省各地基层人民法院审结实现担保物权案件审查内容情况 ……………………………………………	289

图表索引

图1-1　2008年至2018年"实现担保物权程序"中文文献发文量及环比增长率 ……………………………………………… 012

图1-2　2013年民事诉讼法学科在CLSCI发表学术论文具体内容分布情况 ………………………………………………… 018

图1-3　2013年民事诉讼法学科在CLSCI发表"审判程序"方面学术论文具体内容分布情况 ……………………………… 019

表2-1　我国担保物权实现机制立法演进简况表 ……………………… 044

表3-1　实现担保物权案件收费标准具体情况 ………………………… 049

表3-2　按件（减半）收取申请费用的实现担保物权案件收费金额数值 … 050

表3-3　按件（减半）收取申请费用的实现担保物权案件收费金额分布情况 ……………………………………………… 050

图3-1　通过诉讼实现担保物权花费时间情况 ………………………… 054

表3-4　实现担保物权案件审理时间数值 ……………………………… 056

表3-5　实现担保物权案件审理时间分布及所占比例情况 …………… 056

表3-6　实现担保物权案件被申请人有无异议及所占比例情况 ……… 060

表3-7　被申请人有无异议＊裁判结果交叉表 ………………………… 060

表3-8　利害关系人有无异议＊裁判结果交叉表 ……………………… 061

表4-1　各地实现担保物权案件来源分布及所占比例情况 …………… 065

表4-2　各地实现担保物权案件东中西部分布及所占比例情况 ……… 067

图4-1　实现担保物权案件各省（市、自治区）分布及所占比例情况 …… 067

表4-3　各地实现担保物权案件申请人中东西部分布情况 …………… 069

表4-4　各地实现担保物权案件申请人情况 …………………………… 072

表 4-5	各地实现担保物权案件被申请人情况	074
表 4-6	各地实现担保物权案件中债务人是否为担保人及所占比例情况	076
表 4-7	各地实现担保物权案件中第三人提供担保中东西部分布及所占比例情况	076
表 4-8	各地实现担保物权案件中第三人提供担保的担保物权类型分布及所占比例情况	077
表 4-9	各地实现担保物权案件中各类担保物权分布及所占比例情况	078
表 4-10	各地实现担保物权案件审理时间数值	079
图 4-2	实现担保物权案件审理时间详细情况	080
图 4-3	实现担保物权案件审理时间分布及所占比例情况	081
表 4-11	各地实现担保物权案件裁判结果及所占比例情况	083
表 5-1	河南省各地基层人民法院审结实现担保物权案件数量及所占比例	091
表 5-2	河南省审结实现担保物权案件基层人民法院所在中级人民法院分布情况及所占比例	094
表 5-3	河南省各地基层人民法院审结实现担保物权案件审判组织情况	095
表 5-4	河南省各地基层人民法院审结实现担保物权案件审判组织与标的额交叉表	096
表 5-5	河南省各地基层人民法院审结实现担保物权案件审查手段与裁定时间交叉表	102
表 5-6	河南省各地基层人民法院审结实现担保物权案件审查内容频率表	104
表 5-7	河南省各地基层人民法院审结实现担保物权案件审查结果表	107
表 5-8	河南省各地基层人民法院审结实现担保物权案件被申请人有无异议与审查结果交叉表	107

图 5-1	河南省各地基层人民法院审结实现担保物权案件被申请人提出异议时法院的审查流程	114
表 6-1	河南省各地基层人民法院审结实现担保物权案件数量分布	131
图 6-1	河南省审结实现担保物权案件基层法院所在中级人民法院分布图	132
表 6-2	河南省各地基层人民法院审结实现担保物权案件被申请人有无异议情况	133
表 6-3	河南省各地基层人民法院审结实现担保物权案件被申请人异议理由频率表	133
表 6-4	被申请人异议理由——申请人主体不合格	134
表 6-5	被申请人异议理由——被申请人主体不合格	135
表 6-6	被申请人异议理由——主债务有瑕疵	137
表 6-7	被申请人异议理由——利息、违约金、律师费等异议	138
表 6-8	被申请人异议理由——担保物权存在瑕疵	140
表 6-9	被申请人异议理由——担保物存在问题	142
表 6-10	被申请人异议理由——侵害其他债权人的合法权益	144
表 6-11	被申请人异议理由——适用程序异议	146
表 6-12	被申请人有无异议与裁判结果交叉表	148
表 6-13	被申请人利息、违约金、律师费等异议与裁判结果交叉制表	151
表 7-1	河南省各地基层人民法院审结实现担保物权案件裁判结果及所占比例	175
表 7-2	实现担保物权撤诉案件撤诉理由及所占比例情况	175
表 8-1	实现担保物权撤诉案件中东西部分布及所占比例情况	187
表 8-2	实现担保物权撤诉案件各省（市、自治区）分布情况	187
表 8-3	实现担保物权撤诉案件载明撤诉理由情况及所占比例	190
表 8-4	实现担保物权撤诉案件裁判结果及所占比例情况	194
表 8-5	裁判结果和审判组织数量关系分析表	196

表8-6	裁判结果和审判组织的关系卡方检验表	196
表8-7	撤诉案件是否收取受理费用分析表	197
表8-8	收费情况和裁判结果的关系分析表	198
表8-9	实现担保物权撤诉案件中撤诉理由是否载明与裁定时间数量关系表	202
表8-10	实现担保物权撤诉案件中裁判结果与裁定时间案件数量关系表	203
表8-11	实现担保物权撤诉案件裁定时间与裁判结果、撤诉理由关系卡方检验表	203
表9-1	各地实现担保物权案件是否收费及所占比例情况	214
表9-2	各省（市、自治区）实现担保物权案件是否收费情况	216
表9-3	实现担保物权案件收费名义具体情况	217
表9-4	实现担保物权案件收费标准具体情况	218
表9-5	收取申请费用的省（市、自治区）具体收费标准分布情况	219
表9-6	按件（减半）收取申请费用的实现担保物权案件收费金额数值	220
表9-7	按件（减半）收取申请费用的实现担保物权案件收费金额分布情况	220

第一章

绪 论

一、选题背景与研究意义

(一) 选题背景

在人类社会发展的进程中,经济活动具有极其重要的作用,其与人们的生产、生活密切相关,是人类赖以生存、得以发展的基础。商业经济发展的初期,经济活动的空间及交易内容受各种因素的限制,信用在促进商品交换的过程中显得尤为重要。[1] 随着社会经济的不断发展及市场经济的日益深化,经济活动的范围越来越广、交易的内容越来越多、交易的频率越来越高,加之交易方的信用存在诸多难以捉摸的复杂情况,给予信用的基础并非永久可靠而坚实,可能会随时发生变化,单纯依靠交易方的信用已不能满足不断发展的社会经济活动的需要。为了应对社会经济活动中的风险,财产的担保顺应债权从"主观人格关系转变为客观经济关系"的发展需求,在人们不断探寻抵御交易风险手段的过程中应运而生。[2] 担保物权作为财产担保的方式之一,是一种极为重要的经济现象,是现代生活方式的基石。[3] 借助于担保物权,个人能够获得更多的生活消费资金,企业能够获得更多的生产经营资金。担保物权在保障债权实现的基础上促进了财产的流转及资金的融通,规范了市场经济的秩序,推动了社会经济的发展。[4] 同时,担保物权制度作为

---

[1] 著名经济学家约翰·希克斯指出:"就商业经济的发展而言,'内部的'市场——借款人信用(或多或少)可以信赖的市场——尤为重要。"参见 [英] 约翰·希克斯:《经济史理论》,厉以平译,商务印书馆2011年版,第77页。

[2] 参见 [日] 我妻荣:《债权在近代法中的优越地位》,王书江、张雷译,中国大百科全书出版社1999年版,第84页。

[3] [美] 万安黎:《担保论:全球金融市场中的法律推理》,江照信等译,中国民主法制出版社2013年版,第6页。

[4] 参见王泽鉴:《民法物权》,北京大学出版社2010年版,第367页。

依据物权制度构筑起来的重要民事法律制度,是一种极富创造性的制度。适应社会经济的发展需求,担保物权方式的不断创新,最高额抵押、权利质押、浮动担保、让与担保等新型担保方式的适时创设,存在于"法律大厦"不同地方的诸多财产及权利被置于担保物权制度的统摄之下。[1] 健全完备的担保物权制度,使得市场经济中的交易风险得以化解,交易安全得以保障,经济效益得以提高,经济秩序得以维护,进而使人类文明程度不断提升。

保障债权的实现是担保物权制度的基本价值追求,当债务人不能及时、全面履行到期债务时,债权人不仅有权请求债务人履行债务,更享有对特定担保物进行变价优先实现其债权的权利。可以说,担保物权的实现是担保物权最为重要的效力,也是担保物权制度在经济活动中发挥效用的直接体现。科学合理的担保物权实现机制,是成熟担保物权制度的基本支柱之一。[2] 在设立担保物权时,债权人除了考虑担保财产的价值与所担保的债权是否相当外,更为关注担保物权实现的可能性及实现担保物权的周期、成本等因素。高效、快捷、低成本的实现制度是实现担保物权的关键。[3] 在世界各个国家的担保法律制度立法中,提高担保物权的实现效率是其共同追求的目标之一,如英国允许权利人进行私力救济,[4]《法国民法典》规定的流押条款,[5]《瑞士民法典》对不动产担保中的担保物权以何种方式实现没有进行强制性的规定等。[6] 这些不同国家的做法,都体现了实现担保物权立法的效率性。正如著名学者王泽鉴教授所指出的,提升资源的利用效率是物权法现代化的重要内容。[7]

在我国社会经济处于快速发展的关键时期,高效、快速、低成本地实现

---

[1] 参见[德]鲍尔、施蒂尔纳:《德国物权法》(下册),申卫星、王洪亮译,法律出版社2006年版,第718页。

[2] 现代市场经济中,成熟的担保物权制度需要四个基本支柱,即宽泛的担保范围、统一的登记公示系统、清晰的优先权规则以及快速的执行程序。参见牛娟娟:"总结担保创新实践 服务经济金融发展——《物权法》担保物权司法解释专题座谈会综述",载《金融时报》2010年6月2日。

[3] See Gerard McCormack, "Personal Property Security Law Reform in England and Canada", *Journal of Business Law*, March Issue, 2002.

[4] 参见[英] F. H. 劳森、伯纳德·冉得:《英国财产法导论》,曹培译,法律出版社2009年版,第147~148页。

[5] 参见《法国民法典》,罗结珍译,北京大学出版社2010年版,第544~545页。

[6] 参见《瑞士民法典》,殷生根、王燕译,中国政法大学出版社1999年版,第231~232页。

[7] 参见王泽鉴:《民法物权》(第2版),北京大学出版社2010年版,序言第2页。

担保物权,对于保障融资安全、促进经济结构转型和国家经济的稳定发展具有重要意义。我国关于担保物权实现的立法经历了一个不断发展的过程,2007年颁布实施的《物权法》虽然规定了债务人不履行到期债务的,债权人可以"请求人民法院拍卖、变卖抵押财产",[1]但该规定过于简单,也未明确应以何种程序实现,缺乏可操作性,理论界及实务部门对于实现担保物权的程序也存在较大争议。2012年修订的《民事诉讼法》在审判程序编的第十五章特别程序中增加了"实现担保物权案件"一节,用两个条文对实现担保物权案件的受理、审查等问题作了原则性规定,其中第196条对实现担保物权案件的管辖法院等问题作了规定,第197条规定了实现担保物权案件的审查等问题。依非讼法理,《民事诉讼法》规定的实现担保物权程序属于非讼程序。由此,我国实现担保物权的非讼模式得以确立,实体法和程序法的规定得以融洽衔接,从而为我国担保物权的实现新设了一条便利、快捷的通道,有利于更加充分发挥担保物权制度的功能。[2]2012年《民事诉讼法》实施以来,实现担保物权非讼程序在保护实现担保物权申请主体的合法权益、便利担保物权的实现、节省诉讼资源等方面发挥了重要作用。然而,实现担保物权非讼程序是此次《民事诉讼法》增加的一项特别程序,司法实务中并无先例可循,加之《民事诉讼法》关于实现担保物权非讼程序的规定只有第196条和第197条两个条文,过于原则、模糊,不足以为司法实践中实现担保物权案件的审理提供具体的操作指引,实现担保物权非讼程序在具体适用过程中暴露出了诸多问题,一定程度上造成司法实践的混乱。《最高人民法院关于适用〈中华人民共和国民事诉讼法〉的解释》(以下简称《民诉法司法解释》)虽然对实现担保物权程序在司法适用中遇到的一些问题作了明确或者进一步的细化,但仍存在一些不足。因此,加强对我国实现担保物权非讼程序的研究,是学界和实务部门必须面对的一个重要课题。

基于此,本书结合2012年《民事诉讼法》实施两年多来实现担保物权非讼程序在司法实践中的适用状况,针对基层人民法院在审理实现担保物权案件过程中遇到的问题,对实现担保物权非讼程序的立法缺陷进行分析,并提

---

[1] 《物权法》第195条第2款规定:"抵押权人与抵押人未就抵押权实现方式达成协议的,抵押人可以请求人民法院拍卖、变卖抵押财产。"

[2] 参见最高人民法院民事诉讼法修改研究小组编著:《〈中华人民共和国民事诉讼法〉修改条文理解与适用》,人民法院出版社2012年版,第415页。

出完善的建议，以期有助于担保物权法律体系的完善，有助于司法实务工作者全面、准确地理解立法意旨，更好地指导司法实践。

(二) 研究意义

党的十八届三中全会审议通过的《中共中央关于全面深化改革若干重大问题的决定》提出"推进建设法治中国"，进一步明确了深化司法体制改革的具体要求。为全面推进法治中国建设，十八届四中全会通过了《中共中央关于全面推进依法治国若干重大问题的决定》，该决定指出，实现……公正司法……促进国家治理体系和治理能力现代化。可见，公正是法治的生命线，公正司法是全面推进依法治国的内在要求。实现公正司法，体现在司法机关的权力运行过程中，落脚于具体案件的诉讼活动中。因此，研究我国实现担保物权非讼程序，保证实现担保物权案件在司法实践中的规范性、严谨性、一致性，努力让人民群众在每一个实现担保物权案件中都能够感受到公平正义，既具有重大的学术价值，又具有重要的社会价值。[1]

1. 为担保物权实现的科学立法提供理论上的支持

我国"宜粗不宜细"的立法精神使得2012年《民事诉讼法》增设的实现担保物权非讼程序只有一百余字的两个条文，对实现担保物权案件的受理、审查等问题的规定也较为概括，显得过于粗陋，笼统的法律规定在实现担保物权案件的适用中必然遇到诸多的问题。《民诉法司法解释》虽然对实现担保物权非讼程序的相关问题进行了完善，但其缺陷还是不少的。遵循民事诉讼的普遍规律，根据民事诉讼程序正义的基本要求，结合2012年《民事诉讼法》对实现担保物权非讼程序的规定，深入考察司法实践中各地多样化、复杂化的实现担保物权案件，对实现担保物权非讼程序进行深入的分析和解读。通过数据分析剖析现有法律规定及司法实践中存在的问题，并进一步提出完善的建议，从而拓展、深化实现担保物权非讼程序相关问题的理论研究，从理论上厘清实现担保物权案件在司法实务中的各种争议问题，丰富实现担保

---

[1] 于建嵘教授认为："学术研究的意义和灵魂是具有独特价值的命题。这种价值主要体现在学术积累和社会发展两方面。就学术价值而言，它应该在研究方向、研究方法、论证逻辑体系或研究结论上，是对已有的学术研究活动的补充或修正；以社会价值而论，一部社会科学……的著作，其生命力和意义则主要表现为对现实问题的理性关怀。"参见于建嵘：《岳村政治——转型期中国乡村政治结构的变迁》，商务印书馆2001年版，第12页。笔者比较认可上述观点，将主要从学术价值和社会价值两方面来论述本书的研究意义。

物权非讼程序理论研究的实证素材，填补理论研究上的不足，进而为立法部门对担保物权实现的科学立法提供重要的参考。尤其在民事诉讼法学理论与实践脱离的当下，[1] 这种研究路径具有更为重要的学术价值。

2. 实现担保物权实体准则与程序规范的水乳交融

在民事诉讼法学的研究中，学者基于程序法学特定的话语体系，过分强调程序法理论的个性特征，导致程序法的研究与实体法的研究严重分离。我国民事诉讼法学要实现现代化转向，其最为重要的指标性特征是将实体法与程序法有机结合起来，这更符合我国的实际情况及理论研究的发展趋势。[2] 而将民事实体法和民事程序法有机结合起来进行研究，必须结合具体的制度来进行，如此，才能有的放矢，解决实际问题，担保物权的实现程序即为一个较好的突破口。担保物权的实现既是一个实体问题，也是一个程序问题，二者紧密结合。因为，《物权法》等实体法上关于担保物权的实现依据是担保物权的存在及债务人到期未偿还债务，这是一个预设的前提，是一种静态的权利义务分配。担保物权能否实现及通过何种程序实现是一个需要在程序法中解决的问题，2012 年《民事诉讼法》规定的实现担保物权非讼程序则是将《物权法》等实体法上静态的、字面上的权利义务分配动态化。因此，着眼于《民事诉讼法》新规定的实体法与程序法相衔接的特别程序，以综合的视角对实现担保物权非讼程序进行深入分析和研究具有重要的学术价值。其能够更好地使实体和程序的关系进一步明晰化，实现民事实体法与民事程序法之间的交流、互动，也使得实现担保物权实体准则与程序规范水乳交融，保障担保物权非讼程序的立法效果得以圆润实现，使担保物权各方主体的权利在实体和程序的良性互动中得以恰如其分的有效表达，从而使担保物权制度产生良好的社会及经济效果。

---

[1] 张卫平教授指出，现阶段，我国民事诉讼法学实际上处于一种相对贫困化的状态，而民事诉讼法学理论与实践的脱节是重要的表征之一，也是最主要、最关键的原因。民事诉讼法学的理论脱离民事诉讼实践，民事诉讼实务则基本上甚至完全游离于理论的影响之外，从而导致理论界与实务界的隔离，彼此形成各自不同的、难以沟通和交流的话语体系。对于理论界而言，实务界俨然成了"他在"的另一个世界。理论界和实务界彼此轻视对方，理论界认为实务界没有按照法律和法理给定的规则"出牌"，经常是按照习惯的非规范操作，缺乏合法性；实务界则指责理论界提供的理论是"想当然"，是"闭门造车"的结果，过于天真和理想化，而实务界的实践具有自然法意义上的正当性。参见张卫平："对民事诉讼法学贫困化的思索"，载《清华法学》2014 年第 2 期。

[2] 汤维建："我国民事诉讼法学的现代化转向"，载《清华法学》2013 年第 5 期。

3. 为司法实践中实现担保物权案件的科学处理提供有效指导

对现实问题的理性关怀是学术研究的重要社会价值，也是学术研究生命力的主要表现。担保物权制度是规范市场经济秩序的重要民事法律制度，而担保物权的实现则是影响担保物权制度发挥效用的重要因素。在我国社会经济发展处于既有难得历史机遇也面临诸多严峻挑战的重要战略期，完善的担保物权制度及便捷的担保物权实现程序，对于促进社会经济的健康发展、全面推进依法治国、助推"中国梦"的实现具有重要意义。

2012年《民事诉讼法》颁布实施之前，《物权法》有关条文虽然对担保物权的实现作了规定，但缺乏相应的司法程序与之衔接，大部分实现担保物权案件仍是通过普通的诉讼程序进行，只有极少数案件在设立担保物权时采取了公证的方式，获得了强制执行的依据，从而通过申请人民法院依据民事强制执行程序实现担保物权。为便利担保物权的实现，2012年修订的《民事诉讼法》增设了实现担保物权非讼程序。2012年《民事诉讼法》实施之后，立法机关的选择是否正确，实现担保物权非讼程序的规定是否合适及程序的内部构造是否合理，在处理实现担保物权案件中能否达到立法的初衷等一系列问题都需要实证的考察及深入的研究，现实效果也有待司法实践的检验。毋庸置疑的是，《民事诉讼法》及《民诉法司法解释》对实现担保物权非讼程序规定得不完善，必将使各地基层人民法院在处理实现担保物权案件中无所适从，造成实现担保物权案件司法实践的乱象丛生。因而，对实现担保物权非讼程序的研究具有重大的社会价值。具体来说，笔者的研究将针对实现担保物权非讼程序在各地基层人民法院的具体适用展开实证调查和分析，从中发现实现担保物权案件在司法实践中存在的各种问题，为实现担保物权非讼程序的立法效果提供评价的直接样本，并对实现担保物权非讼程序在司法实践中存在问题的原因进行剖析，找出其真正的症结所在，在此基础上为实现担保物权非讼程序的进一步完善提出具体的建议，为司法实务部门在处理实现担保物权案件中提供具有可操作性的指导，进而更好地拓展司法实务工作者的学术视野，使司法实务工作者全面、准确地理解实现担保物权非讼程序的立法意旨，也为实务部门对实现担保物权案件的有效处理提供足够的实证和理论支持。如此，规范、严谨、可操作的实现担保物权非讼程序，加之司法实践中各基层人民法院公平公正地切实遵守、准确适用，每一个实现担保物权案件的裁判都将合法、合情、合理，司法的公平正义就能在每一个案件中成为"可感受到的公平正义",建设公正、高效、权威的社会主义司法制度的目标就能得以更好促进,担保物权制度作为市场经济发展安全阀和助推器的作用就能得以更好发挥,社会主义市场经济的有序、健康发展就能得以更好推进,实现担保物权非讼程序在法治中国建设中的价值就能得以更好地彰显。

二、国内外研究现状

(一) 国内研究现状

就国内研究现状而言,学者对担保物权制度的实体法研究较多,且较为深入。对于担保物权实现的程序特别是非讼程序的研究则关注较少,在国内还是一个新的课题。以2012年修订的《民事诉讼法》的颁布实施为分界点,实现担保物权非讼程序的研究可分为两个阶段。

1. 2012年《民事诉讼法》颁布实施前国内研究现状

在《民事诉讼法》于2012年修订之前,民事诉讼法中并没有关于担保物权实现程序的有关规定,但学界已对担保物权的实现机制问题予以关注。

著作方面,目前尚未见关于担保物权实现的专著,论及担保物权实现程序的著作也并不多,主要有:王利明教授在其《物权法研究》担保物权编中,谈及抵押权等担保物权的实现问题,其关于质权实现、留置权实现的章节中,只是对《物权法》有关规定的解读;在抵押权一章的抵押权实现部分,其指出抵押权的实现有当事人进行协商以及通过人民法院两种方式,并指出抵押权人可以依据《物权法》第195条的规定直接请求人民法院实现抵押权,[1]《物权法研究》(第3版)亦然;[2] 葛义才在其《非讼事件法论》中,介绍了拍卖抵押物事件的程序问题;[3] 谢在全在《民法物权论》中,论及拍卖抵押物的程序问题;[4] 郑玉波在其所著的《民商法问题研究》中,讨论了债权质权的实现问题;[5]《中国动产担保物权与信贷市场发展》针对我国动产担

---

[1] 参见王利明:《物权法研究》(下卷),中国人民大学出版社2007年版,第479~509页,第625~630页,第676~682页。

[2] 参见王利明:《物权法研究》(第3版)(下卷),中国人民大学出版社2013年版,第1255~1267页,第1381~1386页,第1431~1436页。

[3] 参见葛义才:《非讼事件法论》,三民书局1998年版,第130~139页。

[4] 参见谢在全:《民法物权论》(中册),中国政法大学出版社2011年版,第741~753页。

[5] 参见郑玉波:《民商法问题研究》(三),三民书局1983年版,第115~128页。

保物权实现中存在的问题，提出了应建立简化且快速的司法实现程序；[1] 高圣平在其所著的《物权法与担保法：对比分析与适用》一书中，专章探讨了担保物权的实现规则，提及担保物权的公力救济可以直接申请人民法院强制拍卖、变卖担保财产；[2] 唐义虎在其所著的《担保物权制度研究》中论述抵押权的效力问题时，论及抵押权实现的有关问题。[3] 此外，还有一些著作在论述担保物权制度有关实体法问题时，提及担保物权实现的程序问题。[4]

论文方面，学者已注意到担保物权的实现问题，并从不同视角展开探讨。有学者就担保物权实现环境的协调性进行了调查，并针对担保物权实现环境存在的诸多障碍，提出了优化担保物权实现环境的路径；[5] 有学者就担保物权实现的公力救济及私力救济途径进行了研究，提出应在《民事诉讼法》中增设"申请拍卖、变卖担保财产程序"，在相关立法中承认担保物权的自力救济途径并作出科学的规定，并就担保物权人行使担保物权的期间进行了研究，提出当事人关于担保物权行使期间的约定是无效的；[6] 有学者就动产担保物权的实现途径及实现方式的变革进行探讨，指出应合理配置担保物权实现的公力救济与私力救济途径，并在交易安全与效率视野下改造我国动产担保物权的公示方法，变革我国动产担保物权的实现方式；[7] 有学者就担保物权在

---

[1] 中国人民银行研究局、世界银行集团外国投资咨询服务局、国际金融公司中国项目开发中心：《中国动产担保物权与信贷市场发展》，中信出版社2006年版，第287页。

[2] 参见高圣平：《物权法与担保法：对比分析与适用》，人民法院出版社2010年版，第97~109页。

[3] 参见唐义虎：《担保物权制度研究》，北京大学出版社2011年版，第68~87页。

[4] 如陈祥健主编：《担保物权研究》，中国检察出版社2004年版；郭明瑞、房绍坤、张平华编著：《担保法》（第2版），中国政法大学出版社2008年版；杨红：《担保物权专论》，人民出版社2006年版；杨立新：《物权法》，中国人民大学出版社2009年版；李石山、汪安亚、唐义虎：《物权法原理》，北京大学出版社2008年版；李建华、申卫星、杨代雄：《物权法》，中国人民大学出版社2008年版；马俊驹、陈本寒主编：《物权法》，复旦大学出版社2007年版等。

[5] 殷成国："担保物权实现环境协调性调查与优化路径"，载《河南金融管理干部学院学报》2008年第1期。

[6] 高圣平："担保物权实行途径之研究——兼及民事诉讼法的修改"，载《法学》2008年第2期；高圣平："担保物权的行使期间研究——以《物权法》第202条为分析对象"，载《华东政法大学学报》2009年第1期；高圣平："我国动产担保物权立法研究"，载《南都学坛》2006年第6期；高圣平："我国动产融资担保制度的检讨与完善"，载《中国人民大学学报》2007年第3期。

[7] 张晓娟："私力救济还是公力救济——动产担保物权实现途径探讨"，载《学术论坛》2010年第10期；张晓娟："论我国动产担保物权公示方法之改造与完善"，载《学术论坛》2008年第8期；张晓娟："交易安全与效率视野下动产担保物权实现方式之变革"，载《湖北社会科学》2008年第5期。

第一章 绪 论

不同民事程序中的实现问题进行探讨,如有分析破产程序中担保物权实现问题的,[1] 有讨论民事执行程序中担保物权实现问题的;[2] 还有学者从具体的经济活动领域来分析担保物权的实现问题,如应收账款担保物权的实现问题,[3] 信贷创新中担保物权实现的优化,[4] 农地产权融资担保的实现等;[5] 还有不少学者就具体类型担保物权的实现问题进行探讨,主要是从不同的角度就抵押权的实现进行探讨,如就抵押权的实现程序进行分析,在考察抵押权约定实现程序与法定实现程序立法模式的基础上,指出我国《物权法》关于抵押权的法定实现程序应界定为非讼程序,[6] 并从适用非讼程序的理论基础、具体构建等方面提出了具体的建议;[7] 就抵押权的公力实现方式作分析,提出在现阶段我国抵押权的公力实现应采用直接向人民法院申请强制执行的模式;[8] 就抵押权的自力实现问题进行研究,提出要提供多样化、可选择的制度供给,满足不同当事人实现担保物权的不同需求;[9] 就抵押权实现不能时,提出相应的救济手段。[10] 当然,担保物权中关于质权的实现问

---

[1] 参见许德风:"论担保物权在破产程序中的实现",载《环球法律评论》2011年第3期;许德风:"论担保物权的经济意义及我国破产法的缺失",载《清华法学》2007年第3期;蒋新华:"企业破产法对担保物权规定的不足与完善",载《人民司法》2010年第21期;汪世虎:"论破产程序对担保物权优先性的限制",载《河北法学》2006年第8期;方芳:"破产程序中担保物权受限制之合理性探讨",载《吉首大学学报(社会科学版)》2011年第6期。

[2] 参见肖建国:"论担保物权的强制执行",载《人民法院报》2001年6月11日;朱亚平、朱琴梅:"担保物权在民事执行程序中的实现",载《人民司法》2008年第23期。

[3] 费安玲、龙云丽:"论应收账款质权之实现",载《河南大学学报(社会科学版)》2009年第4期;韩苏琳:"如何实现应收账款担保物权",载《银行家》2007年第5期。

[4] 李群华:"信贷创新中实现担保物权的制约因素",载《中国金融》2010年第1期。

[5] 李嵩誉:"农地产权融资担保实现的法律保障",载《郑州大学学报(哲学社会科学版)》2010年第2期。

[6] 参见程啸:"论抵押权的实现程序",载《中外法学》2012年第6期;程啸:"现行法中抵押权实现制度的一些缺陷及完善",载《法学杂志》2005年第3期。

[7] 肖建国、陈文涛:"论抵押权实现的非讼程序构建",载《北京科技大学学报(社会科学版)》2011年第1期。

[8] 尹伟民:"抵押权公力实现的程序保障",载《烟台大学学报(哲学社会科学版)》2009年第2期。

[9] 龙云丽:"抵押权自力实现之问题研究",载《学术交流》2007年第8期。

[10] 杨群、李锴:"抵押权的实现不能及其救济",载《江西社会科学》2002年第10期。

题也有学者谈及。[1]

2.2012年《民事诉讼法》颁布实施后国内研究现状

随着2012年《民事诉讼法》的正式实施，学者在理论研究中对实现担保物权非讼程序给予了更多的关注，考察及分析也有所深化。

著作方面，2012年《民事诉讼法》实施以来，尚无专门论及担保物权实现程序的著作，大多还仅限于在论述担保物权制度的实体法问题时，对担保物权的实现程序有所涉及。[2] 值得注意的是，相关研究非讼程序的著作，也有论及实现担保物权程序问题的，如赵蕾所著的《非讼程序论》，在民事非讼程序部分，提及实现担保物权程序。[3]

论文方面，就《民事诉讼法》规定的实现担保物权非讼程序，产生了一批较为重要的学术研究成果。以"实现担保物权程序"为主题在中国知网进行检索，数据显示，2013年关于实现担保物权程序的发文数量为22篇，环比增长率为633%（详见图1-1），2014年发文数量达近十年最高值，达26篇。这些成果有在介绍2012年《民事诉讼法》修改内容、修改亮点及实践中的贯彻实施时谈及实现担保物权非讼程序的，[4] 有对2012年《民事诉讼法》规

---

[1] 如王利明："收费权质押的若干问题探讨"，载《法学杂志》2007年第2期；范雪飞："论质权的优先受偿效力"，载《学术论坛》2010年第4期；陈晓军、李琪："股权质押中的几个特殊问题"，载《法律适用》2004年第11期；李保军、周振超："特殊动产质权的实现途径"，载《人民司法》2012年第12期等。

[2] 如程啸：《担保物权研究》，中国人民大学出版社2017年版；尹田：《物权法》，北京大学出版社2013年版；张晓娟：《动产担保法律制度现代化研究》，中国政法大学出版社2013年版；于海涌、马栩生主编：《物权法》，中山大学出版社2013年版；王立争：《物权法：理论反思与制度塑造》，南开大学出版社2014年版；王全弟、李峰主编：《物权法疑难问题研究》，复旦大学出版社2014年版等。

[3] 赵蕾：《非讼程序论》，中国政法大学出版社2013年版，第221~227页。

[4] 相关论文主要有吴兆祥："新民事诉讼法出台的背景及其重大影响"，载《中国法律》2012年第5期；倪寿明："诉讼制度的发展与程序观念的强化"，载《人民司法》2012年第19期；杨永清、赵晋山："新《民事诉讼法》之法院应对"，载《法律适用》2012年第11期；丁海湖、田飞："当前经济形势下金融审判理念及相关实务问题分析"，载《法律适用》2014年第2期；李相波："新民事诉讼法适用中的相关问题"，载《国家检察官学院学报》2014年第2期；李浩："非诉权利实现机制的发展与完善"，载《检察日报》2012年9月12日；肖建国："新原则新制度将写入《民事诉讼法》"，载《中国社会科学报》2012年8月29日。

定的实现担保物权非讼程序整体进行探讨的,[1] 还有就实现担保物权非讼程序的价值、性质、当事人范围、申请条件、审查制度、被申请人异议及其救济、受理与审查、司法裁定及其效力、执行及其救济等实现担保物权非讼程序的某一方面展开论述的,[2] 也有结合担保物权的具体类型对实现担保物权

---

[1] 如王明华:"担保物权实现程序适用中的若干问题",载《人民司法》2013年第15期;李相波:"实现担保物权程序适用中的相关法律问题——以新《民事诉讼法》第196条、第197条为中心",载《法律适用》2014年第8期;李林启:"我国实现担保物权非讼程序及适用——兼评新《民事诉讼法》第196、197条之规定",载《湘潭大学学报(哲学社会科学版)》2014年第4期;赵蕾:"对新民诉法实现担保物权案的解读与预测",载《东方法学》2013年第4期;叶知年、余秋萍:"担保物权实现之非讼程序探讨",载《贵州警官职业学院学报》2014年第3期;杨宁、吴惺惺:"跨越实体与程序——担保物权实现特别程序评析",载《理论界》2013年第7期;张自合:"论担保物权实现的程序",载《法学家》2013年第1期;浙江省高级人民法院民二庭课题组:"审理实现担保物权案件若干实务问题探析",载《法律适用》2014年第2期;朱阁:"实现担保物权案件特别程序的适用研究",载《法律适用》2014年第8期;庄诗岳:"实现担保物权程序之立法论研究",载《广东开放大学学报》2016年第4期;庄诗岳:"实现担保物权非讼程序研究",载《河北青年管理干部学院学报》2017年第1期;高民智:"关于实现担保物权案件程序的理解与适用",载《人民法院报》2012年12月9日;徐双桂、揭春龙:"申请实现担保物权案件的十个问题",载《人民法院报》2013年11月6日;余建华、罗洁、金姗姗:"债务人不履行还款义务 债权人可实现担保物权",载《人民法院报》2013年6月7日;许社民、赵军:"申请与实现担保物权特别程序的适用",载《江苏法制报》2014年9月11日。

[2] 如李林启:"实现担保物权非讼程序价值实证分析",载《湖南社会科学》2018年第2期;陈星、李喜莲:"我国实现担保物权程序之性质新探",载《贵州社会科学》2018年第11期;李林启:"我国实现担保物权的程序性质",载《湖南科技大学学报(社会科学版)》2015年第3期。秦炳辉:"论实现担保物权案件的申请、受理与审查",载《山东审判》2013年第5期;王明华、孙心佩:"担保物权实现程序中被申请人异议之诉的确立",载《人民司法》2014年第7期;王明华:"实现担保权案件中的当事人范围与实现条件",载《山东审判》2013年第1期;李林启:"形式审查抑或实质审查:实现担保物权案件审查标准探析",载《政治与法律》2014年第11期;姚勇刚、周兢:"实现担保物权特别程序应以形式审查为原则",载《人民司法》2013年第14期;李林启:"论实现担保物权案件中适用调解的必要性",载《求索》2014年第9期;毋爱斌:"实现担保物权非讼许可裁定的文本分析——基于北京、重庆、广东三地法院的考察",载《法律科学(西北政法大学学报)》2014年第5期;李林启、李焱:"实现担保物权案件中被申请人异议及其处理探析——以河南省相关司法裁判案例为样本",载《河南财经政法大学学报》2019年第1期;李林启、李焱:"论实现担保物权案件中被申请人异议及其救济——以河南省为分析样本",载《政法学刊》2018年第6期;李林启:"论实现担保物权非讼许可裁定的效力",载《湘潭大学学报(哲学社会科学版)》2016年第6期;李林启:"实现担保物权案件执行的规范化及其救济——基于全国各地1685例实现担保物权案件的实证分析",载《西部法学评论》2019年第2期;倪知良、李江英:"实现担保物权民事裁定的救济途径",载《上海法治报》2014年6月11日;黄志雄:"实现担保物权案件的执行救济",载《人民法院报》2013年8月14日;戴伟民、宋彪:"担保物权实现中确定债权数额应有程序保障",载《人民法院报》2013年7月4日;叶梅、乙增武:"实现担保物权案当事人可举证",载《检察日报》

非讼程序进行分析的。[1]这些成果,可谓对实现担保物权非讼程序开展了积极的、具有建设性的研究,从不同角度发表了卓有成效的学术见解。

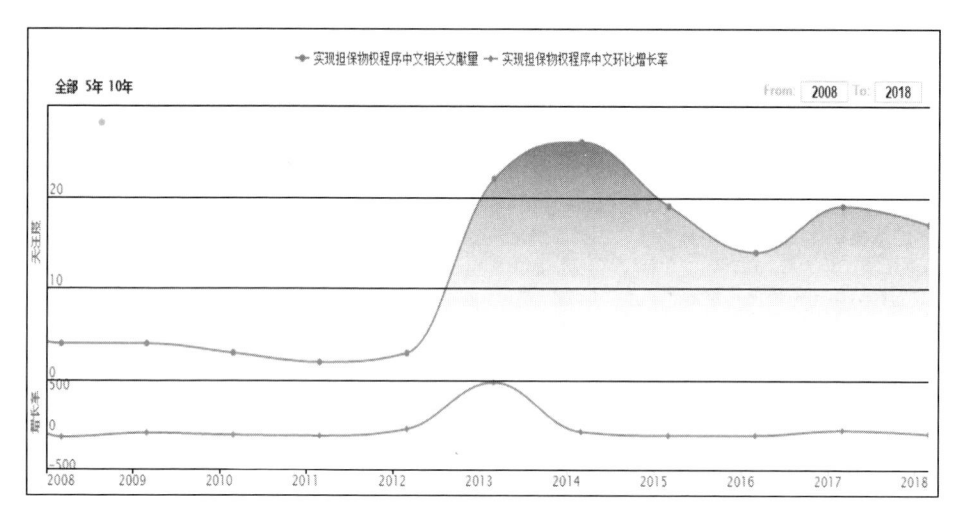

图1-1　2008年至2018年"实现担保物权程序"中文文献发文量及环比增长率

此外,2012年《民事诉讼法》修改前后,学界对非讼程序日益关注,学

(接上页)2013年4月24日;李宏玉:"担保物权特别程序能否适用公告送达",载《江苏法制报》2013年8月1日;凌蔚、邱小华:"佛山禅城:庭前调处实现担保物权案",载《人民法院报》2013年4月19日。

[1] 如丁亮华:"论抵押权之非诉执行实现——《物权法》第195条第2款的解释论展开",载《法学家》2013年第4期;杨言军:"非讼程序实现抵押权的若干问题思考——以《物权法》第195条和新民诉法第196、197条展开分析",载《法律适用》2013年第7期;张雪阳:"论抵押权的实现",载《东北财经大学学报》2014年第1期;彭熙海:"论重复抵押中抵押权的实现",载《湘潭大学学报(哲学社会科学版)》2014年第2期;黄毅:"实现抵押权特别程序研究——兼论《民事诉讼法》第196、197条之适用",载《天中学刊》2014年第2期;尹田:"抵押权效力若干问题研究",载《河南财经政法大学学报》2013年第1期;许俊强:"适用非讼程序实现船舶抵押权",载《人民法院报》2014年8月7日;吴勇奇:"实现担保物权程序并不适用于船舶担保物权的实现",载《人民法院报》2013年11月20日;梅贤明、朱忠宝:"厦门海事法院依据新民诉法审结首例申请实现海运货物留置权案",载《人民法院报》2013年9月16日;谭艳芳:"实现担保物权能否只起诉抵押人之一",载《江苏法制报》2014年10月17日;邢嘉栋:"实现不动产抵押担保物权之问题与思考",载《人民法院报》2013年5月8日;刘福龙、刘宏光:"抵押权实现的非讼程序之适用",载《人民法院报》2013年1月23日。

者关于非讼程序研究的著作[1]及论文,[2] 虽然未直接提及或深入论及担保物权的实现,但其对于实现担保物权非讼程序的进一步研究提供了相当丰富的、可供借鉴的理论养分。

(二) 国外研究现状

在国外,各国对担保物权的实现主要有私力救济和公力救济两种立法例。因此,关于担保物权实现程序的立法规定及理论研究主要围绕私力救济和公力救济两个方面展开:

---

[1] 学界关于非讼程序研究的著作主要有:宣巽东:《非讼事件程序法》,北京聚魁堂装订讲义书局1937年版;王强义:《民事诉讼特别程序研究》,中国政法大学出版社1993年版;葛义才:《非讼事件法论》,三民书局1998年版;林洲富:《实用非讼事件法》(第8版),五南图书出版股份有限公司2012年版;姜世明:《非讼事件法新论》(修订第2版),新学林出版社2013年版;郝振江:《非讼程序研究》,法律出版社2017年版;李建伟:《公司诉讼专题研究》,中国政法大学出版社2008年版;陈爱武:《人事诉讼程序研究》,法律出版社2008年版;陈爱武:《家事法院制度研究》,北京大学出版社2010年版;张晓茹:《家事裁判制度研究》,中国法制出版社2011年版等。

[2] 学界关于非讼程序研究的论文主要有:章武生:"非讼程序的反思与重构",载《中国法学》2011年第3期;陈桂明、赵蕾:"比较与分析:我国非讼程序构架过程中的基本问题",载《河北法学》2010年第7期;郝振江:"论非讼程序在我国的重构",载《法学家》2011年第4期;郝振江:"论非讼程序的功能",载《中外法学》2011年第4期;郝振江:"论我国非讼程序的完善——聚焦于民诉法特别程序的'一般规定'",载《华东政法大学学报》2012年第4期;郝振江:"论非讼事件审判的程序保障",载《法学评论》2014年第1期;郝振江:"法国法中的非讼程序及对我国的启示",载《河南财经政法大学学报》2012年第2期;郝振江:"德日非讼程序审理对象介评",载《国家检察官学院学报》2012年第5期;郝振江:"制定非讼事件法 调整国家监护性介入",载《中国社会科学报》2014年1月8日;廖中洪:"制定单行《民事非讼程序法》的建议与思考",载《现代法学》2007年第3期;朱刚:"应明确和完善民事非讼程序的检察监督制度",载《人民检察》2008年第8期;王志建、崔建勋:"浅议对若干民事裁定及非讼程序的检察监督",载《人民检察》2010年第17期;潘剑锋:"中国民事审判程序体系之科学化革新——对我国民事程序及其相互关系的反思",载《政法论坛》2012年第5期;金殿军:"请求法院拍卖、变卖担保财产的法律问题",载《法学》2010年第1期;邓辉辉:"非讼案件本质和范围的域外考察及启示",载《吉首大学学报(社会科学版)》2009年第3期;邓辉辉:"论诉讼法理与非讼法理从二元分离适用论到交错适用论的发展",载《广西社会科学》2010年第6期;孙永军:"诉讼事件非讼化新探",载《现代法学》2014年第1期;刘海渤:"民事非讼审判程序初探",载《中国法学》2004年第3期;刘璐:"诉讼案件非讼化审理研究——兼谈对新《民事诉讼法》第133条第1项的一点看法",载《法律适用》2014年第5期;肖建国:"回应型司法下的程序选择与程序分类——民事诉讼程序建构与立法的理论反思",载《中国人民大学学报》2012年第4期;舒瑶芝:"非讼程序机理及立法发展",载《法学杂志》2014年第12期;庞小菊:"司法体制改革背景下的诉讼分流——以非讼程序的诉讼分流功能为视角",载《清华法学》2016年第5期等。

1. 私力救济问题

私力救济作为一种权利保护的方式，是最原始、最简单的矛盾纠纷处理方式。[1] 但由于私力救济具有及时、便捷等优势，因而在担保物权的实现中仍受到各国立法机关及理论研究者的重视。不少国家或者地区都允许担保物权人在需要实现担保物权时可以不经过担保人的同意自行决定实现的方式，且一般情况下国家对此不强制进行干预。如依英国法，通过契据设立的抵押到期后，债务人不履行债务的，债权人有权出售抵押财产以实现其抵押权；[2]《瑞士民法典》对不动产担保中担保物权的实现方式没有进行强制性的规定，[3] 因此，设立担保物权时，担保物权人可以与担保人约定，债务到期未清偿的，权利人可以自行变卖担保物以实现其担保物权，但该约定须经公证机关的公证才有效。[4]《美国统一商法典》（Uniform Commercial Code, UCC）第九编第六章对动产担保中担保物权的私力实现规则作了具体规定，[5] 并鼓励权利人通过私力救济实现其担保物权。同时，为保护债务人及第三人的合法权益，要求担保物权人在出卖担保物前，必须通知担保人，如果担保人在担保物出卖前履行债务的，有权赎回担保物。[6] 担保物权人自行对担保物进行变卖后，还应当及时告知担保人出卖数额、费用开支、剩余款项等信息。

2. 公力救济问题

随着现代法治的发展，人类社会解决矛盾纠纷的方式不断进步，加之私

---

[1] 江伟主编：《民事诉讼法》（第6版），中国人民大学出版社2013年版，第8页。

[2] 参见[英]F. H. 劳森、伯纳德·冉得：《英国财产法导论》，曹培译，法律出版社2009年版，第147~148页。

[3]《瑞士民法典》第816条规定："（1）债权人在债务人不履行债务时，有从土地的卖得金中受清偿的权利。（2）债权人的不动产担保债权未受清偿时，其担保物的所有权即归债权人所有的约定，无效。（3）若干土地为同一债权设定担保时，担保物变价，应同时对上述所有土地执行。但变价仅可依主管官员的命令，在必要的限度内执行。"参见《瑞士民法典》，殷生根、王燕译，中国政法大学出版社1999年版，第231~232页。

[4] See Christina Schraid-Tschirren, in Handkommentar zum Scheizerisches zum Scheizerisches Zivilgesetzbuch, 1Aufl., 2006, §816, Rdn. 4, 转引自程啸："论抵押权的实现程序"，载《中外法学》2012年第6期。

[5] 如《美国统一商法典》第9-609条规定："债务人违约后，担保权人可以占有担保物或控制担保物，但以不致违反和平（breach of peace）为条件。"

[6] See Louis F. Del Duca, etc., *Secured transactions Under the Uniform Commercial Code and International Commerce*, Cincinnati, Anderson Publishing Co, 2002, pp. 130~138.

力救济易生流弊,担保物权实现中的公力救济日益受到重视,实现担保物权也逐步被纳入秩序化和程序化的途径中,以保护所有权人的利益。不少国家或者地区要求担保物权人应采取公法上的方式实现担保物权,不允许自行实现。如在德国,对于土地及其他不动产担保,学者认为通过当事人的自主协商,无法公平圆满地实现担保物权,因而,担保物权人必须以强制执行的方式来实现担保物权,禁止任何方式的私力救济,对此,《德国民法典》也作出了相应的规定。[1] 对于执行的名义,主要有法院签发的判决文书及经公证机构公证的证书等可执行证书两种形式。[2] 在日本,禁止私力实现担保物权,所有担保物权的实现原则上应依据《日本民事执行法》通过司法途径进行。[3] 不过,担保物权人实现担保物权,不需要执行名义,可直接向执行法院提出拍卖担保物的申请。法院作出准予拍卖的裁定后,债务人或者担保人可就程序方面或者实体法上的理由提出异议,经法院审查,异议成立的,停止担保物权实现程序。[4] 因此,有学者将这种担保物权人直接向执行法院提出拍卖担保物申请以实现担保物权的行为界定为"国家代为执行私权"。[5] 当然,也有一些国家或者地区在规定公力救济的同时,并未禁止私力救济。如根据《法国民法典》第2458、2459条的规定,对于作为抵押物的不动产是债务人的非主要住所的,既可以在抵押权设立时约定债务人到期不履行债务时,债权人将成为该不动产的所有权人(即流押条款),也可以在债务到期未

---

[1] 如《德国民法典》第1147条则规定:"债权人就土地和抵押权所扩及的标的物求偿,以强制执行的方法进行。"第1149条规定:"债务对所有权人未届期的,所有权人不得给予债权人此种权利,即以清偿为目的而请求转移土地所有权的权利,或者以强制执行之外的其他方式进行土地出让的权利。"参见《德国民法典》,杜景林、卢谌译,中国政法大学出版社2014年版,第314页。

[2] [德]鲍尔、施蒂尔纳:《德国物权法》(下册),申卫星、王洪亮译,法律出版社2006年版,第170页。

[3] 《日本民法典》规定的典型担保物权包括留置权(第295条)、先取特权(第303条)、质权(第342条)、抵押权(第369条)等,针对不同的担保物权,《日本民事执行法》对其实现方式作了不同的规定,但均应通过司法途径实现。参见[日]近江幸治:《担保物权法》,祝娅、王卫军、房兆融译,法律出版社2000年版。

[4] 在理论上,日本多数见解认为,《日本民事执行法》第181条第1款规定的担保权登记簿副本的性质为"准执行名义",其主要原因在于这些文书的内容表明了对担保权存在的判断,基于对这种判断通用力的认可,这些文书是执行机关采取执行处分的根据。参见[日]中野贞一郎:《民事执行法》,青林书院2006年版,第347页。

[5] [日]我妻荣:《新订担保物权法》,申政武、封涛、郑芙蓉译,中国法制出版社2008年版,第300页。

得到清偿时,债权人依据有关民事诉讼程序申请法院强制拍卖或者判给自己以清偿债权。[1]

关于域外担保物权实现的程序问题,在国内学者整理、翻译的各个国家和地区的民法典及相关译著或专著中也有所提及,学者们对这些国家和地区实现担保物权程序的相关立法进行了介绍,并对有关理论进行了探讨,这里不再一一介绍,仅以注释的形式列出。[2]

(三) 国内外研究的不足

国内外关于实现担保物权非讼程序的研究及相关文献资料为本书的研究奠定了一定的基础,提供了诸多有益的启示。但是,从国内外的研究现状来看,现有关于担保物权实现非讼程序的研究还存在一些不足,主要体现在:

1. 注重程序的类型选择,忽视具体的制度建构

民事诉讼法学经过多年的发展与积累,民事程序的价值理念在法哲学层面上已经确立。全面推进依法治国,必须将宏大的价值关怀与具体的制度构

---

[1] 《法国民法典》第2458条规定:"除了按照抵押协议不得违反的有关民事诉讼程序的法律所规定的方式诉请出卖用于抵押的财产之外,没有得到清偿的抵押债权人可以向法院请求将不动产留其用于清偿债权,但是,当不动产是债务人的主要居所时,不得为债权人设置此项选择权力。"第2459条规定:"可以在抵押协议中约定债权人成为抵押不动产的所有权人,但是,该项条款对作为债务人的主要居所的不动产不产生效力。"参见《法国民法典》,罗结珍译,北京大学出版社2010年版,第544~545页。

[2] 相关法典及著述主要有:《德国民法典》,杜景林、卢谌译,中国政法大学出版社2014年版;《法国民法典》,罗结珍译,北京大学出版社2010年版;《意大利民法典》,陈国柱译,中国人民大学出版社2010年版;《荷兰民法典》,王卫国等译,中国政法大学出版社2006年版;《葡萄牙民法典》,唐晓晴等译,北京大学出版社2009年版;《奥地利普通民法典(2012年7月25日修改)》,周友军、杨垠红译,清华大学出版社2013年版;《韩国民法典》,金玉珍译,北京大学出版社2009年版;《最新阿根廷共和国民法典》,徐涤宇译注,法律出版社2007年版;《越南社会主义共和国民法典》,吴远富译,厦门大学出版社2007年版;赵秉志总编:《澳门民法典》,中国人民大学出版社1999年版;艾林芝:《澳门物权法》,社会科学文献出版社2013年版;《德日家事事件与非讼事件程序法典》,郝振江、赵秀举译,法律出版社2017年版;史尚宽:《物权法论》,中国政法大学出版社2000年版;费安玲主编:《比较担保法——以德国、法国、瑞士、意大利、英国和中国担保法为研究对象》,中国政法大学出版社2004年版;董学立:《美国动产担保交易制度研究》,法律出版社2007年版;徐海燕主编:《英美担保法》,对外经济贸易大学出版社2006年版;张玉卿、葛毅主编:《中国担保法比较法案例分析》,中国商务出版社2003年版;张学仁主编:《香港法概论》(第3版),武汉大学出版社2006年版;何美欢:《香港担保法》(上册),北京大学出版社1995年版;崔吉子:《韩国物权法专题研究》,北京大学出版社2013年版;美国法学会、美国统一州法委员会:《美国〈统一商法典〉及其正式评述》(第2卷),李昊等译,中国人民大学出版社2006年版;高圣平:《动产担保交易制度比较研究》,中国人民大学出版社2008年版等。

建有机结合起来,在基本理论的框架下不嫌微末地对具体法律制度进行科学、合理的构思和建设,这也是法学理论研究关心现实问题、推进社会发展最有力、最直接的途径。[1] 我国对实现担保物权非讼程序的研究,特别是2012年《民事诉讼法》颁布实施前的研究,更多的是关注担保物权的实现程序是适用一般的诉讼程序,还是适用执行程序抑或非讼程序,并对其观点的正当性进行分析,至于实现担保物权非讼程序的具体制度构建,则明显重视不够。

2. 研究深度不够,缺乏实证研究

2012年《民事诉讼法》颁布实施后,学者对实现担保物权非讼程序的研究较以前给予了更多的关注,但理论研究的视野相对比较狭窄,大多是针对实现担保物权非讼程序中的某一方面问题进行论述,只是"管中窥豹",相关论述并不全面,研究的深度还很不够。实现担保物权非讼程序的系统、深入研究不多,对于哪些主体能够申请实现担保物权、人民法院应采取何种标准对实现担保物权案件进行审查、实现担保物权案件中各方当事人的权利救济等诸多内容尚缺乏全面深入地探讨。尤其需要注意的是,现有研究中实证研究更是缺乏。实证研究的薄弱和相关成果的阙如直接影响着实现担保物权非讼程序的完善,也使得司法实践中面临诸多困惑,产生诸多的乱象。

3. 缺乏足够关注,研究成果较少

《中国诉讼法治发展报告(2012~2013)》介绍,2012年,随着《民事诉讼法》的修改与颁布,民事诉讼法学研究空前繁荣,学者围绕法院与当事人的关系、诚实信用原则、恶意诉讼及其规制等内容展开了探讨与争鸣,也产生了大量的优秀学术成果,但实现担保物权的程序问题并未引起足够的关注,不是民事诉讼法学研究的重点内容。[2] 以2013年为例,2013年是2012年修订的《民事诉讼法》实施的第一年,学者针对诚实信用原则、公益诉讼、小额诉讼制度等《民事诉讼法》增加的新原则与新制度,提出了理解和适用的建议,但实现担保物权非讼程序作为《民事诉讼法》新增设的程序,仍未

---

〔1〕 田平安主编:《民事诉讼法原理》(第3版),厦门大学出版社2007年版,总序第3页。

〔2〕 2012年,民事诉讼法学研究的重点内容主要有13个:对法院与当事人关系的认识、诚实信用原则、恶意诉讼及其规制、公益诉讼、当事人制度、调解制度、小额诉讼制度、审前程序、审级结构、民事检察制度、再审制度、民事强制执行及对其他国家和地区民事诉讼法的研究和介绍。参见卞建林主编:《中国诉讼法治发展报告(2012~2013)》,中国政法大学出版社2014年版,第94~109页。

受到学界足够的关注，未进入 2013 年学者对民事诉讼法学研究的重点内容。[1] 从作为体现 2013 年我国民事诉讼法研究总体水平、反映 2013 年我国民事诉讼法研究重点、热点的中国民事诉讼法学研究会 2013 年年会的学术研讨情况看，实现担保物权非讼程序仍未受到学界应有的重视。[2] 中国法学创新网对 2013 年民事诉讼法学发表论文的统计分析也证明了这一点，2013 年，受 2012 年修订《民事诉讼法》实施的影响，民事诉讼法学科在 15 种中国法学核心科研评价来源期刊（CLSCI）上发表学术论文 71 篇（具体内容分布参见图 1-2），其中审判程序方面的论文最多，有 23 篇，占 2013 年发文数量的 1/3，但无一篇关于实现担保物权非讼程序的文章（具体内容分布参见图 1-3）。[3] 可见，对于实现担保物权非讼程序的研究，国内外学者还没有给予应有的关注，整体上研究还很不充分，相关研究成果在总量上还很少，对实现担保物权非讼程序的系统性研究尚付阙如。

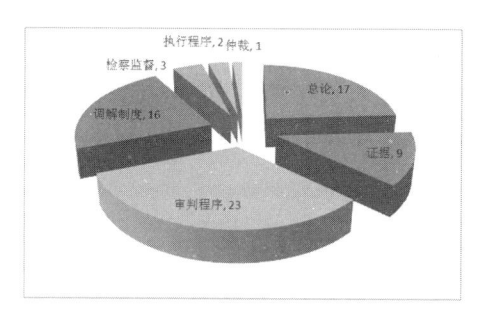

注：公证制度为 0 篇，故无法在上图中予以显示。

图 1-2　2013 年民事诉讼法学科在 CLSCI 发表学术论文具体内容分布情况

---

〔1〕 2013 年，民事诉讼法学研究的 13 个重点内容是：诚实信用原则、独立审判、恶意诉讼、公益诉讼、当事人制度、调解制度、小额诉讼制度、二审程序、民事检察监督、再审制度、民事执行检察监督的理论基础、我国民事执行检察监督的制度构建及对域外民事诉讼法的研究和介绍。参见卞建林主编：《中国诉讼法治发展报告（2012~2013）》，中国政法大学出版社 2014 年版，第 344~360 页。

〔2〕 中国民事诉讼法学研究会 2013 年年会主要围绕诚实信用原则及其实施、公益诉讼制度及其实施、小额诉讼制度及其实施、第三人撤销之诉、证据制度、检察监督制度等几个方面展开学术研讨。参见齐树洁、韩宝、陈利红："新民事诉讼法的理解与适用——中国民事诉讼法学研究会 2013 年年会综述"，载《河南财经政法大学学报》2014 年第 2 期。

〔3〕 参见"民事诉讼法学 2013 年 CLSCI 论文数据分析"，载 http://www.law innovation.com/html/fxpd/12700.shtml，访问时间：2018 年 11 月 20 日。2014 年民事诉讼法学者对实现担保物权程序有所关注，但成果仍不多。参见卞建林主编：《中国诉讼法治发展报告（2014）》，中国政法大学出版社 2015 年版，第 119~121 页。

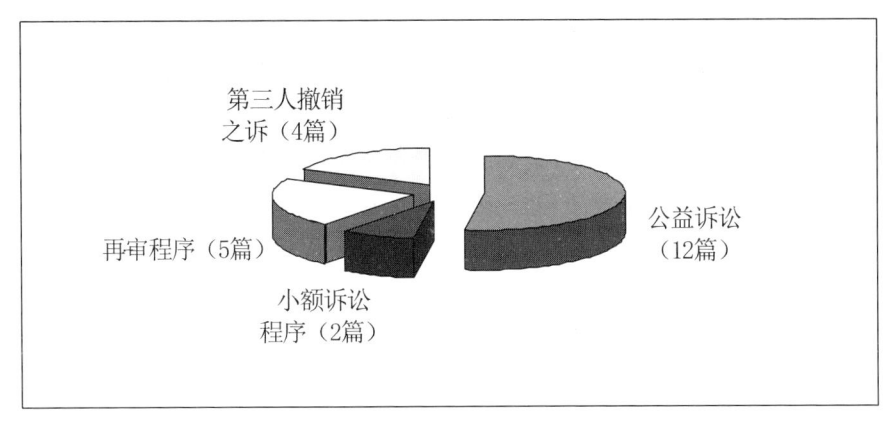

图 1-3 2013 年民事诉讼法学科在 CLSCI 发表"审判程序"
方面学术论文具体内容分布情况

4. 域外研究成果的实用性，有待探索考证

在国外，不同国家或者地区对担保物权实现的路径有私力救济、公力救济、私力救济与公力救济并存等三种不同的立法模式，就公力救济而言，其具体实现程序也各不相同，有些国家或者地区可直接向法院申请实现担保物权，有些国家或者地区需要通过诉讼程序实现担保物权，还有些国家或者地区则是通过非讼程序实现担保物权。针对不同的立法规定，各国学者结合各自的国情对担保物权的实现问题展开了较为深入的理论研究，形成了较为系统的体系，其对我国实现担保物权非讼程序的深入研究乃至制度建构无疑具有一定的借鉴意义。但受各国国情及各种具体因素的制约，没有任何一项制度是完美无缺的，其总会存在这样或那样的问题。[1] 囿于担保物权制度体系的差异、司法权运行体制的不同及制度移植实践中所面临的各种不确定性，域外关于担保物权实现问题的理论研究是否适合我国国情，能否直接为我国所用，还有待理论上及实践中的进一步探索和考证。

三、研究思路与方法

（一）研究思路

以"让人民群众在每一起司法案件中都感受到公平正义"为最高指导理

---

[1] See Barnard Schartz and H. W. R. Wade, *Legal Control of Government*: *Administrative Law in Britain and the United states*, Clarendon Press, 1972, pp. 68~70.

念，以完善实现担保物权非讼程序立法为直接目标，将实现担保物权非讼程序作为一个包括申请、审查、裁定、执行等的完整过程，结合担保物权制度的实体准则与民事诉讼法规定的程序规范进行整体性研究。本书在把握实现担保物权非讼程序基本理论的基础上，分析我国实现担保物权非讼程序的适用现状及存在的问题，针对问题，结合实证资料和数据，借鉴域外实现担保物权程序的立法经验，从立、审、执各角度对实现担保物权非讼程序体系进行构建。通过研究，试图验证实现担保物权非讼程序立法的实际效果，对于有争议的问题从理论与实证的角度做出回应，并就实现担保物权非讼程序的深层次理论问题进行探讨，为司法实践和立法改革提供有价值的参考。

(二) 研究方法

研究方法是实现研究目的的重要工具，对社会科学研究具有重要的意义。基于上述研究思路，本研究将综合运用多种研究方法，对实现担保物权非讼程序进行全面、系统、深入地研究。具体来说，主要有以下几种研究方法：

1. 实证研究方法

实现担保物权非讼程序是我国《民事诉讼法》新确立的一项特别程序，在实际运行中能否达到预期的立法效果及处理实现担保物权具体案件中会出现什么样的问题，都需要进行实证调查研究。通过中国裁判文书网等网络媒体选取各地基层人民法院处理实现担保物权案件的典型案例，用来自司法实践中的一手数据资料作为支撑，并通过对相关数据进行量化、统计、分析，完整呈现和客观描述实现担保物权非讼程序的实际运行状况，发现实现担保物权非讼程序在司法实践中存在的"真问题"，深入剖析问题背后的深层次原因，找出实现担保物权非讼程序在司法运行中的真正症结所在，并进行必要的理论提升，为我国实现担保物权非讼程序的科学构建提供可靠的实证依据。

2. 系统研究方法

系统研究方法是开展研究的重要研究方法，针对《民事诉讼法》关于实现担保物权非讼程序的法律规定及其在司法实践中出现的问题，通过广泛搜集、系统梳理和深入、全面分析国内外与实现担保物权程序相关的文献资料，以综合的视角对实现担保物权非讼程序的各个构成要素进行整体性、系统化的逻辑推导、价值分析，以夯实实现担保物权非讼程序的基础理论，破解实现担保物权非讼程序中的理论难题，为实现担保物权非讼程序的制度构建提出符合我国国情的、切实可行的改良方案。

3. 比较分析方法

"一切认识、知识都可以溯源于比较。"[1] 比较法学的不断发展，使得法学研究增添了新的活力。通过比较，能够开阔研究者的理论视野，避免研究者研究的"片面化"，从而有效保证研究结论的"现代化"。比较分析方法是贯穿于本书研究的另一个重要研究方法，通过比较，认识本质，找出差别，客观评价，把握规律，对症下药。具体包括程序与实体之间的对比、中外制度之间的对比、不同地区之间的对比等，通过对担保物权实现实体准则与程序规范不同规定的具体考察，获取新材料；通过对国外担保物权实现的不同做法及其所对应国情状况的具体考察，获取新经验；通过对我国不同地区处理实现担保物权案件成功案例及当地经济发展实际情况的具体考察，获取新思路。总之，通过比较，为我国实现担保物权非讼程序的进一步完善提供更为全面可靠的比较法依据。

四、主要研究内容

实现担保物权非讼程序的实施需要申请、受理、审查、裁判、执行等一系列紧密联系的环节，同时，实现担保物权非讼程序的有效运行需要完善的物权公示体系和诚信体系的支撑。本书结合我国实现担保物权非讼程序立法及理论研究的现状，分九个部分对实现担保物权非讼程序及其适用进行实证研究。

第一章，绪论。主要交代本书的选题背景、研究意义，梳理国内外对实现担保物权非讼程序的研究现状并指出其存在的不足，阐述本书的研究思路、所采取的研究方法以及本书的创新点。

第二章，我国担保物权实现机制立法演进实证分析。回顾自1986年《民法通则》实施以来30余年间我国担保物权实现机制立法的演进过程，探寻不同历史时期担保物权实现机制不同立法规定的原因，从立法变迁中更准确地把握担保物权实现机制的本质属性及法律价值。

第三章，实现担保物权非讼程序价值实证检验。以中国裁判文书网收录的所有实现担保物权案件为样本，对实现担保物权非讼程序的价值进行全样

---

[1] 参见《诺瓦里斯集》（第3卷），转引自［德］K. 茨威格特、H. 克茨：《比较法总论》，潘汉典等译，法律出版社2003年版，德文第二版序。

本实证检验，挖掘其蕴涵的丰厚价值底蕴。

第四章，实现担保物权非讼程序运行现状考。主要从案件分布区域、案件申请人、案件被申请人、案件涉及担保物权类型、案件审理时间及案件结果等方面考察实现担保物权非讼程序的运行现状，揭示运行现状反映的实现担保物权案件实质。

第五章，实现担保物权案件审查制度实证检视与完善进路。在对实现担保物权案件审查制度界定的基础上，以河南省各地基层人民法院审结的所有实现担保物权案件为样本，对实现担保物权案件审查制度进行全样本实证考察，客观反映我国实现担保物权案件审查制度运行现状，并针对实现担保物权案件审查中存在的问题从实证的角度提出建设性意见。

第六章，实现担保物权案件被申请人异议制度实践探索。以河南省各地基层人民法院审结的所有实现担保物权案件为样本，从异议类型、异议处理、异议救济等方面对实现担保物权案件中被申请人异议进行全样本实证研究。

第七章，实现担保物权案件调解适用的实践困境与反思。在介绍实现担保物权案件调解适用法律规定的基础上，对实现担保物权案件调解适用的司法实践进行探讨，进而论证实现担保物权案件确立适用调解的正当性。

第八章，实现担保物权案件撤诉制度的实践探析。在具体分析实现担保物权案件撤诉制度现状的基础上，指出我国实现担保物权案件撤诉制度存在的问题，并对其成因进行实证分析，进而提出完善实现担保物权案件撤诉制度的建议。

第九章，实现担保物权案件申请费用交纳标准实证考察。通过全国各地2295例实现担保物权案件申请费用收费状况的实证分析，审视我国司法实务中实现担保物权案件申请收费的实践乱象，探寻确立实现担保物权案件申请费用交纳标准的基本原则，明确实现担保物权案件中申请费用的交纳标准。

第二章
我国担保物权实现机制立法演进实证分析

担保物权的实现是担保物权最为重要的效力,是担保物权制度发挥效用的直接体现。高效、快捷、低成本的实现制度是实现担保物权的关键,[1] 是成熟担保物权制度的基本支柱之一,是世界各个国家和地区担保法律制度立法共同追求的重要目标。法律条文本身具有实证分析所要求的基本特征,对法条亦可进行实证分析。[2] 本书以我国担保物权实现机制在不同时期的立法为研究对象,对法条规定进行实证分析。在我国,1986年的《民法通则》最早规定了担保物权实现的方式。30余年来,我国关于担保物权制度的立法不断完善,从1986年的《民法通则》到1995年的《担保法》,从1999年的《合同法》到2007年的《物权法》,从2012年的《民事诉讼法》到2015年的《民诉法司法解释》,担保物权实现的程序机制也在不同的立法规定中逐步转变、不断创新。[3] 美国著名法学家奥利弗·霍姆斯指出,"为了探究法律制度的真谛,我们必须了解它的过去、现在以及未来"。[4] 在我国经济运行步入全方位多层次新常态的背景下,回顾30余年来我国担保物权实现机制立法的演进过程,从实证的角度探寻不同历史时期担保物权实现机制不同立法规定的原因,从立法变迁中更准确地把握担保物权实现机制的本质属性及法律价值,对于完善我国的担保物权制度,高效、快速、低成本的实现担保物权,促进经济结构转型升级,全面推进依法治国,让人民群众在每一个实现担保物权案件中都能够感受到公平正义具有重要意义。

---

[1] See Gerard McCormack, "Personal Property Security Law Reform in England and Canada", *Journal of Business Law*, March Issue, 2002.

[2] 白建军:"法条与法理的实证分析——以刑法分则为例",载《法学家》2001年第3期。

[3] 李林启:"我国担保物权实现机制立法演进的分析",载《湘江青年法学》2015年第2期。

[4] See Oliver Wendell Holmes, *The Common Law*, Brown and Company, 1881, p.137.

一、《民法通则》：担保物权实现方式的明确

1986年颁布的《民法通则》[1]是我国的基本民事法律，是20世纪中国的民事权利宣言。《民法通则》的颁布与实施，填补了我国民事基本法的空白，促进了国家立法战略重点由公法逐渐向私法的转移，加快了我国法制建设的民主化、现代化进程。我国担保物权实现机制立法演进中，《民法通则》最先对担保物权实现方式作出了明确的规定。

（一）《民法通则》关于担保物权实现的规定

1986年《民法通则》首次以基本法的形式确定了担保物权等物权，也是最早规定担保物权实现方式的法律，改变了我国担保交易无法可依的局面。为保证特定债权人利益的实现，《民法通则》第89条规定了四种债的担保方式，其中第1项和第3项是关于担保中保证和定金的规定，第2项和第4项是关于担保物权中抵押权和留置权实现的规定。第89条第2项规定了抵押权的实现，债务人不履行到期债务的，债权人可以根据法律的规定用处分抵押物的价款优先受偿其债权，处分抵押物的方式有折价和变卖两种。[2]《最高人民法院关于贯彻执行〈民法通则〉若干问题的意见（试行）》针对限制流通物的抵押，规定了清偿债务时由有关部门收购的方式，[3]这实际上是强制的折价方式。第89条第4项是关于留置权实现的规定，占有人对留置财产的处分方式亦为依照法律的规定折价或者变卖。[4]

---

[1]《中华人民共和国民法通则》，1986年4月12日第六届全国人民代表大会第四次会议通过，1987年1月1日起施行，2009年8月27日第十一届全国人民代表大会常务委员会第十次会议《关于修改部分法律的决定》修正。

[2]《民法通则》第89条规定："依照法律的规定或者按照当事人的约定，可以采用下列方式担保债务的履行……（二）债务人或者第三人可以提供一定的财产作为抵押物。债务人不履行债务的，债权人有权依照法律的规定以抵押物折价或者以变卖抵押物的价款优先得到偿还。"

[3]《最高人民法院关于贯彻执行〈中华人民共和国民法通则〉若干问题的意见（试行）》第113条第2款规定："以法律限制流通的财产作为抵押物的，在清偿债务时，应当由有关部门收购，抵押人可以从价款中优先受偿。"

[4]《民法通则》第89条规定："依照法律的规定或者按照当事人的约定，可以采用下列方式担保债务的履行：……（四）按照合同约定一方占有对方的财产，对方不按照合同给付应付款项超过约定期限的，占有人有权留置该财产，依照法律的规定以留置财产折价或者以变卖该财产的价款优先得到偿还。"

(二)《民法通则》关于担保物权实现规定的缺陷

限于当时的社会经济发展状况、人们的认识水平及立法者的立法技术，《民法通则》对担保物权及其实现的规定必然存在诸多的缺陷。首先，在担保物权的类型上，《民法通则》除明确规定留置权外，对抵押权与质权没有进行明确的区分，而是笼统地称为抵押权。[1] 其次，抵押权的实现方式上，《民法通则》只规定了折价和变卖两种，对于最能够实现抵押财产最大价值的拍卖方式却没有规定。最后，对担保物权的实现途径，只模糊规定为"依照法律的规定"，依何法律，未明确规定；且关于担保物权实现的公力救济程序，《民法通则》第89条也没有给予明确的规定。

二、《担保法》：实现担保物权诉讼程序的建立

随着我国改革开放的全面展开及有序推进，社会经济活动日益频繁，担保行为也随之活跃，各类担保公司纷纷成立，经济活动中的担保纠纷也不断增多，作为民商法上基本法律制度的担保法律制度出现了巨大变革。在此背景下，《担保法》[2] 于1995年颁布实施，这标志着我国物权法律制度特别是担保物权法律制度发展到了一个新的阶段，实现担保物权诉讼程序得以建立。

(一)《担保法》对实现担保物权诉讼程序的规定

1995年《担保法》共七章，除第一章"总则"和第七章"附则"外，其他五章分别规定了五种担保方式，其中第三章、第四章、第五章分别规定了"抵押""质押""留置"等物的担保。[3] 《担保法》第三章专节规定了"抵押权的实现"，首次对抵押权实现的公力救济程序进行了规定。该法第53条第1款明确规定了抵押权实现的方式及途径，[4] 实现方式上，在《民法通则》的基础上增加了拍卖方式，为折价、拍卖、变卖三种。折价的方式，即抵押人以抵押物经有关部门评估后的价值折抵债权以清偿债务；拍卖的方式，即通

---

[1] 也有学者认为，《民法通则》对担保物权的规定存在阙如，并未涉及质权。参见江必新：《新民事诉讼法理解适用与实务指南》，法律出版社2012年版，第713页。

[2] 《中华人民共和国担保法》，1995年6月30日第八届全国人民代表大会常务委员会第十四次会议通过，1995年10月1日起施行。

[3] 《担保法》第二章是人的担保："保证"，第六章是金钱担保："定金"。

[4] 《担保法》第53条第1款规定："债务履行期届满抵押权人未受清偿的，可以与抵押人协议以抵押物折价或者以拍卖、变卖该抵押物所得的价款受偿；协议不成的，抵押权人可以向人民法院提起诉讼。"

过拍卖机构以公开竞争的方法把抵押物卖给出价最高的竞买者，以所得价款清偿债务；变卖的方式，即将抵押物交由有关部门，由其支付合理价金，以所得价款清偿债务。实现途径上，规定了当事人协商解决和向人民法院提起诉讼两种。根据该款规定，抵押权人需要实现抵押权时，可以与当事人进行协商，无法达成协议的，"可以向人民法院提起诉讼"，人民法院按照《民事诉讼法》规定的普通审判程序进行审理并作出裁判，担保物权实现的诉讼程序得以确立。

此外，《担保法》第71条第2款和第87条第2款分别对质权[1]及留置权[2]的实现作了规定，均为协商折价或者依法拍卖、变卖。

(二)《担保法》关于实现担保物权诉讼程序规定的不足

受当时市场经济发育程度的制约，加之缺乏深厚的民事法律理论支撑，《担保法》的规定总的来说还比较原则，其对担保物权及其实现的规定也存在不完善的地方，远不能满足经济发展中担保交易的需要。具体表现在以下几个方面：首先，《担保法》根据不同担保物权种类对其实现途径作了不同的规定，抵押权的实现除了当事人协商对抵押财产折价、拍卖、变卖外，还明确规定了可以提起诉讼；而质权、留置权的实现，则只规定了协商折价或者依法拍卖、变卖，何为"依法拍卖、变卖"、依何"法律"，《担保法》均未明确，这必然造成《担保法》在司法实务中难以适用。其次，在社会经济活动中，由于各方面的原因，担保物权人与担保人通过协商方式实现担保物权的概率非常低，[3] 担保物权实现的公力救济途径就显得尤为重要。为弥补《担保法》关于担保物权实现规定的不足，最高人民法院出台了关于《担保法》的司法解释，但司法解释仅仅明确了通过公力救济实现担保物权的诉讼为普通共同诉讼，[4]

---

[1] 《担保法》第71条第2款规定："债务履行期届满质权人未受清偿的，可以与出质人协议以质物折价，也可以依法拍卖、变卖质物。"

[2] 《担保法》第87条第2款规定："债务人逾期仍不履行的，债权人可以与债务人协议以留置物折价，也可以依法拍卖、变卖留置物。"

[3] 参见朱岩、高圣平、陈鑫：《中国物权法评析》，北京大学出版社2007年版，第628页；程啸：《中国抵押权制度的理论与实践》，法律出版社2002年版，第358页。

[4] 《最高人民法院关于适用〈中华人民共和国担保法〉若干问题的解释》第128条规定："债权人向人民法院请求行使担保物权时，债务人和担保人应当作为共同被告参加诉讼。同一债权既有保证又有物的担保的，当事人发生纠纷提起诉讼的，债务人与保证人、抵押人或者出质人可以作为共同被告参加诉讼。"

第二章 我国担保物权实现机制立法演进实证分析

且依司法解释第130条的规定，[1]担保物权人以及其他有权请求实现担保物权的人无法直接申请拍卖、变卖担保财产，要实现担保物权只能通过诉讼，而通过诉讼方式实现担保物权存在成本高、效率低的弊端，此种高昂的诉讼成本以及复杂、漫长的公力救济程序设计对担保物权人明显不利，因而广受诟病。[2]以诉讼成本为例，有关机构的调查数据显示，金融机构通过诉讼实现担保物权，整个过程需要支付20多种税费，如立案需要缴纳案件受理费，申请保全的要缴纳诉讼保全费，案件审理过程中需要支付评估费、鉴定费等，判决执行阶段要支付执行费、拍卖费、执行物过户费、土地出让金等，此外还有律师费、公告费、营业税等名目繁多且费率高的税费；在个别地区，各种税费甚至高达35种，这些税费基本占担保财产金额的22%以上，多的高达34%，85%的金融机构认为通过诉讼实现担保物权的费用高昂。[3]

社会经济活动中，面对《担保法》关于担保物权实现规则规定的不足，一些担保物权人为了能够低成本、高效率地实现权利，开始寻求新的实现途径，较为常见的是，在与担保人签订担保物权合同时约定，债务到期未及时、有效履行的，可直接向人民法院申请强制执行担保财产，并就担保物权合同申请公证机构进行公证。根据《民事诉讼法》第238条的规定，[4]对于公证机关依法赋予强制执行力的法律文书，可作为民事强制执行的依据。因此，担保物权人可以依据公证过的担保物权合同向人民法院申请执行，以实现其担保物权。但是，公证制度体系设计简单化与经济活动中担保交易多样化的矛盾、公证机关审核程序失范与担保物权合同纠纷复杂化的冲突及人民法院执行制度不健全与实现担保物权各方主体追求公平正义心理预期的不融合，致使人民法院在执行实现担保物权申请的过程中经常面临各种各样的现实困难。为此，法学理论研究者与司法实务部门一直呼吁修改《担保法》

---

[1]《最高人民法院关于适用〈中华人民共和国担保法〉若干问题的解释》第130条规定："在主合同纠纷案件中，对担保合同未经审判，人民法院不应当依据对主合同当事人所作出的判决或者裁定，直接执行担保人的财产。"

[2] 肖建国："论担保物权的强制执行"，载《人民法院报》2001年6月11日。

[3] 数据来源参见：中国人民银行研究局、世界银行集团外国投资咨询服务局、国际金融公司中国项目开发中心：《中国动产担保物权与信贷市场发展》，中信出版社2006年版，第15页。

[4]《民事诉讼法》第238条规定："对公证机关依法赋予强制执行效力的债权文书，一方当事人不履行的，对方当事人可以向有管辖权的人民法院申请执行，受申请的人民法院应当执行。公证债权文书确有错误的，人民法院裁定不予执行，并将裁定书送达双方当事人和公证机关。"

及其司法解释的相关规定，允许担保物权人以及其他有权请求实现担保物权的人在需要实现担保物权时不必经过诉讼程序，而是直接申请强制执行担保物。

三、《合同法》：担保物权实现机制的有限改进

（一）《合同法》对担保物权实现机制的改进

对于《担保法》及其司法解释规定在实践中的弊端，立法部门也有了充分的认识，并在1999年的《合同法》[1]中作出了有限度的立法回应。《合同法》作为中国特色社会主义法律体系的有机组成部分，在维护社会经济秩序中具有重要的作用。为了适应我国建筑市场快速发展的客观需要及有效预防和解决我国建筑市场领域存在的拖欠工程款"老大难"问题，借鉴国外对建设工程款保护的先进立法经验，《合同法》增加了第286条，该条突破债权平等原则，第一次以法律的形式规定了建设工程价款优先受偿权，[2]打破了传统上的承包人就建设工程享有的债权在实现上与普通债权人就一般债权实现的平等保护，对承包人享有的建筑工程价款债权给予了特殊保护。

学界通说认为，建设工程价款优先受偿权属于担保物权中的法定抵押权。[3]其法定抵押权的属性，就使得我们可以名正言顺地探讨《合同法》第286条对担保物权实现机制的改进问题。建设工程价款优先受偿权不仅将债务人（发包人）的财产责任特定化为建设工程，保证了承包人债权实现的稳定

---

[1]《中华人民共和国合同法》（以下简称《合同法》），1999年3月15日第九届全国人民代表大会第二次会议通过，1999年10月1日起施行。

[2]《合同法》第286条规定："发包人未按照约定支付价款的，承包人可以催告发包人在合理期限内支付价款。发包人逾期不支付的，除按照建设工程的性质不宜折价、拍卖的以外，承包人可以与发包人协议将该工程折价，也可以申请人民法院将该工程依法拍卖。建设工程的价款就该工程折价或者拍卖的价款优先受偿。"

[3] 参见王利明："抵押权若干问题的探讨"，载《法学》2000年第11期；梁慧星："是优先权还是抵押权——合同法第286条的权利性质及其适用"，载《中国律师》2001年第10期；梁慧星、陈华彬：《物权法》，法律出版社2010年版，第305页；杨永清："《最高人民法院关于建设工程价款优先受偿问题的批复》的理解和适用——兼谈与该权利有关的几个重要问题"，载曹建明主编：《民事审判指导与参考》，法律出版社2002年版，第89页；余能斌、范中超："论法定抵押权——对《合同法》第286条之解释"，载《法学评论》2002年第1期；王一兵："论建筑工程承包人的法定抵押权——对《合同法》第286条的理解和探讨"，载《当代法学》2002年第11期；钟伟珩："建设工程价款优先受偿权若干疑难问题分析（之一）"，载《建筑时报》2013年2月4日。

性,更重要的是承包人实现债权的简便性。[1] 根据《合同法》第286条的规定,经催告,发包人逾期不支付建设工程价款的,承包人可以通过与发包人协商对建设工程进行折价优先实现其债权,也可以申请人民法院依法拍卖该建设工程,并就拍卖的价款优先受偿以实现其债权,和其他权利实现方式相比,承包人以直接行使优先受偿权的方式实现债权要简便得多。具体来说,《合同法》第286条对建设工程承包人法定抵押权的实现采取了"可以……也可以……"的条文表述,承包人在协议折价与申请拍卖之间可自由选择,也就是说,承包人可先与发包人协商,协商不成的,再向人民法院申请拍卖建设工程,也可不与发包人协商直接申请人民法院拍卖建设工程。且《合同法》第286条规定的"申请人民法院依法拍卖"和《担保法》第53条规定的"向人民法院提起诉讼"虽然都是关于公力救济程序的规定,但其立法意图却明显不同。《担保法》规定的"向人民法院提起诉讼"属于对人诉讼,解决的是担保物权人与担保人之间关于如何实现担保物权的争议,在程序上应当适用民事诉讼法规定的普通诉讼程序;而《合同法》规定的"申请人民法院依法拍卖"属于对物诉讼,是通过向人民法院申请依法拍卖建设工程来实现承包人的法定抵押权。申请人民法院依法拍卖建设工程的具体程序,应当准用载《民事诉讼法》第三编规定的执行程序。[2]

(二)《合同法》对担保物权实现机制改进的有限性

在担保物权实现机制上,1999年《合同法》有了较大的改进,体现了担保物权实现规则快捷、高效的价值取向,可谓改变担保物权实现途径的破冰之举。当然,基于特定立法目的及调整对象的《合同法》,只是对建设工程承包人享有的法定抵押权及其实现问题进行了规定,其不会也不可能对担保物权的实现问题作出统一、明确的规定。从这个角度看,《合同法》虽然为《物权法》规定担保物权的实现问题提供了制度先例,但其对担保物权实现机制的改进却仍是有限的。

---

[1] 王旭光:《建筑工程优先受偿权制度研究——合同法第286条的理论与实务》,人民法院出版社2010年版,第68页。

[2] 参见梁慧星:"合同法第二百八十六条的权利性质及其适用",载《山西大学学报(哲学社会科学版)》2001年第3期。

四、《物权法》：担保物权实现程序的重要修订

（一）《物权法》对担保物权实现程序的补充与修正

为了从立法上有效解决担保物权人通过向人民法院提起诉讼实现担保物权导致的程序复杂、漫长且成本高昂等问题，2007年《物权法》[1]立足于我国社会主义市场经济发展中担保交易的需要，借鉴其他国家和地区的先进立法及司法经验，对担保物权的实现途径进行了重要修订，主要体现在抵押权的实现上。根据《物权法》第195条的规定，抵押权人需要实现抵押权时，可以就抵押权的实现方式与抵押人协商，达不成协议的，可以依法请求人民法院对抵押财产进行拍卖、变卖。[2]特别值得关注的是，《物权法》第195条第2款将抵押权人实现抵押权的公力救济途径由《担保法》第53条第1款规定的"向人民法院提起诉讼"修正为"请求人民法院拍卖、变卖抵押财产"，赋予了抵押权人向人民法院请求拍卖、变卖抵押财产的权利，目的在于简化抵押权实现程序，从而高效、快捷地实现抵押权。

（二）学界对《物权法》抵押权实现程序性质的争议

虽然《物权法》第195条第2款赋予了抵押权人"请求人民法院拍卖、变卖抵押财产"以实现其债权的权利，但是并未明确在诉讼上应以何种程序实现。一直以来，理论界对于《物权法》第195条第2款规定的程序性质，存在较大争议，可谓见仁见智。总体来说，主要有以下四种观点：

第一种观点是一般民事诉讼程序说。该观点认为，《物权法》没有明确规定抵押权的实现程序，且《民事诉讼法》也没有规定特别的处理程序，因而，抵押权人实现抵押权应该采取一般的民事诉讼方式，即向人民法院提起诉讼以启动审判程序，人民法院判决其胜诉后依法申请人民法院执行。这主要是因为《物权法》第195条第2款规定的是"请求人民法院……"而非"申请人民法院……"在法律上，"请求"和"申请"是有明显区别的：向人民法

---

[1]《中华人民共和国物权法》（以下简称《物权法》），2007年3月16日第十届全国人民代表大会第五次会议通过，2007年10月1日起施行。

[2]《物权法》第195条规定："债务人不履行到期债务或者发生当事人约定的实现抵押权的情形，抵押权人可以与抵押人协议以抵押财产折价或者以拍卖、变卖该抵押财产所得的价款优先受偿。协议损害其他债权人利益的，其他债权人可以在知道或者应当知道撤销事由之日起一年内请求人民法院撤销该协议。抵押权人与抵押人未就抵押权实现方式达成协议的，抵押权人可以请求人民法院拍卖、变卖抵押财产。抵押财产折价或者变卖的，应当参照市场价格。"

院"请求",必定是诉讼,通常要经过提起诉讼、开庭审理、法院裁判、申请执行等诉讼全过程,当事人对人民法院的一审裁判不服的,还有可能出现二审甚至再审;而"申请"则不需要经过冗长而琐细的诉讼全过程,人民法院只需通过对抵押权人提交的申请实现抵押权的有关材料进行审查,就可以作出是否准许实现抵押权的裁判,包括是否允许强制拍卖、变卖抵押财产等。[1]

第二种观点是督促程序说。该观点认为,抵押权人依据《物权法》第195条第2款的规定实现抵押权,可以参照《民事诉讼法》督促程序的有关规定,依法向人民法院申请担保财产拍卖、变卖令。[2] 人民法院首先从主体资格、申请手续、债务期限、管辖法院等方面对抵押权人的申请进行形式上的审查,经形式审查决定受理抵押权的申请后,再对是否符合申请抵押财产拍卖、变卖令的条件进行实质上的审查。经审查符合申请条件的,人民法院可以直接向抵押人发出拍卖、变卖抵押财产令,并依法对其抵押财产予以拍卖、变卖。[3]

第三种观点是强制执行程序说。持该意见的学者认为,抵押权人依据《物权法》第195条第2款的规定请求实现抵押权的,应当直接启动民事诉讼强制执行程序,由抵押权人持抵押合同书、登记机关出具的他项权证书或者登记机关的登记簿等材料,向有管辖权人民法院的执行机构直接申请拍卖、变卖抵押财产。[4]

第四种观点是非诉执行程序说。持该观点的学者认为,《物权法》第195条第2款的立法精神明显排除了通过普通诉讼程序实现抵押权,其规定的抵押权实现程序在性质上应属于非诉执行程序。抵押权人实现抵押权,可以依

---

[1] 参见最高人民法院物权法研究小组编著:《〈中华人民共和国物权法〉条文理解与适用》,人民法院出版社2007年版,第583页;江平主编:《物权法教程》,中国政法大学出版社2007年版,第238页。

[2] 《民事诉讼法》第214条规定:"债权人请求债务人给付金钱、有价证券,符合下列条件的,可以向有管辖权的基层人民法院申请支付令:(一)债权人与债务人没有其他债务纠纷的;(二)支付令能够送达债务人的。……"

[3] 冉崇高、代贞奎:"直接请求法院拍卖、变卖担保物的程序设定",载《人民法院报》2007年9月14日。

[4] 参见王利明:《物权法研究》(第3版)(下卷),中国人民大学出版社2013年版,第505页;刘智慧主编:《中国物权法释解与应用》,人民法院出版社2007年版,第568页;尹伟民:"抵押权公力实现的程序保障",载《烟台大学学报(哲学社会科学版)》2009年第2期。

据抵押合同书、登记机关出具的他项权证书或者登记机关的登记簿等材料直接向有管辖权的人民法院提出申请，人民法院经审查准许对抵押财产进行拍卖、变卖的，抵押权人可再依据人民法院的许可裁定申请执行。[1]

（二）《物权法》关于担保物权实现程序规定的缺陷

《物权法》对《担保法》的修正，其立法精神体现了对担保物权便捷实现需求的关注，降低权利人实现担保物权的支出成本；体现了担保物权实现规则高效率的价值取向，方便了担保物权人高效地实现担保物权。[2] 但是《物权法》及相关法律并未明确第195条第2款规定的抵押权实现在诉讼上应以何种程序实现，也缺乏具体的配套法律规范，致使理论界存在较大的争议。这也导致司法实践中《物权法》第195条第2款的规定极少被人民法院在实现抵押权案件中适用，抵押权人在实现抵押权时，因无法与抵押人协商一致而请求人民法院拍卖、变卖抵押财产的，人民法院仍按照《担保法》的规定适用普通的诉讼程序审理。

此外，《物权法》关于质权[3]和留置权[4]实现的规定中，只规定了出质人、财产被留置的债务人可以请求人民法院拍卖、变卖质押财产、留置财产，而对于质权人、留置权人是否享有请求人民法院拍卖、变卖担保财产的权利，《物权法》未予明确规定。

---

[1] 参见曹士兵：《中国担保制度与担保方法》，中国法制出版社2008年版，第265页；张自合："论担保物权实现的程序"，载《法学家》2013年第1期；高圣平："担保物权实行途径之研究——兼及民事诉讼法的修改"，载《法学》2008年第2期。

[2] 丁亮华："论抵押权之非诉执行实现——《物权法》第195条第2款的解释论展开"，载《法学家》2013年第4期。

[3] 《物权法》关于质权实现的规定主要有以下条文：第216条规定："因不能归责于质权人的事由可能使质押财产毁损或者价值明显减少，足以危害质权人权利的，质权人有权要求出质人提供相应的担保；出质人不提供的，质权人可以拍卖、变卖质押财产，并与出质人通过协议将拍卖、变卖所得的价款提前清偿债务或者提存。"第219条第2款规定："债务人不履行到期债务或者发生当事人约定的实现质权的情形，质权人可以与出质人协议以质押财产折价，也可以就拍卖、变卖质押财产所得的价款优先受偿。"第220条第1款规定："出质人可以请求质权人在债务履行期届满后及时行使质权；质权人不行使的，出质人可以请求人民法院拍卖、变卖质押财产。"

[4] 《物权法》关于留置权实现的规定主要有以下条文：第236条第1款规定："留置权人与债务人应当约定留置财产后的债务履行期间；没有约定或者约定不明确的，留置权人应当给债务人两个月以上履行债务的期间，但鲜活易腐等不易保管的动产除外。债务人逾期未履行的，留置权人可以与债务人协议以留置财产折价，也可以就拍卖、变卖留置财产所得的价款优先受偿。"第237条规定："债务人可以请求留置权人在债务履行期届满后行使留置权；留置权人不行使的，债务人可以请求人民法院拍卖、变卖留置财产。"

五、《民事诉讼法》：实现担保物权非讼程序的确立

随着社会经济的发展、价值观念的多元化及民众法律意识的提高，民事纠纷类型日益呈现出复杂化、多样化、新型化等特征，并以诉讼形式大量涌入法院，相应地对民事诉讼法律规范也提出了更高的要求。随着国家法制建设的不断推进，我国《民事诉讼法》历经多次修改，民事诉讼的法制现代化进程也得以不断推进。[1] 但随着社会的历史转型和发展，《民事诉讼法》自身内容仍存在不少问题和缺陷，民事审判过程中遇到的许多新情况、新问题在《民事诉讼法》中还未及时得到应有的回应，难以完全适应社会公众对司法的现实需求，有必要进一步对其进行修改与完善。全国人大常委会于2010年7月启动《民事诉讼法》新一轮的修改工作，2012年8月31日通过了《民事诉讼法》的修改决定，新《民事诉讼法》于2013年1月1日开始实施。此次《民事诉讼法》的修改是一次全面的修改，修改内容广、新增制度多，在我国民事诉讼立法进程及法制建设中具有里程碑的意义。[2] 2012年《民事诉讼法》中"实现担保物权案件"的规定是一项重要的制度创新，是对实现担保物权程序的重大突破，完成了由诉讼程序向非讼程序的重大转变，契合了担保物权人权利实现的便捷需求。[3]

（一）《民事诉讼法》对实现担保物权程序的重大突破

2012年《民事诉讼法》针对实现担保物权公力救济中存在的问题，与时俱进，在担保物权实现的程序上有了重大突破与飞跃，即在审判程序编的第十五章"特别程序"中增加了"实现担保物权案件"一节（第七节），这意味着人民法院审理实现担保物权案件应适用特别程序。至此，担保物权实现的具体程序第一次在我国《民事诉讼法》中有了较为明确的规定，在我国民事审判程序体系中占据了一席之地。

2012年《民事诉讼法》用第196条、第197条两个条文明确规定了实现担保物权的程序规则，其中第196条规定了实现担保物权案件的适用范围、申

---

[1] 何文燕："我国民事诉讼立法回顾与评析"，载《公民与法（法学版）》2009年第12期。
[2] 潘剑锋："2012年《民事诉讼法》修改述评"，载《中国法律》2012年第5期。
[3] 李林启："我国实现担保物权非讼程序及适用——兼评新《民事诉讼法》第196、197条之规定"，载《湘潭大学学报（哲学社会科学版）》2014年第4期。

请主体、管辖法院等，[1] 适用范围上，抵押权、质权、留置权等担保物权的实现均适用该程序；申请主体上，不仅包括担保物权人，还包括其他有权请求实现担保物权的人；管辖法院上，案件的地域管辖属于专属管辖，只能由担保财产所在地或者担保物权登记地的人民法院管辖，其他法院无管辖权，当事人也不能通过协议变更管辖法院；[2] 级别管辖上，管辖法院为基层人民法院，不论涉案标的额的多少、案情的繁简程度、案件影响的范围大小及是否存在跨地域因素等，均由基层人民法院管辖。第197条对实现担保物权案件的申请受理、审查裁定、强制执行等问题作了规定，[3] 申请实现担保物权，申请人应当向人民法院提交相关材料，符合立案条件的，人民法院应予受理；人民法院对受理的实现担保物权案件经过审查，根据是否符合《物权法》等法律的规定，作出准许拍卖、变卖担保财产或者驳回申请人申请实现担保物权的裁定；人民法院作出准许拍卖、变卖担保财产裁定的，申请人可依据准许裁定向有管辖权的人民法院申请执行，驳回申请的，申请人可以向人民法院另行提起普通诉讼。

2012年《民事诉讼法》规定的实现担保物权程序，是我国相关法律一直追求高效、快速、低成本实现担保物权的具体落实，其有机衔接了实体法和程序法的相关规定，充分体现了以人为本的立法宗旨，是我国民事诉讼立法上的一大进步，也是我国担保物权实践中程序机制的又一重大创新。实现担保物权程序在司法实践中的适用，必将极大地缩短实现担保物权案件的审理时间，方便权利人快速、及时地实现担保物权，切实、有效地保护担保物权

---

[1]《民事诉讼法》第196条规定："申请实现担保物权，由担保物权人以及其他有权请求实现担保物权的人依照物权法等法律，向担保财产所在地或者担保物权登记地基层人民法院提出。"

[2]《民事诉讼法》规定的实现担保物权案件的地域管辖在性质是否属于专属管辖，学界及司法实务部门有不同的看法。但通说认为，实现担保物权案件属于非讼案件，其管辖虽然在法律条文的文字使用上没有"专属管辖"的用语，但由于非讼管辖的目的在于追求迅速及符合公益目的的需求，且其经常涉及第三人的权益，其管辖有定性为专属管辖的必要；且依其性质，并无约定管辖及应诉管辖的适用。参见姜世明：《非讼事件法新论》（修订第2版），新学林出版社2013年版，第61页。

[3]《民事诉讼法》第197条规定："人民法院受理申请后，经审查，符合法律规定的，裁定拍卖、变卖担保财产，当事人依据该裁定可以向人民法院申请执行；不符合法律规定的，裁定驳回申请，当事人可以向人民法院提起诉讼。"

人的合法权益,使担保物权制度的功能得到更加充分的发挥;[1] 且能够有效地节约诉讼资源,将原本有限的司法资源用到最需要的地方。

(二)《民事诉讼法》中实现担保物权程序的非讼程序属性

2012年《民事诉讼法》在"审判程序"编明确规定了实现担保物权程序,作为我国《民事诉讼法》新增的程序,准确界定其法律性质是对其正确理解和精准适用的最基本、也是最重要的问题之一。性质是深藏于事物内部的、相对稳定的该事物的特殊本质,实现担保物权程序的性质,是指实现担保物权程序作为一种民事审判程序所具有的本质属性。实现担保物权的案件特征与非讼案件的"非讼性""时效性""公益性"等特征[2]具有一致性,其本质上属于非讼案件;人民法院在审理实现担保物权案件中适用非讼程序进行裁判与非讼程序快速、高效、低成本、预防纠纷的价值取向是一致的,合乎非讼程序的制度价值。因此,我国《民事诉讼法》规定的实现担保物权案件为非讼案件,实现担保物权程序的性质应界定为非讼程序。[3]

1. 实现担保物权案件在本质上属于非讼案件

担保物权的实现规则兼具实体准则与程序规范的特征,是一个实体法和程序法密切联系的问题。探讨实现担保物权案件应该适用何种程序,与其从外部程序的角度讨论何种程序更适合实现担保物权案件,倒不如回归案件本身,从实现担保物权案件的本质出发,探寻、确定其根本属性,进而明确其适用的程序范畴。

(1)诉讼案件与非讼案件的界分。

司法权是国家与生俱来的、保障法律实施的一种重要权力,[4] 在民事司法领域,法院的民事司法活动不仅仅是民事诉讼,也就是说,解决民事争讼案件只是法院诸多民事司法活动中的一种,且很显然也是最为重要的一种。

---

[1] 参见最高人民法院民事诉讼法修改研究小组编著:《〈中华人民共和国民事诉讼法〉修改条文理解与适用》,人民法院出版社2012年版,第415页。

[2] 参见张卫平主编:《新民事诉讼法条文精要与适用》,人民法院出版社2012年版,第493~494页;肖建国、陈文涛:"论抵押权实现的非讼程序构建",载《北京科技大学学报(社会科学版)》2011年第1期。

[3] 参见李林启:"我国实现担保物权的程序性质",载《湖南科技大学学报(社会科学版)》2015年第3期。

[4]《马克思恩格斯选集》(第2卷),人民出版社1995年版,第538页。

除此之外，法院的职能还有强制执行等事实性实现的处理制度、有关调解、仲裁等相关程序及监护性、参与性介入私人生活非讼方面等。其中，诉讼案件与非讼案件是相对应的两个概念。讨论实现担保物权案件的属性，须先明确诉讼案件与非讼案件的概念及其区别，这是研究实现担保物权案件根本属性的基础。

根据民事诉讼的基本原理，民事案件可分为诉讼案件和非讼案件两种基本类型，且这种区分由来已久，可追溯至古罗马时期的诉讼实务中。[1] 所谓"讼"意即争辩、辩驳，诉讼案件，就是民事主体之间关于民事权益发生争执而诉至法院，请求法院居中依法解决的案件，具有讼争性是诉讼案件之特色。[2] "非讼"，依文义解释，即没有民事权益争议，因而有"控"无辩。[3] 非讼案件，就是指在没有民事权益争议的情况下，利害关系人或者起诉人向人民法院提出申请，要求人民法院对某种法律事实或者民事权利的存在与否予以确认，从而发生、变更、消灭一定民事法律关系的案件。[4]

非讼案件除没有民事权益争议外，还具有以下几个基本特征：一是时效性，非诉案件通常具有时效性，需要法院迅速处理，国家往往会基于立法政策上的考虑而作出特别规定，以迅速解决非讼案件，保护当事人的合法权益，形成新的私法秩序；二是高度的公益性，非讼案件是国家对私法领域的一种监护，侧重于对公共秩序、善良风俗的保护，具有较强的公益性；三是保护隐私的必要性，非讼案件通常涉及当事人的隐私，具有保护隐私的必要；四是多体现为继续性法律关系，一般非讼案件在时间上具有无限延续性，在行为上具有持续实施性。

需要说明的是，并不是所有的非讼案件都同时具有上述几个特征，只要具备其中的一项特征，可能就属于非讼案件。但是，有些情况下，即使上述几个特征全部具备，也不能够说其必然是非讼案件。[5]

---

[1] 参见周枏：《罗马法原论》（下），商务印书馆1994年版，第928~929页。
[2] 姜世明：《非讼事件法新论》（修订2版），新学林出版社2013年版，第4页。
[3] 刘海渤："民事非讼审判程序初探"，载《中国法学》2004年第3期。
[4] 参见江伟主编：《民事诉讼法学》，复旦大学出版社2002年版，第434页。
[5] 参见李木贵：《民事诉讼法》（上），元照出版公司2006年版，第1~52页。

第二章 我国担保物权实现机制立法演进实证分析

"有无争议"是区分诉讼案件和非讼案件的重要标准。[1] 除"有无争议"之外，诉讼案件与非讼案件在目的、对象、手段等方面也存在着极大的区别：目的上，民事诉讼的主要目的在于保护民事主体私法上的权利，进而维护整体私法秩序；非讼事件的主要目的在于确认某种私法权利，进而形成一种新的私法秩序。[2] 对象上，诉讼案件存在利益相反的当事人，当事人之间以利益纷争为对象；非讼案件的对象为权利之保全，且当事人之间对权利没有争议。手段上，诉讼案件通过具有既判力的法院裁判达成；非讼案件虽也要经过法院的裁判实现其目的，但法院的裁判通常没有既判力。[3]

（2）实现担保物权案件的特征与非讼案件的特征本质上具有一致性。

就实现担保物权案件而言，其特征与非讼案件的特征本质上具有一致性，实现担保物权案件在性质上应属于非讼案件。这主要体现在：

首先，实现担保物权案件具有非讼性。担保物权实现中，担保物权人以及其他有权请求实现担保物权的人和被申请人之间没有权利义务上的争议。当事人不仅对于主合同上的债权是否存在、担保物权是否存在没有争议，其对担保物权人要求实现担保物权的目的也不存在争议，可能只是关于以何种方式来实现担保物权存在不同的看法。换言之，实现担保物权案件中，并不存在利益相反的当事人，反之，在尽快实现担保物权这一问题上，担保物权

---

[1] 需要注意的是，在有些国家，"有无争议"依然作为区分诉讼案件和非讼案件的重要标准存在。如法国，《法国民事诉讼法》第 25 条规定："法院受理的诉讼请求中没有争议，但法律要求依据案件的性质或申请人的资格，此种诉讼请求应受法官监督时，以非讼案件裁判之。"参见：《法国新民事诉讼法典》，罗结珍译，中国法制出版社 1999 年版，第 8 页。然而，近代以来，随着诉讼事件非讼化的发展，适用非讼事件的范围不断扩大，诸多具有争议性质的案件被移至非讼程序予以解决，非讼事件"没有争议"的特征逐渐消退，诉讼事件与非讼事件的界限开始变得模糊起来。近些年来，在德国和日本等国家基本上已经放弃寻找诉讼案件与非讼案件的区分标准，因为几乎所有的标准都无法涵盖所有的非讼事件。如在德国，现行法中没有对争讼审判和非讼审判进行严格、实质性划分，这种划分也是可有可无的，因为法律通过将案件分配给监护法院、家庭法院、遗产法院和登记法院等已经表明，这些案件不能使用诉讼途径。具体论述参见［德］罗森贝克、施瓦布、戈特瓦尔德：《德国民事诉讼法》，李大雪译，中国法制出版社 2007 年版，第 66～67 页。由于中国的专门法院仅限于海事法院等，有关民事案件分工与权限等具体情形跟国外也有所差别，中国的非讼研究刚刚起步，加之没有诉讼与非讼区分的历史传统、思维观念、相关理论以及立法文本，区分诉讼与非讼仍然是必要的。这是贯穿非讼程序研究及立法的"隐性原则"，因为只有在与诉讼不同时，非讼方须另行规定；如果内容相同，则无须重复规定。参见赵蕾：《非讼程序论》，中国政法大学出版社 2013 年版，第 51 页。

[2] 杨建华：《民事诉讼法问题研究》（一），三民书局 1991 年版，第 159 页。

[3] 参见李木贵：《民事诉讼法》（上），元照出版公司 2006 年版，第 1～50 页。

人与担保人甚至具有某种一致性，即既是担保物权人的诉求，也符合担保人的利益。实现担保物权案件的"非讼性"特征，充分体现了非讼案件"没有对立当事人就实质权利义务关系进行争执"的特征。当然，基于现代社会中纠纷的复杂化、多元化，在实现担保物权的过程中，并不是说担保人绝对不能就担保物权的实现提出任何异议。担保人提出异议的，并不影响案件的非讼性质，只需区分情况进行处理即可。担保人就一般程序性问题提出异议的，法院可在保障其程序参与权利的基础上予以解决；就基础法律关系中的权利义务提出异议的，应终止案件的审理，由其另行提起诉讼，通过争讼程序进行解决，这也是担保人依法享有的程序权利。

其次，实现担保物权案件需迅速处理。在实现担保物权案件中，权利人之所以提起实现担保物权，是因为债权到期未得到及时、有效的清偿，此时债务人通常不会再主动清偿，以达到逃避债务的目的。对担保物权人来说，设定担保物权的主要目的就是保证债权到期得不到清偿时能够得到及时的救济。因此，担保物权人向法院申请实现担保物权，法院应迅速处理，确保担保物权人的权利尽快实现。特别是随着担保物权制度在商事交易中的应用越来越多，实现担保物权案件需迅速处理体现得尤为突出，这是由商法特有的交易迅捷原则决定的。因为在利益的驱动下，商事主体力求资金快速运转，获得更丰厚的利润，这就要求经济活动中的交易具有敏捷性。[1] 同时，经济的高速运转，才能带动整个社会的快速发展和繁荣。可见，实现担保物权案件需迅速处理的特征，契合了非讼案件"时效性"的特征。

最后，实现担保物权案件的公益性。所谓公益，就是对任何不特定第三人权利的保护，[2] 任何一种法律行为只要可能损及不特定第三人的利益，则就是对公益的损害。就实现担保物权案件而言，担保物权作为他物权的一种，具有物权的对世性特征，其设立、变更必然会对不特定第三人的权益造成影响，特别是担保物权实现中对担保财产的处分更会涉及不特定的多方主体，对担保财产所有人、担保财产上的其他担保物权人、担保财产的承租人、担保财产上的用益物权人及债务人的普通债权人等不同主体的权利义务内容均

---

[1] 李嘉宁："论商法的原则和精神——从商事法律关系的基本特征谈起"，载《河南科技大学学报（社会科学版）》2009年第1期。

[2] [日] 山本和彦：《民事訴訟法の基本問題》，判例タイムズ社2002年版，第224页，转引自郝振江："德日非讼程序审理对象介评"，载《国家检察官学院学报》2012年第5期。

可能产生各种不同的影响,进而影响权利周围的私法秩序。因而,担保物权的实现与不特定第三人的权利密切相关,实现担保物权案件与非讼案件一样,具有较强的公益性。

2. 实现担保物权程序符合非讼程序的本质与价值

(1) 诉讼程序与非讼程序的比较。

诉讼案件与非讼案件是法院行使审判权处理民事纠纷的主要范围,因而审理有关诉讼的案件与处理有关非讼的案件也成为法院民事司法活动的重要组成部分。诉讼案件与非讼案件虽同属民事案件,但两者在诸多方面存在着较大的区别,因而法院行使审判权的方式也就不同。在大陆法系国家,民事裁判权有争讼裁判权和非讼裁判权两种,[1] 争讼裁判权主要针对诉讼案件,审理时依据诉讼法理,程序上适用诉讼程序;非讼裁判权主要解决的是非讼案件,处理时依据非讼法理,程序上适用非讼程序。诉讼程序与非讼程序"同为国家施行私法之程序",[2] 二者之所以能够区分开来,其法理依据在于程序法理二元分离适用理论,根本原因是二者各有一套内在密切联系的基本原则和具体制度。诉讼程序与非讼程序的分类与相应的程序技术设计,不仅适应了社会发展中矛盾纠纷的日趋多元化,也满足了程序主体对于程序的不同价值需求。

在程序的主要原则或制度上,诉讼程序和非讼程序存在着以下几个方面的区别:首先,诉讼程序中以当事人主义为原则,非讼程序中则职权主义色彩浓厚。在诉讼程序中,采用当事人主义,法院对案件的审理受言词主义、辩论主义等支配,有利于法院听取双方当事人的意见,查明案件真相;非讼程序中,职权主义是其核心原则,这也是非讼程序区别于诉讼程序的关键。[3] 在非讼程序的运行中,法院会依职权主动调查、收集有关证据,依职权积极推进程序的进程,从而确保非讼案件快捷、迅速的审理。其次,诉讼程序原则上公开审理,非讼程序则以不公开审理为原则。根据程序运行中指向的对象不同,公开可分为对案件当事人公开和对不特定公众公开。[4] 公开

---

[1] 参见 [德] 奥特马·尧厄尼希:《民事诉讼法》(第27版),周翠译,法律出版社2003年版,第20页。
[2] 宣冀东:《非讼事件程序法》,北京聚魁堂装订讲义书局1937年版,第1页。
[3] 郝振江:"非讼程序的未来走向:自足、独立与开放",载《人民法院报》2012年2月22日。
[4] 姜世明:《法院组织法》,新学林出版社2012年版,第120页。

审理是诉讼程序的一项基本原则，其不仅对双方当事人公开，允许当事人在法庭上直接交流、辩论，还将法院的审判活动对不特定公众公开，接受社会各界的监督；非讼程序一般不公开审理，只有法官认为必要的情况下才会通知当事人到场，听取当事人的陈述，法院的审判活动一般也不对社会公开。最后，诉讼程序中证明标准要求高，非讼程序中的证明标准相对较低。诉讼程序中，当事人提出主张的，应当提供相关的证据证明自己的主张，通说认为，当事人证明案件事实需要达到"高度盖然性"的程度，以使法官形成内心确认；非讼程序中，当事人之间不存在权利义务上的争议，法院只需对相关事实进行确认即可，从这个角度上讲，非讼程序中的证明标准应当比诉讼程序低，法官对证据和事实的认定享有较大的自由裁量权。[1]

(2) 实现担保物权程序符合非讼程序的本质。

从深层次的法理上分析，法在本质上是国家意志的体现，非讼程序的创设亦反映了国家的意志。国家基于预防私人矛盾、商事纠纷等目的，创设出非讼程序。这种程序设计的背后，体现了国家作为社会生活的监护人介入社会的理念。[2] 且一般来说，一个国家的福利程度越高，国家对社会生活的监护程度也越高。具体而言，所谓国家的监护即国家对社会生活中各个方面的监督、照顾和保护，非讼程序中国家的监护，则是指作为监护人的国家运用公权力积极、主动地介入到私人矛盾、商事纠纷中，以实现对社会生活的监督、保护的目的。

如前所述，实现担保物权案件具有无讼争性，即当事人之间没有权利义务上的争议。由于担保物权所具有的物权基本属性及自身的特殊特征，加之担保物权的实现必然会涉及不特定第三人的权益，若国家对担保物权的实现放任不管，任由担保物权人采用私力救济等方式来实现其权利，很有可能使这种本身没有讼争性的事件演变为新的民事纠纷。因而，从国家的角度考虑，就非常有必要从宏观上妥善处理此类事件，为其提供公力救济的解决途径，而非讼程序正是国家在法律上所创设的救济途径。事实上，随着社会的不断发展，非讼程序的适用范围越来越广，需要国家以监护人身份进行监护的事

---

[1] 参见江伟主编：《民事诉讼法专论》，中国人民大学出版社 2005 年版，第 439 页。
[2] [日] 上田彻一郎：《民事诉讼法》（第 2 版），法学书院 1997 年版，第 18~19 页。转引自王亚新：《社会变革中的民事诉讼》，中国法制出版社 2001 年版，第 245 页。

件越来越多地被纳入非讼程序中,实现担保物权案件就是其中之一。因此,从某种角度和意义上来说,国家作为社会生活的监护人对社会的"监护意志",决定了实现担保物权案件应被纳入非讼程序范畴。2012年《民事诉讼法》规定的实现担保物权程序符合非讼程序的本质,即国家的监护意志。借助非讼程序的运行,既能够充分发挥国家对社会的监护作用,预防担保物权实现中各类矛盾纠纷的发生,又能够在权利人需要实现担保物权时,迅速、高效地予以实现,使当事人之间权利义务关系的不稳定状态尽快消除,进而促进新的私法秩序尽快形成。

(3)实现担保物权程序合乎非讼程序的制度价值。

非讼程序作为民事程序法的重要组成部分,在主要原则或制度上异于诉讼程序,其以合目的性为指导原则,职权主义色彩浓厚,多采用不公开、书面审理,证明标准要求相对较低,法官拥有较大的自由裁量权等特征。非讼程序的这些特征成就了其独有的制度价值:一是程序简易、迅速、成本低,非讼案件不存在民事权益争议,使得非讼程序相对较为简单,程序周期较短,为当事人节省了许多不必要的开支,符合程序效益价值理念;二是预防纠纷,减少诉讼,非讼程序是基于国家积极干预私权关系而创设的,法院通过对法律事实或者法律关系的监护、确认、证明、许可等提前介入私权关系,以预防将来可能产生的民事纠纷,减少现实生活及经济活动中的不安定因素,进而减少诉讼,安定私法秩序;三是全面保护合法民事权益,非讼程序的设立,适应了矛盾纠纷多样化、复杂性对司法的不同需求,使民事审判程序在设置上更趋科学、合理,改变了诉讼程序对某些民事权益保护不足的状况,使民事权益能够得到更加全面的保护。[1]

就实现担保物权程序而言,实现担保物权案件的无讼争性特征及实现担保物权程序的国家监护意志本质,决定了实现担保物权程序符合非讼程序预防纠纷、维护私法秩序的价值;而实现担保物权案件的公益性特征使其必须考虑对不特定第三人权益的保护,这与非讼程序全面保护合法民事权益的价值取向本质上也是一致的。至于实现担保物权程序与非讼程序简易、迅速、成本低价值的契合性,在我国担保物权实现程序机制不断创新的历程中有着较为明确的体现,迅速、高效、简易、成本低一直是我国实现担保物权程序

---

[1] 参见邓辉辉:"民事非讼程序基本问题研究",载《经济与社会发展》2009年第9期。

立法的追求，也是实现担保物权过程中各方主体的不断追求。总之，2012年《民事诉讼法》规定的实现担保物权程序完全合乎非讼程序的制度价值。

六、《民诉法司法解释》：实现担保物权非讼程序的完善

全国人大常委会关于修改《民事诉讼法》的决定通过后，最高人民法院高度重视其贯彻实施，第一时间成立领导小组，启动了司法解释的起草工作。领导小组在全面深入调研、广泛征求社会各界意见、充分论证的基础上，历时两年完成了起草工作，最高人民法院审判委员会经过5次认真讨论和全面审改，于2014年12月18日通过了《最高人民法院关于适用〈中华人民共和国民事诉讼法〉的解释》（以下简称《民诉法司法解释》），并于2015年2月4日起施行。以贯彻落实《民事诉讼法》为目标的《民诉法司法解释》共23章，552个条文，其全面汇聚了全国各地各级人民法院的审判经验，充分反映了社会各界的法治智慧，较好地解决了《民事诉讼法》实施中的疑难问题。

（一）《民诉法司法解释》对实现担保物权程序的细化与完善

《民诉法司法解释》中，突出了对《民事诉讼法》新增及修改重要制度的落实。针对实现担保物权案件，《民诉法司法解释》从申请主体、管辖法院、受理审查、处理结果等方面对实现担保物权程序规范进行了细化，增强了其操作性，从而确保实现担保物权程序的落实。

实现担保物权案件申请主体上，《民诉法司法解释》对《民事诉讼法》第196条中的"担保物权人"和"其他有权请求实现担保物权的人"进行了明确；[1] 管辖法院上，《民诉法司法解释》对实现权利质权案件的管辖、[2] 同一笔债权由多个担保物时实现担保物权案件的管辖、[3] 专门人民法院对实

---

[1]《最高人民法院关于适用〈中华人民共和国民事诉讼法〉的解释》第361条规定："民事诉讼法第一百九十六条规定的担保物权人，包括抵押权人、质权人、留置权人；其他有权请求实现担保物权的人，包括抵押人、出质人、财产被留置的债务人或者所有权人等。"

[2]《最高人民法院关于适用〈中华人民共和国民事诉讼法〉的解释》第362条规定："实现票据、仓单、提单等有权利凭证的权利质权案件，可以由权利凭证持有人住所地人民法院管辖；无权利凭证的权利质权，由出质登记地人民法院管辖。"

[3]《最高人民法院关于适用〈中华人民共和国民事诉讼法〉的解释》第364条规定："同一债权的担保物有多个且所在地不同，申请人分别向有管辖权的人民法院申请实现担保物权的，人民法院应当依法受理。"

现担保物权案件的管辖[1]等问题进行了明确与细化;受理审查上,《民诉法司法解释》对申请实现担保物权应提交的材料、[2] 人民法院受理申请后向被申请人送达相关法律文书的期限及被申请人提出异议的期限、[3] 审查主体的形式、[4] 审查内容[5]等问题进行了规定;处理结果上,《民诉法司法解释》区分人民法院对案件审查后的不同情况进行了规定。[6]

(二)《民诉法司法解释》对实现担保物权程序完善的意义

《民诉法司法解释》是最高人民法院有史以来参加起草部门及人员最多的司法解释,是条文最多、篇幅最长的司法解释,是最高人民法院践行全面推进依法治国的重大举措。《民诉法司法解释》中关于实现担保物权程序规范的规定及其实施,对于确保实现担保物权程序的正确、统一、严格、有效实施,更加有效地保障担保物权人及其他有权请求实现担保物权的人的权利,更加积极地发挥担保物权制度在促进经济社会发展中的作用,更加有力地为建设社会主义法治国家提供司法保障,都具有十分重要的意义。

---

[1]《最高人民法院关于适用〈中华人民共和国民事诉讼法〉的解释》第363条规定:"实现担保物权案件属于海事法院等专门人民法院管辖的,由专门人民法院管辖。"

[2]《最高人民法院关于适用〈中华人民共和国民事诉讼法〉的解释》第367条规定:"申请实现担保物权,应当提交下列材料:(一)申请书。申请书应当写明申请人、被申请人的姓名或者名称、联系方式等基本信息,具体的请求和事实、理由;(二)证明担保物权存在的材料,包括主合同、担保合同、抵押登记证明或者他项权利证书,权利质权的权利凭证或者质权出质登记证明等;(三)证明实现担保物权条件成就的材料;(四)担保财产现状的说明;(五)人民法院认为需要提交的其他材料。"

[3]《最高人民法院关于适用〈中华人民共和国民事诉讼法〉的解释》第368条规定:"人民法院受理申请后,应当在五日内向被申请人送达申请书副本、异议权利告知书等文书。被申请人有异议的,应当在收到人民法院通知后的五日内向人民法院提出,同时说明理由并提供相应的证据材料。"

[4]《最高人民法院关于适用〈中华人民共和国民事诉讼法〉的解释》第369条规定:"实现担保物权案件可以由审判员一人独任审查。担保财产标的额超过基层人民法院管辖范围的,应当组成合议庭进行审查。"

[5]《最高人民法院关于适用〈中华人民共和国民事诉讼法〉的解释》第371条规定:"人民法院应当就主合同的效力、期限、履行情况,担保物权是否有效设立、担保财产的范围、被担保的债权范围、被担保的债权是否已届清偿期等担保物权实现的条件,以及是否损害他人合法权益等内容进行审查。被申请人或者利害关系人提出异议的,人民法院应当一并审查。"

[6]《最高人民法院关于适用〈中华人民共和国民事诉讼法〉的解释》第372条规定:"人民法院审查后,按下列情形分别处理:(一)当事人对实现担保物权无实质性争议且实现担保物权条件成就的,裁定准许拍卖、变卖担保财产;(二)当事人对实现担保物权有部分实质性争议的,可以就无争议部分裁定准许拍卖、变卖担保财产;(三)当事人对实现担保物权有实质性争议的,裁定驳回申请,并告知申请人向人民法院提起诉讼。"

我国担保物权实现机制立法演进表明，担保物权的实现机制经历了一个从诉讼程序向非讼程序的转变，高效、快速、低成本实现担保物权是立法一直的追求（见表 2-1）。在我国担保物权实现机制的立法变迁中，立法对担保物权实现的引领和推动作用得以充分发挥，以民为本、立法为民的立法宗旨与理念得以充分体现。

表 2-1 我国担保物权实现机制立法演进简况表

法律	主要规定	意义	相关条文
1986 年《民法通则》	债务人不履行债务的，债权人有权依照法律的规定以抵押物折价或者以变卖抵押物的价款优先得到偿还；债务人不履行债务的，占有人有权依照法律的规定以留置财产折价或者以变卖该财产的价款优先得到偿还。	明确担保物权实现方式	第 89 条
1995 年《担保法》	债务履行期届满抵押权人未受清偿的，可以与抵押人协议以抵押物折价或者以拍卖、变卖该抵押物所得的价款受偿；协议不成，抵押权人可以向人民法院提起诉讼。	建立实现担保物权诉讼程序	第 53 条 第 71 条 第 87 条
1999 年《合同法》	发包人未按照约定支付价款的……承包人可以与发包人协议将该工程折价，也可以申请人民法院将该工程依法拍卖。建设工程的价款就该工程折价或者拍卖的价款优先受偿。	改进担保物权实现机制	第 286 条
2007 年《物权法》	债务人不履行到期债务或者发生当事人约定的实现抵押权的情形……抵押权人与抵押人未就抵押权实现方式达成协议的，抵押权人可以请求人民法院拍卖、变卖抵押财产。	修订担保物权实现程序	第 195 条 第 219 条 第 237 条
2012 年《民事诉讼法》	申请实现担保物权，由担保物权人以及其他有权请求实现担保物权的人依照物权法等法律，向担保财产所在地或者担保物权登记地基层人民法院提出。	确立实现担保物权非讼程序	第 196 条 第 197 条
2015 年《民诉法司法解释》	《民事诉讼法》第 196 条规定的担保物权人，包括抵押权人、质权人、留置权人；其他有权请求实现担保物权的人，包括抵押人、出质人、财产被留置的债务人或者所有权人……	完善实现担保物权非讼程序	第 361 条至第 374 条

第三章
实现担保物权非讼程序价值实证检验

价值作为一个普遍的概念，是在人们对待满足其物质及精神需要的外界物的关系中逐渐产生的。[1] 在法哲学中，"价值"是法律制度和法律程序赖以存在、得以发展的道德根据，是构建法律制度和法律程序的具体标尺，是判断法律制度和法律程序好坏的具体准据，也是法律制度和法律程序在运作中所追求的理想结果。[2] 担保物权制度中，担保物权的实现是影响其发挥效用的重要因素，随着我国经济运行步入全方位多层次新常态，高效、快速、低成本地实现担保物权，对于保障资金融通安全、促进经济结构转型升级和国家经济的可持续发展具有重要意义。2012年《民事诉讼法》在审判程序编的第十五章特别程序中增加了"实现担保物权案件"一节，明确规定了实现担保物权程序。实现担保物权案件的特征与非讼案件的特征具有一致性，实现担保物权程序符合非讼程序的本质，合乎非讼程序的制度价值，《民事诉讼法》关于实现担保物权的程序规定属于非讼程序。[3] 实现担保物权非讼程序的价值在于它能够满足当事人在实现担保物权过程中的一些基本需要，即效益、效率与公正，这是实现担保物权非讼程序存在的价值，同时也是其所追求的基本价值，即低成本实现担保物权、快速实现担保物权、维护社会公平正义。[4] 2012年《民事诉讼法》实施以来，实现担保物权非讼程序在实践运行中是否能达到其所追求的基本价值，不仅是立法者关注的问题，亦是理论研究者值得研究的重要问题。本部分以中国裁判文书网提供的丰富案例素材为数据来源，从中选取2012年《民事诉讼法》实施以来中国裁判文书网收

---

[1]《马克思恩格斯全集》（第19卷），人民出版社1974年版，第406页。

[2] 陈瑞华：《程序正义理论》，中国法制出版社2010年版，第137页。

[3] 李林启："我国实现担保物权的程序性质"，载《湖南科技大学学报（社会科学版）》2015年第3期。

[4] 李林启："实现担保物权非讼程序价值实证分析"，载《湖南社会科学》2018年第2期。

录的各地基层人民法院审理的所有实现担保物权案件,[1]对实现担保物权非讼程序的价值进行全样本实证分析,挖掘其蕴涵的丰厚价值底蕴,以期能够指导对实现担保物权非讼程序的理论分析以及司法适用,变革人们对担保物权实现的传统思维,培养人们关于实现担保物权的新观念。

一、低成本实现担保物权

(一) 低成本对担保物权实现的重要性

交易成本,是新制度经济学的核心范畴,[2]指人们在一定社会关系中实施经济行为可能需要支付的实际成本。[3]在人类社会生活中,交易成本可谓无处不在、无时不有。只要有人类的活动,就存在交易成本,交易成本已成为人类各种社会活动中一个难以分割的有机组成部分。而随着人类社会的进步和经济活动的频繁,法律日益渗透到经济生活的各个方面。依据经济基础决定上层建筑的基本原理,法律的真正起源除了为社会关系提供确定性之外,另一个重要的作用就是降低交易成本。因而,交易成本在制定法律制度和设立法律程序中具有重要的指导意义,是解释法律制度和法律程序内在逻辑的重要范畴。[4]效益作为当今法治的重要价值取向,已引起世界各个国家和地区的普遍关注,法律制度和法律程序极其注重降低交易成本,促进经济效益。[5]以理性主义为基础的法律效益化,是现代法制与传统法制的重大区别之一。[6]科学合理的法律制度和法律程序设计,能够有效降低交易成本,提

---

[1] 关于样本案例的来源、整理及具体统计等,笔者委托北京法意科技有限公司进行。"北大法意"利用其设计开发的法学大数据分析平台,以中国裁判文书网提供的丰富案例素材为数据来源,以2013年1月1日至2017年11月1日为时间段,以"审判程序为实现担保物权"且"文书类型为裁定书"为筛选标准,共筛选出实现担保物权案件15 128件,进而对这些案件进行数据建模、数据处理、数据统计分析、数据可视化应用等,形成了数据报告。

[2] 刘朝阳、李秀敏:"交易成本的定义、分类与测量研究——基于2004-2013中国总量交易成本的经验证据",载《经济问题探索》2017年第6期。

[3] [美]理查德·A.波斯纳:《法律的经济分析》,蒋兆康译,中国大百科全书出版社1997年版,第391页。

[4] 冯玉军:"法律的交易成本分析",载《法制与社会发展》2001年第6期。

[5] 美国杰出的法律经济学家理查德·A.波斯纳指出,"从最近的法律经济学研究中获得一个最重要的发现是,法本身——它的规范、程序和制度——极大地注重于促进经济效益"。See Richard A. Posner, *Economic Analysis of Law*, Little, Brow and Company, 1977, p.517.

[6] 公丕祥:"法律效益的概念分析",载《南京社会科学》1993年第2期。

高经济效益,实现财富的最大化,促进社会经济的健康发展。

效益同样是实现担保物权非讼程序存在及追求的基本价值,而降低交易成本,低成本实现担保物权是效益价值的具体体现。根据科斯定理,交易中如果成本为零,则不管法律对权利如何进行界定,资源都能够通过市场交易实现最佳配置。[1] 然而,交易成本为零就像"无摩擦"的真空世界一样,不过是理论上的假设,现实经济活动中是根本不存在的。担保物权实现中,参与各方都必然付出一定的成本。因此,权利实现成本是当事人在经济活动中设立担保物权时考虑的重要因素之一,成本的高低直接影响到担保物权的设立与效果。如果实现担保物权的过程漫长、环节众多、费用高昂,则权利人出于对交易成本等因素的考虑,要么拒绝使用该制度,担保物权设立的目的难以达成;要么想方设法转移成本而加重债务人的负担,严重影响债务人通过担保进行融资的能力及效果。总之,高昂的担保物权实现费用,最终使债务人和债权人两败俱伤,影响担保物权制度应有作用的发挥,损害社会经济的良性发展。

(二) 实现担保物权非讼程序低成本实现担保物权的体现

《民事诉讼法》修订前,担保物权实现的公力救济途径大多是向人民法院提起诉讼,人民法院按照《民事诉讼法》规定的普通审判程序进行审理并作出裁判,而通过诉讼方式实现担保物权存在成本高、效率低的弊端,高昂的诉讼成本对担保物权人明显不利,因而广受诟病。[2] 有关机构的调查数据显示,金融机构通过诉讼实现担保物权,整个过程需要支付20多种税费,如立案需要缴纳案件受理费,申请保全的要缴纳诉讼保全费,案件审理过程中需要支付评估费、鉴定费等,判决执行阶段要支付执行费、拍卖费、执行物过户费、土地出让金等,此外还有律师费、公告费、营业税等名目繁多且费率高的税费;在个别地区,各种税费甚至高达35种,这些税费基本占担保财产金额的22%以上,多的高达34%,85%的金融机构认为通过诉讼实现担保物权的费用高昂。[3] 社会经济活动中,由于缺乏高效低成本的担保体

---

[1] See R. H. Coase, *The Firm, the Market and the Law*, The University of Chicago Press, 1988, pp. 14~15.

[2] 李相波:"实现担保物权程序适用中的相关法律问题——以新《民事诉讼法》第196条、第197条为中心",载《法律适用》2014年第8期。

[3] 数据来源:中国人民银行研究局、世界银行集团外国投资咨询服务局、国际金融公司中国项目开发中心:《中国动产担保物权与信贷市场发展》,中信出版社2006年版,第15页。

系,[1]企业特别是中小企业的持续发展又需要大量的资金投入,这就使得一些担保物权人为了能够低成本、高效率地实现权利,开始寻求新的实现途径,较为常见的是,在与担保人签订担保物权合同时约定,债务到期未及时、有效履行的,可直接向人民法院申请强制执行担保财产,并就担保物权合同申请公证机构进行公证。根据《民事诉讼法》第 238 条的规定,对于公证机关依法赋予强制执行力的法律文书,可作为民事强制执行的依据。因此,担保物权人可以依据公证过的担保物权合同向人民法院申请执行,以实现其担保物权。但是,公证制度体系设计简单化与经济活动中担保交易多样化的矛盾、公证机关审核程序失范与担保物权合同纠纷复杂化的冲突及人民法院执行制度不健全与实现担保物权各方主体追求公平正义心理预期的不融合,致使人民法院在执行实现担保物权申请过程中经常面临各种各样的现实困难。

2012 年《民事诉讼法》增设的实现担保物权非讼程序在程序设计上,以有效降低权利实现成本,达到各项成本"最小化",而各方收益"最大化"为目标,强调担保物权实现的快捷、高效,具体体现在审判组织的组成及诉讼费用的收取上。在审判组织的组成上,《民事诉讼法》规定担保物权人可以直接向人民法院提出实现担保物权的申请,且案件通常由审判员或者代理审判员一人独任审理,15 128 件实现担保物权案件中,独任审理的案件 10 620 件,占 70.20%,也就是说,组成合议庭进行审理的案件数量不到所有案件的 1/3,这不仅方便了担保物权人高效地实现担保物权,还有效地降低了包括司法资源投入在内的各项成本。在诉讼费用上,虽然实践中因立法规定的不明确[2]各地基层人民法院诉讼费用的收取乱象繁生,但根据统计的结果,和普通诉讼程序按照标的额收取案件受理费相比,实现担保物权案件在诉讼费用

---

〔1〕 周松涛、董展眉:"日本、韩国和我国台湾地区小微企业融资风险防范机制及启示",载《湖南社会科学》2015 年第 2 期。

〔2〕 实现担保物权案件是 2012 年《民事诉讼法》增加的内容,申请人向人民法院申请实现担保物权是否需要交纳及如何交纳申请费用,《民事诉讼法》缺乏明确的规定。《诉讼费用交纳办法》第 8 条规定,人民法院依照《民事诉讼法》规定的特别程序进行审理的案件,不交纳案件受理费。而实现担保物权案件虽然规定在《民事诉讼法》特别程序一章中,但《诉讼费用交纳办法》制定时,特别程序中还没有实现担保物权案件。因此,实现担保物权案件申请费用的交纳是否适用《诉讼费用交纳办法》的规定,学界及司法实务部门存在争议。《民诉法司法解释》第 204 条第 1 款明确了实现担保物权案件应当交纳申请费用,且不说最高人民法院的规定在主体及解释权限上是否合理,其对于如何交纳并没有作出明确的规定。由于《民事诉讼法》及《民诉法司法解释》对申请费用是否收取及如何收取缺乏明确的规定,导致各地基层人民法院在收费上"各自为战",司法实践中申请费用的收取乱象繁生。

上大大减少。在15 128件样本案例中,收取申请费用的有5584件,占36.91%;不收取申请费用的为9544件,占63.09%。而5584件收取申请费用的样本案件中,按件(减半)收取的共有3649件,占所有收费案件的65.35%。其中按件收取的有3187件,占收费案件总数的57.08%;按件减半收取的有462件,占收费案件总数的8.27%(见表3-1)。

表3-1 实现担保物权案件收费标准具体情况

		频率(件)	百分比(%)	有效百分比(%)	累积百分比(%)
有效	按件收取	3187	57.08	57.08	57.08
	按件减半收取	462	8.27	8.27	65.35
	按标的额收取	1479	26.49	26.49	91.84
	按标的额减半收取	456	8.16	8.16	100.00
	合计	5584	100.00	100.00	

对实现担保物权案件诉讼费用的收取进一步分析,3649件按件(减半)收取申请费用的实现担保物权样本案例中,平均收费金额仅为222.13元,最少的收取25元,如河北省青县人民法院审结的一起实现担保物权案件;[1]最高的收取2000元,如甘肃省陇西县人民法院审结的某银行申请实现担保物权案件,[2] 收费金额出现次数最多的是100元,有1956件,占按件(减半)

---

[1] 该案中,河北省青县人民法院在对案件审理中,原告于2014年9月22日向人民法院提出撤诉申请。青县人民法院认为,原告的申请符合法律规定。依照《民事诉讼法》第145条之规定裁定准予原告撤回诉讼。参见"马某川与陈某同实现担保物权纠纷案",河北省青县人民法院(2014)青民初字第1662号民事裁定书。

[2] 该案中,陇西绿莹科技发展有限责任公司向甘肃陇西农村合作银行借款900万元,借款期限为2009年3月27日至2010年3月27日,执行月利率8.6‰。陇西绿莹科技发展有限责任公司以其房屋所有权、土地使用权、50T/D成套一次性榨油设备及储油罐4套提供抵押,并办理房屋、地产他项权证,他项权人为甘肃陇西农村合作银行,对机器设备及储油罐进行了抵押登记。办理相关手续后甘肃陇西农村合作银行按合同约定向被申请人发放借款900万元。贷款到期后申请人多次向被申请人催收,其未按合同履行还款义务。至2013年9月20日,陇西绿莹科技发展有限责任公司未偿还该笔借款本金900万元、利息7 746 169.12元。陇西县人民法院依照《民事诉讼法》第197条、《物权法》第170条、第187条之规定,裁定对被申请人陇西绿莹科技发展有限责任公司的担保财产准予采取拍卖、变卖等方式依法变价。申请人甘肃陇西农村合作银行对变价后所得款项在借款本金900万元及全部结欠利息的范围内优先受偿。参见"甘肃陇西农村合作银行与陇西绿莹科技发展有限责任公司实现担保物权纠纷案",甘肃省陇西县人民法院(2013)陇民二初字第271号民事裁定书。

收取申请费用案例的53.61%（见表3-2、表3-3）。各地基层人民法院在实现担保物权案件按件（减半）收费中，40元、50元、80元、200元、500元等数额均有出现（详见表3-3）。从表3-1、表3-2、表3-3可知，司法实践中，有接近2/3的实现担保物权案件不收取申请费用。而收取申请费用的案件中，近2/3的案件是按件（减半）收取的。在按件（减半）收取费用的案件中，收取100元及以下的3034件，占83.15%，收取100元以上的615件，仅占16.85%，达到实现担保物权非讼程序所追求的低成本实现担保物权。

表3-2 按件（减半）收取申请费用的实现担保物权案件收费金额数值

单位：元

N	有效	5584
	缺失	0
均值		222.13
中值		100.00
众数		100.00
全距		1975.00
极小值		25.00
极大值		2000.00

表3-3 按件（减半）收取申请费用的实现担保物权案件收费金额分布情况

	单位：元	频率	百分比	有效百分比	累积百分比
有效	25	39	1.06	1.06	1.06
	40	194	5.32	5.32	6.38
	50	459	12.59	12.59	18.97
	80	386	10.57	10.57	29.54
	100	1956	53.61	53.61	83.15
	150	91	2.50	2.50	85.65
	200	190	5.21	5.21	90.86
	300	58	1.60	1.60	92.46

续表

单位：元		频率	百分比	有效百分比	累积百分比
有效	350	19	0.52	0.52	92.98
	400	73	2.00	2.00	94.98
	500	38	1.03	1.03	96.01
	650	22	0.59	0.59	96.60
	1000	105	2.89	2.89	99.49
	2000	19	0.51	0.51	100
	合计	3649	100	100	

同时，实现担保物权非讼程序作为特别程序的一种，实行一审终审，其在程序设计时强调纠纷的特性，考虑到了担保物权实现中多方面的因素，采用了综合的个别化原理，即既有特别程序的一般规则，又有针对实现担保物权案件而设计的特别规则。[1] 这样的程序设计，保障了担保物权实现的质量，做到了实现过程准确、有序，实现结果科学、合法，确保了担保物权各方主体合法权益能够得到有效保护，实现担保物权纠纷能够得到及时化解，对于调动债权人在经济活动中使用担保物权制度的积极性，最大限度地满足债务人融通资金的需求，充分发挥担保物权制度应有的功能和独有的优势，进而促进整个社会经济的可持续发展，都具有十分重要的意义。

二、快速实现担保物权

（一）效率是实现担保物权非讼程序追求的主要价值目标之一

效率（efficiency）一词的本义为"有效"，最早运用于机械工程方面。20世纪以来，效率逐渐成为经济学、管理学领域的中心问题。效率的基本意义体现为投入与产出或者成本与收益在单位时间内的比例关系，即消耗最少的资源获取相同的效果，或消耗相同的资源获取最大的效果。[2] 效率不仅是一种事实，也是一个基本的价值范畴。随着社会经济高速发展而造成各类社会资源的相对紧缺以及法律全面渗透于人们的经济生活中并产生日益重要

---

[1] 李林启："论实现担保物权案件中适用调解的必要性"，载《求索》2014年第9期。
[2] 张文显：《法学基本范畴研究》，中国政法大学出版社1993年版，第273页。

的影响，效率价值作为法律在当代的一项基本使命，备受社会各界的广泛关注，并逐步成为当代法律的重要价值评判标准和基本价值追求目标之一。[1] 因此，实现社会公平正义是相关法律制度和法律程序的重要目的，但合理配置社会资源并使其高效利用，进而促进效率的最优化则是其更为重要的目的。

担保物权的实现中，申请人通过公力救济途径实现担保物权，是希望通过人民法院的介入尽快实现自己的权利。[2] 如果实现过程缓慢，实现周期被任意延长，担保物权相关当事人的权利义务关系就一直处于悬而未决的不稳定状态，而随着时间流逝担保财产的价值也会受到影响，相关当事人特别是担保物权人就会对法律失去信心，转而寻求其他途径实现其债权，从而使矛盾纠纷进一步加剧，导致社会秩序紊乱。因此，效率是实现担保物权非讼程序追求的主要价值目标之一，而提高实现担保物权的效率，快速实现担保物权是效率价值的具体体现。快速实现担保物权意味着在各项成本"最小化"的前提下，债权人能够通过处分担保财产所得收益的优先受偿迅速地实现自己的债权，并在权利实现的过程中也未使他人遭受额外的损失。

从实现担保物权非讼程序在其他国家和地区的历史发展来看，域外不同国家和地区的相关立法中也非常注重担保物权实现的高效快捷。通过非讼模式实现担保物权的历史可追溯至中世纪的罗马—教会法，在诉讼程序法史上，罗马—教会法民事诉讼程序有着非常重要的历史地位，其为现代民事诉讼程序制度的形成奠定了坚实的基础，因而，欧陆学者称其为"诉讼程序之母"。[3] 为解决当时通过诉讼实现担保物权的迟延问题，教会法学家在罗马法传统的基础上，借鉴日耳曼法中的私人有权扣押债务人财产的观念，形成了"履行保证文书"，进而设置了"依承诺直接执行抵押物制度"。[4] 根据债务人承诺可以直接进入执行程序的实现担保物权做法，对近现代国家和地区特别是大陆法系国家和地区实现担保物权程序立法产生了重要的、直接的

---

[1] 胡平仁：《法理学基础问题研究》，中南大学出版社2001年版，第162页。

[2] 参见李林启："形式审查抑或实质审查：实现担保物权案件审查标准探析"，载《政治与法律》2014年第11期。

[3] See C. H. van Rhee, *Civil Procedure: An Academic Subject*, eirbaut, D. Lambrecht, 1998. p. 21.

[4] See Arthur Engleman and others, *A History of Continental Civil Procedure*, Robert Wyness Millar (trans. and ed.), Little Brown & Company, 1927, pp. 498~502.

影响，各个国家和地区根据各自的国情形成了两种担保物权非诉实现的模式：一种是依据有执行效力的文书直接启动强制执行模式，此种模式以德国、韩国、日本等国为代表。[1] 在这些国家，设立担保物权的时候，担保人即作出承诺并由有关机构制作了具有强制执行力的证书，且德国、[2] 韩国、[3] 日本[4]等国对不动产进行登记的机构为司法机关，对于登记事项已进行了初步的司法审查，在通过法院实现担保物权时，不必再作审查，可直接进入执行程序，从而保证了担保物权的快捷实现。另一种模式为先通过非讼程序取得许可执行裁定，再启动强制执行模式。之所以要先通过非讼程序取得许可执行裁定，是因为不动产登记机关为行政机关。因而，通过法院实现担保物权有必要进行审查，不过，为保证担保物权的快捷实现，法院只进行形式上的审查。[5] 可见，在其他国家和地区，不论担保物权的非诉实现为哪种模式，其立法上所追求的都是担保物权实现的高效、快速。

(二) 实现担保物权非讼程序高效率实现担保物权的体现

在我国，《民事诉讼法》增设实现担保物权非讼程序之前，担保物权的实现大多通过诉讼途径。有关机构的调查数据显示，通过诉讼实现担保物权平均花费时间为 7.88 个月，有 53% 的担保物权实现时间需要一年以上，一个月

---

[1] 如《德国民事诉讼法》第 794 条第 1 项第 5 款规定，由德国法院或德国公证人在其职务权限范围内作出的证书，并且债务人在证书内承认愿意就指定的请求实施强制执行的，可以此证书为依据强制执行。

[2] 《德国土地登记条例》第 1 条第 1 款规定："不动产登记簿由地方法院（不动产登记局）统一掌管。不动产登记局对本区域内的土地有管辖权。"

[3] 依《韩国法院组织法》，在韩国承担登记事务的国家机关为"法院"（《韩国法院组织法》第 2 条第 3 项）。但在法院中，由地方法院及其分院掌管该管辖区内的登记事务（《韩国法院组织法》第 3 条第 3 项，《不动产登记法》第 7 条）。此外，为了处理该管辖区域内的部分登记事务，地方法院在该管辖范围内，除分院外，可以另设称为"登记所"的官署（《韩国法院组织法》第 3 条第 2 项），但登记所的设立、废止以及管辖，均依大法院规则而规定（《韩国法院组织法》第 3 条第 3 项）。参见崔吉子：《韩国物权法专题研究》，北京大学出版社 2013 年版，第 123~124 页。

[4] 《日本不动产登记法》第 6 条第 1 款规定："登记事务，以管辖不动产所在地法务局、地方法务局或其支局、派出所为登记所，而予以掌握。"

[5] 非讼程序中的形式审查通常包括：①在非讼程序，法院仅能进行形式审查，而不能依职权审查实质事项；②即使在非讼程序进行过程中，当事人就实质事项有所争执而提出主张、抗辩，法院亦不得审理；③关于私法上权利之瑕疵等实质问题，应由有争执的当事人另行在非讼程序之外提起民事诉讼，依民事诉讼程序审理、判决；④法院所作的非讼裁定没有确定实体上法律关系存否的效力，即无既判力。参见许士宦："非讼事件法修正后程序保障之新课题"，载《月旦法学杂志》2005 年第 125 期。

以下实现担保物权的只占4%（详见图3-1）。[1]

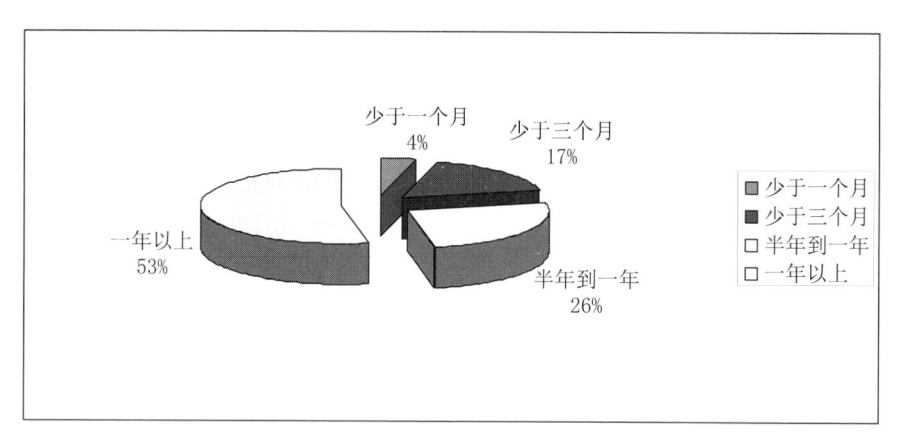

图3-1 通过诉讼实现担保物权花费时间情况

为达到高效快捷的立法目的，2012年《民事诉讼法》实现担保物权非讼程序在程序设计上具有不同于普通审判程序的特殊性和独立性，主要体现在：一是审级制度上，普通审判程序实行二审终审制，当事人不服一审裁判的，可以提起上诉；实现担保物权非讼程序实行一审终审，人民法院的裁判自送达之日起发生法律效力，申请人即使对人民法院的裁判不服也不得提起上诉。二是审判组织上，普通程序一般采取合议制，合议庭的组成可以由陪审员参加；实现担保物权非讼程序原则上采用独任制，只有重大、疑难案件才采用合议制，且合议庭只能由审判员组成，陪审员不能参加。三是案件审结期限上，适用普通程序审理的案件，要求6个月内审结，特殊情况可以延长两次，分别为6个月和3个月；适用实现担保物权非讼程序审理的案件审结期限较短，一般应在立案之日起30日内审结，特殊情况可延长一次，为30日。四是审判监督程序的适用上，依普通程序审理的案件，对生效裁判的纠正应通过审判监督程序；依实现担保物权非讼程序审理的案件，不适用审判监督程序，原审人民法院可直接依法撤销原裁判而再作出新的裁判。

2012年《民事诉讼法》关于实现担保物权非讼程序的程序设计，实现担

---

〔1〕 数据来源：中国人民银行研究局、世界银行集团外国投资咨询服务局、国际金融公司中国项目开发中心：《中国动产担保物权与信贷市场发展》，中信出版社2006年版，第15页。

保物权的高效率是显而易见的。快速实现担保物权不仅满足了担保物权人的要求，也符合担保人的意愿。从担保物权人的角度来看，当债权到期而债务人不能够及时、恰当地清偿时，唯有通过处分担保财产来实现其权利。而面对市场的瞬息万变，债权人只想尽快处分特定的担保财产，使其债权得到完全清偿。因而，快捷、高效地实现担保物权完全符合担保物权人的利益诉求。[1] 对担保人来说，当债务人没有能力清偿到期债务时，债权人不及时行使担保物权，对其未必就是一件好事。因为通常情况下，担保财产的价值是高于所担保债权数额的，[2] 担保物权人处分担保财产实现其债权后的剩余部分，应返还给担保人。而随着时间的推移及受市场价格波动的影响，可能会使担保财产的价值减损，影响担保人的利益，这使得担保人也希望在最短的时间内实现担保物权。因而，快速实现担保物权也符合担保人的利益。[3]

从全国各地的实现担保物权案件来看，样本案例的平均审理时间为16.82日，与通过诉讼实现担保物权的平均时间（7.88个月）相比缩短了很多。具体而言，样本案例中，有1255件案例因人民法院的裁定书无受理时间而无法统计审理期限，在可统计审理时间的13 873件案例中，审理时间最少的是1日，即人民法院在受理案件的当日就作出裁判，最长的有175日，审理时间出现次数最多的是13日（见表3-4）。对所有样本案例的审理时间进一步细分，三日内审结的895件，占样本总数的6.45%，其中，当日受理、当日审结的案件有171件，占样本总数的1.23%；[4] 一周内审结的3307件，占样本总数的23.84%；半月内审结的9741件，占样本总数的70.22%；30日内审结的13175件，占样本总数的94.97%（见表3-5）。司法实践中，从人民法院及媒体的对外报道、宣传来看，实现担保物权案件的审理时间较短也是宣

---

[1] 参见张晓娟：《动产担保法律制度现代化研究》，中国政法大学出版社2013年版，第168~170页。
[2] 有关机关的调查数据显示，贷款价值与担保价值的平均比例大致在40%~100%的区间内。参见中国人民银行研究局、世界银行集团外国投资咨询服务局、国际金融公司中国项目开发中心：《中国动产担保物权与信贷市场发展》，中信出版社2006年版，第6页。
[3] 李林启主编：《非讼实现担保物权案例研究》，四川大学出版社2017年版，第150页。
[4] 如"百色市中小企业信用担保有限公司与百色融通投资有限公司实现担保物权纠纷案"，广西壮族自治区百色市右江区人民法院民（2014）右民特字第21号民事裁定书；"中国建设银行股份有限公司泰顺支行与缪永波等实现担保物权纠纷案"，浙江省泰顺县人民法院（2013）温泰商特字第32号民事裁定书等。

传的亮点之一,诸多相关案例的报道在标题中标明了案件的审理时间就有力地证明了这一点,如"长沙首例担保物权案立案到结案只用了 8 天"、[1]"港南法院十天审结首例实现担保物权案"、[2]"涉案金额近 4 亿 1 个月审结"[3] 等。

表 3-4 实现担保物权案件审理时间数值

单位:日

	有效	13873
	缺失	1255
均值		16.82
中值		16.00
众数		13
极小值		1
极大值		175

表 3-5 实现担保物权案件审理时间分布及所占比例情况

单位:日		频率(件)	百分比(%)	有效百分比(%)	累积百分比(%)
有效	1	171	1.23	1.23	1.23
	2~3	724	5.22	5.22	6.45
	4~7	2412	17.39	17.39	23.84
	8~15	6434	46.38	46.38	70.22
	16~20	2568	18.51	18.51	88.73

---

[1] 参见谢晓晓等:"长沙首例担保物权案立案到结案只用了 8 天",载《潇湘晨报》2013 年 4 月 12 日。
[2] 参见徐卫:"港南法院十天审结首例实现担保物权案",载 http://ggzy.china-court.org/public/detail.php?id=1490,访问时间:2018 年 10 月 26 日。
[3] 参见唐梦、孙楠、卢柱平:"涉案金额近 4 亿 1 个月审结——南海法院发出佛山首份实现担保物权民事裁定",载《南方日报》2013 年 5 月 17 日。

续表

单位：日	频率（件）	百分比(%)	有效百分比(%)	累积百分比(%)
21~30	866	6.24	6.24	94.97
30 以上	698	5.03	5.03	100
合计	13873	100	100	

可见，实现担保物权案件的案件审理时间大大缩短，不仅达到了实现担保物权非讼程序所追求的快速实现担保物权，符合非讼案件"时效性"的特征，更是契合了实现担保物权非讼程序高效率的立法价值取向，有利于带动整个社会的快速发展和繁荣。

此外，高效率地实现担保物权，不仅能够及时化解实现担保物权纠纷，还能够维护社会秩序的稳定，最大限度地实现社会公平正义。因为"'正义'的另一种含义，也是其最普通的含义，即为'效率'"，[1] 或者说，"效率是公正的第二含义"。[2]

三、维护社会公平正义

(一) 公正是评判实现担保物权非讼程序的价值尺度

公正作为良性社会的基本准则，渗透于社会的各个领域，与每一个人的切身利益密切相关。只要有人类社会存在，人们就不会停止对公正的追求。公正作为一种价值评价准则，在社会生活的每一个领域都有所体现，其与法有着更为紧密的内在联系。[3] 只要有法律存在，公正就是法律不断追求的价值目标，公正价值就蕴含于每一部法律之中。[4] 论及法律制度和法律程序及其实施，公正或不公正作为一组词语被使用得最为频繁。[5] 从实现担保物权

---

[1] 美国杰出的法律经济学家理查德·A. 波斯纳指出，"'正义'的另一种含义，在我看来也是最普通的含义，就是'效率'。当我们在谈论……'不公正'的时候，我们的意思也可被理解为：我们只是说上述行为和做法造成了资源的浪费"。See Richard A. Posner, "The Economic Approach to Law", *Texas Law Review*, Vol. 53, 1975.

[2] [美] 理查德·A. 波斯纳：《法律的经济分析》，蒋兆康译，中国大百科全书出版社1997年版，第18页。

[3] 李龙主编：《法理学》，武汉大学出版社1996年版，第151页。

[4] 参见邵诚、刘作翔主编：《法与公平论》，西北大学出版社1995年版，"前言"第1~2页。

[5] [英] 哈特：《法律的概念》，张文显等译，中国大百科全书出版社1996年版，第155页。

非讼程序的视角来审视公正，公正为担保物权实现规则提供了一种为广大民众普遍接受的价值基础，从而使其在担保物权的实现中能够合理确定当事人的权利与义务，恰当明确担保物权人、担保人及债务人的利益与责任，妥善解决实现担保物权纠纷。因此，公正渗透于担保物权实现的全部过程和每个领域，并最终成为评判实现担保物权非讼程序的价值尺度。

在担保物权的实现过程中，公正价值主要体现在对担保物权各方主体的利益平衡上。[1] 完整的民法物权体系由自物权和他物权两种物权构成，担保物权属于他物权的一种，以他人之物为客体。[2] 因而，担保物权实现中对担保财产的处分涉及担保财产所有人、担保财产上的其他担保物权人、担保财产的承租人、担保财产上的用益物权人及债务人的普通债权人等多方主体。对担保财产所有人而言，担保财产可能是其主要的生产、生活资料，担保财产的处分对其产生的影响不言而喻；为充分发挥担保财产在融资中的价值，使担保财产物尽其用，同一担保财产上存在多个相互竞争的担保物权在担保交易中普遍存在，其中一个担保物权需要实现时，必然对担保财产上其他担保物权人的利益产生一定的影响，某一担保物权实现中如何保护其他担保物权人的利益，就应该予以关注；如果担保财产的所有人将担保财产出租或在财产上设立用益物权，那么，对担保财产的处分亦可能对担保财产的承租人或者用益物权人的权益造成影响，则担保财产的承租人、担保财产上的用益物权人的权利也应该予以保护。除此以外，担保财产作为债务人的责任财产，对于担保物权人就担保财产的处分价款优先受偿其债权后的剩余部分，普通债权人仍然能够就其实现债权，这就是说，担保物权的实现对于普通债权人的利益也会产生一定的影响，普通债权人权利的保护也应给予充分考虑。可见，在担保物权的实现过程中，除了保护担保物权人的权利，还必须兼顾其他相关主体的权利保护。因此，公正同样是实现担保物权非讼程序追求的基本价值。

（二）实现担保物权非讼程序规则体现了更大范围的公平正义观

实现担保物权非讼程序将公正的价值取向贯彻始终，以维护社会公平正

---

[1] 参见王明华："论担保物权的实现"，山东大学2014年博士学位论文。
[2] 刘保玉：《物权体系论——中国物权法上的物权类型设计》，人民法院出版社2004年版，第82页。

义。《民事诉讼法》及《民诉法司法解释》在规定实现担保物权非讼程序的规则时,树立了更大范围的公平正义观,尽力在担保物权人的权利保护、担保人及相关各方主体的权益保障之间达成相对平衡,具体表现在:

首先,规定了申请人不服人民法院作出的驳回裁定的可以另行提起诉讼。根据《民事诉讼法》第197条的规定,担保物权人及其他有权请求实现担保物权的人向人民法院提出实现担保物权的申请,人民法院受理后应当对申请人的申请进行审查,经审查符合实现担保物权相关法律规定的,人民法院依法作出准予拍卖、变卖担保财产的裁定;不符合法律规定的,人民法院裁定驳回申请人的申请,申请人如果对人民法院作出的驳回裁定不服的,可以另行提起诉讼。[1]

其次,赋予了被申请人在案件审查中的异议权。实现担保物权案件中,不仅要保护申请人的权利,对于被申请人的权益亦要保障。《民诉法司法解释》第368条第1款规定,人民法院受理担保物权人及其他有权请求实现担保物权的人的申请后,应当及时向被申请人送达申请书副本,并告知被申请人有权对申请人的申请提出异议。[2] 在15 128件样本案例中,被申请人提出异议的有3569件,占样本总数的23.59%(见表3-6)。异议理由方面,主要有申请人、被申请人主体不合格、主债务有瑕疵、担保物权存在瑕疵、担保物存在问题、利息违约金律师费等存在异议、侵害其他债权人的合法权益、适用程序存在异议等。进一步分析,在被申请人提出异议的3569件案件中,申请人实现担保物权的申请被人民法院驳回的有1058件,占异议案件的29.64%(见表3-7)。也就是说,被申请人提出异议的案件中,有近1/3的案件得到了人民法院的支持,保证了实现担保物权中的公平公正。如"中国工商银行股份有限公司郑州商都路支行与邵某莲、邵某、沙某亮实现担保物权纠纷案"中,被申请人对主合同的债权债务关系有异议,河南省郑州高新技术产业开发区人民法院驳回了申请人实现担保物权的申请。[3]

---

[1]《民事诉讼法》第197条规定:"人民法院受理申请后,经审查,符合法律规定的,裁定拍卖、变卖担保财产,当事人依据该裁定可以向人民法院申请执行;不符合法律规定的,裁定驳回申请,当事人可以向人民法院提起诉讼。"

[2]《最高人民法院关于适用〈中华人民共和国民事诉讼法〉的解释》第368条第1款规定:"人民法院受理申请后,应当在五日内向被申请人送达申请书副本、异议权利告知书等文书。"

[3] 参见"中国工商银行股份有限公司郑州商都路支行与邵某莲、邵某、沙某亮实现担保物权纠纷案",河南省郑州高新技术产业开发区人民法院(2015)开民特字第5号民事裁定书。

表3-6　实现担保物权案件被申请人有无异议及所占比例情况

		频率（件）	百分比（%）	有效百分比（%）	累积百分比（%）
有效	无异议	8653	57.20	57.20	57.20
	有异议	3569	23.59	23.59	80.79
	未明确	2906	19.21	19.21	100
	合计	15128	100	100	

表3-7　被申请人有无异议 * 裁判结果交叉表

		裁判结果				合计（件）
		支持（件）	驳回（件）	撤诉（件）	其他（件）	
被申请人有无异议	无异议	7540	701	247	165	8653
	有异议	2335	1058	0	176	3569
	未明确	423	1004	1479	0	2906
合计		10298	2763	1726	341	15128

最后，明确了利害关系人在案件审查中亦可以提出异议。担保物权是权利人对他人之物所享有的权利，担保物权的实现必然涉及多方主体的权益。因而，实现担保物权非讼程序运行中，也就存在诸多的利害关系人。实现担保物权的裁定可能影响多方主体的权利，如担保财产的占有人，同一担保财产上的其他担保物权人，对不属于自己的担保财产依法享有占有、使用、收益权利的用益物权人，担保财产的承租人，对担保财产不享有优先受偿权的普通债权人，申请查封或扣押担保财产的主体等。《民诉法司法解释》第371条第2款规定，实现担保物权案件的审查中，利害关系人认为申请人实现担保物权的申请损害其权利的，有权向人民法院提出异议。[1] 虽然实现担保物权案件中存在诸多的利害关系人，但由于案件尚在法院审查中，对利害关系人的侵害处于隐性状态，因而，在各地人民法院处理的实现担保物权案件中，利害关系人提出异议的并不多，样本案例中，利害关系人提出异议的有425

---

[1]《最高人民法院关于适用〈中华人民共和国民事诉讼法〉的解释》第371条第2款规定："被申请人或者利害关系人提出异议的，人民法院应当一并审查。"

件，占样本总数的 2.81%，其中因利害关系人的异议驳回申请人实现担保物权申请的 231 件，占利害关系人异议案件的 54.35%（见表 3-8）。如"河南国元典当有限公司与李某等实现担保物权纠纷案"中，利害关系人辉县市人民剧院对担保物提出异议，认为涉案部分房屋的产权归其所有，辉县市人民法院据此驳回了申请人实现担保物权的申请。[1]

表 3-8 利害关系人有无异议 * 裁判结果交叉表

		裁判结果				合计（件）
		支持（件）	驳回（件）	撤诉（件）	其他（件）	
利害关系人有无异议	无异议	5945	1137	258	90	7430
	有异议	194	231	0	0	425
	未明确	4159	1395	1468	251	7273
合计		10298	2763	1726	341	15128

此外，《民诉法司法解释》第 370 条关于人民法院在审查实现担保物权案件中可以询问申请人、被申请人、利害关系人，必要时可以依职权调查相关事实的规定，[2] 也是实现担保物权非讼程序追求公正的体现。可见，《民事诉讼法》及《民诉法司法解释》关于实现担保物权非讼程序的规定，既保护了担保物权人的合法权利，又没有忽视担保人及相关各方主体的权益保障，使所有担保物权相关主体的正当权益都得到了有效的保护，从而实现了法律规范的公平正义，维护了社会的公平正义。

需要注意的是，在现代社会，担保物权不仅是确保债权清偿的最佳手段，还是社会融资的重要工具，促进了资金融通和商品流通，[3] 因而，担保物权制度在商事交易中的应用越来越多，相应的，商事交易中的担保占整个担保交易的比重越来越大，使得担保物权制度的价值取向与商法的价值取向亦愈

---

[1] 参见"河南国元典当有限公司与李某等实现担保物权纠纷案"，河南省辉县市人民法院（2015）辉民特字第 6 号民事裁定书。

[2]《最高人民法院关于适用〈中华人民共和国民事诉讼法〉的解释》第 370 条规定："人民法院审查实现担保物权案件，可以询问申请人、被申请人、利害关系人，必要时可以依职权调查相关事实。"

[3] 高圣平："论担保物权'一般规定'的修改"，载《现代法学》2017 年第 6 期。

来愈契合,更加体现为对交易的效益、效率与安全等价值的追求,这必然对公正价值的追求造成一定的压制。因而,在实现担保物权非讼程序的适用中,更需注意各种价值之间的平衡,始终将公正作为基本的价值取向,以避免出现满足了资金融通及经济发展的需要,却损害了担保物权其他相关主体合法权益的现象,进而危及社会的公平与正义。

第四章
实现担保物权非讼程序运行现状考

　　2012年《民事诉讼法》关于实现担保物权非讼程序的规定,体现了对担保物权高效、快速、低成本实现需求的关注,完成了担保物权公力实现方式由诉讼程序向非讼程序的重大转变。2013年1月1日,新的《民事诉讼法》开始实施。1月4日,也就是新年过后的第一个工作日,浙江省湖州市安吉县人民法院即受理了一起某金融机构申请实现担保物权案,[1] 1月6日,浙江省温州市鹿城区人民法院发出了全国首份实现担保物权民事裁定书。[2] 此后,各地基层人民法院不断受理并审结各类主体申请的实现担保物权案件。实现担保物权非讼程序是我国民事审判程序体系的重要组成部分,其运行状况如何能够充分体现司法对担保物权人权利的保护及审判权和担保物权实现中各方主体权利保护之间的平衡。因此,全面分析我国实现担保物权非讼程序的运行现状,发现运行中的问题并深刻探讨其原因,对于实现担保物权非讼程序及担保物权制度的进一步完善具有重要的理论和现实意义。本部分秉持"理论联系实践"的理念,针对司法实践中实现担保物权非讼程序适用的特点、实现担保物权非讼程序的立法不足及司法实践中的问题,运用实证研究法对样本案例进行总体性的描述统计,对实现担保物权非讼程序在司法实践中的现实效果进行检验,以获得全国各地实现担保物权案件的总体直观认识;并对实现担保物权案件中的典型案例进行个案分析,以发现隐藏在其中的裁判规律性。当然,统计学并不能完全反映实现担保物权案件的情况,本部分会结合诉讼法学基本理论知识对样本的相关数据进行阐释,并对实现担

---

[1] 桂雯君、潘晶晶、程思瑶:"县法院受理首例担保物权申请",载 http://www.anji.gov.cn/default.php?mod=article&do=detail&tid=32339,访问时间:2015年12月10日。

[2] 余建华、孟焕良、鹿轩:"浙江发出首份实现担保物权民事裁定书",载《人民法院报》2013年1月11日。

保物权非诉程序现实困境的形成原因进行深入分析、探讨。

具体而言，本部分选取 2012 年《民事诉讼法》实施以来各地基层人民法院审理的 459 例实现担保物权案件，对实现担保物权非诉程序的运行现状进行实证分析。实证数据主要来源于以下几个渠道：一是中国裁判文书网，裁判文书是人民法院依法作出的具有法律效力的权威性书面结论，是司法现状的重要载体；裁判文书还是法官裁判思维和逻辑推理的结晶，最能反映法官对法律的认识和理解。因而，通过对人民法院裁判文书的认真梳理，可以对司法实践中实现担保物权案件的种种现象进行深入观察。中国裁判文书网是由最高人民法院设立的、用于统一公布全国各地各级人民法院生效裁判文书的网站，因此，中国裁判文书网是样本案例的主要来源渠道。笔者以"担保物权""抵押权""质权""留置权""实现""《中华人民共和国民事诉讼法》第一百九十六条""《中华人民共和国民事诉讼法》第一百九十七条"等为关键词，以"特字""担字""民特""商特"等为检索案号，进行单条件或者组合不同条件的检索，以保证搜索的全面性。[1] 二是中国法院网，这是一个综合性新闻网站，是全国法院系统的门户网站，该网站由最高人民法院主管。中国法院网内容丰富，设有"司法文书检索"栏目。实现担保物权案件中，中国法院网收录的有关司法文书，有的未被中国裁判文书网收录。因此，中国法院网是本部分实证数据的来源之一。三是全国各地各级法院网，这是全国各地各级人民法院建设的自己的门户网站，是了解法院各项工作的重要信息平台。对于基层人民法院受理、审结的实现担保物权案件，各地各级人民

---

〔1〕 需要说明的是，2014 年 1 月 1 日，《最高人民法院关于人民法院在互联网公布裁判文书的规定》（法释〔2013〕26 号）开始施行。虽然《最高人民法院关于人民法院在互联网公布裁判文书的规定》要求人民法院的生效裁判文书应当在互联网公布（第 4 条），承办法官或者人民法院指定的专门人员应当在裁判文书生效后七日内按照本规定第 6 条、第 7 条的要求完成技术处理，并提交本院负责互联网公布裁判文书的专门机构在中国裁判文书网公布（第 8 条）。但笔者于 2014 年 4 月 10 日登陆中国裁判文书网发现，只有北京、天津、江苏、浙江、陕西等 13 个省（市、自治区）实现了辖区内三级法院生效裁判文书在中国裁判文书网上公开。随后又于 2014 年 12 月 20 日登陆中国裁判文书网发现，实现辖区内三级法院生效裁判文书在中国裁判文书网上公开的省（市、自治区）增加至 22 个。而根据《民事诉讼法》第 196 条的规定，申请实现担保物权案件由基层人民法院管辖。且笔者在查询中发现，事实上多数地方的人民法院并未按照要求及时公布，因为笔者在中国法院网及全国各地各级法院网查询到的实现担保物权案件，数月后在中国裁判文书网仍查询不到。基于此，除中国裁判文书网外，笔者在研究之初还从其他渠道收集了研究相关的数据。随着中国裁判文书网关于实现担保物权案件数据的不断丰富，后续研究中主要以中国裁判文书网为样本数据的来源。

第四章　实现担保物权非讼程序运行现状考

法院网站会在"新闻""案件快报""案件探讨""法院动态"等栏目进行介绍，全国各地各级法院网是本部分实证数据的又一来源。四是其他媒体，利用"实现担保物权""担保物权实现""实现担保物权案件裁定""审结实现担保物权案件"等关键词搜索互联网，得到相关的实现担保物权案例。考虑到各类网络的信息来源不一，可信度多受怀疑，笔者主要在法制网、光明网、人民网、各地政府官网等一些权威网站选取相关案例，以确保案例的真实性和准确性。通过上述各种渠道，笔者收集到实现担保物权案件1000余件，[1]在选取的案例中，考虑案例的覆盖面，剔除一些案件基本信息残缺、有关内容不详的，共得到有效统计样本459件。这459件案件来自全国各地315个基层人民法院，超过全国各地基层人民法院总数的1/10。[2] 其中，选自中国裁判文书网的323件，占案件总数的70.37%；选自中国裁判文书网、中国法院网、全国各地各级法院网等法院网站的411件，占案件总数的89.54%，保证了选取案例来源的权威性、案情的准确性（具体来源分布及所占比例见表4-1）。

表4-1　各地实现担保物权案件来源分布及所占比例情况

		频率	百分比	有效百分比	累积百分比
有效	中国裁判文书网	323	70.37	70.37	70.37
	中国法院网	15	3.27	3.27	73.64
	全国各地各级法院网	73	15.90	15.90	89.54
	法制网等其他主要媒体	48	10.46	10.46	100.00
	合计	459	100.00	100.00	

---

[1] 需要说明的是，截至2014年12月31日，中国裁判文书网能查询到的关于实现担保物权案件的裁判文书有近三千件；截至2016年12月31日，中国裁判文书网能查询到的关于实现担保物权案件的裁判文书有近万件；截至2018年12月31日，中国裁判文书网能查询到的关于实现担保物权案件的裁判文书有15 000多件。为尽量丰富样本的代表性，本部分采用同一个法院的同类案件尽量只选取一份裁判文书的筛选标准，一个法院选取多份裁判文书的，主要考虑案件的申请人或者被申请人类型、担保物权类型、审判组织形式、裁判结果或者案件来源等因素不同，也有案件分布地区的考虑因素。

[2] 最高人民法院网站介绍，全国共有32个高级人民法院（含1个解放军军事法院）、409个中级人民法院、3117个基层人民法院。参见"人民法院简介"，载http://www.court.gov.cn/jgsz/rmfyjj/，访问时间：2015年12月20日。

一、案件分布区域分析

为保证司法程序能够有效地满足社会的需求，对司法程序运行现状的考察，不仅需要从司法技术的角度考察具体案件，还需要跳出具体个案、司法程序和法学理论，超越法律的视角多角度考察其总体态势。[1] 对实现担保物权非讼程序运行现状的考察，首先要跳出司法技术角度对具体实现担保物权案件的考察，从案件分布的区域来分析实现担保物权案件在全国的总体态势，这样有利于更好地把握实现担保物权非讼程序的运行现状。

（一）实现担保物权案件的分布区域不均衡

按照我国东、中、西部经济区域的划分，[2] 样本统计数据显示，459件实现担保物权样本案件，东部地区有238件，占样本总数的51.85%；中部地区有129件，占样本总数的28.11%；西部地区有92件，占样本总数的20.04%（见表4-2）。东部地区中，浙江省、江苏省等经济比较发达的省份明显较多，如浙江省有72件，占东部地区案件数的30.25%，占样本总数的15.69%；江苏省为45件，占东部地区案件数的18.90%，占样本总数的9.80%，这和浙江、[3] 江苏[4] 等省的高级人民法院以专门文件或者会议纪要的形式对实现担保物权案件的审理进行细化、规范不无关系。中部地区中，安徽省、湖南省相对较多，如安徽省有27件，占中部地区案件数的20.93%，

---

[1] 参见苏力："关于能动司法"，载《法律适用》2010年第Z1期。

[2] 关于我国东、中、西部三大经济地带的划分，本部分以国家统计局的官方数据为准：东部地区包括北京、天津、河北、辽宁、上海、江苏、浙江、福建、山东、广东、广西、海南12个省（市、自治区）；中部地区包括山西、内蒙古、吉林、黑龙江、安徽、江西、河南、湖北、湖南9个省（自治区）；西部地区包括重庆、四川、贵州、云南、西藏、陕西、甘肃、宁夏、青海、新疆10个省（市、自治区）。

[3] 为贯彻落实《民事诉讼法》规定的实现担保物权程序，浙江省高级人民法院专门制定了《关于审理实现担保物权案件的意见》（浙高法 [2012] 396号），上述浙江省高级人民法院审判委员会于2012年12月25日第2419次会议通过，于2013年1月1日施行。为进一步细化上述意见的操作规则，更好地指导基层法院审理该类案件，浙江省高级人民法院审判委员会于2013年6月28日第2463次会议通过《浙江省高级人民法院关于审理实现担保物权案件若干问题的解答》（浙高法 [2013] 152号），供各地基层人民法院办案时参考。

[4] 《江苏省高级人民法院关于做好修改后的〈中华人民共和国民事诉讼法〉施行后立案审判工作的讨论纪要》（苏高法委 [2012] 10号），江苏省高级人民法院审判委员会于2012年12月20日第47次全体会议讨论通过，于2013年1月1日施行。其中第九个大问题是"关于实现担保物权案件的立案审查"。

占样本总数的5.88%。西部地区中,重庆市、四川省较多,各有21件,两省案件数之和占西部地区的45.65%,各占样本总数的4.58%(各省、市、自治区样本案例分布及所占比例情况详见图4-1)。

表4-2 各地实现担保物权案件东中西部分布及所占比例情况

		频率(件)	百分比(%)	有效百分比(%)	累积百分比(%)
有效	东部地区	238	51.85	51.85	51.85
	中部地区	129	28.11	28.11	79.96
	西部地区	92	20.04	20.04	100.00
	合计	459	100.00	100.00	

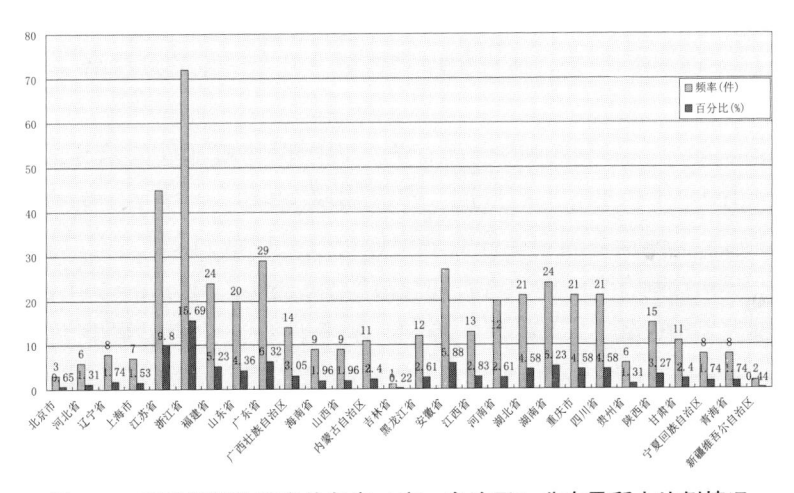

图4-1 实现担保物权案件各省(市、自治区)分布及所占比例情况

根据样本案例地域分布的统计,笔者发现,东部地区案件数是中部地区的1.84倍,是西部地区的2.59倍,中部地区案件数是西部地区的1.40倍。进一步分析,东部地区12个省(市、自治区)的平均案件数为19.83件,中部地区9个省(自治区)的平均案件数为14.33件,而西部地区10个省(市、自治区)的平均案件数只有9.20件。从平均案件数量上看,东部地区是中部地区的1.38倍,是西部地区的2.16倍,中部地区是西部地区的1.56倍。可见,实现担保物权样本案件不论是在各省(市、自治区)的分布上,

(二) 案件分布区域的不均衡说明经济发展程度与制度需求关系密切

担保物权制度作为规范市场经济秩序的重要民事法律制度，是"以法律的形式表现了社会经济生活条件",[1]其不仅为金融机构及其他权利人权利的实现带来了更大的确定性，保障了市场交易的安全；同时，也为社会经济的发展注入了活力，对社会经济起到了有效的调节作用，是经济发展的推动器。[2]实现担保物权案件分布区域的不均衡，体现了经济发展程度与制度需求的密切关系。越是经济发达的地区，对担保物权制度的需求越高，相应的纠纷可能就会越多，实现担保物权案件的数量也会相应地增多。虽然我国很早就注意到了东中西部地区经济发展的不平衡，并采取多种措施积极推进中部地区的发展、推进西部地区的大开发，缩小东中西部的差距，但我国东中西部地区经济发展的差距是多种生产要素差异长期作用的结果，差距的缩小需要经过长期不懈的努力，实现担保物权案件分布区域的分析结果很好地证明了这一点。

以中国裁判文书网收录的全部有关实现担保物权案件的裁判文书为例，2014年4月10日笔者以"关键词：担保物权""案号：特字"为查询条件，在中国裁判文书网查询到295件实现担保物权案件裁判文书，这295件裁判文书中，浙江省就有235件，占查询总数的79.66%；2014年12月20日再次以"关键词：担保物权""案号：特字"为条件查询，检索结果为2941条，其中浙江省有1785条，占检索结果的60.69%。这充分说明了浙江省作为率先发展、走在前列的东部沿海经济发达省份，对实现担保物权非讼程序的需求旺盛，证明了经济发展状况是决定实现担保物权案件多寡的重要因素。如果对东西部地区实现担保物权案件中的申请人情况进行分析，更能说明这一点。在东部地区238件实现担保物权案件中，金融机构作为申请人的有134件，占东部地区案件数的56.30%，和全国的平均数56.86%基本持平。在西部地区92件实现担保物权案件中，金融机构作为申请人的只有36件，占西部地区案件数的39.13%，明显低于全国平均数（详见表4-3）。而金融机构作为社会经济活动中的参与者，在社会经济发展中的支撑和保障作用不言而

---

[1]《马克思恩格斯选集》（第4卷），人民出版社1972年版，第248~249页。
[2] 参见高圣平："担保物权编：经济发展的推进器"，载《法制日报》2007年3月25日。

喻。可见，实现担保物权案件分布区域不均衡的特征，反映了我国东中西部地区社会经济发展的不平衡。我国还需要进一步加大力度，采取多种措施推进中西部地区的经济发展，使东中西部能够真正全面、协调、可持续发展。

表4-3　各地实现担保物权案件申请人中东西部分布情况

		中东西部			合计
		东部地区	中部地区	西部地区	
申请人	自然人	62	21	18	101
	企业法人	17	2	4	23
	金融机构	134	91	36	261
	典当行	8	6	2	16
	担保公司	11	6	15	32
	小额贷款公司	6	3	17	26
合计		238	129	92	459

二、案件申请人分析

在诉讼事件与非讼事件中，均存在法律主体——程序参与主体的问题。在诉讼程序中，其程序主体一般统称为"当事人"，只不过在不同的诉讼程序及诉讼的不同阶段，当事人的称谓不完全相同。此外，诉讼程序中还有"无独立请求权第三人"等利害关系人，但其与本诉中的当事人具有较明显的区分。[1] 在非讼程序中，由于非讼事件的多样性，其程序主体的构造与诉讼程序不完全相同，呈现出复杂性的特点，"当事人"一词已难以涵盖非讼程序的所有主体，因而多以"关系人"称之。[2] 关系人作为非讼程序主体的称谓，符合界定程序主体的意义，有利于对程序主体权益的保护。[3] 申请人是非讼程序关系人之一，通常是指就私权的权利义务关系请求法院介入予以监护与

---

[1] 参见姜世明：《非讼事件法新论》（修订第2版），新学林出版社2013年版，第70页。

[2] 如《德国家庭与非讼事件程序法》第7条规定："关系人：（1）应申请而开始的程序，申请人为关系人。（2）以下情况，作为关系人参与程序：根据程序，其权利受到直接影响者；根据本法或者其他法律，依职权或者依申请，有必要让其参加程序者。"

[3] 详细论述参见张自合："非讼程序研究"，中国人民大学2011年博士学位论文。

安排者。特殊情况下，对于涉及公益的非讼事件，检察官亦可请求法院作出裁定，此时检察官也属于非讼程序中的关系人。总的来说，非讼程序的启动，如果不是法院依职权而为之，则程序的启动者即为申请人。[1] 就实现担保物权案件而言，依据我国《民事诉讼法》第196条的规定，申请人为"担保物权人以及其他有权请求实现担保物权的人"。根据传统民法的民事主体二元结构模式，结合实现担保物权案件申请人的特点，本书将实现担保物权案件申请人分为自然人和企业法人，这是基本的分类。同时，基于实现担保物权案件各类申请人的特殊性及数据统计分析的针对性，在变量设计时，将金融机构、担保公司、[2] 小额贷款公司、[3] 典当行[4] 区别于一般的企业法人单列了出来，因为这几类主体在担保交易市场中发挥着各自不同的特有作用，为对实现担保物权案件申请人的研究提供了丰富的素材。

（一）实现担保物权案件的申请人以金融机构居多

实现担保物权非讼程序作为2012年《民事诉讼法》增设的特别程序，尤其受到金融机构的关注。在459件样本案例中，金融机构作为申请人提起实现担保物权的案件有261件，占56.86%，超过了样本总数的一半。这些金融

---

[1] 姜世明："非讼程序主体论——以关系人为中心"，载《法学杂志》2010年第147期。

[2] 担保市场交易中，由于担保资源的稀缺，形成了对担保资源的市场需求，产生了大量以提供担保为营业的担保公司，现实生活中债务人为获得担保公司提供的担保而与担保公司之间进行的交易已渐成规模。为加强对融资性担保公司的监督管理，规范融资性担保行为，促进融资性担保行业健康发展，中国银行业监督管理委员会（已撤销）、国家发展和改革委员会（含原国家发展计划委员会、原国家计划委员会）、工业和信息化部、财政部、商务部、中国人民银行、国家工商行政管理总局（已撤销）制定了《融资性担保公司管理暂行办法》，其于2010年3月8日起施行。《融资性担保公司管理暂行办法》所称融资性担保公司是指依法设立，经营融资性担保业务的有限责任公司和股份有限公司。融资性担保业务监管部际联席会议数据显示，截至2012年末，全国融资性担保行业共有法人机构8590家。其中国有控股1907家，占比22.20%，民营及外资控股6683家，占比77.80%。

[3] 根据中国银行业监督管理委员会（已撤销）、中国人民银行《关于小额贷款公司试点的指导意见》（银监发〔2008〕23号）的规定，小额贷款公司是由自然人、企业法人与其他社会组织投资设立，不吸收公众存款，经营小额贷款业务的有限责任公司或股份有限公司。小额贷款公司虽然从事贷款业务，由于其没有金融许可证，其性质为企业法人，国家有关部门不按金融企业对其进行管理。小额贷款公司以简便的手续、灵活的担保、较高的办事效率为特色，其在完善农村金融服务体系，破解三农、小微企业融资难题，引导和规范民间资本中起着不可或缺的作用。

[4] 根据商务部、公安部发布的《典当管理办法》（商务部、公安部2005年第8号令）的规定，典当行，是指依照《典当管理办法》设立的专门从事典当活动的企业法人，其组织形式与组织机构适用《公司法》的有关规定。商务主管部门对典当业实施监督管理，公安机关对典当业进行治安管理。可见，典当行不是金融机构，是从事金融业务的"特殊的工商企业"。典当作为一种非主流融资渠道，在促进地方经济发展、支持中小企业方面，发挥着多元化的积极作用。

机构包括四大国有商业银行、邮政储蓄银行、农村合作银行、农村商业银行、农村信用合作联社及各地方银行等。在有些地方，金融机构在示范性成功案例的推动下，已开始批量向人民法院提出实现担保物权的申请。如浙江省平阳县人民法院在中国裁判文书网公布的 132 件实现担保物权裁判文书中，中国工商银行平阳县支行、温州银行作为申请人的各有 16 件，中国建设银行平阳县支行作为申请人的有 19 件，平阳县农村信用合作联社作为申请人的有 28 件，中国银行平阳县支行作为申请人的有 30 件；湖北省恩施市人民法院在中国裁判文书网公布的 18 件实现担保物权裁判文书，申请人全部是中国农业银行恩施经济开发区支行。[1] 可见，实现担保物权案件中，金融机构作为申请人占了绝大多数。

样本案例中，申请人除金融机构外，加上与银行业等金融机构联系密切的担保公司（32 件）、经营小额贷款业务的小额贷款公司（26 件）及从事典当金融业务的典当行（16 件），实现担保物权案件申请人与金融业务相关的主体就有 335 件，占到了样本总数的七成多（详见表 4-4）。而自然人、企业法人作为申请人提起实现担保物权的案件中，也有不少是属于债务人向金融机构贷款，申请人提供担保而债务人又提供反担保的。实践中，各地的司法统计数据也证明了实现担保物权案件申请人多为金融机构，如 2012 年《民事诉讼法》实施两个月，浙江省衢州市各基层人民法院受理 7 起实现担保物权案件，申请人均为金融机构；[2] 截至 2013 年 8 月底，浙江省衢州市各基层人民法院共受理实现担保物权案件 65 件，其中申请人为金融机构的就有 57 件，占受理案件总数的 87.69%。[3] 又如，2013 年的上半年，浙江省杭州市西湖区人民法院受理各类实现担保物权案件 10 起，申请人为银行的有 7 件，占了案件总数的 70%；浙江省杭州市上城区人民法院受理各类实现担保物权案件 21 起，申请人为银行的 16 件，占案件总数的 76.19%。[4]

---

[1] 数据来自中国裁判文书网，检索时间为 2015 年 12 月 15 日。
[2] 陈东升等：" 新民诉法施行两月 衢州法院受理实现担保物权案件 7 件"，载 http://www.legaldaily.com.cn/index/content/2013-02/28/content_4232063.htm?node=20908，访问时间：2015 年 11 月 9 日。
[3] 衢江法院课题组：" 关于实现担保物权案件审执工作的调研报告"，载 http://www.qzqjfy.com/main/1941/page.aspx，访问时间：2015 年 11 月 10 日。
[4] 《中国审判》编辑部：" 浙江：发挥制度效用，实现担保物权"，载《中国审判》2013 年第 11 期。

表4-4　各地实现担保物权案件申请人情况

		频率	百分比	有效百分比	累积百分比
有效	自然人	101	22.00	22.00	22.00
	企业法人	23	5.01	5.01	27.02
	金融机构	261	56.86	56.86	83.88
	典当行	16	3.49	3.49	87.36
	担保公司	32	6.97	6.97	94.34
	小额贷款公司	26	5.67	5.67	100.00
	合计	459	100.00	100.00	

（二）案件申请人的特点显示了担保制度在金融市场中的重要作用

从实现担保物权案件申请人的角度看，实现担保物权非讼程序已经成为全国各地各类金融机构实现金融债权的有效新途径。资金是经济发展的血脉，信贷作为现代经济发展所必不可少的要素之一，在整个社会经济的发展中具有举足轻重的作用。近年来，受银行经营管理水平、风险防范能力、借款人信用观念、经营状况等因素的影响，国内外金融环境日趋复杂，金融机构不良贷款呈上升态势，整体金融生态环境受到影响，进而影响到社会经济的整体发展环境。而随着金融机构对改善其资产质量工作的重视，加快推进不良贷款处置成为金融机构日常工作的重点之一。从某种意义上说，担保制度是一个国家金融市场的晴雨表。而实现担保物权非讼程序以其高效、便捷、低成本的特点，为金融机构处置不良资产、实现金融债权提供了高效便捷的新途径，受到各金融机构的欢迎。

各地人民法院为更好地服务经济社会发展大局，发挥实现担保物权非讼程序的制度效用，在2012年《民事诉讼法》实施后专门设立金融法庭，如浙江省安吉县、河南省郸城县、广东省佛山市禅城区等，审理各类金融机构、担保公司、小额贷款公司、典当行等主体申请实现担保物权的案件。司法实践中，许多金融机构已切身体会到实现担保物权非讼程序实现债权的方便快捷。如广东省佛山市南海区人民法院审结的佛山市首例实现担保物权案件，申请人为某国有商业银行佛山分行，该案涉案金额近4亿，南海区人民法院用了一个月的时间，裁定拍卖、变卖被申请人某房地产公司的担保财产，为申请人节约了大量的时间和金钱;[1] 又如"湖南省张家界市永定区农村信用合作联社与湖南国财米业有限公司实现担保物权纠纷案",从 2013 年 4 月 16 日立案受理到 4 月 23 日作出裁定,永定区人民法院仅用了 8 天的时间就帮助信用社快速实现了 495 万元的金融债权。[2] 这样的案例在全国各地时有发生,显示了实现担保物权非讼程序在推进金融生态环境建设中的重要作用,亦显示了担保制度在金融市场中的重要作用。

三、案件被申请人分析

相对人是非讼程序的另一关系人,通常指申请人的对方。需要注意的是,与诉讼程序中对立的双方当事人是其典型形态不同,非讼程序中的关系人范围是开放的,可能只有申请人一方而没有相对人,如申请宣告失踪、宣告死亡案件;也可能有申请人与相对人两个关系人,如申请认定公民无民事行为能力、限制民事行为能力案件;亦可能有多数关系人,如多个股东申请公司重整。具体非讼案件中,何人可作为关系人参与非讼程序,应根据相关法律的具体规定。实现担保物权案件中,申请人的相对人即被申请人。

(一) 实现担保物权案件中应当列明被申请人

对于被申请人是否需要列明、如需列明应列哪些主体等问题,我国《民事诉讼法》及《民诉法司法解释》未明确规定。笔者认为,我国实现担保物权案件中,应当在非讼程序中列明被申请人,其主要理由有:首先,列明被申请人,有利于人民法院查明案件事实,特别是查明申请人申请拍卖、变卖的担保财产现状,这也符合诉讼经济原则。其次,司法实践中的做法亦是如此,笔者在整理资料、收集案例的过程中发现,所有申请人的实现担保物权申请书及基层人民法院对实现担保物权所作的裁定书中,均列明了被申请人,这和长期以来我国担保物权的实现适用普通诉讼程序审理而形成的思维惯性不无关系。最后,有其他国家或者地区司法实践中的观点为佐证,抵押权人向法院提出实现抵押权的申请,最初是不需要列明相对人的,但在后来的司法实践中,要求列明相对人。

---

[1] 唐梦、孙楠、卢柱平:"涉案金额近 4 亿 1 个月审结——南海法院发出佛山首份实现担保物权民事裁定",载《南方日报》2013 年 5 月 17 日。

[2] 参见"张家界市永定区农村信用合作联社与湖南国财米业有限公司实现担保物权纠纷案",湖南省张家界市永定区人民法院(2013)张定民特字第 5 号民事裁定书。

关于应列哪些主体为被申请人,一般认为应为担保人(债务人)。问题在于,在债务人与担保人不是同一人的情形下,应如何列被申请人呢?对此,司法实践中的做法并不一致,大多数是列担保人为被申请人,也有将担保人与主债务人一并列为被申请人的。我国实现担保物权案件中应以担保财产所有人为被申请人,债务人与担保人不是同一人时,只列担保人。司法实务中,浙江省高级人民法院为更好地指导基层人民法院审理实现担保物权案件所作的解答中,对债务人与担保人不是同一人时如何列被申请人的问题也持同样的观点。[1]

(二)实现担保物权案件被申请人以自然人居多

在实现担保物权案件被申请人的分类上,根据传统民法的民事主体二元结构模式,将被申请人作了最基本的分类,即分为自然人、企业法人及其他,这里其他更多的是自然人和企业法人的混合主体。与申请人中金融机构作为申请人占了绝大多数不同,被申请人中的自然人占比较大。在459件样本案例中,自然人作为被申请人的实现担保物权的案件有309件,占67.32%,超过了样本总数的1/3(详见表4-5),这也说明自然人在个人生活、生产经营中对资金的需要越来越多。

表4-5 各地实现担保物权案件被申请人情况

		频率	百分比	有效百分比	累积百分比
有效	自然人	309	67.32	67.32	67.32
	企业法人	142	30.94	30.94	98.26
	其他	8	1.74	1.74	100.00
	合计	459	100.00	100.00	

---

[1] 浙江省高级人民法院《关于审理实现担保物权案件若干问题的解答》(浙高法[2013]152号)第2问:主债务人和担保人不是同一人的情形下,主债务人是否应列为被申请人?答:实现担保物权案件的被申请人包括担保人,申请人为抵押人、出质人、财产被留置的债务人情形下的担保权人,以及担保财产的实际占有人。在主债务人未以自有财产提供担保的情况下,主债务人不是担保权法律关系中的直接义务人或直接权利人,故不列为实现担保物权案件的被申请人。但在审查过程中,法院对主债务合同的效力、期限、履行情况等事实存有疑问,或认为可能存在争议的,可就有关事实询问主债务人。

(三) 实现担保物权案件中被申请人与债务人存在不一致情形

担保物权是以确保债权受清偿为目的而设立的，是对主债权效力的加强与补充，具有从属性和不可分性，且担保物权既可以在债务人的特定财产上设定，也可以在第三人的特定财产上设定。之所以允许由第三人提供特定财产设立担保物权，首先，是担保物权所具有的价值权属性所决定的。通常认为，担保物权是价值权，设立担保物权的目的是获取担保财产的交换价值，即在债权到期未受清偿时，债权人有权就处分担保财产所获得的价款优先受偿。因此，担保物权属于权利人单方面支配担保财产交换价值的价值权。[1] 既然担保物权看重的是担保财产的交换价值，那么，不论是债务人的财产，还是第三人的财产，都可以设立担保物权。其次，是由物的稀缺性所决定的。作为一种人类资源的物，本身具有一定的稀缺性，而越是稀缺，物的社会属性也就越浓厚。随着私人所有权体制的发展，个人对物的绝对自由支配与物的社会价值属性之间就处于一种矛盾的状态。[2] 基于物的社会价值方面的考虑，私人的所有权在法律上应受到一定的限制与约束，[3] 而在第三人所有的物上设定担保物权等他物权，就成为限制与约束私人所有权的一种必要机制。最后，担保属于一种自愿的行为，且有利于交易的安全，因而，第三人愿意以自己所有的财产为他人提供担保的行为应得到法律的肯定及社会的鼓励。

在我国《物权法》中，对第三人提供担保也持肯定的态度，且《物权法》的多处法条中出现"第三人"，其中第四编"担保物权"共有13处"第三人"，排除2处为"不得对抗善意第三人"的规定，有11处是对可提供担保的第三人的规定，这11处"第三人"规定的分布为："一般规定"中4处，[4] "一般抵押权"中3处，[5] "最高额抵押权"中1处，[6] "动产质

---

[1] 参见李开国:《民法基本问题研究: 民法观念更新、制度完善及适用问题的若干思考》，法律出版社1997年版，第287页。

[2] 龙卫球:"物权法定原则之辨: 一种兼顾财产正义的自由论视角"，载《比较法研究》2010年第6期。

[3] 参见[德] 罗尔夫·克尼佩尔:《法律与历史——论〈德国民法典〉的形成与变迁》，朱岩译，法律出版社2003年版，第258页。

[4] 见《物权法》第171条、第175条、第176条。

[5] 见《物权法》第179条、第180条。

[6] 见《物权法》第203条。

权"中2处，[1]"权利质权"中1处。[2]可见，第三人提供担保的规定，在我国《物权法》中是普遍存在的。实践中，笔者在中国裁判文书网收集整理的459件实现担保物权样本案件中，有66件是在第三人的特定财产上设定的担保物权，占样本总数的14.38%（见表4-6）。

表4-6 各地实现担保物权案件中债务人是否为担保人及所占比例情况

		频率	百分比	有效百分比	累积百分比
有效	是	393	85.62	85.62	85.62
	否	66	14.38	14.38	100.00
	合计	459	100.00	100.00	

各地第三人提供担保的实现担保物权案件中，从东、中、西部地区的分布来看，各个地区都有第三人提供担保的案例，其中东部地区有30件，占第三人提供担保案例总数的45.45%；中部地区有20件，占30.30%；西部地区有16件，占24.24%（见表4-7）。

表4-7 各地实现担保物权案件中第三人提供担保
中东西部分布及所占比例情况

		中东西部			合计
		东部地区	中部地区	西部地区	
被申请人是否债务人	是	208	109	76	393
	否	30	20	16	66
合计		238	129	92	459

从担保物权的类型来看，由第三人提供担保的绝大多数为抵押权，发生在抵押权中的案例有63件，占95.45%，发生在质权中的只有2件，另外1件则涉及抵押权、质权等多种担保方式（详见表4-8）。可见，各地实现担保物权非讼程序的司法实践中，第三人即非债务人提供担保的案件在全国各地

---

[1] 见《物权法》第208条。
[2] 见《物权法》第223条。

也是普遍存在的。

表 4-8 各地实现担保物权案件中第三人提供担保的担保物权类型分布及所占比例情况

		担保物权				合计
		抵押权	质权	留置权	其他	
被申请人是否债务人	是	363	26	1	3	393
	否	63	2	0	1	66
合计		426	28	1	4	459

四、案件涉及担保物权类型分析

（一）实现担保物权案件中抵押权实现案件居多

担保物权是指以确保债务的清偿为目的，于债务人或第三人所有之物或权利所设定的物权。担保物权属于定限物权，即于他人之物或权利设定的物权，因以支配担保物的交换价值为内容，又称为价值权。[1] 根据物权法定原则，担保物权的类型与内容须以法律的规定为准。然而由于法律传统及国情的不同，各国法律对担保物权的种类规定也有所不同。抵押权和质权，是各国立法上公认的担保物权。留置权在各国法律上的地位有所不同，有的立法上规定的留置权为债权性留置权，而另有一些立法上则将留置权径行规定为担保物权。至于优先权或先取特权，有些国家认为其是担保物权的一种，也有的国家将其视为担保物权之外的一种特殊权利。另有一些国家的立法或判例上承认让与担保也是担保物权的类型，但多数国家的立法上并未将其作为典型担保物权加以规定，理论上及实务中通常将让与担保与所有权保留等制度一并定位为非典型物的担保。[2] 我国《担保法》《物权法》上规定的担保物权有抵押权、质权与留置权三种。担保物权旨在确保债权获得优先受偿，担保物权的实现，即为债务履行期间届满债务人未履行债务或发生当事人约定的实现担保物权的情形时，担保物权人依照法律规定或者事先约定的事先

---

[1] 王泽鉴：《民法物权》，北京大学出版社 2010 年版，第 366 页。
[2] 汪晓华：《物权法分则研究》，合肥工业大学出版社 2018 年版，第 222~223 页。

方式就担保财产优先受偿其债权。

在笔者收集的 459 件各地实现担保物权样本案例中，绝大多数案件是关于抵押权实现的。具体来说，有关抵押权实现的案件有 426 件，占样本总数的 92.81%；样本中 4 件"其他"实现担保物权的案例，则是案件中存在抵押、质押等多种担保方式，涉及抵押权、质权等担保物权的实现。加上 4 件"其他"实现担保物权的案例，459 件样本案例中涉及抵押权实现的案件达 430 件，占了样本总数的 93.68%（详见表 4-9）。可见，抵押担保作为一种保障债权实现的有效手段，已成为民商事活动中不可替代的担保方式之一。

表 4-9 各地实现担保物权案件中各类担保物权分布及所占比例情况

		频率	百分比	有效百分比	累积百分比
有效	抵押权	426	92.81	92.81	92.81
	质权	28	6.10	6.10	98.91
	留置权	1	0.22	0.22	99.13
	其他	4	0.87	0.87	100.00
	合计	459	100.00	100.00	

（二）案件抵押权实现居多说明抵押权作为"担保之王"得到了充分体现

在各种担保方式之中，抵押以其在不影响抵押财产使用价值充分发挥的基础上还能够确保担保价值有效实现的优势，在担保交易中被广泛采用。抵押权因此被称为"担保之王"，在增强主体信用、担保债权实现、促进资金融通、保障交易安全、维护经济秩序等方面具有十分重要的意义。[1] 然而，抵押权的作用要得到充分发挥，最终必须依靠抵押权快捷、高效的实现。因此，我国《物权法》第 195 条规定,[2] 债务到期债务人未及时、适当地履行或者债务未到期出现当事人约定的实现抵押权情形，抵押权人可以就实现抵押权的方式问题与抵押人协商，这是私法自治原则的体现与要求。如果双方就抵

[1] 王利明：《物权法研究》（第 3 版）（下卷），中国人民大学出版社 2013 年版，第 1256 页。
[2] 《物权法》第 195 条规定："债务人不履行到期债务或者发生当事人约定的实现抵押权的情形，抵押权人可以与抵押人协议以抵押财产折价或者以拍卖、变卖该抵押财产所得的价款优先受偿……抵押权人与抵押人未就抵押权实现方式达成协议的，抵押权人可以请求人民法院拍卖、变卖抵押财产……"

押权的实现方式未能达成协议的,《物权法》赋予了抵押权人"请求人民法院拍卖、变卖抵押财产"的权利,这是法律作为社会关系调节器所应发挥的作用。《物权法》之所以仅仅对抵押权实现的公力救济途径作出了明确规定,其主要原因在于抵押权自身特有的属性,即无论抵押财产是动产、不动产还是权利,均不需要移转占有。[1] 在此情况下,抵押权人虽然既保证了债权能够得到实现,又免去了占有抵押财产所可能产生的各种麻烦,但由于不转移标的物占有,抵押权人不能实际控制抵押财产。因而,抵押权人在需要实现抵押权时,如果抵押人不积极配合,双方就很难达成实现抵押权的协议,对抵押财产的拍卖、变卖也就难以进行。所以,相较于同为担保物权的质权、留置权,抵押权特别需要公权力予以救济。在实现担保物权的司法实践中,抵押权"担保之王"的称谓得到了充分的体现。

五、案件审理时间分析

(一) 实现担保物权案件平均审理时间较短

审理时间上,459件实现担保物权样本案件中,平均审理时间为18.73日,与通过诉讼实现担保物权的平均时间(7.88个月)相比缩短了很多。其中审理时间最少的是1日,最多的有175日,审理时间出现次数最多的是13日(见表4-10)。

表4-10 各地实现担保物权案件审理时间数值

单位:日

N	有效	459
	缺失	0
均值		18.73
中值		16.00
众数		13
极小值		1
极大值		175

---

[1] 参见金殿军:"请求法院拍卖、变卖担保财产的法律问题",载《法学》2010年第1期。

从所有样本案例审理时间的分布看（详见图4-2），绝大多数的案件在30日以内审结。如浙江省泰顺县人民法院审结的首例实现担保物权案[1]、河南省虞城县人民法院受理的首起实现担保物权案、[2] 湖南省双峰县人民法院审结的首例实现担保物权案[3]等，都是在3日内审结的，且泰顺县人民法院审结的首例实现担保物权案从立案到执行完毕仅用了13日。

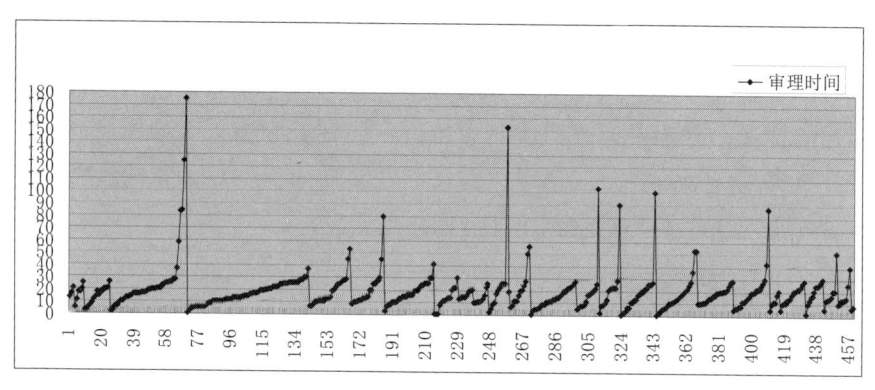

图4-2 实现担保物权案件审理时间详细情况

对所有样本案例的审理时间进一步细分，3日内审结的21件，占样本总数的4.58%，其中，当日受理、当日审结的案件有7件，浙江省、安徽省、湖北省、湖南省各1件，广西壮族自治区3件；一周内审结的61件，占样本总数的13.29%；半月内审结的224件，占样本总数的48.80%；20日内审结的307件，占样本总数的66.88%；30日内审结的434件，占样本总数的94.55%；超过30日审结的有25件，仅占样本总数的5.45%（详见图4-3）。司法实践中，从人民法院及媒体的对外报道、宣传来看，实现担保物权案件的审理时间较短也是宣传的亮点之一，诸多相关案例的报道在标题中标明了案件的审理时间就有力地证明了这一点，如"长沙首例担保物权案立案到结

---

[1] 参见陈露露、郑彩霞："泰顺法院执结新民诉法实施后首例申请实现担保物权案件——该案从立案到执行完毕仅用13天"，载 http://taishun.zjcourt.cn:88/art/2013/3/15/art_617_63218.html，访问时间：2015年12月26日。

[2] 参见丰新华："虞城法院发出全省首份实现担保物权裁定"，载 http://hnycfy.hncourt.org/public/detail.php?id=1203，访问时间：2015年12月26日。

[3] 参见袁红江："双峰法院审结首例申请实现担保物权案件"，载 http://sfxfy.chinacourt.org/public/detail.php?id=1082，访问时间：2015年12月26日。

案只用了8天"[1]"港南法院十天审结首例实现担保物权案"[2]"涉案金额近4亿1个月审结"[3]等。

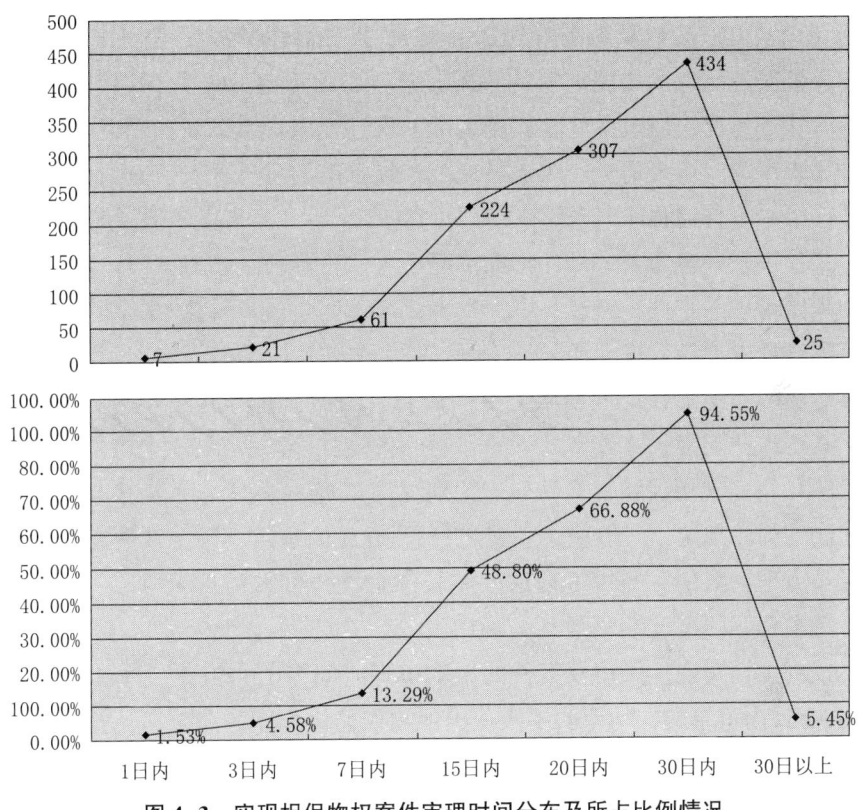

图 4-3 实现担保物权案件审理时间分布及所占比例情况

（二）案件审理时间缩短体现了实现担保物权非讼程序的高效率

在2012年《民事诉讼法》颁布实施之前，担保物权人需要实现担保物权的，根据《担保法》《物权法》等法律的规定，其可以与担保人协商将担保

---

[1] 参见谢晓晓等："长沙首例担保物权案立案到结案只用了8天"，载《潇湘晨报》2013年4月12日。

[2] 参见徐卫："港南法院十天审结首例实现担保物权案"，载 http://ggzy.chinacourt.org/public/detail.php?id=1490，访问时间：2015年12月26日。

[3] 参见唐梦、孙楠、卢柱平："涉案金额近4亿1个月审结——南海法院发出佛山首份实现担保物权民事裁定"，载《南方日报》2013年5月17日。

财产折价、拍卖、变卖，也可以通过请求人民法院拍卖、变卖担保财产。社会经济活动中，由于各方面的原因，担保物权人与担保人很难协商一致，大多是通过诉讼途径实现担保物权，由人民法院按照普通诉讼程序进行审理。根据《民事诉讼法》及最高人民法院相关司法解释的规定，适用普通程序审理的民事案件，人民法院一审的审限是从立案之日起6个月，遇有案情较为复杂等特殊情况，经过本院院长的批准，审理期限可以延长6个月，[1] 如果案件还未审结，可报请上一级人民法院，经批准的可再延长3个月。[2] 如此一来，第一审普通程序最长审理期限可达15个月。当事人不服一审判决上诉的，二审审限一般为3个月，特殊情况还可以再延长3个月。[3] 这样，适用普通程序审理的案件，经过一审、二审，审理期限最长可达21个月。如果考虑审理过程中不计入审理期限的情况（如公告送达时的期间等）、再审后发回重审等情形，则案件审理期限会更为漫长。因而，通过诉讼方式实现担保物权，其审理期限漫长、效率低下的弊端已备受社会各界诟病。2012年《民事诉讼法》将实现担保物权案件列入特别程序审理，根据《民事诉讼法》及相关司法解释的规定，一般应在立案之日起30日内审结，因特殊情况未审结需要延长审理期限的，经过审理法院院长的批准，可以延长30日。[4] 也就是说，特别程序的审理期限最长为60日，且一审终审，大大缩短了审理时间。样本案例中，实现担保物权案件的平均审理时间为18.73日，94.55%的案件是在30日内审结的，均说明了实现担保物权非讼程序的高效率，契合了担保物权实现规则的效率价值。

---

〔1〕《民事诉讼法》第149条规定："人民法院适用普通程序审理的案件，应当在立案之日起六个月内审结。有特殊情况需要延长的，由本院院长批准，可以延长六个月；还需要延长的，报请上级人民法院批准。"

〔2〕《最高人民法院关于严格执行案件审理期限制度的若干规定》第2条第1款规定："适用普通程序审理的第一审民事案件，期限为六个月；有特殊情况需要延长的，经本院院长批准，可以延长六个月，还需延长的，报请上一级人民法院批准，可以再延长三个月。"

〔3〕《民事诉讼法》第176条第1款规定："人民法院审理对判决的上诉案件，应当在第二审立案之日起三个月内审结。有特殊情况需要延长的，由本院院长批准。"《最高人民法院关于严格执行案件审理期限制度的若干规定》第2条第5款规定："审理对民事判决的上诉案件，审理期限为三个月；有特殊情况需要延长的，经本院院长批准，可以延长三个月。"

〔4〕《最高人民法院关于严格执行案件审理期限制度的若干规定》第2条第3款规定："适用特别程序审理的民事案件，期限为三十日；有特殊情况需要延长的，经本院院长批准，可以延长三十日，但审理选民资格案件必须在选举日前审结。"

六、案件结果分析

(一) 人民法院裁定准予实现担保物权申请的占绝对多数

从案件结果看,在 459 件实现担保物权样本案件中,人民法院支持申请人实现担保物权申请,准予拍卖、变卖担保财产的有 345 件,占样本总数的 75.16%;当事人实现担保物权的申请不符合法律规定,人民法院裁定驳回的有 48 件,占样本总数的 10.46%;当事人在人民法院审查过程中主动提出撤诉申请,人民法院准予撤回的有 64 件,占样本总数的 13.94%;还有 2 件是人民法院组织调解,双方达成和解而结案的,仅占样本总数的 0.44%(见表 4-11)。根据对样本的统计分析显示,实现担保物权案件中,人民法院裁定准予申请的案件占绝对的多数,远多于裁定驳回申请及裁定准予撤诉的案件。

表 4-11 各地实现担保物权案件裁判结果及所占比例情况

		频率	百分比	有效百分比	累积百分比
有效	支持	345	75.16	75.16	75.16
	驳回	48	10.46	10.46	85.62
	撤诉	64	13.94	13.94	99.56
	调解	2	0.44	0.44	100.00
	合计	459	100.00	100.00	

(二) 案件结果的特点反映了人们在经济活动中的法律意识不断增强

法院裁判是人民法院处理民事案件的手段和形式,是人民法院依法行使审判权的结果。裁判的结果体现了人民法院对特定民事纠纷的审理态度,在一定程度上也反映了当事人之间的利益状态。从人民法院对实现担保物权案件的裁定结果看,担保物权人对担保物权制度及其实现的相关法律法规有较全面、深入地了解,在经济活动中具有较强的风险防范意识,能够严格遵守担保中的相关业务管理制度,严格按照相关业务流程办理,既做到了充分提高担保制度的实用性,又做到了利用法律手段实现担保物权的有效性。对于申请实现担保物权的各类权利人而言,实现担保物权非讼程序的实际运用效果是较为理想的。

第五章

实现担保物权案件审查制度实证检视与完善进路

担保物权的实现是担保物权人最主要的权利，是担保物权制度发挥效用的直接体现。担保物权实现的司法实践中，审查是人民法院处理实现担保物权案件的关键环节，也是理论界和实务部门最为关心的焦点问题，在整个担保物权实现中具有重要作用。人民法院在受理实现担保物权的申请后，必须严格按照既定的程序，认真进行审查核实。审查是实现担保物权非讼程序的重要组成部分，只有经过审判人员的审查，人民法院才能确定实现担保物权的申请材料是否完备，实现担保物权的条件是否具备，从而决定是否准予申请人实现担保物权的申请并依法作出裁定。2012 年《民事诉讼法》在审判程序编的第 15 章增加了"实现担保物权案件"一节，规定实现担保物权案件的处理适用特别程序，并在第 197 条对实现担保物权案件的审查等问题作了规定。根据《民事诉讼法》第 197 条的规定，人民法院在受理申请人实现担保物权的申请后，经审查，"符合法律规定的，裁定拍卖、变卖担保财产……""不符合法律规定的，裁定驳回申请……"[1] 从第 197 条的规定来看，对于实现担保物权案件如何进行审查，《民事诉讼法》未做涉及，而"符合法律规定"应该如何理解和把握，《民事诉讼法》也未提供现成答案。这意味着《民事诉讼法》未对实现担保物权案件的审查作出明确的规定，难以满足审判实践的需要。《民诉法司法解释》虽然对包括审查制度在内的实现担保物权案件程序规则作了进一步细化，但相关规定过于粗略，可操作性较差。在实现担

---

[1]《民事诉讼法》第 197 条规定："人民法院受理申请后，经审查，符合法律规定的，裁定拍卖、变卖担保财产，当事人依据该裁定可以向人民法院申请执行；不符合法律规定的，裁定驳回申请，当事人可以向人民法院提起诉讼。"

保物权案件中,案件标的额往往较大,[1]涉及不动产等重大财产,而《民事诉讼法》及《民诉法司法解释》对实现担保物权案件审查规定的不足,难以为司法实践中实现担保物权案件的审理提供具体的操作指引,在实务操作中人民法院对实现担保物权案件如何进行审查成为困扰审判实践的一大难题,也是基层人民法院反映最多的问题。实证研究表明,各地基层人民法院在对实现担保物权案件进行审查时采用职权主义,[2]对相关程序规定存在依情况而定的情形,导致实践中对实现担保物权案件的审查较为混乱。因而,对实现担保物权案件审查制度进行检视并提出完善的建议,对司法实践中各基层人民法院科学、合理地处理实现担保物权案件具有重要的意义,也是实现担保物权非讼程序司法适用中亟待解决的关键问题。本部分以中国裁判文书网提供的丰富案例素材为数据来源,以位于我国中部的河南省为样本,[3]以中国裁判文书网公开发布的裁判文书作为选取案件样本的来源,以2013年1月1日至2018年12月31日为时间段,选取河南省各地基层人民法院审结的所有(401例)实现担保物权案件,对实现担保物权案件审查制度进行全样本实证考察,客观反映我国实现担保物权案件审查制度运行现状,验证实现担保物权案件审查相关立法的实际效果,并针对实现担保物权案件审查中存在的问题从实证的角度提出建设性意见,以期有助于司法实务工作者全面、准确地理解立法原意,更好地指导司法实践,让每一起案件中的当事人都能够感受到法律的公平正义。

一、实现担保物权案件审查制度的界定

所谓界定,就是给所面对的对象一个定义性描述,也即概念。对一个问题进行判断和论证的逻辑起点常常是从该问题的清晰的概念开始的,对概念

---

[1] 根据对笔者收集的459个样本案例的统计,涉案标的额平均数为718.63万元,标的额最大的为40 000万元,其中标的额超过50万元的占65.35%,超过100万元的占52.06%,超过500万元的占23.96%,超过1000万元的占16.99%。

[2] 李林启、李焱:"实现担保物权案件中被申请人异议及其处理探析——以河南省相关司法裁判案例为样本",载《河南财经政法大学学报》2019年第1期。

[3] 以河南省为样本对实现担保物权案件审查制度进行实证分析,其原因有二:一是在全国经济发展格局中,中部地区属欠发达的中间层次,河南省位于我国中部地区,在全国各省(市、自治区)中具有代表性;二是截至2017年12月31日,中国裁判文书网共发布实现担保物权案件15 683件,其中河南省有401件,案件数量在全国各省(市、自治区)中位于第七,具有典型性。

的认定也是解决法律问题所必不可少的工具。只有依标准对概念进行严格的限定,我们才能清楚地和理性地对法律问题进行思考。[1] 做实证考察研究也是如此,只有先对与实现担保物权审查制度相关的基本概念进行清晰、明确的限定,才能更好对其进行研究。

(一) 实现担保物权案件审查制度的概念

人民法院在受理实现担保物权的案件后,在接下来的每一步程序中都应该严格依照法律法规中的相关规定对案件进行应有的审查,以保障对申请人请求可以作出合法、合理的裁定结果。实现担保物权案件中,审查始终是贯穿于审判活动的一项行为,这一行为是人民法院查明案件事实所进行的司法活动中必不可少的一项,它对确保担保物权制度程序规则等相关内容的实现起着举足轻重的作用。

制度是一种规则体系,是法律规范的组成部分。[2] 实现担保物权案件审查制度,即为了维护正常的社会经济秩序,保证合法、合理地适用实现担保物权的非讼程序。基层人民法院在受理实现担保物权案件后,往往会根据涉案金额、当事人意愿等因素依据法律规定组成审判组织,运用书面审查、举行听证、双方质证等各种手段对与案件密切相关的基础合同、担保合同、被申请人异议等内容进行辨别、分析、取舍判断并据此作出相应的裁判结果。在实现担保物权案件的处理过程中,合理、有效、科学的审查制度占据着重要的地位,对能否充分保护各方主体的合法权益、能否最终实现申请人的担保物权都具有决定性的作用。

(二) 实现担保物权案件审查制度的特征

首先,人民法院对受理后的案件进行审查是有严格的时间段要求的。人民法院对实现担保物权案件的审查只能发生在案件审理后至裁判结果作出前的这一时间段,换言之,在案件审理过程中,人民法院只能因当事人或者其他有权请求实现担保物权的人(如留置权人)等权利人申请启动实现担保物权程序方有权行使相关的审查权,因相关担保物权裁定的作出而中止其审查权。人民法院的审查权行使有严格的时间限制,只能在此时间段进行,若在

---

[1] [美] E. 博登海默:《法理学:法律哲学与法律方法》,邓正来译,中国政法大学出版社1999年版,第486页。

[2] 参见张文显:《二十世纪西方法哲学思潮研究》,法律出版社1996年版,第308~310页。

申请人向法院提出申请前及人民法院依法作出案件裁定后,人民法院便丧失了行使审查权的权利。因此,从这一时间段要求看,我国人民法院在此进程中所进行的审查是一种被动的审查,只有当事人进行申请时才赋予了其审查的权利,除此之外,人民法院不能、也不应该在案件受理过程中依据职权主动进行审查。这是在我国审查权限方面,司法权限同其他立法、执法等权限相区别的一个根本界限,被动审查权也是司法中立在实现担保物权制度中的具体体现。

其次,人民法院对案件进行具体审查时应以实现担保物权制度相关的法律规范为行为依据。实现担保物权的法律规范体系的建立在我国是一个不断补充、完善的过程,从1986年《民法通则》中担保物权实现方式的立法明确到1995年《担保法》中实现担保物权诉讼程序的建立,从1999年《合同法》中担保物权实现机制的有限改进到2007年《物权法》中实现担保物权诉讼程序的重要修正,从2012年《民事诉讼法》中实现担保物权非讼程序的确立到2015年《民诉法司法解释》中实现担保物权非讼程序的完善,担保物权实现机制实现了从诉讼程序向非讼程序的转变,相关法律规范在不同的立法规定中逐步转变、不断完善。[1] 人民法院对案件进行具体审查时应以实现担保物权制度相关的法律规范为行为依据,实体法上主要以《民法总则》《担保法》《物权法》等为依据,程序法上主要以《民事诉讼法》及《民诉法司法解释》等为依据,当然,除以上具体依据外,在个案中也可以根据案情借助参照其他与担保物权实现相关的法律条文。此外,在《民诉法司法解释》颁布前后,一些受理担保物权实现案件较多的地区,如浙江省、重庆市、四川省等地以在案件审理过程中发现的问题为基础,结合各地实现担保物权案件的现状,为更好地满足实现担保物权的需要,分别制订推出了本地与此相关的具体意见,这些意见中均涉及了实现担保物权案件审查的相关内容,这些根据本地区审判经验制定的具体意见在一定时间内保证了本辖区范围内实现担保物权案件审查最大限度的司法统一。

最后,人民法院对案件进行审查时应当有通用的标准可遵循。实现担保物权案件的审查标准是实现担保物权程序中的一个核心问题,制定科学合理具有可操作性的案件审查标准是担保物权相关程序能够实现并发挥应有作用

---

[1] 参见李林启:"我国担保物权实现机制立法演进的分析",载《湘江青年法学》2015年第2期。

的基础。因此，我国人民法院在对该类型的案件进行审查时应当遵循一定的、具有可通用性的标准，2012年《民事诉讼法》在特别程序一章中新增了可用于特别程序的实现担保物权案件这一类型，实现了实现担保物权案件在程序上的重大转折。适用特别程序审理的案件，也就是所谓的非讼案件，在内容上最重要的就是要符合无实质性争议这一特点，对于这类案件可以采用形式审查的方式对案件进行审查。"形式审查"一般是指书面审查，主要是针对申请人、利害关系人等当事人提交的书面材料进行简单的查看，一般既包括对上交材料本身的齐全程度的查验，又包括对材料的外在形式、范围等彼此印证之间的合法性、一致性、真实性进行审查，同时还可以就现有的提交材料与已有的材料进行简单的对比以及进行相关询问核对等方式进行的审查。形式审查不侧重于对案件内容进行实质性审查，它符合了非讼程序要求权利迅速实现的特征，凸显了实现担保物权非讼程序有利于减轻基层法院的工作强度的优越性。

（三）实现担保物权案件审查制度的构成

如何对该类型的案件审查制度的构成进行清晰的认知、辨别，不仅有助于我们更好地适用该审查制度，同时在建立、完善更加科学的审查制度方面也具有重大意义，还有利于人民法院在确保公平的基础上提高非讼案件效率，满足现实社会中处理实现担保物权案件司法实践的需要。实现担保物权案件审查制度一般包含规范实现担保物权案件审查主体、审查手段、审查内容、审查结果等内容的一系列连续、完整的规则。

一是实现担保物权案件的审查主体。法律秩序的具体构建是以主体作为轴心来进行的，法律主体不可能完全是现实社会中的实体本身，而是立法者的思想观念所接受的现实实体的概念化，其体现了一定时期立法者的思维范畴。[1] 实现担保物权案件的审查主体也是同样的。具体地说，就是该类型案件的审查主体，是指特定的国家机关（一般是人民法院）以法律的明文规定为依据，为了对实现担保物权案件进行审查、作出裁定而组成的审判组织。根据《民事诉讼法》的有关规定，审判组织分为独任制和合议制两种。实现担保物权的程序现已归为特别程序，在《民事诉讼法》第178条中对特别程

---

[1] 参见龙卫球："法律主体概念的基础性分析（下）——兼论法律的主体预定理论"，载《学术界》2000年第4期。

第五章 实现担保物权案件审查制度实证检视与完善进路

序的审查主体进行了具体规定,在具体内容方面与诉讼程序是有所区别的,适用特别程序进行审理的案件,一般情况下实行独任制,即在审判主体方面只要求有一个审判员就可进行审理,而且实行一审终审制,当事人一般无上诉、申诉权。只有指定的特别案件,如普通民众是否具有选民资格或者其他一些重大、疑难的案件,方才需要多名审判员以组成合议庭的形式进行审理。《民诉法司法解释》第369条规定,实现担保物权的案件应当组成何种形式的审查主体,其主要依据是基层人民法院管辖标的额的范围(该标的额范围一般由法律明文规定),即涉案担保财产的标的额未达到基层人民法院管辖标的额范围的案件就可以适用独任审查制,但对超过基层人民法院受案范围的案件就会被归为重大或疑难案件,由多名审判员组成合议庭进行审查,即该规定表明,实现担保物权的案件以担保财产标的额的大小作为审查主体组成形式的判断依据。

二是实现担保物权案件的审查手段。所谓审查手段,就是法院在对实现担保物权案件进行审理的过程中,对当事人、相关权利人等提出的申请要求、异议以及所提供的申请材料、证据等资料应当以什么样的方式进行分析、判断、认定。实现担保物权案件的审查程序属于非讼程序,一般情况下,人民法院对于非讼程序都是根据案件具体情况进行分类审查的,对较为简单、无实质异议的案件也可以直接进行书面审查;案情复杂,需要对当事人进行询问的,也可以询问申请人、被申请人等当事人及相关关系人;案情复杂时,不仅需要询问,而且有调取证据的需要,法院也可以就案件相关事实依职权主动核查。[1]《民诉法司法解释》第370条基于非讼程序适用职权主义,对实现担保物权的案件进行审查可以采取的审查手段进行了规定,如人民法院可以直接询问申请人、利害关系人等相关当事人,必要时法院也可以适用职权主义,即依职权主动调查案件的相关事实。

三是实现担保物权案件的审查内容。所谓审查内容,就是指人民法院在对实现担保物权案件进行审理的过程中,需要了解案件的哪些基本事实以及应当依据什么内容对案件事实或案件整体性质等进行判断。实现担保物权案件适用的程序为非讼程序,这就意味着对于实现担保物权案件的审查内容,

---

[1] 参见沈德咏主编:《最高人民法院民事诉讼法司法解释理解与适用》(下),人民法院出版社2015年版,第979~980页。

人民法院可以依据职权主义，适当进行主动审查。即使被申请人或其他利害关系人未提出异议，但为了避免出现当事人互相串通损害其他人利益的情况出现，人民法院也可以依职权主动地对是否具备实现担保物权实现的条件、担保物权的实现是否损害他人合法权益等实质性内容进行审查。因而，根据《民诉法司法解释》第 371 条的规定，将实现担保物权案件中的主合同的效力、履行等相关情况、担保物权的设立是否合法有效、担保财产的范围及合法性、被担保债权的范围及债务实际履行情况、被申请人、利害关系人或第三人异议、利益等众多内容都囊括在实现担保物权案件的具体审查内容。

四是实现担保物权案件的审查结果。实现担保物权案件审查结果在《民事诉讼法》中并未作出清晰明确的规定，而是在《民诉法司法解释》第 372 条中对其作出了相对具体的规定。根据该条规定，在实践中人民法院对于案件审查后，按照不同情形分别作出不同的处理，具体来说存在三种情形：一是对申请人申请要求、材料的合法性、真实性，人民法院可以依职权进行主动审查、判断，案件性质、事实等符合法律规定，当事人对案件内容无实质性争议的，人民法院可以依法作出准许拍卖、变卖担保财产的裁定；二是当事人或其他利害关系人对案件部分内容或诉求出现实质性争议的，人民法院在审理时可以直接对有实质性争议的部分予以驳回，不予审理，同时告知双方当事人另行起诉，对双方当事人或利害关系人无争议的部分适用非讼程序继续审理并依法作出裁定；三是当事人对案件内容或诉求存在实质性争议，无达成共识部分的，依非讼程序无法妥善解决，人民法院可以依法裁定驳回申请人申请，告知申请人进行起诉，适用诉讼程序的有关程序要求解决担保物权纠纷。《民诉法司法解释》第 372 条的规定，其目的主要是为了防止被申请人在实现担保物权非讼程序中滥用异议的权利，从而导致实现担保物权案件实现程序被架空。[1]

二、实现担保物权案件审查制度的运行现状

自《民事诉讼法》及《民诉法司法解释》相继实施以来，这一类型案件的审查在司法实践中的现实状况如何，在实际运行中是否达到立法者预期的

---

[1] 参见最高人民法院民事诉讼法修改研究小组编著：《〈中华人民共和国民事诉讼法〉修改条文理解与适用》，人民法院出版社 2012 版，第 982 页。

效果，各地的基层人民法院在实现担保物权案件的审查过程中具体遇到了超出立法预期的各种实际问题，都值得研究。本部分继续贯彻"理论联系实践，在实践中不断发展和完善真理"的理念，以实证研究法为主要研究方法，分为总体和个体两个层次进行实证研究，在总体方面，对河南省实现担保物权案件的样本案例进行全面性的统计和描述，希望可以获得对实现担保物权案件审查制度在总体架构上的更为直观的认识，反馈实现担保物权案件的审查制度在司法实践中的现实效果；在个体方面，对该类型案件中的典型案例进行具体分析，以期可以发现隐藏的裁判规则规律性。当然，统计学并不能完全反映实现担保物权案件审查制度的所有情况，本部分会结合诉讼法学、民商法学等基本理论知识对样本的相关数据进行阐释、分析。分析对象上，以中国裁判文书网公开发布的裁判文书作为选取案件样本的来源，以 2013 年 1 月 1 日至 2018 年 12 月 31 日为时间段，选取河南省各地基层人民法院审理的所有（401 例）实现担保物权案件，争取对实现担保物权案件审查制度进行全样本实证研究。这 401 例具体案例来自河南省所有基层人民法院中的 65 个，占河南省基层人民法院总数（163）的 39.9%，超过河南基层人民法院总数的 1/3。地区分布上，401 例案件分布在河南省所有 19 个中级人民法院所辖区域内（详见表 5-2）。其中案例占比数最高的为郑州高新技术产业开发区人民法院，自 2013 年至 2018 年该法院共审结 107 件实现担保物权案件，占样本总数的 26.7%，案例占比数位居第二的是济源市人民法院，该院共审结案件 23 件，占样本总数的 5.7%，案例占比数位居第三位的是许昌市魏都区人民法院，该院共审结案件 22 件，占样本总数的 5.5%。河南省各地基层人民法院审结实现担保物权案件的具体数量及相关百分比详见表 5-1。

表 5-1 河南省各地基层人民法院审结实现担保物权案件数量及所占比例

人民法院	频率	百分比	有效百分比	累积百分比
安阳县人民法院	1	0.2	0.2	0.2
博爱县人民法院	3	0.7	0.7	1.0
川汇区人民法院	3	0.7	0.7	1.7
登封市人民法院	1	0.2	0.2	2.0
管城回族区人民法院	6	1.5	1.5	3.5

续表

人民法院	频率	百分比	有效百分比	累积百分比
红旗区人民法院	7	1.7	1.7	5.2
华龙区人民法院	8	2.0	2.0	7.2
滑县人民法院	3	0.7	0.7	8.0
辉县市人民法院	18	4.5	4.5	12.5
吉利区人民法院	1	0.2	0.2	12.7
济源市人民法院	23	5.7	5.7	18.5
郏县人民法院	1	0.2	0.2	18.7
涧西区人民法院	11	2.7	2.7	21.4
解放区人民法院	1	0.2	0.2	21.7
金水区人民法院	16	4.0	4.0	25.7
兰考县人民法院	5	1.2	1.2	26.9
老城区人民法院	1	0.2	0.2	27.2
梁园区人民法院	6	1.5	1.5	28.7
灵宝市人民法院	1	0.2	0.2	28.9
龙安区人民法院	1	0.2	0.2	29.2
鲁山县人民法院	2	0.5	0.5	29.7
鹿邑县人民法院	2	0.5	0.5	30.2
栾川县人民法院	2	0.5	0.5	30.7
洛龙区人民法院	2	0.5	0.5	31.2
洛阳高新技术产业开发区人民法院	1	0.2	0.2	31.4
孟州市人民法院	5	1.2	1.2	32.7
泌阳县人民法院	1	0.2	0.2	32.9
内乡县人民法院	5	1.2	1.2	34.2
宁陵县人民法院	1	0.2	0.2	34.4
濮阳县人民法院	2	0.5	0.5	34.9

第五章　实现担保物权案件审查制度实证检视与完善进路

续表

人民法院	频率	百分比	有效百分比	累积百分比
淇滨区人民法院	2	0.5	0.5	35.4
沁阳市人民法院	10	2.5	2.5	37.9
清丰县人民法院	1	0.2	0.2	38.2
汝阳县人民法院	3	0.7	0.7	38.9
山城区人民法院	1	0.2	0.2	39.2
山阳区人民法院	12	3.0	3.0	42.1
陕县人民法院	17	4.2	4.2	46.4
商城县人民法院	1	0.2	0.2	46.6
上街区人民法院	6	1.5	1.5	48.1
社旗县人民法院	1	0.2	0.2	48.4
睢县人民法院	1	0.2	0.2	48.6
汤阴县人民法院	2	0.5	0.5	49.1
宛城区人民法院	1	0.2	0.2	49.4
卫滨区人民法院	9	2.2	2.2	51.6
尉氏县人民法院	3	0.7	0.7	52.4
魏都区人民法院	22	5.5	5.5	57.9
温县人民法院	7	1.7	1.7	59.6
文峰区人民法院	2	0.5	0.5	60.1
舞钢市人民法院	6	1.5	1.5	61.6
西峡县人民法院	4	1.0	1.0	62.6
息县人民法院	1	0.2	0.2	62.8
襄城县人民法院	2	0.5	0.5	63.3
新安县人民法院	1	0.2	0.2	63.6
新乡县人民法院	1	0.2	0.2	63.8
新郑市人民法院	2	0.5	0.5	64.3
许昌县人民法院	1	0.2	0.2	64.6

续表

人民法院	频率	百分比	有效百分比	累积百分比
鄢陵县人民法院	7	1.7	1.7	66.3
郾城区人民法院	4	1.0	1.0	67.3
义马市人民法院	3	0.7	0.7	68.1
驿城区人民法院	10	2.5	2.5	70.6
荥阳市人民法院	4	1.0	1.0	71.6
禹州市人民法院	4	1.0	1.0	72.6
柘城县人民法院	2	0.5	0.5	73.1
郑州高新技术产业开发区人民法院	107	26.7	26.7	99.8
中原区人民法院	1	0.2	0.2	100.0
合计	401	100.0	100.0	

表 5-2 河南省审结实现担保物权案件基层人民法院所在中级人民法院分布情况及所占比例

中级人民法院	频率	百分比	有效百分比	累积百分比
郑州市	141	35.2	35.2	35.2
开封市	7	1.7	1.7	36.9
洛阳市	21	5.2	5.2	42.1
平顶山市	9	2.2	2.2	44.4
安阳市	10	2.5	2.5	46.9
鹤壁市	3	0.7	0.7	47.6
新乡市	35	8.7	8.7	56.4
焦作市	41	10.2	10.2	66.6
濮阳市	11	2.7	2.7	69.3
许昌市	37	9.2	9.2	78.6
漯河市	4	1.0	1.0	79.6
三门峡市	21	5.2	5.2	84.8

续表

中级人民法院	频率	百分比	有效百分比	累积百分比
商丘市	11	2.7	2.7	87.5
周口市	5	1.2	1.2	88.8
驻马店市	10	2.5	2.5	91.3
南阳市	11	2.7	2.7	94.0
信阳市	1	0.2	0.2	94.3
济源市	22	5.5	5.5	99.8
郑州铁路运输法院	1	0.2	0.2	100.0
合计	401	100.0	100.0	

（一）实现担保物权案件的审查主体形式以独任制为主

分析这401件实现担保物权样本案例，可以发现在案件的审查主体上，由一名法官独任审查的有316件，占样本案例总数的78.8%；组成合议庭进行审查的有85件，占样本案例总数的21.2%（见表5-3）。样本的统计分析显示，在河南省401例实现担保物权案件中，人民法院采取独任制进行审查的案件占绝对多数，远多于组成合议庭进行审查的案件。

表5-3　河南省各地基层人民法院审结实现担保物权案件审判组织情况

	频率	百分比	有效百分比	累积百分比
独任审判	316	78.8	78.8	78.8
合议庭	85	21.2	21.2	100.0
合计	401	100.0	100.0	

法院在审理实现担保物权案件的过程中，审判员究竟是采取独任制还是合议庭的组织形式是保障公平、公正地实现担保物权案件的一个重要因素，根据《民事诉讼法》第178条关于特别程序的一般性规定及《民诉法司法解释》第369条关于组织形式的有关规定，人民法院在对该类型的案件进行审查时，一般可以由审判员一人独任审查，对于重大、疑难案件及涉案担保财产的标的额不在基层人民法院管辖范围内的，应当由多名审判员以组成合议庭的形式进行审查。在司法实践中，对重大、疑难案件的判定，大多都是依

据基层人民法院管辖的标的额范围或通过法院内部指导意见确定的标的额范围，担保财产的标的额超过规定范围或案件在性质、内容争议、情节等方面比较复杂或影响是否重大等因素，如果通过各方面参考认定案件确属于重大、疑难案件这一范围的，法院在审理时应当由多名审判员或陪审员组成合议庭进行审查。关于基层人民法院管辖的标的额范围，2015年4月30日，最高人民法院颁布了《关于调整高级人民法院和中级人民法院管辖第一审民商事案件标准的通知》，根据该文件，各地的法院受理担保物权案件的标的额范围，应当依据该地的经济发展水平而确定，也可以酌情参考其他因素。以河南省为例，河南省以当事人住所地的分布情况作为基层人民法院受理实现担保物权案件标的额的标准，具体又可以分为两个层次，一是当事人的住所地均在同一省级行政辖区管辖范围内的，基层人民法院受理该类型的案件标的额为3000万元以下；二是当事人的住所地在不同的省级行政辖区内的，基层人民法院管辖标的额为2000万元以下。

实现担保物权案件的组织形式与标的额大小关系密切，关于样本地区实现担保物权案件审查主体的形式，根据基层人民法院受案标的额范围，将案件标的额分为"0"[1]"0~2000万元""2000万元~3000万元""3000万元以上"几个阶段，在这个分段的基础上，用SPSS软件对法院受理案件时组成的审判主体的两种组织形式与涉案担保财产标的额的大小制成表格的形式，以便更直观地对审判主体的组织形式和标的额的关系进行分析（详见表5-4）。

表5-4 河南省各地基层人民法院审结实现担保物权
案件审判组织与标的额交叉表

标的额（单位：万元）		0	0~2000	2000~3000	3000以上	
审判组织	独任审判	83	229	4	0	316
	合议庭	8	71	2	4	85
合计		91	300	6	4	401

从表5-4看出，基层人民法院在受理案件时，对涉案担保财产标的额超过3000万元的案件均采用了由多名审判员组成合议庭的形式对案件进行审

---

[1] 笔者在统计案例时对于裁判文书中未注明案件标的额的均以0表示标的额的数目。

查，这充分体现了《民诉法司法解释》关于实现担保物权案件的审查主体应当以何种组织形式进行审判的规定为基层人民法院的司法实践起到了积极的引导作用。此外，从表5-4可见，组成合议庭进行审理的有85个案件，标的额2000万元~3000万元之间的6个案件当事人均在河南省内，换句话说，就是除标的额超过3000万元的4个案件外，还有81个案件标的额均在基层人民法院受理管辖的范围内，但却采取了组成合议庭的形式对案件进行审理。根据《民诉法司法解释》第369条第一句的规定，实现担保物权案件可以由一名审判员以独任制的形式进行审查，此处制定者在斟酌文字时最终选择使用的是带有选择性色彩的"可以"而不是带由强制性意味的"应当"，也就是说《民诉法司法解释》的这条规定在制定时，就充分考虑到了未来司法实践发展的需要，在一定程度上为司法实践者在实际适用该条时留有一定的自由把控的范围。就河南省而言，在低于基层人民法院管辖标的额范围内，满足什么条件可以组成合议庭进行审理，满足什么条件就可以适用独任制审查呢？笔者选取了河南省各地基层人民法院审理的若干案件并进行归类整理，通过对样本案例的分析，了解司法实践的现状。

案例1： 中国邮政储蓄银行股份有限公司温县支行与职某阳、徐某实现担保物权纠纷案，温县人民法院在受理该案件后，以组成合议庭的形式对案件进行审查，然在案件审查过程中，申请人中国邮政储蓄银行股份有限公司温县支行提出撤诉申请，该院予以准许。[1]

案例2： 鲁山县农村信用合作联社与常某改、杨某实现担保物权纠纷案中，由审判员独任审理，申请人鲁山县农村信用合作联社在案件审查过程中提出撤诉申请，审判员经过对该申请进行审查后，裁定准予撤回。[2]

案例3： 梁某龙与景某钦实现担保物权一案中，被申请人景某钦未能按约清偿二人签订的股权质押借款合同中约定的2200万元的质押借款本金及相关

---

[1] 该案详细案情为：温县人民法院依法受理了申请人中国邮政储蓄银行股份有限公司温县支行与被申请人职某阳、徐某实现担保物权一案，申请人于2015年8月7日向该院提出撤回对被申请人职某阳、徐某的实现担保物权申请。该院认为，申请人中国邮政储蓄银行股份有限公司温县支行自愿撤回对被申请人职某阳、徐某的实现担保物权申请，符合有关法律规定，应予准许。参见"中国邮政储蓄银行股份有限公司温县支行与职某阳、徐某实现担保物权纠纷案"，河南省焦作市温县人民法院（2015）温民特字第00007号民事裁定书。

[2] 参见"鲁山县农村信用合作联社与常某改、杨某实现担保物权纠纷案"，河南省鲁山县人民法院（2015）鲁民特字第14号民事裁定书。

利息。申请人梁某龙请求登封市人民法院对原属于被申请人名下的质押财产进行拍卖、变卖,以实现申请人所要求的归还借款本金及利息的优先受偿权。对此,登封市人民法院组成合议庭进行审查,最终对申请人的申请予以支持。[1]

案例 4: 郭某龄与王某辉实现担保物权纠纷案中,许昌市魏都区人民法院在涉案标的额未超过基层人民法院受案范围的情况下采取以多名审判员组成合议庭的形式对此案件进行审查。在审查过程中,认定案件事实为:申请人郭某龄与借款人范某霞、被申请人王某辉(王某辉作为抵押人)共同签订抵押借款合同,合同中对王某辉抵押的房产、范某霞的借款金额(140 000 元)、期限等内容进行了具体规定。合同到期后,借款人范某霞未按约偿还借款,于是申请人依法请求法院裁定拍卖变卖抵押房产以优先受偿实现担保物权,被申请人对申请人提出的利息、违约金的计算及其金额有异议。经合议庭审查后认为:双方当事人在抵押借款合同中约定的借款本金及利息计算意思表示真实、符合法律规定,应当予以支持。但因双方未在合同中约定有关违约金的条款,也未形成其他合法有效的意思表示,因此认定申请人关于违约金的请求没有法定事实、证据不足,据此驳回了申请人郭某龄关于违约金的申请。[2]

---

[1] 该案详细案情为:申请人梁某龙称,2013 年 11 月 8 日被申请人景某钦与申请人签订了股权质押借款合同,约定被申请人作为借款人以涉案股权质押给申请人,质押借款合计 2200 万元,利息为月 2.5‰,还款方式和期限为按月分期偿还。协议签订后,按照上述协议的约定,申请人依约支付了 2200 万元的借款,但借款到期后被申请人未按约清偿该借款的本息。申请人请求对被申请人景某钦名下的质押财产进行拍卖、变卖以偿还申请人的借款本金 2200 万元及利息。被申请人对申请人梁某龙提供的所有证据及证明的事实均无异议。该院经审查认为,梁某龙与景某钦签订的股权质押借款合同依法成立,梁某龙的申请符合法律规定,该院予以支持。参见"梁某龙与景某钦实现担保物权纠纷案",河南省登封市人民法院(2015)登民特字第 14-1 号民事裁定书。

[2] 该案详细案情为:郭某龄与范某霞、被申请人王某辉于 2015 年 7 月 27 日签订了抵押借款合同,约定范某霞及被申请人王某辉作为借款人以涉案房产抵押给申请人即出借人,借款 140 000 元,借款期限为 2015 年 7 月 27 日至 2015 年 10 月 26 日。逾期不依约归还,按照借款本金的月 1% 支付违约金。2015 年 10 月 26 日借款到期后,经申请人多次催要,借款人仍未归还借款。故申请人向法院申请依照合同约定要求实现有关借款担保项下的权利。被申请人王某辉对申请人的申请事项中要求的利息、违约金的计算有异议。经审:申请人与被申请人之间的《抵押借款合同》系双方真实意思表示,抵押合同合法有效。该案双方当事人在《抵押借款合同》中约定抵押担保范围为借款本金及利息,并约定借款利率为月利率 1%,该借款利率的约定未违反法律规定,该院予以支持。因双方未在《抵押借款合同》中约定违约金条款,故申请人关于违约金的请求,没有事实依据,该院不予支持。参见"郭某龄与王某辉实现担保物权纠纷案",河南省许昌市魏都区人民法院(2015)魏民特担字第 00025 号民事裁定书。

第五章 实现担保物权案件审查制度实证检视与完善进路

案例5：中国邮政储蓄银行股份有限公司许昌县支行与韩某雨、李某实现担保物权纠纷案，也是由许昌市魏都区人民法院进行的审理，涉案标的额未超过基层人民法院的受案范围，案件的审理采用了由审判员一人独任审查的形式。借款人忽某锋与申请人中国邮政储蓄银行股份有限公司许昌县支行签订授信借款合同，双方在合同中明确约定申请人中国邮政储蓄银行股份有限公司许昌县支行给予借款人忽某峰的授信额度为390 000元，韩某雨、李某与申请人就此借款合同签订最高额抵押合同（也因此成为本案的被申请人），将二人共有的一套房产作为抵押物为忽某峰的借款提供抵押，经证实该房屋位于许昌市魏都区，后双方在相关部门依法办理了不动产抵押登记。因忽某峰未按合同约定归还本金，中国邮政储蓄银行股份有限公司许昌县支行作为申请人请求魏都区人民法院裁定拍卖变卖合同中的抵押房产，以所获价款优先受偿借款人所欠借款本金及利息以实现担保物权。两位被申请人以抵押合同不是二人真实意思表示为由提出异议，魏都区人民法院经过事实审查后认为，申请人与借款人所签订的借款合同和两位被申请人与申请人所签订的抵押合同均符合法定条件、真实有效，被申请人只是提出抵押合同非真实意思表示的异议但并未提供有力的证据佐证该异议，法院也未查实与此相关的内容，因此法院认为，被申请人所提出的异议不能成为阻碍申请人诉求的理由，最终裁定予以支持申请人的申请。[1]

---

〔1〕 该案详细案情为：2014年4月15日，忽某锋与申请人签订《个人额度借款合同》，约定忽某峰授信额度为390 000元，二被申请人与申请人签订《个人最高额抵押合同》，二被申请人将共有的房产一套为忽某峰390 000元贷款提供抵押，并依法办理了抵押登记手续。忽某峰在贷款390 000元后，于2015年4月17日违约逾期未归还本金。申请人依法请求法院裁定拍卖、变卖二被申请人名下房产，用于偿还申请人贷款本金390 000元及利息。被申请人韩某雨辩称：申请人提供的《个人最高额抵押合同》不是自己的真实意思表示，该合同不成立。被申请人李某辩称：同意韩某雨代理人意见。该院经审查认为：申请人中国邮政储蓄银行股份有限公司许昌市分行与被申请人忽某峰签订的《个人额度借款合同》真实有效。申请人韩某雨虽然视力残疾，但精神正常且已满18周岁，属完全民事行为能力人，二被申请人作为完全民事行为能力人，在明知忽某峰用其房产证去银行贷款的情况下，自愿以其所拥有的婚后购买的为夫妻共同财产的房屋为忽某峰提供担保，并依法办理了抵押登记手续。被申请人韩某雨和李某提出签订《个人最高额抵押合同》并非二人真实意思表示的异议并未提供相应证据予以证明，经该院审查，被申请人异议不成立。该院对申请人的该项申请予以准许。参见"中国邮政储蓄银行股份有限公司许昌县支行与韩某雨、李某实现担保物权纠纷案"，河南省许昌市魏都区人民法院（2015）魏民特担字第00010号民事裁定书。

所有样本案件中，标的额为"0"的有91个案例，其中有8个案例[1]的审查主体的组织形式是合议庭。通过对比可以发现，这8个案例的发生区域是分散的，主要分散在郑州、鹤壁、新乡等5地的基层人民法院。笔者同时发现这8个案例中，有7个案例都有一个共同特征就是裁判文书都相对简单，没有详细描述案件经过和法院审查认定内容，而最终的裁判结果都是以申请人撤回申请结案，最后一个有所不同的案例是由郑州市上街区人民法院所受理的，根据该法院所出具的（2015）上民特字第5号民事裁定书可以看出当事人双方在这次纠纷中的借款金额在该裁定书中并未予以准确说明，上街区人民法院经过审理后，最终以该案件中存在实质争议为由驳回了申请人实现担保物权的申请。以前两个案例来看，在第一个案例中，涉案担保财产的标的额为"0"，裁判最终结果是申请人撤回起诉，但该案件在审查主体的组成形式上却是由多名审判员组成合议庭的方式进行审理的；在第二个案例中，涉案标的额也是"0"，和第一个案例的裁判结果也相同，但该案件最终是由一名审判员进行独任审理的。这两个案例在标的额、案件结果都相同的情况下，也可以排除存在重大、疑难情节的可能性。通过对两个案例进行详细的横向比较，我们不难发现，在案件案情相似甚至高度重合的情况下，不同的基层法院适用的审查主体的组织形式不一定相同，这就说明样本案例所在的地区虽然有同样的法律制度把控大的方向，但在各地具体实现担保物权案件的司法实践中却存在着审查主体应组成何种组织形式的判断标准的法律适用问题。

在案例3中，涉案金额符合河南省案件当事人在同一省级管辖区域，法院受案标的额为3000万元的标准，案件的案情也十分简单、易认定，被申请人对申请人向法院提出的诉求在法定期间内也并未提出异议，这就表明在双方当事人之间并无实质性争议的存在。按照河南省的标准以及组成合议庭的有关规定，该案件应当属于可以一名审判员独任审判的案例而不属于应当由

---

[1] 这8个案件的裁判文书号分别为：河南省温县人民法院（2015）温民特字第00005号民事裁定书、河南省温县人民法院（2015）温民特字第00007号民事裁定书、河南省温县人民法院（2015）温民特字第00008号民事裁定书、河南省郑州市上街区人民法院（2014）上民特字第2号民事裁定书、淇滨区鹤壁市淇滨区人民法院（2014）淇滨民特字第1号民事裁定书、河南省西峡县人民法院（2014）西民特字第2号民事裁定书、河南省辉县人民法院（2014）辉民特字第7号民事裁定书、河南省郑州市上街区（2015）上民特字第5号民事裁定书。

多名审判员或陪审员组成合议庭进行审理的案件，但法院在审理时却采取了组成合议庭进行审查的方式。如表5-4所示，在标的额为"0~2000"万元、"2000~3000"万元这两个阶段，一共发生采取合议庭的组织形式进行审理的案件73例，其中类似于案例3这样符合可以采取独任制标准的案例不在少数。

案例4和案例5由同一个法院在同一年度进行审理，两个案件的涉案标的额均未超过3000万元，都在河南省基层人民法院管辖的范围之内，而且在两案例中被申请人都对申请人的申请提出了异议，也就是说两个案例存在不同程度的实质性争议，案件的审理应当都具有一定程度的难度，但许昌市魏都区人民法院在案例4的审理过程中采取了组成合议庭的审查组织形式，而在案例5中却采取了由一名审判员独任审查的审查组织形式。同一个基层法院，在同一年份前后两个有一定相似之处的案例中采取的审查组织形式却有所不同，这一点就直接印证了基层法院在司法实践中审理该类型案件时对采取何种组织形式的审查主体上的迷茫。

总之，通过分析河南省全部样本案件，笔者发现在实现担保物权案件应当组成何种形式的审查主体这一问题的司法实践中，涉案财产标的额在基层人民法院受案管辖范围外的案件，审判主体的形式均按照法律规定组成合议庭进行审查，而标的额为3000万元以下、未超过基层人民法院管辖范围的案件审查主体组成形式就多了不可预测性，这就反映出在实现担保物权案件中各地基层人民法院在审判主体的组织形式上具有较大的自由裁量权，没有一定的规则制约，从而导致类似的实现物权担保案件在后续审查中出现了水平、标准等方面的差异。

（二）实现担保物权案件的审查手段因案而异

为高效率、低成本地实现担保物权，进一步贴切实现担保物权的非讼程序的价值指引，《民诉法司法解释》第370条规定，人民法院审查实现担保物权案件，可以对当事人及利害关系人进行询问，必要时还可以依职权对案件的相关事实进行调查。询问是实现担保物权案件的审查手段之一，也是人民法院在案件审查工作中经常使用的一项措施。通过询问措施向当事人及利害关系人核实案件相关事实，对于查清实现担保物权的申请能否成立，意义重大。在非讼程序中，其制度设计是以简易审理为主，另辅之以法官职权探知。依职权调查是《民诉法司法解释》赋予人民法院在审查实现担保物权案件中的另一项重要手段，采用职权主义，让法官具有可以依职权主动对相关事实进行调查、核实的权利，其出发点和落脚点都是为了实现非讼程序简便、快捷的价值目标，既满足非讼程序对高效、快捷裁定的内在需要，又保障了裁判过程的审慎及裁判结果的正确。

实现担保物权案件审查手段上，在401件实现担保物权样本案件中，载明审查手段的有97件，占样本案例总数的24.2%；未载明审查手段的有304件，占样本案例总数的75.8%（见表5-5）。根据对样本的统计分析，在河南省各基层人民法院审结的所有的实现担保物权案件中，裁判文书载明人民法院在实现担保物权案件的审查中所运用的手段的案件仅占案件总数的1/4左右，这是由裁判文书的书写格式及内容所决定的。

表5-5　河南省各地基层人民法院审结实现担保物权案件审查手段与裁定时间交叉表

		裁定时间		合计
		2015年2月4日前	2015年2月4日后	
是否载明审查手段	是	68	29	97
	否	203	101	304
合计		271	130	401

对于实现担保物权案件审查手段在案件审查时如何运用，在各个裁判文书中基本是无迹可寻的，但我们应注意的是，《民诉法司法解释》规定是"可以询问""必要时可以依职权调查"，也就是说，是否询问关系人、是否依职权调查相关内容，决定权在于办案法院，由办案人员根据案件的进展决定，这也是引起司法实践中实现担保物权案件的审查手段各有不同的一个原因。

司法实践中，听证是人民法院依职权调查相关事实的一种常用方式，在听证会上，人民法院亦可以对相关关系人进行询问。再者，通过听证会的召开，也是人民法院决定是否依职权启动相关案件事实调查的重要途径。通过对样本案例中是否举行听证会进行总结后不难发现，在《民诉法司法解释》出台以前，河南省审理实现担保物权案件的基层人民法院大多数都会举行听证会，在裁判文书载明人民法院在实现担保物权案件的审查所运用手段的案件中，2015年2月4日前即《民诉法司法解释》实施日前的案件有68件，占载明审查手段案件总数的70.1%，但《民诉法司法解释》颁布以来，举行听证的法院明显减少，仅有29件（见表5-5）。以省会郑州为例，在《民诉法司法解释》出台之前，郑州市审理该类案件的基层人民法院在案件的审理过程中，几乎不约而同地举行了听证会，举行听证会的依据并没有结合案件实际情况，更没有根据相关要求参考涉案担保财产标的额大小、案情复杂程度等标准，这显然违背了举行听证会的初衷，也不是正确、合理使用听证这一审查手段的方式。

实现担保物权案件审查中，赋予人民法院利用职权对相关事实进行调查，其目的不在于让相关工作人员利用职务之便徇私，偏向案件中的某一方当事人，而是更好地贴合我国非讼程序制度设计的初衷，使人民法院在履行非讼程序时可以自始至终维持自己的判断、保持在中立的第三方的位置。然而《民诉法司法解释》规定"必要时"可依职权进行审查，何为"必要"，即在何种情况下应启动职权审查，法律并未对此作出明确要求，毫无疑问，法律法规上的模糊性将会导致司法实践中法官在审理案件时自由裁量的空间扩大，进一步造成实现担保物权案件的审查手段也会因案、因法院而异，实践中可能出现法官在程序上敷衍当事人、利用职权作不利于案件公正的调查，侵犯当事人的合法权益继而危机司法公正。在各地基层人民法院的调研中，上述问题不同程度地都有存在，需引起我们的重视。

（三）实现担保物权案件的审查内容各不相同

《民诉法司法解释》第371条是对实现担保物权案件审查内容的具体规定，根据该规定可以将实现担保物权案件大致的审查内容主要分为四个层次11个变量，第一个层次是主合同方面，主要包括主合同的效力、期限、履行情况；第二个层次是与担保财产有关的方面，主要包括担保物权的设立是否合法、有效，被担保的债权是否已届清偿期及其范围是否确定，担保财产的范围是否合法、存在争议等内容；第三个层次是相关人方面，主要包括是否损害他人合法权益、被申请人或利害关系人异议的审查；第四个层次是其他，主要是指以上变量以外的、可能会影响案件审查的一些因素。笔者依据各法院审结的担保物权案件的裁判文书对各基层人民法院在审理案件时所进行审查的内容逐一分类记录，希望可以借此内容反映出实现担保物权案件在司法实践中如何就案件审查内容进行审查的。并对实现担保物权案件主要审查内容的11个变量在河南省各基层人民法院案例中的频率进行统计分析（详见表5-6）。从表5-6中看到，对担保物权是否有效设立进行审查的最多，有263个，占所有审查内容数量的13.8%，占401例样本案例总数的65.6%，其次是主合同的履行情况、担保财产的范围及被担保的债权是否已届清偿期,均为 259 个,占所有审查内容数量的 13.6%,占 401 例样本案例总数的 64.6%,对案件的利害关系人提出的异议进行审查的案件数最少,仅有 9 例,占所有审查内容数量的 0.5%,仅占 401 例样本案例总数的 2.2%。

表 5-6 河南省各地基层人民法院审结实现担保物权案件审查内容频率表

审查内容	响应 N	响应 百分比	个案百分比
主合同效力	254	13.3%	86.1%
主合同期限	237	12.4%	80.3%
主合同履行情况	259	13.6%	87.8%
担保物权是否有效设立	263	13.8%	89.2%
担保财产的范围	259	13.6%	87.8%
被担保的债权范围	246	12.9%	83.4%
被担保的债权是否已届清偿期	259	13.6%	87.8%
是否损害他人合法权益	14	0.7%	4.7%
被申请人异议的审查	72	3.8%	24.4%
利害关系人异议的审查	9	0.5%	3.1%
其他	37	1.9%	12.5%
总计	1909	100.0%	647.1%

河南省各基层人民法院对实现担保物权案件进行内容审查的实际情况与《民诉法司法解释》第 371 条规定的内容相比,不难发现,受理案件的基层人民法院对实现担保物权案件审查的内容,并不能和《民诉法司法解释》所规定的主要审查内容(4 个层次、11 个变量)进行逐一对应,而是在审查频率高低不等。不同案件、不同法院审查内容各不相同,其中对担保物权是否有效设立、主合同的履行情况等审查较多,而对利害关系人、被申请人的异议等审查的较少,这反映出在司法实践中各基层受理人民法院在审理实现担保物权的案件中并没有依据相关法律的规定对案件的有关内容进行全面的审查,下文将会通过几起具体案例对法院的审查内容做一具体分析。

第五章 实现担保物权案件审查制度实证检视与完善进路

案例 6：济源市投资担保有限责任公司和济源市普中怀药农业科技开发有限公司抵押纠纷案，济源市人民法院受理了申请人要求拍卖、变卖被申请人抵押的三角铁等动产用来偿还申请人代偿的借款本息以实现担保物权的要求，被申请人对此也无异议。济源市人民法院在对案件经过审查后认为，申请人请求拍卖、变卖的申请完全合法、有依据，因此对申请人的请求予以支持。[1]

案例 7：招商银行股份有限公司郑州分行与张某修实现担保物权纠纷案中，郑州高新技术产业开发区人民法院依法适用特别程序由一名法官进行独任审理，并就案件相关内容举行了听证会。招商银行股份有限公司郑州分行称与张某修在自愿、真实意思表示的基础上签订了《个人授信协议》，并在《个人授信协议》中明确约定了招商银行股份有限公司郑州分行给予张某修的授信额度及张某修的还款期间等具体内容，双方为保障该协议的履行签订了最高额抵押合同，合同中表明被申请人张某修同意以其具有所有权的房产为其个人授信提供抵押担保，双方依法在相关部门办理抵押登记。后来被申请人未按合同约定偿还如期 296 777.87 元本金及相关利息。招商银行股份有限公司郑州分行作为申请人据此请求法院裁定拍卖、变卖被申请人的抵押担保房产并就所获价款优先受偿，张某修对该申请无异议。经郑州高新技术产业开发区人民法院查明最终裁定支持申请人实现担保物权的申请。[2]

---

[1] 该案详细案情为：申请人称要求拍卖、变卖被申请人济源市普中怀药农业科技开发有限公司抵押的存于被申请人厂区内的三角铁、扁铁、工字钢、钢筋、铁（济动抵字第 2013075 号），用来偿还申请人代偿的借款本息 1 521 841.88 元，并从 2014 年 12 月 4 日起按照同期银行贷款利率支付代偿利息。该院于 2015 年 4 月 2 日向被申请人送达了申请书副本及异议权利告知书，被申请人未在规定期限内提出异议。该院经审查认为：原告的申请，符合有关法律规定，应予准许。参见"济源市投资担保有限责任公司与济源市普中怀药农业科技开发有限公司实现担保物权纠纷案"，河南省济源市人民法院（2015）济民特字第 4 号民事裁定书。

[2] 该案详细案情为：2009 年 9 月 8 日，申请人与被申请人张某修签订《个人授信协议》，授信人同意向授信申请人提供总额为人民 40 万元的循环授信额度，授信期间为 120 月。申请人与被申请人张某修签订《个人授信最高额抵押合同》，约定以其所有的郑州市管城回族区城东路的房产为其履行借款合同义务提供抵押担保，办理了抵押房产的抵押登记手续。合同签订后，申请人依约多次向被申请人发放贷款，截至 2014 年 10 月 22 日，被申请人张某修尚余 296 777.87 元本金未偿还。该院认为，申请人与被申请人之间形成了抵押担保合同法律关系，二人之间的《个人授信最高额抵押合同》及所办理他项权证符合法律规定，应受法律保护，予以支持。参见"招商银行股份有限公司郑州分行与张某修实现担保物权确认纠纷案"，河南省郑州市高新技术开发区人民法院（2014）开民特字第 110 号民事裁定书。

上述案例6中，在被申请人没有提出异议的情况下，人民法院对《民诉法司法解释》中规定的11个审查变量中主合同是否有效、债务是否已届清偿期、担保物权是否合法有效设立、有没有损害其他利害关系人的合法权益等内容均未进行审查，裁判文书仅简要地作了表述。案例7正好与案例6相反，其可谓对《民诉法司法解释》第371条内容全部进行审查的范例，该案中被申请人亦未对申请人的申请提出异议，但裁判文书中大量的笔墨用在法院查明这一块，在案件审查过程中，法院全盘审查了《民诉法司法解释》第371条所涵盖的内容，审查工作量不可谓之不多，其不仅导致裁判文书从形式上看复杂混乱，并且很多审查是不必要的审查，与非讼程序所追求的立法目的背道而驰，同时进一步加重了基层人民法院的工作量，无形中增加了司法人员在无效工作上的工作时间，加大了其工作压力。通过上述两个案例的对比，我们从中可以发现在基层人民法院在实现担保物权案件的司法实践中，其在案件内容审查的选择上自由裁量权过大，各法院在选择审查内容方面无规律可循。

（四）实现担保物权案件的审查结果以许可裁定居多

从样本案例来看，实现担保物权案件的审查一般存在着支持申请、驳回诉求、申请人撤诉、其他（例如仅支持申请人诉求的一部分、当事人达成和解等）四种结果。从案件审查结果来看，在河南省所有401件实现担保物权案件中，人民法院通过审查程序，最终支持申请人担保物权申请，准予对被申请人的担保财产予以拍卖、变卖的有252件，占样本案件总数的62.8%；人民法院经审查裁定驳回申请人申请及申请人在人民法院审查过程中主动提出撤回申请的分别为79件、62件，各占样本案件总数的19.7%、15.5%；另有8件案例属于其他情况，仅占样本案件总数的2.0%（见表5-7）。样本案例的统计分析显示，在实现担保物权案件中，人民法院经审查作出许可裁定的案件占绝对多数，远多于驳回申请及准予撤诉的案件。这样的审查结果，反映了人们在担保交易活动中的法律意识日益增强，也说明实现担保物权非讼程序实际运行效果在现实中是比较理想的。[1]

---

[1] 参见李林启："实现担保物权非讼程序运行现状实证分析——基于全国各地459例实现担保物权案件的考察"，载《河南工程学院学报（社会科学版）》2017年第2期。

表 5-7 河南省各地基层人民法院审结实现担保物权案件审查结果表

裁判结果	频率	百分比	有效百分比	累积百分比
支持	252	62.8	62.8	62.8
驳回	79	19.7	19.7	82.5
撤诉	62	15.5	15.5	98.0
其他	8	2.0	2.0	100.0
合计	401	100.0	100.0	

通过分析裁判文书，可以发现被申请人对申请要求有无反对意见往往与法院最终的裁判结果关系密切。从实现担保物权案件被申请人反对与否和审查结果交叉表来看，样本案件中被申请人不反对的有 210 个，占整个样本的多数，超过样本总数的一半，而被申请人持反对态度的有 81 个，占样本总数的比重达 1/5。在被申请人有不同意见的 81 个案件中，法院最终裁定支持的有 53 个，支持率是 65.4%，案件被驳回的有 24 个，占有争议的实现担保物权案件总数的 29.6%，部分支持驳回的案件有 4 个，占有争议案件总数的 5%（见表 5-8）。在被申请人对所申请诉求持不同意见的实现担保物权案件中，有接近 30% 的案件的裁定结果是诉讼请求被驳回，这一比重相较被申请人或其他利害关系人无异议时 8% 的驳回率，明显呈现上升态势，这在一定程度上说明实践中一旦关于主合同和抵押合同上的实体争议经由被申请人提出，受理法院为了规避潜在的法律风险，裁定整体驳回申请，同时告知当事人另行起诉的比率就会增加。从时间上来看，此类做法普遍存在于《民诉法司法解释》颁布之前。这种裁定驳回的做法对保护被申请人的权利而言是相对全面且充分的。

表 5-8 河南省各地基层人民法院审结实现担保物权案件被
申请人有无异议与审查结果交叉表

		裁判结果				合计
		支持	驳回	撤诉	其他	
被申请人有无异议	无异议	183	17	6	4	210
	有异议	53	24	0	4	81
	未明确	16	38	56	0	110

续表

	裁判结果				合计
	支持	驳回	撤诉	其他	
合计	252	79	62	8	401

实现担保物权案件中，被申请人所提出的异议内容往往是人民法院审查时要面对的重点和难点，对案件裁判结果影响甚巨，下面通过具体案例对其分析。

案例8：招商银行股份有限公司洛阳分行与唐某军、唐某民申请实现担保物权纠纷案中，申请人招商银行股份有限公司洛阳分行与借款人唐某军签订了授信协议，并在协议中明确约定授信额度和抵押物为唐某军、唐某民二人所共同拥有的房屋，招商银行股份有限公司洛阳分行以开通"周转易"的方式向借款人转账，但唐某军在收到并使用账款后并未按照合同约定进行还款，招商银行股份有限公司洛阳分行作为申请人据此向涧西区人民法院提出申请，请求对唐某军、唐某民抵押的房屋进行拍卖、变卖，以实现优先受偿的请求。洛阳市涧西区人民法院在审查过程中，被申请人唐某民提出四点异议，具体内容如下：一是不需要拍卖变卖二人所共有房产，只需要对唐某军的房产进行拍卖或变卖就可以基本实现债务清偿，如有不足，其愿意以现金补足差额；二是用于担保的抵押房产是其与前妻的共同财产，两人曾约定，由女儿继承该房产，担保在未得到作为共同财产所有人的前妻和女儿同意的情况下是无效的；三是借款人唐某军并没有任何主观故意拖欠借款的意图和行为；四是被申请人唐某民曾多次与招商银行股份有限公司洛阳分行进行协商，希望银行可以减少借款人唐某军的贷款额度，以达到解押本人房产的目的，只用唐某军个人的房产抵押续贷，但未获得银行许可。经过审理，洛阳市涧西区人民法院认为，本案中授信协议和抵押担保合同均合法有效，最终裁定不予支持拍卖申请人唐某民的房屋，依法对申请人唐某军的房屋拍卖变卖。[1]

---

[1] 该案详细案情为：申请人招商银行股份有限公司洛阳分行称，2012年6月4日，申请人与被申请人唐某军签订了《个人授信协议》，协议约定，申请人向被申请人唐某军提供循环使用的授信额度人民币80万元整的贷款；授信期间为2012年6月4日至2017年6月3日；授信担保为最高额抵押，抵押财产为唐某军所有的位于洛阳市洛龙区的古城路房屋、唐某民所有的位于洛阳市西工区的纱厂西路房屋，对费用、违约金、复息、罚息、复利、违约事件及违约处理等也进行了详细的约定。同

第五章　实现担保物权案件审查制度实证检视与完善进路

案例 9：济源市投资担保有限责任公司与济源市五三一水泥有限公司实现担保物权纠纷案中，济源市投资担保有限责任公司作为申请人在依约履行合同后，对方却出现违约行为，申请人向济源市人民法院提出裁定拍卖、变卖磨机系统等被申请人的抵押的动产，优先受偿其借款本息 4 268 437.5 元及违约金等的请求。被申请人济源市五三一水泥有限公司在法定答辩期内提出异议，该公司认为其不是该债务关系中的唯一债务人，对于借款人还款与否或需具体偿还数额，仅有申请人提供的数据，该公司对此并不清楚尚需要进一步核实数据的真实性。济源市人民法院经审查认为，该案件存在实质性争议，据此裁定驳回申请人的申请同时告知申请人可以另行起诉。[1]

案例 10：张某娜与李某先、王某枝实现担保物权纠纷案中，作为申请人的张某娜先与借款人汤某生签订了借款合同，后与作为担保人的李某先、王某枝另行签订了抵押协议书，以保障借款合同的履行。借款合同签订后，张某娜按照合同约定向借款人全额支付借款，但借款人汤某生未按合同约定偿还借款本金及利息。张某娜据此向武钢市人民法院提出裁定拍卖、变卖抵押

（接上页）日，申请人与被申请人唐某军、唐某民签订了《个人授信最高额抵押合同》并办理了抵押登记。借款后，被申请人唐某军截至 2015 年 7 月 23 日尚欠本金 800 000 元，利息、逾期利息及复利 3648.25 元。因被申请人唐某军逾期未能还款，实现抵押权的条件已成就。请求裁定对被申请人的房屋进行拍卖、变卖，所得价款优先受偿。被申请人唐某民提出四点异议，被申请人唐某军未提出异议。经审查该院认为，申请人招商银行股份有限公司洛阳分行与被申请人唐某军签订的《个人授信协议》《周转易协议书》系当事人真实意思表示，未违反法律、行政法规强制性规定，合法有效，被申请人唐某军已构成违约，申请人招商银行股份有限公司洛阳分行有权实现抵押权，支持拍卖、变卖唐某军名下的位于洛阳市洛龙区的古城路××号 4 幢 1-2902 房屋并优先受偿借款本息。因被申请人唐某民对抵押权的设立存在实质性争议，对申请人招商银行股份有限公司洛阳分行申请拍卖、变卖唐某民名下的位于洛阳市西工区的纱厂西路××号 8 幢 2-102 号房屋的请求，该院不予支持。参见"招商银行股份有限公司洛阳分行与唐某军等实现担保物权纠纷案"，河南省洛阳市涧西区人民法院涧民特字第 25 号民事裁定书。

[1] 该案详细案情为：申请人称要求拍卖、变卖被申请人抵押的存放于被申请人济源市五三一水泥有限公司厂区内的磨机系统、辊压机系统、库内均化系统、输送机系统、中控系统（济动抵字第 2010048 号），用来偿还申请人代偿的借款本息 4 268 437.5 元、违约金 50 000 元，并从 2013 年 11 月 27 日起按照本金 4 268 437.5 元，支付日万分之三的财产有偿使用费和日万分之三的代偿担保违约金。该院于 2015 年 5 月 13 日向被申请人送达了申请书副本及异议权利告知书，被申请人在规定期限内提出异议，称申请人系为金某友的借款 500 000 元和其借款 2 500 000 元提供担保，其仅是其中的一个债务人，对案件基础事实不能全案了解，且申请人是否还款及还款的数额均需查证。该院经审查认为：被申请人对申请实现担保物权有实质性异议，裁定驳回申请，申请人可以向人民法院提起诉讼。参见"济源市投资担保有限责任公司与济源市五三一水泥有限公司实现担保物权纠纷案"，河南省济源市人民法院（2015）济民特字第 12 号民事裁定书。

· 109 ·

房产，优先受偿借款本息的请求。在法院组成合议庭进行审理的过程中，被申请人李某先提出异议，其认为他和张某娜签订的抵押协议书是因为受到了借款人汤某生的欺骗并非是其本人真实、自愿的表达。法院经查明认为，借款合同与抵押协议书的设立都是合法有效的，申请人的请求应予以支持。被申请人虽提出异议，但其提出的异议缺乏足够的证据支撑，因此对被申请人提出的异议不予采纳。[1]

最后这三个案例是笔者在对全部样本进行整理时梳理出的三个关于该类型在审查过程中被申请人提出相似异议时审查结果不同的案件。根据相关法律规定，被申请人提出的异议可以简单地分为实质性异议、形式性异议、又或只是为了阻碍司法程序的进行而随意提出的异议，真正影响案件裁判结果的是对被申请人提出的异议性质的认定。《民事诉讼法》中关于"民事权益争议"和《民诉法司法解释》中关于"实质争议"的内容主要是指被申请人或其他利害关系人对与申请人所签订的主合同或抵押合同所提出的异议，针对抗辩权的实体性异议（例如诉讼时效等）也包含其中。在案例8中，被申请人对授信协议中的房屋抵押条款提出异议；在案例9中，被申请人对自身是否具备履行主体资格、申请人与借款人的借款合同的实际履行情况及涉及数额提出异议；在案例10中，被申请人对抵押协议中担保物权的设立是否合法、有效提出异议。也就是说，这三个案例中被申请人提出的异议都属于实质异议。审查结果上，案例8中，人民法院对当事人提出的异议部分支持部分不支持；案例9中，人民法院对被申请人涉及担保物权设立有效性的异议

---

[1] 该案详细案情为：申请人作为出借人与借款人汤某生签订《借款合同》一份，约定借款1 472 500.00元，借款期限为3个月，借款期内借款月利率为20‰。被申请人作为借款人的担保人与申请人签订《财产抵押协议书》，被申请人自愿将其自有的位于舞钢市垭口温州路北段东侧住宅用房依法抵押于申请人。合同签订后申请人依约支付借款，借款人汤某生与被申请人逾期拒不偿还借款本息。申请人特向法院提出申请，请求依法裁定拍卖或变卖被申请人抵押给申请人的房屋。被申请人李某先辩称：认可《借款合同》《借款借据》《财产抵押协议书》上的签字以及抵押登记的事实，但都不是自己的真实意思表示。被申请人王某枝辩称：被申请人王某枝不认识字，在《借款合同》和《财产抵押协议书》上的王某枝签字均为李某先代签，但指印为被申请人王某枝所按，其他同被申请人李某先意见。该院经查明认为：申请人张某娜与借款人汤某生、担保人李某先签订的《借款合同》《借款借据》《财产抵押协议书》以及办理的抵押登记，其内容和形式均不违反法律、法规的禁止性规定，系合法有效。被申请人虽提出异议，但未提供相关证据予以印证，不予采信，该院裁定支持申请人的请求。参见"张某娜与李某先、王某枝实现担保物权纠纷案"，河南省舞钢市人民法院（2014）舞民特字第4号民事裁定书。

经审查后予以采纳，最终裁定驳回申请人的申请，并告知申请人可以另行起诉；案例 10 中，人民法院对被申请人提出非真实意思表示的异议经审查后不予采信，对申请人变卖、拍卖的申请予以支持。由此可见，即使案件存在相似的实质性争议，但案件经审查后最终的裁定结果却相差很大。相似案件不同的审查结果，极易导致司法实践中同案不同判情况的出现。

三、实现担保物权案件审查制度的现状检视

在《民诉法司法解释》中虽然对实现担保物权案件进行审查时的审判组织应当组成何种形式、具体的审查内容、可用的审查手段以及可能出现的裁定结果作了进一步细化，这些细致的规定在司法实践中的确为法院的实践工作提供了指导方向。但是，制定得再完善的法律制度都不能避免法律的滞后性、局限性等弱点，实现担保物权案件的法律制度也是如此，关于该类型案件的审查制度程序性的规定都是概括性，具有一定的抽象性的，并且该制度程序又采用了职权探知原则，具有一定的主观性包含在其中。各地基层人民法院及案件审查法官对法律条文理解不一致，这都容易导致不同地区甚至同一地区不同的法官在对案件的实际审理过程中对实现担保物权案件审查制度在适用上的差异，最终导致出现司法实践中适用实现担保物权案件审查制度混乱、不统一的现象也是不可避免的。

（一）实现担保物权案件审查制度运行中存在的问题

从实现担保物权案件审查制度运行的现状来看，其在运行中存在的问题主要有以下几个方面：

1. 审查组织的组成标准模糊

实现担保物权案件适用非讼程序是 2012 年《民事诉讼法》新增的内容，关于实现担保物权案件审查主体形式如何组织，《民事诉讼法》未作明确规定，司法实践中多依据《民事诉讼法》第 178 条的规定，将其作为形成实现担保物权案件审查主体组织形式的标准，该条中明确规定法院应当以组成合议庭的形式对重大、疑难案件进行审查，但是该规定却未对重大、疑难案件的划分标准作出明确规定。为更好地解决审查过程中出现的问题，各地法院在 2012 年《民事诉讼法》实施后颁布了诸多指导性意见，这在一定程度上解决了司法实践中人民法院在审查该类型案件时应当怎样组成审判组织的问题，但由于各地在审查过程中依据的标准不一致，加之审查水平存在差异，导致

在案件审理过程中出现了标的额超过基层法院受案范围但受理法院未组成合议庭审查、标的额在基层法院受案范围但部分受理法院却仍由多名审判员组成合议庭进行审查等诸多乱象。

最高人民法院于 2015 年颁布的《民诉法司法解释》中对法院审理实现担保物权案件时应当组成何种形式的审查组织作了相应的规定，即以担保财产标的额的大小作为依据，担保财产的标的额超过基层法院管辖范围的，应当组成合议庭，未超过的，可以由审判员一人独任审查，适用"可以"而不适用"应当"的规定赋予了司法工作人员在司法实践中一定的自由裁量权，加之《民事诉讼法》第 178 条重大疑难案件应组成合议庭的模糊规定，使得实践中关于实现担保物权案件审查组织的选取具有了较大的随意性。如河南省 401 个案例样本中，审查主体并未完全适用《民诉法司法解释》中关于标的额的划分标准，合议庭审理的并不完全是标的额 3000 万元以上的案件，甚至同一个法院在不同时间针对相似案件审查主体的组成上完全不同。

2. 调查手段的运用争议较大

《民诉法司法解释》第 370 条对人民法院在审查实现担保物权案件时可采取的手段进行了规定，如可以采用询问、依职权调查等手段，在实现担保物权案件的审查上，各地各级人民法院经过不断的司法实践探索总结了不少有益的经验，但由于法律规定的模糊性，各地基层人民法院的审查仍主要停留在对具体个案的把握上，尚未建立起系统的、科学成熟的、普遍适用的规则，依职权进行探知仍是常用的主要审查手段，有权力就应有制度约束，但对法官依职权进行调查未有相关法律作出明确具体的规范，在实践中争议较大。

依职权进行调查只是实现担保物权案件的一种审查手段，其目的是为实现非讼程序简便、快捷的目标，这并不会影响法院作为第三方中立的地位。法官在依职权调查过程中，将会和当事人进行"面对面"的直接接触。根据程序公正原则的要求，办理案件的法官在案件未审结前是不应该和案件当事人、利害关系人进行私下接触的，目的是为了避嫌和维护法院中立的地位。但是我国在实现担保物权案件中赋予了法官依职权进行调查的权力，却又对法官在调查过程中和当事人、其他利害关系人进行接触的相关要求等未作出明确的法律规定，这就导致办案法官在缺乏对方当事人、利害关系人、内部监督或第三方单位监督的情况下与当事人及其他关系人进行接触，从而构成了"私下接触"。对这种缺乏监督而形成的调查结果，无论其内容是否完全客观真实,都容易引起对方当事人或其他利害关系人的怀疑。摒弃法官的主观性,从当事人方面考虑,当事人为了取得对其更有利的结果,可能会在与法官接触的过程中作出一些误导性的行为或不提供真实的语言证词来诱导法官作出错误的判断。长此以往,不仅容易滋生利益链条,而且对法官中立、公正的形象也会产生极大的负面影响,最终影响的是社会层面司法公信力的形成和提升。另外,法官可以依职权进行审查相当于法官对如何行使权力有了一定的自由决定权,原则上要求法官应当具有较高的业务素养,但是从我国的现状看,各地法官的职业素养和业务水平参差不齐,这就为在案件审查过程中出现法官不积极履行职权或乱履行职权形成的不作为、乱作为现象形成了一个潜在的隐患。

再者,法官依职权调查与实现担保物权非讼程序立法目的相悖。实现担保物权案件的审理期限较短,为30日。对河南省的样本案例进行梳理可以发现,各地基层人民法院在审理该类型案件的审理期限上一般都控制在30日以内。根据程序要求,在法定审理期限内法院受理申请后向被申请人送达申请书副本、异议权利告知书等文书的工作需要在5日内完成,同时需要为被申请人预留一定的时间提出异议,法律一般规定是5日,扣除文书送达和预留提出异议的时间,法官可以着手进行案件事实审查的时间只剩下20日。我们可以假设一下,某基层人民法院在审理某一具体案件时需要依职权对案件事实进行调查,而被申请人或者其他关系人由于工作等特殊原因在短时间内无法到达法院配合调查,为及时在审理期限内审结案件,法官就需要主动前往当事人所在地进行调查,法官外出调查是建立在极大的经济成本基础之上的,而这有违将实现担保物权案件适用特别程序以达到低成本、高效率的立法目的。

3. 审查内容的选择随意性强

审查内容是实现担保物权案件中的核心部分,审查内容的选择与审判的各个环节密切相关,更关系到案件后续审判工作的开展,审查内容选择的不恰当就会使实现担保物权非讼程序失去价值和意义。《民诉法司法解释》第371条并未明确什么情况下应该审查案件的哪一部分内容,该条规定只是对实现担保物权案件中可以审查的内容做了一系列的列举,而且对这些列举的内容也没有进行主次之分,这就使得基层人民法院在以该条为依据对案件进行内容审查时,具有较大的选择性和不明确性,不能根据案件的不同情况侧重审查应该审查的内容。

司法实践中,业务素养较高或积累了一定办案经验的法官可能会以案件实际情况为依托对法条所列举的内容有所选择地去审查，业务素养有待提升或未积累一定经验又或是对实现担保物权的法定程序规则及其背后的立法精神理解不到位的法官就有可能出现前述案例中的情况，对所受理的案件内容无规律、无标准的决定全部审查或者全部不进行审查，这种司法实践表明法官对应当审查实现担保物权案件的什么内容具有较大的自主性和随意性，最终会导致法律规定的审查内容空有其规，而在实践中流于形式。表5-6对样本案例审查内容频率的分析显示，与主合同和担保物有关的两个层次七个变量内容的被审查频率相差无几，每一个变量的审查比例都占到了样本案例总数的60%左右，而其他几个变量内容的审查频率则明显较少。通过裁判文书的分析及实地调研可以发现，河南省各地基层人民法院审结的实现担保物权案件中，案件审查内容的多少，并非根据案情需要来决定，而是和承办法官及其所在法院关系密切。

4. 审查结果的做出做法不一

实现担保物权案件中，被申请人有无异议与审查结果有着密切的关系，而人民法院对被申请人提出的异议的处理机制与案件最终的审查结果有着直接的联系。样本案例中，河南省各地基层人民法院在被申请人提出异议时对异议审查的处理存在较大差异（详见图5-1），对异议处理机制的不同导致审查结果的做出做法不一。

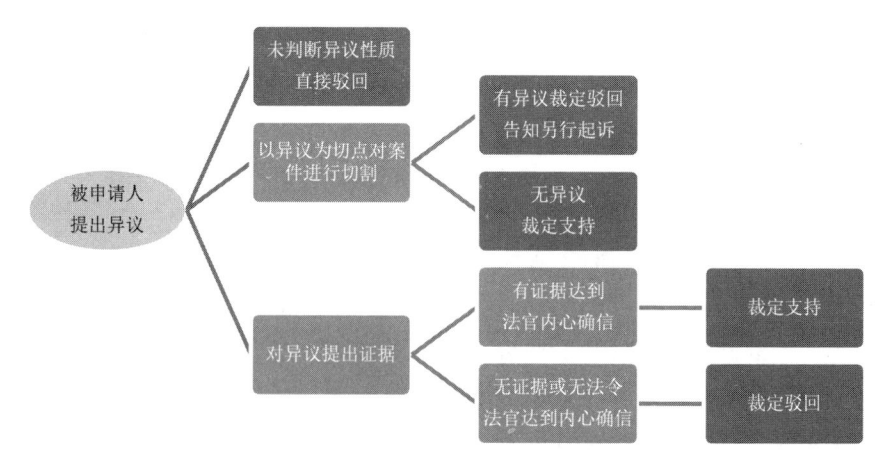

图5-1 河南省各地基层人民法院审结实现担保物权案件
被申请人提出异议时法院的审查流程

第五章　实现担保物权案件审查制度实证检视与完善进路

由上图可知，河南省各地基层人民法院对被申请人异议的处理主要有三种情况：部分法院对被申请人提出的异议并未作出性质上的判断而是直接作出裁定，驳回申请人的申请，如前述案例10；部分法院根据异议对案件进行切割，有异议的驳回，无异议的裁定支持，如前述案例8；还有部分法院让被申请人对异议部分提出证据，有证据且证据真实，达到法官内心确认的予以采纳，无证据或者提供的证据难以达到法官内心确认的，则支持申请人申请，如前述案例9。被申请人都提出异议的三个案件，由于审查结果的做出做法不一，使得三个不同的法院作出了完全不同的裁定，这种裁判结果上的不同，必然在司法实践中引发"同案不同判"问题的出现，[1]进而损害司法公信力的提升。

（二）实现担保物权案件审查制度运行中存在问题的成因

对实现担保物权案件的审查制度进行研究，重点不在于发现其在司法实践中存在的问题，发现问题只是我们进行研究的一个必经阶段，对该制度进行研究更重要的目的是要认真分析、深入反思这些问题产生的主要原因，只有切实掌握问题产生的根源，才能从根本上提出具有针对性、可操作性比较强的制度完善建议和改良办法，才能够真正地发挥该制度在司法实践中应有的作用。笔者认为，有关担保物权实现的法律制度体系上的不完善、条文制定上的概况性使其难以为司法适用提供具体的指导方向是实现担保物权案件的审查制度在司法实践中遇到各种难题的最直接、最主要的原因，除此之外，实现担保物权审查制度在法律条文内容上的冲突、缺乏一定的理论研究也是导致该制度在司法实践中屡次发生问题的原因。

1. 有关实现担保物权审查的制度缺乏

上文已提到实现担保物权案件审查的制度体系上的不完善即制度上的缺乏是导致该制度备受实践问题困扰的最直接、最主要的原因。

担保物权制度同时担负着两种角色，它既是调节市场经济秩序的有效手段，也是一项重要的民事法律制度，而担保物权制度在市场经济中发挥效用的最直接有力的体现就是权利人担保物权的实现。随着社会经济的不断发展，实现担保物权案件的发生率也屡创新高，而《物权法》等实体法虽然赋予了担保物权人请求人民法院拍卖、变卖抵押财产以实现其债权的权利，但并未

---

[1] 参见任重："担保物权实现的程序标的：实践、识别与制度化"，载《法学研究》2016年第2期。

明确在诉讼上应以何种程序实现，实践中担保物权的实现仍是通过普通诉讼程序进行的。2012 年修订的《民事诉讼法》对"实现担保物权案件"的审判程序进行了一定的变动，将其归入到审判程序编的特别程序中，在第 196、197 条两个条文中相继规定了有关的程序要求，确立了担保物权案件实现的非讼化。其中第 197 条是关于审查制度的规定，"经审查，符合法律规定的……"这样的规定明显过于笼统，对"符合法律规定"中的"法律"范围未作出明确的界定，对审理案件时法院应当组成何种形式的审判主体、必须进行审查的内容有哪些、符合什么条件应当附加什么样的审查内容、法官可以使用的审查手段具体包含哪些或法官使用的手段不能碰触的底线是什么等一系列内容都未作出清晰的规定。这些致使各地的人民法院在处理具体案件时应当如何审查、进行何种程度的审查处于有规定但无明确依据的状态，致使法官只能根据以往经验进行试探审查，这就导致实践中实现担保物权案件的审查乱象繁生。

为了弥补实现担保物权案件在司法实践中形成的困扰，2015 年《民诉法司法解释》对与实现担保物权案件相关的审查制度作了进一步的细致化规定，对人民法院受理实现担保物权案件后审查主体的组成形式、审查的手段、应审查的材料等实践中常遇到的问题进行了解释并作出了相应的规定，在案件最后的处理结果方面，依据案件审查后所可能产生的不同情况逐一进行了相应的规定。可以说，《民诉法司法解释》第 369 条到第 372 条四个条文中关于实现担保物权的相关规定，与《民事诉讼法》中的规定相比，为该制度的司法适用构建了相对完善的审查体系，这在一定程度上可以妥善解决司法实践中存在的部分问题，但该规定只是和以前的制度相比之下相对完善，在面对大量司法实践问题时表现出明显的针对性、可操作性弱的特点。同时各基层人民法院的法官职业素养的高低不同，在实际运用该程序规则时明显表现出对其不同的掌控能力、理解能力，这就导致司法实践中审查乱象仍然存在。

2. 实现担保物权审查的有关制度规定混乱

针对《民事诉讼法》及《民诉法司法解释》中对实现担保物权审查制度规定得过于方向化，浙江、重庆、四川等部分实现担保物权案件较多的省（市、自治区）为解决实现担保物权案件审查中遇到的诸多疑难问题，依据审判经验，出台了各自关于解决实现担保物权案件的意见、解答等，如浙江省高级人民法院于2012年发布的《关于审理实现担保物权案件的意见》及于2013年发布的《关于审理实现担保物权案件若干问题的解答》，重庆市高级人民法院于2015年发布的《关于办理实现担保物权案件若干问题的解答》以及四川省高级人民法院于2017年发布的《关于审理实现担保物权案件若干问题的意见》等。在这些规范性文件中，均有关于实现担保物权案件审查制度的规定，如浙江省高级人民法院在《民事诉讼法》实施前发布的《关于审理实现担保物权案件的意见》中明确规定了审理该类案件时审查主体应该如何组成，重庆市的《关于办理实现担保物权案件若干问题的解答》第10条是关于人民法院对实现担保物权案件如何进行审查的规定。

需要注意的是，四川省的《关于审理实现担保物权案件若干问题的意见》这一文件发布在《民诉法司法解释》颁布实施之后的2017年，这从侧面反映出实现担保物权案件在实践中还存在一些亟待解决的问题，需要相关法律法规对其进一步补充完善。该意见第五项事实认定与审查中规定了以下内容：针对《民诉法司法解释》第372条规定的应当着重审查的实质性争议应该怎样辨别和认定，并通过列举几种常见的情形予以说明；案件审理过程中一方当事人对合同中的盖章或签字要求鉴定不予支持或对鉴定结果有异议时可以怎么有效处理；对类似于一个所有权人在自己的一样财产上分别设置了不同的担保物权这样案情稍有复杂的案件是否可以合并审理或满足什么条件可以合并审理等。从四川省高级人民法院发布的这一文件可以看出，在司法实践的审查中，随着实现物权担保案件的发生率不断提高，案情的复杂程度也越来越高，需要法官审查、注意的方面和要求也越来越多，这也意味着该审查制度未来应当向纵、深方向完善立法。

值得注意的是，有关的法律以及最高人民法院都曾发布禁止各地出台审理相关案件的指导性意见的明确规定，但在司法实践中关于审查实现担保物权案件仍有相关意见的出台，甚至在《民诉法司法解释》颁布实施之后，个别地方法院出台相关意见的现象仍时有发生，这意味着在司法实践中仍然存在着现有法律制度尚不能明确指导且对案件的审查有重要影响的问题。各地出台的这些审理意见、问题解答等文件，都是根据各地在审查的过程中所面临的现实问题对实现担保物权案件审查制度的进一步补充和完善，不能否认，这些地方文件在各地的司法实践中对实现担保物权案件的审理起到了良好的指导作用，但各地纷纷出台不同内容的指导文件也会导致审查制度在司法实践中的矛盾和冲突。

3. 有关实现担保物权审查的制度研究薄弱

对民事诉讼法学来说，民事诉讼法律文本本身具有概括性、超前性等特征，即使司法解释对其进一步细化，也难以成为司法实践中具有可操作性的技术性规范，加之司法人员在具体适用中对法律规范又有着不同的理解和解读，这就导致法律的规范特别是民事诉讼法的规范与规范的实现之间有着相当大的距离。然而，法律的生命在于实施，民事诉讼法律规范必须在司法实践中得到实现，通过法律规范的实现，民事诉讼的公平正义才能够得以维护。实现民事诉讼的具体法律规范，必须使其成为一种技术规范和操作程序，且这种技术规范和操作程序既要遵循民事诉讼的普遍规律，还要符合程序正义的基本要求，这就需要一套源于民事诉讼普遍规律和程序正义基本要求的理论作为支撑，为法律规范的实现提供理论上的指导。

我国实现担保物权案件审查制度生效并运用于实践的实践比较短，理论界和实务部门对该制度的观察、探讨和研究都还停留在较浅的层面，在大部分民商法律著作中都是用简单带过的方式对实现担保物权案件进行论述描写，更是极少提到实现担保物权案件审查的相关内容，一般只有实用性期刊杂志上才能看到有关实现担保物权案件的研究的文章，但不管是期刊种类还是发表杂志的数量都是比较少的。再者，我国《民事诉讼法》中对实现担保物权程序制度上的规定本质上将其归为非讼程序，而我国没有诉讼与非讼区分的历史传统、思维观念，缺乏相关的非讼立法文本，非讼程序的理论研究又长期被学界忽视。[1] 我国是一个传统的、典型的成文法国家，法官在审理案件时需要相关的法律规定或理论学说为其表达的观点提供依据，最终的裁判结果更是离不开明确、具体的法律条文或是占据主流的理论观点，在这样的司法环境中，法律条文、理论的缺乏将会不可避免地为司法实践带来各种各样的问题。而滞后性却是立法和法律不能忽视的一个特点，在法律不能满足实践时，也没有充足的、与实践息息相关的理论进行弥补，那么实践中司法部门为避免出现更多的错误就会消极拖延，导致不能及时作出有效的裁判甚至枉法裁判的现象也会出现。可见，缺乏宽广、深厚的理论支撑是实现担保物

---

[1] 参见陈桂明、刘田玉："民事诉讼法学的发展维度——一个时段性分析"，载《中国法学》2008年第1期。

权案件审查制度在司法实践中频繁出现问题的一个重要原因。

此外,理论研究方面的不足,难以为立法部门对担保物权实现的科学立法提供足够的理论支持,不能有效解决司法实务部门的工作人员在实践中所遇到的其难以克服的理论障碍,也不能为实务部门对如何处理该类型案件审查中面临的问题提供充分的理论支撑。这导致司法实践中部分当事人在提出申请时常常伴随着因为对相关规定的了解的不全面、认识的不透彻而产生的对司法程序的不信任的心理;类似的现象也会发生在基层人民法院的办案法官身上,许多法官在审查该类型的案件时,也会因为可以作为审理案件依据的法律法规数量上少、内容上模糊,大量实践问题无法律支撑又无充分、及时的理论依据支撑,造成审理法官会根据自身的需要对法条进行理解甚至出现误读立法原意而导致不恰当地使用法条,从而导致实现担保物权案件审查制度在实践中存在一定的矛盾和冲突。

对该审查制度运行中存在的问题进行分析,发现形成这些问题的原因除了以上几点外,还包括在处理该类型的案件上的实体规定与程序要求衔接不到位、一些工作人员对实现担保物权非讼程序的掌控能力不强、理解能力不一等各方面的原因。

四、实现担保物权案件审查制度的完善

人民法院在受理案件后,对案件进行审查是审理案件的一个重要步骤,也是必不可少的一个环节,科学、合理的审查制度,是实现担保物权非讼程序在担保交易中发挥作用的重要保障。无论是从法律的规定来讲,抑或是学术研究的角度来说,实现担保物权案件的审查均尚处于与司法实践相融合的过程,处于探索与发展的阶段。"法治的理想必须落实到具体的制度和技术层面",[1]针对实现担保物权审查制度在司法实践中出现的问题,需完善我国实现担保物权审查制度,建立一套理论基础夯实、具有极强的可操作性、针对性、符合立法精神和目的的实现担保物权审查制度,以使基层人民法院在案件的审理中具有高度的实用性,从而最大限度地发挥实现担保物权非讼程序的作用,满足人民群众在经济活动中的司法需求。

---

〔1〕 苏力:《送法下乡——中国基层司法制度研究》,北京大学出版社2011年版,第1页。

(一) 确立以数额为主的主体组成标准，推进案件审查组织形式统一

法院在审理实现担保物权案件时审判主体的组织形式应该如何形成，在实现担保物权案件的审查中是一个重要的程序性问题。程序公正才能保证实体的公正，为了更好地维护当事人及相关利害关系人的合法权益、不损害其他人的利益，更好地展现实现担保物权制度在经济活动中的作用，必须重视实现担保物权案件审查主体的组成。通过对河南省 401 个样本案例的分析，笔者看到，实现担保物权案件的审查主体组成上并不一致，人民法院在对实现担保物权案件进行审理时究竟组成何种形式的审查主体并不完全以涉案标的额是否超过基层人民法院的受案范围为依据，究其原因，主要是样本案例包括《民诉法司法解释》颁布以前的案件，在当时的情况下，基层人民法院在审理时缺乏明确的法律依据，只能按照《民事诉讼法》特别程序一章中关于重大、疑难案件适用合议庭进行审理的规定，但在相关规定中并没有明确指出"重大疑难案件"的范围或归类依据，规定的缺乏导致基层人民法院在审查中有很大的自由裁量权，自主性过大，因此审查主体的组成形式上也各不相同。该问题在《民诉法司法解释》颁布后仍然存在，其原因在于，审查主体组成的依据并不是单一的，《民事诉讼法》关于特别程序的一般规定仍是依据之一。完善实现担保物权案件审查制度，首先就应在司法实践中确立审查主体组成标准，可以大力推广"以涉案担保财产金额为主、案情复杂情况为辅"的统一标准在案件审理中的适用。

首先，以案件标的数额为主作为实现担保物权案件审查主体组成的标准。在基层人民法院受案管辖范围内的，一般应当由审判员一人独任审查，超过基层人民法院受案管辖范围的，应当组成合议庭进行审查；在司法实践中，实现担保物权案件一般被划定为经济类纠纷，从实现担保物权案件的性质上考虑，将涉案担保财产标的额作为确定组成何种形式的审查主体主要依据这一标准能够普遍适用于所有实现担保物权案件中。司法实践中，以数额为划分依据简便快捷，可操作性强，能够更好地规制基层人民法院在审理该类型案件时的审判主体的组成问题，推进案件审查组织形式的统一。以涉案担保财产金额作为形成何种审查主体组织形式的划分依据，意味着在司法实践中对"重大疑难案件应当组成合议庭进行审理"这一法律规定的排除适用，在适用中人民法院不需要再考虑受理案件的类别、"重大疑难"的划分、范围等各种因素，只需要确定案件中涉案担保财产的标的额，这样既节约了司法资

源，也有利于案件审查主体的组成在适用程序上的一致性。

其次，案情复杂的实现担保物权案件应组成合议庭进行审查。实现担保物权案件纷繁复杂，完全根据案件标的额大小确定审查主体的组成形式难以满足现实的需要，而《民事诉讼法》第178条规定的重大疑难案件标准值得商榷，因重大疑难案件在刑事领域发生的频率较高，但刑事领域对此尚未完全明确；[1] 而在民事领域中，对重大疑难案件进行系统研究、定位的不管是专家学者还是著作、期刊都是少见的，在民事领域当中，重大疑难案件的范围仍无明确的划分，更遑论在特别程序中的适用了。实现担保物权案件更是如此，该类型案件适用非讼程序，而非讼程序的适用意味着其本身并不存在任何实体争议，既无争议可言，又何谈重大疑难案件呢？同时，《民事诉讼法》中对特别程序的众多规定，尤其是一般规定的法律条文并不能在实现担保物权案件实务中被彻底适用，如上述案例3所涉及的案件，登封市人民法院在"案件事实清楚、情节明了，被申请人对申请诉求无异议，涉案担保财产标的额在基层人民法院的管辖范围之内"的情况下却由多名审判员以组成合议庭的形式对案件进行了审查，这种类似的情况并不鲜见，但是很明显这种案件并不能称谓"重大、疑难案件"。笔者建议，实现担保物权案件中，可用"案情复杂"等描述代替"重大疑难"的性质认定，规定案情复杂的案件应组成合议庭进行审查，并进一步明确案情复杂的情形，如符合下列情形之一的，法官可以直接判定应当属于案情复杂：一是主体方面，当事人一方或双方的人数在两人以上的；二是涉案财产方面，用以担保的标的物种类在两种以上的；三是存在多种担保方式的，如人保与物保并存的；四是法律规定的其他情形。这样可以在适用时做到清晰明了，工作人员在司法实践中具有高度的可操作性，也有利于案件审查主体组织形式的标准的推广、实施。

（二）构建当事人主动问询的审查机制，防止人民法院中立地位倾斜

随着担保市场的不断专业化、社会化，为适应社会经济迅速发展的需要，《民事诉讼法》于2012年把实现担保物权案件纳入特别程序，在立法论上结束了学界长期以来对"担保物权非讼化实现"的无序解释状态。[2] 实现担保

---

[1] 参见彭劲荣："有必要明确'重大疑难案件'范围"，载《检察日报》2017年2月15日。
[2] 唐力等：《新民事诉讼法实施状况评估与对策建议》，中国法制出版社2018年版，第195页。

物权非讼程序的目标是低成本、公正且快速地实现担保物权,该目标使得在整个实现担保物权案件审查程序全过程中,法官的简易审理和职权裁量性成为显著的特点。职权主义是非讼程序的重要特征之一,诉讼程序中的当事人主义与非讼程序中的职权主义存在巨大差异,在审查关于实现担保物权的案件中,合理运用审查手段是非讼程序职权主义的具体体现。在实现担保物权案件的审查过程中,法官如果可以合法有效地运用审查手段就有助于法官快速理清案件的来龙去脉、确定案件的基本情况,对案件事实情节进行全面了解所用的时间越短,法官的主观性相对较弱,客观性、中立性就越强。但如果把握不好一定的"度"而造成过度依赖职权进行主动调查,就很容易将实现担保物权案件中特别程序的一些形式审查变成对案件内容的实质审查,这就与非讼程序所具有的"无民事权益争议性"的特点相违背了。法官拥有自由裁量权的规制由来已久,在司法实践中,法官的自由裁量权始终伴随着实现担保物权案件的审查制度的发展,彻底消除、完全杜绝自由裁量权是不可能的,因此寻求相对合理的程度以缓解自由裁量权的涉入成为最佳的选择。[1] 实现担保物权案件审查制度需要不断完善,对此,为防止人民法院失去中立客观地位,法院应着力构建当事人主动问询的审查机制。

首先,实现担保物权案件的特点决定了案件的审查应以当事人主动问询为主。实现担保物权案件的申请主体多为金融机构及与金融业务相关的机构,[2] 审理期限较短。《民事诉讼法》在特别程序的规章制度中对实现担保物权的程序要求也有所体现,但该章内容并不具备分类的共性,同样是适用特别程序,实现担保物权案件与宣告公民无(限制)民事行为能力、宣告失踪(死亡)等涉及民事主体人身权利的案件所适用的特别程序不同,与选民资格、确认调解协议等体现国家意志的案件所适用的特别程序亦有差异,其处理的仅仅是平等主体的财产权利。[3] 法院在职责范围内行使调查权,这是司法能动的体现之一,最高人民法院出台的《民事诉讼证据规定》在第15条中规定,对法院职责范围内的调查权行使需要限定在一定的范围内,如法院

---

[1] 参见沈宗灵:《现代西方法理学》,北京大学出版社1992年版,第340页。
[2] 河南省所有401件实现担保物权样本案例中,申请人为金融机构的有257件,占样本案例总数的64.1%。申请人为与金融业务相关机构的有担保公司(11件)、小额贷款公司(6件)及典当行(5件)。
[3] 李林启:"论实现担保物权案件中适用调解的必要性",载《求索》2014年第9期。

主动干涉纠纷的三个方面，也是在民事法律制度中经常"除外"的三个方面（损害国家利益、社会公共利益、他人合法权益），也可以将范围限制在和案件实体争议无关的程序性事项的范围内。实现担保物权案件解决的是当事人之间的私权利纠纷，人民法院与申请人、被申请人之间诉讼结构的理想状态应为等腰三角形，此结构的内在规定性来自民事主体的平等性。在此诉讼结构中，法院居中裁判，当事人未提出问询时，法院不应依职权进行调查，以免造成向一方当事人倾斜的局面，丧失人民法院的中立性和公正性。

其次，当事人主动问询的审查机制契合实现担保物权非讼程序的立法目的。非讼程序所追求的基本价值之一就是公正，作为适用非讼程序的实现物权担保机制也不例外。《民事诉讼法》及《民诉法司法解释》在规定及完善实现担保物权程序规则中，树立了更大范围的公平正义观，具体表现在申请人可对人民法院的驳回裁定另行提起诉讼、在案件审查中被申请人、利害关系人可以提出异议等。[1] 实现担保物权案件中，各方当事人皆为平等的民事主体，他们之间无实体权利上的争议，只是在如何实现申请人的担保物权的方式上没有达成共同认识，因而，人民法院在审理时应保持中立地位，从而公正地作出裁定。这就要求人民法院在对案件进行审查中，积极引导当事人及利害关系人收集并主动提出相关有利的证据，而非动辄就依职权主动对案件相关事实进行调查。在法律明文规定的相关的审查制度中，人民法院主要对申请人的诉讼申请及相关案件材料进行调查核实，防止虚假诉讼的发生。人民法院若需要审查被申请人或其他利害关系人提出的异议，前提是需要当事人主动地提出和询问，目的是防止被申请人滥用提异议的权利干扰司法程序的进行，《民诉法司法解释》专门在第 372 条对此作了明确的规定。因此，构建当事人主动提出问询的审查机制，对能否实现申请人的利益并不会产生影响，而只是契合了实现担保物权实施非讼程序高效、便捷的立法目的，有利于公平正义的实现。需要注意的是，利害关系人很难像申请人或被申请人一样可以及时了解案件审查进度或涉及案件的文件资料，因此第三人、案外人等利害关系人主动提出询问机制的加强不仅保障了利害关系人的知情权，而且有利于减少发生在执行阶段的执行异议之诉等可能阻碍执行程序发生的诉讼。

---

[1] 参见李林启："实现担保物权非讼程序价值实证分析"，载《湖南社会科学》2018 年第 2 期。

（三）根据案件特点明确法院审查内容，契合非讼程序立法价值追求

实现担保物权案件审查制度中，审查内容居于承上启下的重要地位。为进一步契合非讼程序高效、便捷的立法目的，使申请人的权利以较低的成本、较高的效率实现，笔者认为，根据实现担保物权案件的特点，应简化审查的内容，以保障实现担保物权案件审查制度自身的良好发展，彰显实现担保物权非讼程序在经济活动中的价值。

首先，在被申请人未提出异议的情况下，主合同效力可以不审查。而从对样本案例的梳理中，可以看到各基层人民法院在审理该类型的案件时大多都对主合同的效力进行了审查，其原因是因为审查法官认为，担保物权具有从属性和不可分性，主合同存在担保物权才存在；再者，"主合同的效力"在《民诉法司法解释》第371条规定的审查内容中被列为第一个，也突出了主合同效力的重要性。如在"王某红与张某军、付某英实现担保物权纠纷案"中，被申请人张某军、付某英虽然未在法律预留的提异议的5日内向汤阴县人民法院提出异议，但该院在审查时对《民诉法司法解释》第371条规定的全部内容进行了审查。[1] 笔者认为，这样的审查背离了非讼程序的立法价值追求。举例说明，假设甲和乙两人经协商后签订了借款抵押合同，乙在合同到期后未按合同约定偿还其向甲所借的款项，甲据此向法院提出拍卖、变卖抵押物以优先受偿的申请，某人民法院受理后对该案件进行了初步审查，在法院初步审查的过程中，被申请人乙未提出任何关于抵押合同、诉讼请求的异议，处于第三方中立地位的法院不应主动对主合同的效力进行审查，否则，不仅会增加申请人的时间成本等负担，还容易影响非讼程序的进展，进而影响非讼程序功能与价值的充分发挥，甚至使整个案件的处理陷入"为程序而

---

[1] 该案详细案情为：汤阴县人民法院依法受理申请人王某红与被申请人张某军、付某英实现担保物权一案由代理审判员刘楠进行了审查。申请人王某红称，2014年9月25日，其申请人张某军、付某英签订抵押借款合同一份，二被申请人用共有房产向其担保借款25万元，并约定借款期限、利率等，二被申请人并出具借据一份，该抵押借款合同经汤阴县公证处公证。申请人履行借款合同，借款期限届满后，二被申请人未按约定返还借款本息，故申请对二被申请人抵押房产实现担保物权。被申请人张某军、付某英在接收权利异议告知书后在规定时间内未向本院提出异议。该院经审查认为申请人王某红与被申请人张某军、付某英签订的抵押借款合同是当事人的真实意思表示，被申请人以其二人共有的房产为其二人借款本息提供抵押担保的意思表示具体明确，且办理了抵押登记，合法有效。申请人的申请符合法律规定予以准许。参见"王某红与张某军、付某英实现担保物权纠纷案"，河南省汤阴县人民法院（2015）汤民三特字第3号民事裁定书。

程序"的形式主义泥潭。[1] 因此，实现担保物权案件审查中，对于主债权的审查不能过于严苛，主合同的效力问题只有在被申请人提出异议的时候人民法院才可以进行审查，被申请人无异议时可不审查。

其次，在被申请人未提出异议的情况下，担保物权是否有效设立可以不审查。关于实现担保物权案件的审查内容，有学者认为，可以先对主合同的效力是否合法有效进行初步的认定，在此前提下，排除与实现担保物权无关的法律关系的影响，应将审查的重点置于担保物权关系本身，即应重点审查担保物权的有效与否，[2] 此观点值得商榷。笔者认为，一般情况下，担保物权是否有效设立可以不审查，只有在被申请人提出不同看法时，人民法院才会对它的有效性进行审查，这样可以大幅度减少人民法院对案件审查的工作量，更主要的原因在于：公示公信原则是《物权法》规定的物权产生、变更、消灭的基本原则，担保物权的设立，不仅具有形式上的真实性，也具有基于对公示信任的事实上的真实性。在被申请人未提出异议的情况下，动辄就对担保物权是否有效设立进行审查，则会导致市场主体难以形成明确合理、能够信赖的法律准则作为担保交易的依据，使其在经济活动中的交易成本大大增加，依据《物权法》公示公信原则构建的交易安全体系也将面临各种质疑，这不仅影响实现担保物权非讼程序价值在经济活动中的体现，影响担保物权制度作用在经济活动中的发挥，也会影响经济秩序的良性健康发展，影响社会公平正义的实现。

最后，加强对利害关系人提出的异议和是否损害他人合法权益等内容的审查。样本案例中，利害关系人异议和是否损害他人合法权益等内容的审查频率较低，分别为 9 个、14 个，分别占所有审查内容数量的 0.5%、0.7%，占样本案例总数的 2.2%、3.5%，这样的数据比例与很多利害关系人或第三人在案件审查过程中处于不知情的状态有关。实现担保物权案件容易涉及第三人、案外人等相关利害关系人的利益这一事实是由案件本身的性质所决定的，在实现担保物权案件的审查中，若忽视利害关系人异议和是否损害他人合法权益等内容的审查，会出现在案件审查完毕人民法院作出裁定后甚至到

---

[1] 参见李林启："形式审查抑或实质审查：实现担保物权案件审查标准探析"，载《政治与法律》2014 年第 11 期。

[2] 参见夏旭、冯凡："实现担保物权案件的审查规则评析"，载《东南司法评论》2015 年第 0 期。

执行阶段时，利害关系人提出了异议或者发现担保物权的实现损害了他人合法权益，就会导致案件须从头开始审查，实现担保物权非讼程序快捷、高效、低成本的价值追求就难以实现。因此，加强对利害关系人异议和是否损害他人合法权益等内容的审查，是实现担保物权案件审查制度逐步完善的重要部分。

总之，要对案件审查内容进行主次区分，简化可以省略的、对案件影响不大的审查内容，强化案情需要的甚至直接影响案件走向的审查内容，是秉承实现担保物权非讼程序注重权利迅速实现理念的体现，是合乎实现担保物权案件审查目的的做法，有利于实现担保物权非讼程序促进担保交易功能的发挥及发挥的功能符合立法目的。

（四）统一人民法院对案件的裁定标准，避免发生同案异判情况出现

实现担保物权案件中，河南省各地基层人民法院因对被申请人或利害关系人提出的异议处理方法的不同导致审查结果的做法不一，具体体现为三种常用的处理方式，不同的处理方式体现了法院对"实质性争议"应当怎么理解和定性的认知不一。第一种处理方式是对"实质性争议"完全形式化的理解，其认为实现担保物权案件应当以不存在实质性争议甚至是不存在争议为前提，利害关系人尤其是被申请人一旦提出异议，该特别程序就应当终止，当然这一"形式化"的理解也是特别程序自身特点所附带的一点要求，这种做法无疑会引发被申请人滥用异议权恶意拖延诉讼的行为。第二种处理方式是对第一种处理方式所可能带来的滥用权利的后果的一种弥补，即如《民诉法司法解释》第372条所规定的，通过提出折中方案来处理善后问题，但部分争议的判断究竟采用什么标准，则语焉不详。第三种处理方式就是对被申请人提出的"实质性争议"进行实质审查，即必须有足够的证据可以证明被申请人提出的争议确实属于实质性争议才能因此驳回申请人的申请，这一做法实际上是通过非讼程序对争议性质进行认定审理。可见，各地基层人民法院审查结果做出的做法不一，其根本原因是法律规定的原则性。为避免"类案不同判"现象的频繁发生，应当采取全方位、立体式措施，以规范法院裁判时的裁定标准并保障各地基层人民法院审理案件时的统一适用。

首先，明确立法的目的，统筹安排审查制度的整体规划。之所以在审理案件时会出现同案不同判的现象，根本原因在于审查标准规定的原则性、模糊性及不规范性。法律规定的原则性强，缺乏可操作性，司法解释不够具体

明确，加之各地法院根据自身审判经验发布的规范性文件，这些模糊混乱的审判依据，严重影响了法官在审判活动过程中对审查标准的适用，同类案件适用不同的依据，必然造成同案异判。基于实际存在的问题，应加强对审查制度整体的统筹安排，有针对性地对法律进行完善。在完善具体制度时，不仅要关注法律规范中存在的焦点、盲点问题，还应充分考虑到各层级、各部门的法律规范之间的相互补充协调，避免出现内容上的相互冲突，从而减少立法的盲目性和法律在适用时的混乱性，争取从源头把控，规范法律适用标准，避免再次发生同案不同判的现象。

其次，明确人民法院对实质性争议的确定标准，明确各人民法院对被申请人提出的异议进行审查的要求。在实现担保物权案件中存在的一大焦点、难点就是应当如何对实质性争议进行认定，避免人民法院不做深入审查判断，仅因被申请人或利害关系人提出异议就以存在实质性争议为由直接驳回申请人诉求的现象，加强对案件是否具有实质性争议的审查。根据我国法律的有关规定及审判实践，实质性争议，一般是指双方当事人之间对影响实现担保物权的事实如担保物权的设立是否合法有效、合同是否已到期等内容存有争议。在司法实践中，人民法院经常会以申请人、被申请人或其他利害关系人提交的书面资料或证据为依据判断被申请人提出的异议是否会对担保物权的实现产生影响。一般情况下，如果被申请人提出的异议是关于主合同、抵押合同等实体内容的，因为主合同、抵押合同的条款内容是否合法、是否却已到期等各个方面都和担保物权的实现息息相关，因此这类异议常常被确定为实质性争议，此时法院可以直接裁定终止实现担保物权案件的特别程序，进而转入诉讼程序；如果被申请人提出的异议主要是针对抵押物的状态，如正在使用或被查封扣押，或是主要针对利息、违约金、律师费等不涉及担保物标的额的其他具体金额提出异议，又或是对受理法院是否具有管辖权、诉讼程序是否应当中止等程序性问题提出异议，这些异议只要不对担保物权的实现产生影响，法官在审查后就可以在特别程序中对申请人的申请诉求直接作出许可裁定。

最后，完善案例指导制度，加强司法公开力度。实现担保物权案件审查制度的完善不是一蹴而就的，现阶段，充分利用案例指导制度，用案例明示实现担保物权案件审查主体的组织形式、审查手段的类型、应当进行审查的内容以及可能的裁判结果，就更容易让人民法院在案件审查中对相关审查制度的各个方面和要求形成较统一的认识。此外，司法透明化会无形中加强公众对司法实践工作的监督力度，而公众的监督也能够有效促进法院对裁定标准的统一适用，但实现司法透明化最有力的方式之一就是充分依赖高新技术的发展，充分利用高度发展的信息技术为司法公开提供技术支持，逐步实施阳光透明、实时共享的新司法模式，用实打实的工作成果化解当事人及社会公众对案件审查、裁判的不信任，以规范对案件的审查力度，增强法院适用法律的统一性，确保公正司法、同案同判。

第六章
实现担保物权案件被申请人异议制度实践探索

异议权作为民事诉讼法中一项典型的诉讼权利,指法律赋予案件中的当事人或者利害关系人就案件实体问题和程序问题向人民法院提出异议的权利。[1] 在民事诉讼中,异议权的行使必将产生特定的程序法上的效果,其造成的影响不仅涉及人民法院对案件的处理,也涉及各方当事人的利益。《民事诉讼法》特别程序中规定的实现担保物权程序使得担保物权的实现程序由诉讼转向非讼,更有利于担保物权制度功能的充分发挥。在实现担保物权案件中,被申请人提出异议,不仅是对其自身权利进行保护的体现,亦有利于人民法院对案件事实的查明。然而,对实现担保物权案件中被申请人异议的处理及其救济问题,《民事诉讼法》未作出明确规定,《民诉法司法解释》第368条赋予了被申请人向人民法院提出异议的权利,规定了被申请人提出异议的期限,并要求被申请人就其提出的异议提供相应的证据予以证明。[2]《民诉法司法解释》虽然规定了被申请人可以向人民法院提出异议,但对异议的处理仅在第371条规定了"一并审查"。[3] "有权利必有救济",法律宣示权利固然重要,但在权利受到侵害时配置相应的救济措施更为重要。《民诉法司法解释》虽然赋予了被申请人异议权,但其不仅对异议的处理规定简略,对被申请人异议被驳回后如何进行救济的问题更是未作明确的规定。可见,在《民事诉讼法》《民诉法司法解释》对实现担保物权规则为数不多的规定中,

---

[1] 参见张卫平:"论民事诉讼法中的异议制度",载《清华法学》2007年第1期。
[2]《最高人民法院关于适用〈中华人民共和国民事诉讼法〉的解释》第368条规定:"人民法院受理申请后,应当在五日内向被申请人送达申请书副本、异议权利告知书等文书。被申请人有异议的,应当在收到人民法院通知后的五日内向人民法院提出,同时说明理由并提供相应的证据材料。"
[3]《最高人民法院关于适用〈中华人民共和国民事诉讼法〉的解释》第371条规定:"人民法院应当就主合同的效力、期限、履行情况,担保物权是否有效设立、担保财产的范围、被担保的债权范围、被担保的债权是否已届清偿期等担保物权实现的条件,以及是否损害他人合法权益等内容进行审查。被申请人或者利害关系人提出异议的,人民法院应当一并审查。"

对被申请人异议权的保护及其救济未给予足够的重视。相关规定的原则性加之各地基层人民法院在对实现担保物权案件进行审查时采用职权主义，导致实践中对被申请人异议的审查及其救济较为混乱。因而，针对实现担保物权案件中被申请人异议的处理及救济存在缺陷，提出合理的完善措施，既是司法实践中亟待解决的问题，也是平等保护各方当事人权利的要求，更是满足程序正义的需要。本部分以位于我国中部的河南省为样本，[1] 对实现担保物权案件中被申请人异议进行全样本实证考察，以期客观反映我国实现担保物权案件被申请人异议及其救济的运行现状，验证相关立法的实际效果，并针对实现担保物权案件中被申请人异议审查及其救济存在的问题从实证的角度提出建设性意见。具体分析对象上，以中国裁判文书网公开发布的裁判文书作为选取案件样本的来源，以2013年1月1日至2018年12月31日为时间段，选取河南省各地基层人民法院审结的所有401例实现担保物权案件，对实现担保物权案件中被申请人异议进行全样本实证研究。这401个案件来自河南省各地65个基层人民法院，占河南省所有163个基层法院的39.9%，超过河南各地基层人民法院总数的1/3，其中郑州高新技术产业开发区人民法院审结实现担保物权案件107件，占河南省实现担保物权案件总数的26.7%，其次是济源市人民法院（23件）、许昌市魏都区人民法院（22件），各地基层人民法院审结实现担保物权案件的具体数量详见表6-1。地区分布上，401例案件分布在河南省所有19个中级人民法院所辖区域内（详见图6-1）。[2]

---

〔1〕 以河南省为样本对实现担保物权案件审查制度进行实证分析，其原因有二：一是在全国经济发展格局中，中部地区属欠发达的中间层次，河南省位于我国中部地区，在全国各省（市、自治区）中具有代表性；二是截至2017年12月31日，中国裁判文书网共发布实现担保物权案件15 683件，其中河南省有401件，案件数量在全国各省（市、自治区）中位于第七，具有典型性。

〔2〕 河南省设有1个高级人民法院、19个中级人民法院、165个基层人民法院。参见 http://www.hncourt.gov.cn/public/detail.php？id=156978，访问时间：2017年1月6日。

表 6-1 河南省各地基层人民法院审结实现担保物权案件数量分布

法院名称	安阳县人民法院	博爱县人民法院	川汇区人民法院	登封市人民法院	管城回族区人民法院	红旗区人民法院	华龙区人民法院	滑县人民法院	辉县市人民法院	吉利区人民法院	济源市人民法院	郏县人民法院	涧西区人民法院	解放区人民法院	金水区人民法院	兰考县人民法院	老城区人民法院	梁园区人民法院	灵宝市人民法院	龙安区人民法院	鲁山县人民法院	鹿邑县人民法院	栾川县人民法院
频率	1	3	3	1	6	7	8	3	18	1	23	1	11	1	16	5	1	6	1	1	2	2	2

法院名称	洛龙区人民法院	洛阳高新技术产业开发区人民法院	孟州市人民法院	泌阳县人民法院	内乡县人民法院	宁陵县人民法院	濮阳县人民法院	淇滨区人民法院	沁阳市人民法院	清丰县人民法院	汝阳县人民法院	山城区人民法院	山阳区人民法院	陕县人民法院	商城县人民法院	上街区人民法院	社旗县人民法院	睢县人民法院	汤阴县人民法院	宛城区人民法院	卫滨区人民法院	尉氏县人民法院	魏都区人民法院
频率	2	1	5	1	5	1	2	2	10	1	3	1	12	17	4	6	1	1	2	1	9	3	22

法院名称	温县人民法院	文峰区人民法院	舞钢市人民法院	西峡县人民法院	息县人民法院	襄城县人民法院	新安县人民法院	新乡县人民法院	新郑市人民法院	许昌县人民法院	鄢陵县人民法院	鄂州市人民法院	义马市人民法院	驿城区人民法院	荥阳市人民法院	禹城县人民法院	柘城县人民法院	郑州高新技术产业发开区人民法院	中原区人民法院	合计
频率	7	2	6	4	1	2	1	1	2	7	4	3	10	4	4	2	107	1		401

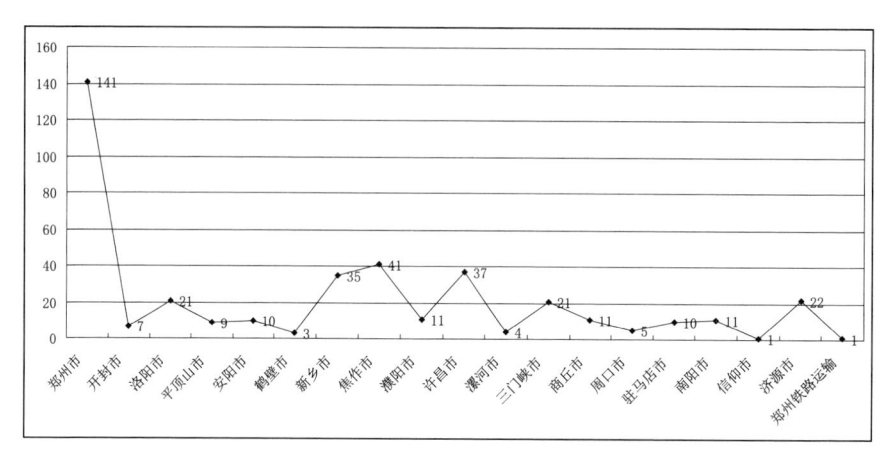

图 6-1 河南省审结实现担保物权案件基层人民法院所在中级人民法院分布图

一、实现担保物权案件中被申请人异议类型分析

《民诉法司法解释》赋予了被申请人在实现担保物权案件中提出异议的权利,[1] 本部分秉持"理论联系实践"的理念,运用实证研究法对河南省所有样本案例进行总体性的描述统计,对实现担保物权案件中被申请人异议在司法实践中的类型进行分析,以获得被申请人异议情况的总体直观认识;并对被申请人提出异议的实现担保物权典型案例进行个案分析,以发现隐藏在其中的裁判规律性。当然,统计学并不能完全反映实现担保物权案件中异议问题的所有情况,本部分会结合诉讼法学、民商法学等基本理论知识对样本的相关数据进行阐释、分析。401 件样本案例中,被申请人提出异议的有 86 件,占样本案例的 21.45%,被申请人未提出异议的有 207 件,裁判文书中未提及被申请人是否提出异议的有 108 件(详见表 6-2)。在 86 件被申请人提出异议的案件中,每个案件异议理由各有不同,有些异议,在实现担保物权案件中并无特殊性,如被申请人提出已经还款、已经与借款人离婚、借款人已经死亡、未届清偿期、所涉抵押物已被查封或者转让、抵押物系唯一住房、希望达成和解等。根据实现担保物权案件的特征,笔者将被申请人的异议分为

---

[1]《最高人民法院关于适用〈中华人民共和国民事诉讼法〉的解释》第 368 条规定:"人民法院受理申请后,应当在五日内向被申请人送达申请书副本、异议权利告知书等文书。被申请人有异议的,应当在收到人民法院通知后的五日内向人民法院提出,同时说明理由并提供相应的证据材料。"

第六章 实现担保物权案件被申请人异议制度实践探索

有关主体资格的异议、主债务、利息、违约金、律师费等有关基础合同的异议、担保物、担保物权等有关担保合同的异议及其他异议，具体各种异议理由的频率详见表6-3。

表6-2 河南省各地基层人民法院审结实现担保物权案件被申请人有无异议情况

	频率	百分比	有效百分比	累积百分比
无异议	207	51.6	51.6	51.6
有异议	86	21.5	21.5	73.1
未明确	108	26.9	26.9	100.00
合计	401	100.00	100.00	

表6-3 河南省各地基层人民法院审结实现担保物权案件被申请人异议理由频率表

异议理由	响应 频率	响应 百分比	个案百分比
申请人主体不合格	4	2.3%	4.7%
被申请人主体不合格	17	9.8%	19.8%
主债务有瑕疵	31	17.9%	36.0%
利息、违约金、律师费等异议	30	17.3%	34.9%
担保物权存在瑕疵	22	12.7%	25.6%
担保物存在问题	13	7.5%	15.1%
侵害其他债权人的合法权益	7	4.0%	8.1%
适用程序异议	14	8.1%	16.3%
其他	35	20.2%	40.7%
总计	173	99.8%	201.2%

（一）对主体资格有异议

法律秩序的具体构建是以法律主体作为法律关系的轴心来进行的，[1] 实

---

[1] 参见龙卫球："法律主体概念的基础性分析（下）——兼论法律的主体预定理论"，载《学术界》2000年第4期。

现担保物权案件的主体即申请人、被申请人等各方当事人，不管是在主合同还是担保合同中，当事人都是不可或缺的，如果当事人的主体资格存在问题，实现担保物权案件就无法进行。实现担保物权案件中，对主体资格有异议是被申请人异议的重要类型之一。在河南省401件实现担保物权案件中，对主体资格有异议的共21件，占样本案例总数的5.2%，占异议案件总数的24.5%（详见表6-3）。被申请人对主体资格的异议分为对申请人的主体资格有异议及对自身的主体资格有异议，21件对主体资格有异议的实现担保物权案件中，对申请人的主体资格有异议的有4件，对自身的主体资格有异议的有17件。

1. 对申请人的主体资格有异议

申请人作为实现担保物权案件中的一方主体，决定着实现担保物权程序的启动与否，其重要性不言而喻。近年来，随着信贷市场的快速发展和担保交易的频繁发生，实现担保物权案件也在不断增多。实现担保物权案件中的申请人除了金融机构、自然人外，担保公司、典当行、小额贷款公司等作为申请人出现的次数也越来越多，申请人类型的多样化，使得实现担保物权案件更为复杂。[1] 在河南省401件实现担保物权案件中，对申请人的主体资格提出异议的案件数量并不多，只有4件，占样本案例总数的1%（详见表6-4），占异议案件总数的4.7%（详见表6-3）。

表6-4 被申请人异议理由——申请人主体不合格

	频率	百分比	有效百分比	累积百分比
无	397	99.0	99.0	99.0
有	4	1.0	1.0	100.0
合计	401	100.0	100.0	

在对申请人的主体资格有异议的4例案件中，其中两例法院以申请人主体不适格驳回了申请人的申请，一例法院是以有实质性争议为由驳回了申请人的申请，另外一例是法院经审查并举行了听证之后认为合同合法有效，支

---

[1] 李林启："实现担保物权非讼程序运行现状实证分析——基于全国各地459例实现担保物权案件的考察"，载《河南工程学院学报（社会科学版）》2017年第2期。

持了申请人的申请。由此可以看出，对被申请人提出相同的异议，不同的人民法院审理会出现不同的裁判结果，这就出现了同案不同判的情形。

案例1：申请人济源市汇丰投资担保有限公司向法院提出实现担保物权的申请，要求拍卖、变卖被申请人抵押的房产，被申请人提出异议称借款合同上缺少出借人的签字，出借人不存在。法院审查后裁定驳回申请人的申请，告知其可以向人民法院另行起诉。[1]

本案中，被申请人称其与申请人签订的借款合同上缺少出借人的签字，出借人不存在，这是对出借人的主体地位提出了质疑，实际上对主合同提出了质疑，法院以存在实质性争议为由驳回了申请人的申请。

2. 对被申请人的主体资格有异议

在实现担保物权案件中，被申请人作为申请人的相对方，作用同样重要。被申请人作为义务的承担者固然应及时履行自己的还款义务，但是其权利的保护也不可忽视。在司法实践中，并不是只有债务人作为被申请人，被申请人还可能是担保公司或者是为债务人提供担保的第三人，所以在实现担保物权案件中被申请人为了维护自身的利益，会对其自身的主体适格问题提出异议。在河南省401件实现担保物权案件中，相对于申请人主体资格的异议，对被申请人主体资格提出异议的案件数量要多些，有17件，占样本案例总数的4.2%（详见表6-5），占异议案件总数的19.8%（详见表6-3）。

表6-5 被申请人异议理由——被申请人主体不合格

	频率	百分比	有效百分比	累积百分比
无	384	95.8	95.8	95.8
有	17	4.2	4.2	100.0
合计	401	100.0	100.0	

---

[1] 该案详细案情为：申请人济源市汇丰投资担保有限公司向法院提出实现担保物权的申请，要求拍卖、变卖被申请人抵押的位于济源市双桥区（沁园街道办事处）东留村11巷×号的房产（济房他字第2010-23××号），用来偿还申请人代偿的借款本金98 000元、垫付的违约金60 000元及违约金。被申请人称其与申请人签订的借款合同上缺少出借人的签字，出借人不存在，借款合同不成立，且从2010年10月8日至今，其已支付申请人266 509元，按照中国人民银行同期贷款基准利率计算，其已不欠申请人款项。参见"济源市汇丰投资担保有限公司与王某朝实现担保物权纠纷案"，河南省济源市人民法院（2015）济民特字第18号民事裁定书。

在对被申请人的主体资格提出异议的理由中，主要有被申请人并非该借款的实际用款人、借款人不止被申请人一人、借款人已经去世且借款时被申请人并不知情、借款时为夫妻纠纷发生时已离婚等，从这些理由来看，对被申请人主体资格有异议的案件一般涉及多个债务人。随着我国市场经济的不断发展，诸如夫妻借款或者合伙贷款的情形越来越多，这种情况下还款时出现的状况也越来越多，其中借款人恶意串通逃避还款的情况难以避免，实现担保物权案件中也存在此种情况。

案例2：申请人柴某某与被申请人臧某某签订了借款合同，被申请人冯某某作为保证人出具了保函：自愿为臧某某的借款本息等相关款项承担连带偿还责任。合同签订后，申请人依约支付了借款，合同到期后，被申请人拒不归还本金，另一被申请人冯某某也未按照保证函的承诺履行还款义务。申请人向法院申请实现担保物权，被申请人提出异议称其对借款合同、保证函上的签字均不知情，且被申请人未向申请人借款，被申请人不应当承担担保责任。[1]

本案中，既有借款人又有保证人，有两个被申请人，其中借款人称其未向申请人借款，这就不仅涉及了被申请人的主体资格问题，还涉及了借款事实问题，所以法院经审查后对于申请人的申请不予支持。

（二）对基础合同有异议

担保物权是以确保债权受清偿为目的而设立的，是对主债权效力的加强与补充，具有从属性和不可分性。在实现担保物权案件中，基础合同就是债权产生的借款合同，首先要有借款事实的存在才有担保物权问题的出现，进而才存在实现担保物权。基础合同的内容主要包括借款的金额、时间、还款

---

[1] 该案详细案情为：2014年5月29日，申请人与被申请人臧某某签订了借款合同，约定：申请人借给被申请人20万元，借期为6个月，并约定了利率及支付方式，被申请人将房屋抵押给申请人。如被申请人逾期未偿还借款本息，被申请人应自逾期之日起对逾期款项向申请人另行支付借款利率两倍的罚息，并向申请人支付每日200元的违约金。被申请人冯某某向申请人出具保证函：自愿为臧某某的借款本息等相关款项承担连带偿还责任。合同签订后，申请人依约支付了20万元整，申请人也将位于许昌市的房屋抵押给申请人。合同到期后，被申请人拒不归还本金，被申请人冯某某也未按照保证函的承诺履行还款义务。申请人为向法院提起申请，请求法院裁定拍卖或变卖被申请人抵押的房产。被申请人臧某某提出异议称：被申请人臧某某对借款合同、保证函上的签字均不知情，且被申请人未向申请人借款，被申请人臧某某不应当承担担保责任。参见"柴某琴与臧某某、冯某某实现担保物权纠纷案"，河南省许昌市魏都区人民法院（2015）魏民担字第0002号民事裁定书。

期限、利息、违约金等事项，被申请人的异议亦主要针对这些方面提出。在河南省401件实现担保物权案件中，对基础合同有异议的共61件，占样本案例总数的15.2%，占异议案件总数的70.9%（详见表6-3）。可见，实现担保物权案件中，被申请人对基础合同的异议占异议案件的大多数。61件对基础合同有异议的实现担保物权案件中，认为主债务有瑕疵的有31件，对利息、违约金、律师费等有异议的有30件。

1. 主债务有瑕疵

在实现担保物权案件中，被申请人对主债务有异议通常是对借款合同中的相关事实有异议。在河南省401件实现担保物权案件中，被申请人提出主债务有瑕疵的案件有31件，占样本案例总数的7.7%（详见表6-6），占异议案件总数的36.0%（详见表6-3）。

表6-6 被申请人异议理由——主债务有瑕疵

	频率	百分比	有效百分比	累积百分比
无	370	92.3	92.3	92.3
有	31	7.7	7.7	100.0
合计	401	100.0	100.0	

具体来说，被申请人对主债务有异议一般是对借款的事实、借款的金额、还款的金额、借款时签订的条款或是借款合同非本人签字等问题存在争议。其中出现最多的案件是已归还部分借款，对实现担保物权的数额有异议，对此种案件就需要被申请人拿出有力的证据来进行证明，如果没有提供证据证明，法院对被申请人提出的异议不予支持。此外，还存在对借款的事实有异议或非被申请人本人签字等问题。

案例3：申请人中国工商银行股份有限公司郑州二里岗支行与被申请人李某签订了《个人借款/担保合同》。借款到期后，经申请人多次催收仍未归还，故申请人向法院提起实现担保物权的申请，被申请人称双方存在真实借款关系，但申请人提交的借款合同及抵押合同与被申请人当初签字的并不一致，申请人提交的两份合同的签字并非被申请人签字，所以对申请人提出的实现担保物权的申请并不认同。法院认为本案属于民事权益争议，当事人对实现担保物权有实质性争议，故不宜适用特别程序审理，申请人可通过普通程序另行主张权利。[1]

本案中，被申请人提出借款合同和抵押合同并非本人签字，即为对主债务的相关内容提出了异议。涉及合同当事人签字真伪的问题，人民法院很难通过形式审查确定其真实性，因而人民法院以存在实质性争议为由驳回了申请人实现担保物权的申请。

2. 对利息、违约金、律师费等有异议

社会经济活动中，亲朋好友之间的小额借款可能不会谈及利息问题，但向银行或者担保公司借款利息肯定是存在的，特别是民间借贷作为一种比银行借款更加快捷灵活的融资方式大量出现在我们的日常生活中，这其中利息的多少、如何计算等问题相对来说就更加复杂，也时有发生。此外，由于借款数额的巨大，在实现担保物权时违约金与律师费也是一笔不小的数目。实现担保物权案件中，被申请人就利息、违约金、律师费等提出异议的情况也不在少数。在河南省401件实现担保物权案件中，被申请人对利息、违约金、律师费等有异议的案件有30件，占样本案例总数的7.5%（详见表6-7），占异议案件总数的34.9%（详见表6-3）。

表6-7　被申请人异议理由——利息、违约金、律师费等异议

	频率	百分比	有效百分比	累积百分比
无	371	92.5	92.5	92.5
有	30	7.5	7.5	100.0
合计	401	100.0	100.0	

实现担保物权案件中被申请人对利息、违约金、律师费等有异议的案例

---

[1] 该案详细案情为：申请人中国工商银行股份有限公司郑州二里岗支行与被申请人李某签订了《个人借款/担保合同》。贷款金额为1 700 000元，贷款期限为12个月。借款到期后，经申请人多次催收仍未归还，故申请人提起申请，请求法院依法对被申请人名下的抵押房产进行拍卖、变卖，以优先偿还申请人的债权。被申请人发表意见称：双方存在真实借款关系，但申请人提交的借款合同及抵押合同与被申请人当初签字的并不一致，申请人提交的所谓两份合同的签字并非被申请人签字，故而对申请人提出的实现担保物权的诉请并不认同。法院认为本案属于民事权益争议，当事人对实现担保物权有实质性争议，故不宜适用特别程序审理，申请人可通过普通程序另行主张权利。参见"中国工商银行股份有限公司郑州二里岗支行与李某实现担保物权纠纷案"，河南省郑州高新技术产业开发区人民法院（2015）开民特字第81号民事裁定书。

较为普遍,在这些案件中,一般在签订借款合同时都对利息作了约定,有的同时对利息、违约金均作了约定。对于利息与违约金能否同时得到支持在学界也有不同的看法,利息是我国法律规定应当支付的,违约金需双方当事人事先约定,我国司法实践中,同时对利息、违约金都作了约定的,一般可以两者一同主张,但是两者之和不能超过银行同期利率的4倍。在实现担保物权案件中被申请人对利息、违约金、律师费等有异议的,人民法院的处理相对来说比较一致。

案例4:申请人与借款人范某某、被申请人王某某签订了抵押借款合同,借款到期后,经申请人多次催要,借款人仍未归还借款。申请人向法院申请实现担保物权,被申请人称借款本金确实已经收到,但对申请人要求的利息、违约金的计算有异议,认为既然计算利息就不应再重复计算违约金。法院审查认为申请人申请实现担保物权的要求合法有据,予以支持,但双方未在《抵押借款合同》中约定违约金条款,故申请人关于违约金的请求,没有事实依据,不予支持。[1]

本案中,法院对申请人提出的未在合同约定内的违约金不予支持,保护了被申请人的利益。在实现担保物权案件中,涉及利息、违约金、律师费等纠纷的,人民法院相对容易查明,此类案件中一般不会影响担保物权的实现。

(三) 对担保合同有异议

如果说基础合同是实现担保物权的前提,那么担保合同就是实现担保物权的依据。担保合同中一般对担保物及其范围、实现担保物权的条件等内容都作了约定,实现担保物权的条件成就时,申请人可以向法院提出实现担保物权的申请。司法实践中,被申请人对担保合同提出异议的案例相对来说还是比较多的,在河南省401件实现担保物权案件中,对担保合同有异议的共35件,占样本案例总数的8.7%,占异议案件总数的40.7%(详见表6-3)。被申请人对担保合同提出异议的理由主要是担保物权的设立及担保物存在问

---

[1] 该案详细案情为:申请人与借款人范某某、被申请人王某某于2015年7月27日签订了抵押借款合同,约定范某某及被申请人王某某作为借款人以涉案房产抵押给申请人即出借人,借款140 000元,借款期限为2015年7月27日至2015年10月26日。2015年10月26日借款到期后,经申请人多次催要,借款人仍未归还借款。故申请人向法院申请依照合同约定要求实现有关借款担保项下的权利。被申请人对借款本金无异议,但认为计算利息就不应再重复计算违约金。法院审查后支持了偿还借款本金及利息的请求,对违约金的请求不予支持。参见"郭某龄与王某辉实现担保物权纠纷案",河南省许昌市魏都区人民法院(2015)魏民担字第00025号民事裁定书。

题等，35件对担保合同有异议的实现担保物权案件中，认为担保物权存在瑕疵的有22件，担保物存在问题的有13件。

1. 担保物权存在瑕疵

在实现担保物权案件中，担保物权是为了确保债权的实现设立的，包括抵押权、质权和留置权，抵押物可以是动产或不动产，质押可以是动产或者权利，留置财产一般是动产。在我国的市场经济快速发展的今天，自然人与自然人、自然人与法人、法人与法人之间的债务往来日渐密切，担保物权对债权实现的保护作用至关重要。在河南省401件实现担保物权案件中，被申请人提出担保物权存在瑕疵的案件有22件，占样本案例总数的5.5%（详见表6-8），占异议案件总数的25.6%（详见表6-3）。

表6-8 被申请人异议理由——担保物权存在瑕疵

	频率	百分比	有效百分比	累积百分比
无	379	94.5	94.5	94.5
有	22	5.5	5.5	100.0
合计	401	100.0	100.0	

担保物权存在瑕疵的情形主要有对担保合同、担保债权的范围、担保财产的范围、还款的期限等有异议以及担保合同未进行抵押登记或是在合同中约定不适用特别程序审理等。担保物权存在瑕疵会直接影响担保物权的实现，如被申请人在对实现担保物权提出异议时多数是以未届清偿期为由，但是在司法实践中存在分期还款的方式，一般是在合同中约定连续几个月未按时偿还利息就可以要求借款人提前清偿，所以，对于被申请人提出的未届清偿期的异议，我们要看合同中的具体约定。又如在担保物权存在瑕疵的案件中，有被申请人对抵押合同的效力问题提出了异议。案件中被申请人称抵押手续尚未履行，抵押合同没有抵押效力，法院审查发现申请人与被申请人总共签订了两份抵押合同，申请人所持有他项权证是根据其中的一份抵押合同而产生的，而这份抵押合同履行情况还不明确，且申请人申请实现担保物权的依据是另一份抵押合同，法院据此认定申请人所持有房屋他项权证权利存在瑕

第六章 实现担保物权案件被申请人异议制度实践探索

疵。抵押合同自签订时起生效，抵押权登记时设立。[1] 在实现担保物权案件中，2/3 以上都是用房产或者不动产进行抵押的，对于不动产抵押我国采取的是登记生效主义，即自登记时抵押权设立，未经登记，不得对抗第三人。

案例5： 忽某某与申请人中国邮政储蓄银行股份有限公司许昌县支行签订《个人额度借款合同》，二被申请人与申请人签订《个人最高额抵押合同》，将其共有的房产一套为忽某某提供抵押，并依法办理抵押登记手续。忽某某在收到贷款后，逾期未归还本金，申请人向法院提出实现担保物权的申请。被申请人韩某某提出异议称，合同不是其真实意思表示，该合同不成立；且申请人未办理抵押证明，不能拍卖、变卖被申请人的财产；另一被申请人李某某称同意韩某某代理人的意见。法院经审查认为被申请人提出的异议未提供相应证据予以证明，不予支持。[2]

本案中，被申请人为非借款人，而是用自己的房产为借款人提供了担保，此种情况在司法实践中非常普遍，虽然被申请人提出了异议，但是也被法院以无证据为由驳回了异议申请，像此种第三人提供担保的情况，虽然事后可以向借款人追偿，但是正在居住的抵押房产被拍卖、变卖，涉及的不仅仅是追偿的问题，还有最基本的居住权保障问题。因而，第三人为借款人提供担保一定要慎重考虑，法律也要对第三人作为被申请人的权利给予保护。

---

[1] 谢在全：《民法物权论》（中册），中国政法大学出版社2011年版，第911页。
[2] 该案详细案情为：2014年4月15日，忽某某与申请人中国邮政储蓄银行股份有限公司许昌县支行签订《个人额度借款合同》，约定忽某某授信额度为390 000元，2014年4月17日，申请人向忽某某房贷150 000元，约定年利率8.4%，2014年4月21日，申请人向忽某某放贷240 000元，约定年利率8.4%。2014年4月15日，二被申请人与申请人签订《个人最高额抵押合同》，二被申请人将共有的位于许昌市魏都区五一路办事处解放路××号7幢东起1单元6至7层东户、房产证为许房权证市字第10015767号房产一套为忽某某390 000元贷款提供抵押，并依法办理抵押登记手续。忽某某在贷款390 000元后，于2015年4月17日违约逾期未归还本金。申请人依法请求法院裁定拍卖、变卖二被申请人名下抵押房产，用于偿还申请人贷款本金390 000元及利息。被申请人韩某某辩称：申请人提供的《个人最高额抵押合同》不是韩某某的真实意思表示，该合同不成立。申请人未提交抵押登记证明，申请人未办理抵押证明，不能对韩某某名下的房产变卖、拍卖。另一被申请人李某辩称：同意韩某某代理人意见，抵押权不成立，请求依法驳回申请人申请。法院经审查韩某某与李某系夫妻关系，二人于2008年3月6日登记结婚；被申请人韩某某虽然视力残疾，但精神正常且已满18周岁，属完全民事行为能力人，二被申请人作为完全民事行为能力人，在明知忽某某用其房产证去银行贷款的情况下，自愿以其所拥有的婚后购买的为夫妻共同财产的房屋为忽某某提供担保，且一起与忽某某至申请人处签订《个人最高额抵押合同》，并依法办理了抵押登记手续。参见"中国邮政储蓄银行股份有限公司许昌县支行与韩某雨、李某实现担保物权纠纷案"，河南省许昌市魏都区人民法院（2015）魏民担字第10号民事裁定书。

2. 担保物存在问题

担保物是指在借贷关系中，债务人或者债务人以外的第三人将自己的特定财产抵押给债权人，以担保债权实现。在实现担保物权案件中，抵押物一般都是房产等不动产，或者是土地使用权，[1] 因为房屋和土地的价值比较大而且具有稳定性，此外，也有一些以机械设备作为抵押物，还有权利质押等。由于提供担保的不仅有债务人本身，还有可能是第三人，或者不止一个债务人，那么申请人申请实现担保物权时就可以有多种选择。《民诉法司法解释》规定，既有物的担保又有人的担保，约定实现顺序的按照约定，没有约定实现顺序的，无论申请人向谁提出申请，法院都应该受理，这样一来，如果说申请人直接向债务人以外的第三人要求实现担保物权，那么被申请人提出异议的就比较多。在河南省401件实现担保物权案件中，被申请人提出担保物存在问题的案件有13件，占样本案例总数的3.2%（详见表6-9），占异议案件总数的15.1%（详见表6-3）。

表6-9 被申请人异议理由——担保物存在问题

	频率	百分比	有效百分比	累计百分比
无	388	96.8	96.8	96.8
有	13	3.2	3.2	100.0
合计	401	100.0	100.0	

担保物存在问题一般为抵押物再次抵押、抵押房产或所涉土地已经出租出售或者被法院查封、抵押的房屋物权归属存在争议等，笔者认为抵押合同不因抵押财产的查封扣押而无效，申请人可以实现自己的权利。如果所涉抵押财产已被出售，这其中应该存有疑问，房屋抵押时要进行抵押登记，如果房屋购买人去房产部门办理过户就应该能发现所购房屋上已设定抵押，如果房产没有进行过户，那么就不影响申请人权利的实现。对此种情况在司法实践中也要多加注意。

案例6：范某某与申请人陕县农村信用合作联社签订了《最高额抵押合

---

[1] 在河南省401件实现担保物权案件中，担保物为房产、土地使用权的有275件，占样本案例总数的68.6%。

同》,自愿以其名下的土地使用权为债务人在申请人处的最高额贷款提供抵押担保,借款到期以后,经申请人多次催收,被申请人以种种理由拒不履行还款义务,其行为已违反了合同约定,现申请人向法院提出实现担保物权的申请。被申请人向法院提出异议称,一是异议权利告知书没有法律依据;二是申请人申请法院依法裁定拍卖或变卖被申请人抵押的土地使用权,其申请无生效的裁判法律文书,不具有裁定拍卖的依据,所述理由不能成立;三是抵押的土地使用权先予查封和轮候查封。法院经审查认为抵押物被人民法院查封不影响已登记抵押权人权利的行使,抵押权人对抵押物享有法定优先受偿权,且被申请人对本案担保物权未提出实质性异议,被申请人范某某的异议不能成立。[1]

本案中,法院认为被申请人对本案担保物权未提出实质性异议,被申请人范某某的异议不能成立。像上述案件法院一般是认为抵押物已被查封扣押不影响登记在先的抵押权人权利的实现,在司法实践中法院对此类案件的处理还是相对一致的。

(四) 其他异议

实现担保物权案件中,被申请人除了对主体资格、基础合同、担保合同提出异议外,还有其他方面的异议,如担保物权的实现侵害其他债权人的合法权益、对适用程序提出异议等。在河南省401件实现担保物权案件中,被申请人提出其他异议的共56件,占样本案例总数的14.0%,占异议案件总数的65.1%(详见表6-3),其中认为担保物权的实现侵害其他债权人的合法权

---

[1] 该案详细案情为:2013年6月30日,范某某与申请人陕县农村信用合作联社签订《最高额抵押合同》,自愿以其名下坐落在陕县县城某市场面积23.284亩、土地使用权证号为陕国用(2013)第21号的土地使用权,为陕县海联商贸有限公司在申请人处的1600万元最高贷款提供抵押担保,抵押担保范围为主合同项下的债务本金、利息、逾期利息、诉讼费、律师费等一切费用;借款期限自2014年6月19日至2015年6月10日,约定月利率9.42‰,按月结息,逾期加收50%利息。2014年6月19日被申请人范某某收到贷款后,利息支付至2015年2月22日,借款到期后。经申请人多次催收,被申请人以种种理由拒不履行还款义务,其行为已违反了合同约定。现申请人向法院申请实现担保物权,请求法院依法裁定拍卖或变卖被申请人抵押给申请人的陕县国土资源局(2013)第21号土地使用权。被申请人于2015年6月26日,向法院提出异议。法院经审查认为抵押物法院查封不影响已登记抵押权人权利的行使,抵押权人对抵押物享有法定优先受偿权,且被申请人对本案担保物权未提出实质性异议,被申请人范某某的异议不能成立。至于范某某向法院提出的第二次异议,已超过了法定的5日异议期,不予审查。此案中法院认为被申请人对本案担保物权未提出实质性异议,被申请人范某某的异议不能成立。参见"陕县农村合作联社与范某莲实现担保物权纠纷案",河南省陕县人民法院(2015)陕特担字第9号民事裁定书。

益的有 7 件，对适用程序提出异议的有 14 件。

1. 侵害其他债权人的合法权益

在实现担保物权案件中不仅包括了申请人和被申请人，还有与案件有关的利害关系人，在申请人申请实现担保物权的过程中也有可能侵害其他债权人的合法权益，此种情况虽然不多，但是我们也要给予重视。在河南省 401 件实现担保物权案件中，被申请人提出侵害其他债权人的合法权益的案件有 7 件，占样本案例总数的 1.7%（详见表 6-10），占异议案件总数的 8.1%（详见表 6-3）。

表 6-10 被申请人异议理由——侵害其他债权人的合法权益

	频率	百分比	有效百分比	累积百分比
无	394	98.3	98.3	98.3
有	7	1.7	1.7	100.0
合计	401	100.0	100.0	

在实现担保物权案件中，其他债权人是指除了申请人以外的其他债权人，债务人负有多个债务，只有申请人向法院提出了实现担保物权的申请，那么其他债权人的权利如何保障呢？其他债权人有可能是和申请人一样有抵押权的债权人，也可能是普通的债权人，在实现担保物权案件中如果被申请人提出了损害其他债权人利益的异议，法院在审查过程中是应该通知其他债权人参诉还是告知申请人另行起诉还要依案件具体情况而定。

在经济发展的过程中，债权债务关系越来越复杂，其中不仅可能涉及多个普通债权债务人，涉及其他债权人的情况也越来越多，这就使得借贷关系更加复杂化。侵害其他债权人的合法权益也就是债务人向多人借款，抵押物多次抵押。这种情况法律一般是允许的，且抵押物上所设定的多个债权的数额是否超过抵押物总的价值，在法律也未作限制。在实现担保物权案件中，如果其中的一个债权人作为申请人向法院提出了实现担保物权的申请，法院也支持了申请人的申请，就有可能损害其他债权人的权益，其他债权人有可能根本不知道抵押物已被拍卖、变卖，或是抵押物的价值有所贬损，不够偿还所有债权人的债权等。所以，在实现担保物权案件中，被申请人有可能提出担保物权的实现侵害其他债权人的异议。

第六章 实现担保物权案件被申请人异议制度实践探索

案例 7：申请人王某某和汤某某签订《借据》《借款合同》各一份，被申请人以自己所有的房产为其提供了抵押，借款到期后借款人和被申请人均没有履行还款义务，申请人为实现担保物权，向法院提出了申请，被申请人提出异议：本案中答辩人主体不适格；答辩人担保的主债务存在瑕疵；案件涉及担保公司，不能仅仅凭借被申请人提交的相关材料直接裁定实现担保物权；如果申请人的申请得到支持，会损害其他债权人的合法权益。法院经审查认为虽然被申请人提出了异议，但是却没有提供相应的证据进行证明，所以申请人的申请得到了法院的支持。[1]

本案中，案件的情况比较复杂，被申请人提出了多项异议，损害其他债权人的合法权益只是其中的一项，法院基于对所有异议的审查结果，且被申请人没有提供证据予以证明，认为被申请人的异议不能成立。

2. 对适用程序有异议

特别程序主要适用于某些非民事权益纠纷案，一审终审。考虑到实现担保物权案件在本身争议不大的情况下，通过特别程序来解决能够有效地节省司法资源，并且也能够实现效率、公平的法律价值，所以《民事诉讼法》将实现担保物权案件列入了特别程序一章，那么在申请人申请实现担保物权时就应该适用特别程序来审理，但是司法实践中有的当事人对出现争议时的解

---

[1] 该案详细案情为：2011 年 8 月 25 日申请人王某某和汤某某签订《借据》《借款合同》各一份，合同约定申请人将 2 300 000 元人民币借给汤某某，借期自 2011 年 8 月 25 日至 2012 年 3 月 26 日，月利率 15‰。被申请人以自己所有的位于郑州市金水区的房产提供抵押担保。合同还对该借款的其他事项进行了详细约定。为保证合同的效力和合同的顺利履行，申请人和借款人汤某某、被申请人及合同有关当事对上述《借据》《借款合同》在河南省郑州市黄河公证处进行了公证。借款期限届满后借款人汤某某和被申请人均拒不履行还款义务，为维护自己的合法权益，申请人要求依法裁定拍卖、变卖被申请人提供的位于郑州市金水区的房产。被申请人辩称，①本案中答辩人主体不适格；②答辩人担保的主债务存在瑕疵；③本案中借款合同涉及担保有限公司这个特殊的主体，不能仅凭被答辩人提交的公证书直接实现担保物权；④如果裁定被答辩人直接实现担保物权，将会侵害其他债权人的合法权益。法院经审查认为申请人王某某与借款人汤某某、抵押人周某某、被申请人汤某某，保证人河南九鑫投资担保有限公司达成的《借据》和《借款合同》均符合法律规定，双方之间确立的债权债务关系合法有效。被申请人自愿以其名下位于郑州市金水区的房产为债务履行提供抵押担保，并依法办理了抵押登记手续，申请人依法享有该抵押权，该抵押权自登记时生效。在被申请人不履行债务的情况下，申请人对拍卖、变卖该抵押物的价款享有优先受偿的权利。故申请人的申请符合法律规定，依法予以支持。被申请人对申请人的申请提出异议，但没有提供证据予以证明，该异议不能成立。参见"王某林与汤某某实现担保物权纠纷案"，河南省郑州市金水区人民法院（2013）金民特担字第 4 号民事裁定书。

决办法在合同中也作了约定，被申请人就会根据约定对适用程序提出异议。在河南省 401 件实现担保物权案件中，被申请人对适用程序有异议的案件有 14 件，占样本案例总数的 3.5%（详见表 6-11），占异议案件总数的 16.3%（详见表 6-3）。

表 6-11　被申请人异议理由——适用程序异议

	频率	百分比	有效百分比	累积百分比
无	387	96.5	96.5	96.5
有	14	3.5	3.5	100.0
合计	401	100.0	100.0	

民法中的意思自治原则要求我们尊重当事人的意愿，对于当事人在合同中约定的解决纠纷的方式，应区分情况进行处理。约定协商解决争议的没有问题，如果当事人可以协商解决的话就会大大地节省司法资源，但是这种约定并没有起到实质性的作用。再有就是对于当事人约定诉讼解决争议的问题，虽然当事人约定适用诉讼程序解决争议，但申请人向法院申请实现担保物权时就已经进入了特别程序，这时被申请人如果单纯提出适用程序的异议，法院应在查明事实的情况下作出处理。

案例 8：申请人与二被申请人签订了《最高额抵押合同》，约定被申请人以其所有的房地产提供最高额抵押担保，2014 年 8 月 4 日，申请人与被申请人签订了借款合同，申请人依约向被申请人发放了贷款，贷款到期后经申请人多次催要，被申请人仍然没有归还借款本息。被申请人称在与申请人签订最高额抵押合同及借款合同时均有约定，约定合同履行中如发生争议，可由当事人协商解决，也可以诉讼解决；申请人向法院申请实现担保物权适用的是特别程序，显然申请人向法院申请实现担保物权没有合同依据；还称申请人实现担保物权条件不成就，主债务未到清偿期限，且还对申请人申请实现的担保范围和余额有异议。法院审查后认为申请人与二被申请人的纠纷属于民事权益争议，不适用特别程序审理，对申请人的申请不予支持。[1]

---

〔1〕 该案的详细案情为：2012 年 3 月 22 日，申请人中国农业银行股份有限公司郑州花园支行与被申请人沁阳市金牛皮业有限公司、沁阳市造纸机械城签订了《最高额抵押合同》，约定被申请人沁阳市金牛皮业有司、沁阳造纸机械城以其所有的房地产为沁阳市金牛皮业有限公司贷款提供最高额抵

本案中，被申请人除了程序异议还提出了多项异议，法院对被申请人提出的实现担保物权条件不成就，主债务未到清偿期限的异议作出了裁决，对是否适用非讼程序并未提及，只是以有民事权益争议为由，驳回了申请人实现担保物权的申请。

二、实现担保物权案件中人民法院对被申请人异议的处理及其完善

在实现担保物权案件中，被申请人主要就申请人或者被申请人主体资格、基础合同、担保合同等方面提出异议。然而，对实现担保物权案件中被申请人异议的处理问题，《民事诉讼法》未作出明确规定，《民诉法司法解释》规定"应当一并审查",[1]对于如何审查、处理未作详细的规定。由于立法及相关司法解释规定过于粗略，可操作性较差，对被申请人提出的异议，各地基层人民法院的处理方式也不尽相同。

（一）实现担保物权案件中人民法院对被申请人异议的处理

从上述分析来看，在司法实践中实现担保物权案件被申请人提出异议的并不在少数，各基层人民法院对异议的处理方式也不尽相同。具体来说，主要有以下几种做法：

（接上页）押担保，担保债权的最高余额折合人民币5000万元，最高额债权的确定期间自2012年3月22日起至2015年3月22日止。2014年8月4日，申请人与沁阳市金牛皮业有限公司签订了《流动资金借款合同》，约定申请人向沁阳市金牛皮业有限公司发放贷款600万元，借款期限自2014年8月4日至2015年8月3日，借款利率为4.85%，逾期归还借款本金的，上浮50%计收罚息；担保方式为最高额抵押、最高额保证；2015年8月4日，600万元到期后未按时归还借款，经申请人多次催收，至今仍然没有归还借款本息。被申请人不归还借款及利息，已经构成违约，给申请人造成损失，申请人有权依合同约定要求实施实现有关贷款的任何担保项下的权利。被申请人沁阳市金牛皮业有限公司辩称，沁阳市金牛皮业有限公司与申请人签订最高额抵押合同及借款合同均约定在合同履行中如发生争议，可各方协商解决，也可按诉讼方式解决；申请人向法院申请实现担保物权系非诉程序，显然，申请人用非诉程序解决双方争议没有合同依据；还辩称申请人实现担保物权条件不成就，主债务未到清偿期，贷款500万元的借款合同还款期限至2016年1月21日，说明该借款合同主债务不到期；对申请人申请的担保范围和余额有异议。法院查明申请人向被申请人沁阳市金牛皮业有限公司分两次共计发放贷款1100万元，其中600万元借款期限自2014年8月4日至2015年8月3日，500万元借款期限自2015年1月22日至2016年1月21日。现申请人与二被申请人在履行合同中发生纠纷，其中500万元借款的贷款合同尚在履行期限内，该合同是否解除双方存在不同意见，属于民事权益争议，在本案中不宜作出判断，综上，申请人的申请不符合法律规定，不予支持。参见"中国农业银行股份有限公司郑州花园支行与沁阳造纸机械城实现担保物权纠纷案"，河南省沁阳市人民法院（2015）沁特担字第00001号民事裁定书。

[1]《最高人民法院关于适用〈中华人民共和国民事诉讼法〉的解释》第371条第2款规定："被申请人或者利害关系人提出异议的，人民法院应当一并审查。"

1. 申请人的申请符合法律规定，予以支持

在河南省各地基层人民法院审理的实现担保物权案件中，被申请人提出异议，法院经审查认为，基础合同及担保合同系双方真实意思表示，不违反法律、行政法规的禁止性规定，应当确认合同有效；双方就抵押物办理了抵押登记，设定了抵押物权；申请人的申请符合实现担保物权的有关规定，予以支持。也就是说，此种处理结果是被申请人提出异议，经人民法院全面审查基础合同及担保合同后，认为实现担保物权的条件已成就，且符合法律规定，被申请人虽提出异议，但不影响担保物权实现的情形。从实现担保物权案件被申请人有无异议与审查结果交叉表来看，样本案件中被申请人有异议的为 86 件，占样本总数的 1/5。在被申请人有异议的 86 件案件中，法院裁定支持申请人实现担保物权申请的为 56 件，支持率是 65.12%，部分支持部分驳回的为 4 件，占 4.65%（见表 6-12）。

表 6-12 被申请人有无异议与裁判结果交叉表

		裁判结果				合计
		支持	驳回	撤诉	其他	
被申请人有无异议	无异议	181	16	6	4	207
	有异议	56	26	0	4	86
	未明确	15	37	56	0	108
合计		252	79	62	8	401

案例 7 中被申请人提出答辩人主体不适格、答辩人担保的主债务存在瑕疵、借款合同涉及担保有限公司这个特殊的主体、不能仅凭被答辩人提交的公证书直接实现担保物权、如果裁定被答辩人直接实现担保物权将会侵害其他债权人的合法权益等异议，法院全面审查后认为申请人的申请符合实现担保物权的规定，依法予以支持。本案中，被申请人提出异议，在被申请人没有提供证据的情况下对实现担保物权案件进行了全面的审查，此种做法在实现担保物权案件中也较为普遍。

2. 实现担保物权存在实质争议，驳回申请

实现担保物权案件中，法院经审查认为，实现担保物权存在实质争议，驳回申请的处理结果也是各基层人民法院常用的处理方式。表 6-12 显示，在

被申请人有异议的 86 件案件中，驳回申请人实现担保物权申请的为 26 个，占有异议案件总数的 30.23%；而被申请人无异议的 207 件案件中，驳回的为 16 个，占无异议案件总数的 7.73%，可见，被申请人有异议时的案件驳回率远远高于被申请人无异议时的案件驳回率，这在一定程度上说明实践中审理法院为规避法律风险，只要被申请人提出了实体争议，就整体驳回申请并告知其另诉解决。此种做法对被申请人来说，其权利保护是最全面、最有力的。

上述案例中，案例 1、案例 3 均是以实现担保物权存在实质性争议为由驳回了申请人的申请，告知其可另行起诉。案例 1 中，被申请人以其与申请人签订的借款合同上缺少出借人的签字，出借人不存在为由提出申请人主体不合格的异议，法院裁定被申请人对申请人提出实现担保物权存有实质性的异议，驳回申请人的申请，申请人可以向人民法院另行起诉。案例 3 中，被申请人指出双方存在真实借款关系，但申请人提交的借款合同及抵押合同与被申请人当初签字的并不一致，申请人提交的所谓两份合同的签字并非被申请人签字，对申请人提出的实现担保物权的诉请并不认同。法院经审查认为本案属于民事权益争议，当事人对实现担保物权有实质性争议，故不宜适用特别程序审理，申请人可通过普通程序另行主张权利。由这两个案例来看，法院对申请主体或者基础合同存在瑕疵一般是认定为存在实质性争议。

案例 6 中，被申请人提出：异议权利告知书没有法律依据；申请人申请法院依法裁定拍卖或变卖被申请人抵押的土地使用权，无生效的裁判法律文书，不具有裁定拍卖的依据；该抵押的土地使用权已被河南省高级人民法院、三门峡市中级人民法院先予查封和轮候查封等异议，法院审查后的结果是被申请人对实现担保物权未提出实质性异议，被申请人的异议不能成立。此案中被申请人提出抵押的土地使用权已被查封，担保物存在瑕疵，法院经审查认为抵押物虽被人民法院查封但不影响已登记抵押权人权利的行使，抵押权人对抵押物享有法定优先受偿权，被申请人提出的异议不存在实质性争议，支持了申请人的申请。案例 8 中，法院认定对尚未到期的借款合同当事人是否解除存在争议，是以存在实质性争议为由驳回了申请人的申请。

鉴于法律对实现担保物权案件中何为实质性争议没有一个明确的标准，司法实践中对此的处理也比较混乱，法官多是根据具体案件依自由裁量权来作出判断。一般对实现担保物权案件中的当事人主体资格存在瑕疵、基础合同、担保合同存在问题等认定为存在实质性争议。

3. 提出的异议没有证据证明，异议不成立

《民诉法司法解释》第 368 条第 2 款规定，被申请人可以在收到人民法院通知后 5 日内提出异议，但应当说明理由并提供证据。证据是诉讼的关键，《民诉法司法解释》的规定确有必要，提出异议就有必要提供相应的证据，实现担保物权案件 30 日的审限很短，如果不要求被申请人提交证据，而是由法院对被申请人提出的异议搜集证据进行审查不仅浪费司法资源，30 日的审理期限也远远不够，这与将实现担保物权程序列入特别程序的立法初衷也不相符。所以司法实践中法院对被申请人提出异议却没有提供证据的处理方式还是比较一致的，一般都是认为异议不成立，这对被申请人拖延还款时间或者恶意逃避债务也有预防作用。但是法院也要对被申请人提供的证据进行审查，不能不对被申请人提交的证据材料进行审查就直接驳回申请人实现担保物权的申请。

案例 5、案例 7 均是被申请人对申请人的申请提出异议，但没有提供相关证据进行证明，法院裁定不予支持申请人申请的案例。案例 5 中，被申请人提出异议称合同不成立，因为申请人提供的抵押合同不是被申请人的真实意思表示。法院经审查认为，被申请人提出的异议并未提供相应的证据进行证明，被申请人的异议不能成立，对申请人实现担保物权的申请予以准许。案例 7 中，被申请人提出答辩人主体不适格、答辩人担保的主债务存在瑕疵、借款合同涉及担保有限公司这个特殊的主体，不能仅凭申请人提交的相关证据材料直接裁定实现担保物权、如果申请人的申请得到支持，将会损害其他债权人的合法权益等异议，法院也是以未提供相应证据为由指出被申请人的异议不成立。

4. 查明利息、违约金、律师费等，直接裁定

在实现担保物权案件中，涉及利息、违约金、律师费等费用问题不可避免。司法实践中对此种异议一般都是直接查明，该支持的支持，该驳回的驳回。从实现担保物权案件被申请人对利息、违约金、律师费等有无异议与裁判结果交叉表来看，被申请人对利息、违约金、律师费等有异议的 30 件案件中，裁定支持的为 16 件，支持率是 53.3%，裁定驳回的为 11 件，驳回率是 36.7%，还有 3 件为部分支持部分驳回（见表 6-13）。

表 6-13 被申请人利息、违约金、律师费等异议与裁判结果交叉制表

		裁判结果				合计
		支持	驳回	撤诉	其他	
利息、违约金、律师费等异议	无	236	68	62	5	371
	有	16	11	0	3	30
合计		252	79	62	8	401

对于此种异议，法院一般会审查合同中是否有约定，约定是否违反法律的强制性规定。《最高人民法院关于审理民间借贷案件适用法律若干问题的规定》第 26 条规定借贷双方约定的利率未超过年利率 24%，出借人请求借款人按照约定的利率支付利息的，人民法院应予支持。借贷双方约定的利率超过年利率 36%，超过部分的利息约定无效。借款人请求出借人返还已支付的超过年利率 36%部分的利息的，人民法院应予支持。对于实现担保物权案件中的利息法院一般也是参照此规定，如果既约定了利息又约定了违约金，一般是只支持一种，对于律师费就要具体审查是否确有此笔支出且是否是实现担保物权的必要费用。

案例 4 中，被申请人称确实已经收到了申请人的借款，但对申请人提出的利息、违约金的计算有异议，既然计算利息就不应再重复计算违约金。法院审查认为申请人要求拍卖或变卖后所得价款优先清偿借款本金 140 000 元及利息的请求合法有据，予以支持。因双方未在《抵押借款合同》中约定违约金条款，故申请人关于违约金的请求，没有事实依据，不予支持。

(二) 实现担保物权案件中人民法院对被申请人异议处理的完善

与程序的结果有利害关系或者可能因该结果而蒙受不利影响的人，都有权参与到该程序中并得到提出有利于自己的主张和证据以及反驳对方提出之主张和证据的机会。这就是"正当程序"原则最基本的内容或者要求，也是满足程序正义的最重要条件。[1] 在《民事诉讼法》和《民诉法司法解释》对实现担保物权规则为数不多的规定中，更多的是体现出保护申请人的利益，对被申请人权利的保护未给予足够的重视，导致实现担保物权案件司法实践

---

[1] 参见 [日] 谷口安平：《程序的正义与诉讼》（增补本），王亚新、刘荣军译，中国政法大学出版社 2002 年版，第 11 页。

中人民法院对被申请人异议的处理较为混乱。完善实现担保物权案件中人民法院对被申请人异议的处理，既是司法实践中亟待解决的问题，也是保护各方当事人权利的要求，更是满足程序正义的需要。针对实现担保物权案件中被申请人异议处理的混乱状态，应准确界定实质性争议问题，规范人民法院对被申请人异议的审查，明确人民法院对被申请人异议的审查标准为形式审查，以确保实现担保物权被申请人异议处理在司法适用中的规范性、严谨性、一致性，确保实现担保物权审查制度的功能得以充分发挥。[1]

1. 准确界定实质性争议问题

准确界定实质性争议问题，是科学合理地处理被申请人异议的关键所在。人民法院受理实现担保物权的申请后，首先就要审查被申请人是否提出了异议，提出的异议是不是实质性争议，以此来确定案件的走向。[2]

实现担保物权案件中，实质性争议的界定与案件审查内容密切相关，依据实现担保物权案件适用程序符合非讼程序本质、合乎非讼程序制度价值等特性，[3] 对于实现担保物权案件审查的内容，人民法院应当依职权主动审查，为避免当事人互相串通损害他人利益，即使被申请人未提出异议，人民法院也应当主动对担保物权实现的条件是否具备、是否损害他人合法权益等内容进行审查。因而，《民诉法司法解释》第371条关于实现担保物权案件审查内容的规定，将实现担保物权案件中的主合同（效力、期限、履行情况）、担保物权（是否有效设立）、担保财产（范围）、被担保债权（范围、是否已届清偿期）、第三人利益、被申请人、利害关系人异议等都囊括其中。最高人民法院认为，实质争议，主要是指申请人与被申请人之间对于担保物权是否有效成立、债权是否已到清偿期等事实存有争议，以抵押权为例，对于一般抵押权，法院应根据抵押合同、抵押登记等材料确定抵押权是否成立，以及是否发生债务人不履行到期债务或当事人约定的实现抵押权的情形，被申请人对债权是否存在、数额、时效等提出异议并经审查异议成立的，视为存在

---

[1] 李林启、李焱："实现担保物权案件中被申请人异议及其处理探析——以河南省相关司法裁判案例为样本"，载《河南财经政法大学学报》2019年第1期。

[2] 杜万华、胡云腾主编：《最高人民法院民事诉讼法司法解释逐条适用解析》，法律出版社2015年版，第712页。

[3] 参见李林启："我国实现担保物权的程序性质"，载《湖南科技大学学报（社会科学版）》2015年第3期。

实质性争议,法院应裁定驳回申请,告知申请人另行起诉解决纠纷。[1]

何为实质性争议,相关法律及司法解释没有一个明确的标准,司法实践中就由法官来自由裁量。法官可以依据当事人提交的证据材料判断被申请人提出的异议是否影响担保物权的实现,如果被申请人针对主合同、抵押合同等实体性问题提出异议,确定为实质争议的,可以直接由特别程序转入诉讼程序;被申请人提出的如抵押物正在使用、已被查封扣押,对利息、违约金、律师费等有异议,对管辖权、诉讼中止等程序性问题有异议,但不影响担保物权实现的,就可以在特别程序中作出许可裁定。具体而言,以下三类争议应属于实现担保物权案件中的实质性争议。一是根据法律法规的相关规定或者依基本法理难以直接确定,必须由法官根据证据进行自由裁量的与案件有关的事实,如案例8中被申请人提出的关于未到期借款合同的解除问题。二是通过对当事人提交的证据进行核实或者运用证据规则无法确定的与案件有关的事实,必须由专业机构运用专业手段确定的与案件有关的事实,如建设工程价款优先受偿权中涉及工程质量鉴定等问题。三是当事人争议的具体事项需要法官根据具体案情并结合证据材料进行综合论证才能得出相应结论的与案件有关的事实,此类争议在实现担保物权案件中普遍存在。

《民诉法司法解释》第368条第2款规定,被申请人提出异议的,应说明理由并提供相应的证据材料。那么,被申请人提供的证据需要达到什么样的证明程度,才能证明其异议事项属于实质性异议呢?《民诉法司法解释》第105条、第108条明确规定了民事案件证据认定的方法、标准,即人民法院应当按照法定程序,结合相关事实,对负有举证证明责任的当事人提供的证据,全面、客观地进行审核,并依照法律规定,运用逻辑推理和日常生活经验法则,对证据有无证明力和证明力大小进行判断,经审查确信待证事实的存在具有高度可能性的,应当认定该事实存在。《民事诉讼法》关于实现担保物权的程序规定属于非讼程序,法院仅是通过审查的方式对双方证据作出判断,缺少诉讼程序中的质证、辩论阶段,故被申请人提交的证据无须达到待证事实不存在的证明高度,只需证明待证事实存有疑点、真伪不明,法院便应认

---

[1] 沈德咏主编:《最高人民法院民事诉讼法司法解释理解与适用》(下),人民法院出版社2015年版,第985页。

定双方存在实质性异议。[1]

在实现担保物权案件中,何为实质性争议无明确的划分标准,是司法实践中争论的一大焦点。人民法院在对被申请人异议的处理中,在尊重事实、依据证据的基础上,应结合案件的具体情况,创造性地适用法律,从而不断促进实质性争议问题认定规则的完善丰富。

2. 规范人民法院对被申请人异议的审查

司法实践中,实现担保物权案件被申请人提出异议的案件不在少数,而对被申请人异议的审查问题理论界争议不断。有学者认为,被申请人提出的有关基础合同和担保合同等事实方面的异议,不进行审查,直接裁定驳回申请人提出的申请;[2] 也有学者提出,被申请人提出的异议属于民事权益争议的,终结特别程序,告知当事人另行起诉;不属于民事权益争议的,适用特别程序继续审理。[3] 还有学者认为,有关担保物权的存在、担保债权的范围、担保的数额等问题,应尽可能地在特别程序中一并解决;至于其他非实质性争议部分,法院则可依特别程序进行审理,这也符合特别程序经济、快捷的价值追求。[4] 前两种观点其实质均为不对被申请人的民事权益争议进行审查,只要被申请人提出关于民事权益争议的异议,均径直驳回,笔者认为,对此种观点的意见太过于简单,如果司法实践中按照此两种观点处理实现担保物权案件,那么《民事诉讼法》将实现担保物权案件列入特别程序就没有了任何意义。对于第三种观点,其实质是交错适用诉讼法理与非讼法理,一并解决当事人的纠纷,笔者认为,此种做法不符合实现担保物权案件的非讼事件特征,亦与实现担保物权程序低成本、高效实现担保物权的立法目的相悖。

《民诉法司法解释》第368条第2款明确规定了被申请人的异议权,要求被申请人在提出异议的同时应说明理由,并提供支持其异议的相应证据材料,且第371条第2款规定了人民法院应当对被申请人提出的异议一并审查。规范人民法院对被申请人提出异议的审查,应区分不同情况予以分析。如果被申请人提出了异议,并提交了相应的证据,法院经审查以后,认为该异议对

---

[1] 参见杨海民、李张平:"实现担保物权实质性异议的证据标准",载《人民法院报》2015年9月23日。
[2] 参见邢嘉栋:"实现不动产抵押担保物权之问题与思考",载《人民法院报》2013年5月8日。
[3] 参见朱阁:"实现担保物权案件特别程序的适用研究",载《法律适用》2014年第8期。
[4] 参见朱亚、朱琴梅:"担保权在民事执行程序中的实现",载《人民司法》2008年第23期。

基础合同、担保合同或者对实现担保物权的有关事实认定造成影响的，则对申请人的申请应予驳回，并告知当事人可以另行起诉；如果被申请人仅仅提出异议，而非对实质性问题提出异议，只是对利息、违约金或者对担保物权的实现方式等提出异议，法院则应当驳回异议，依法裁定准许拍卖、变卖担保财产以实现担保物权；如果当事人对基础合同以及担保合同成立的事实没有异议，仅对基础合同或者担保合同的性质或者法律适用存在争议，那么法院就应该对有关实现担保物权的事实认定和法律适用两方面进行审查，如果当事人对法律适用存在异议，人民法院要综合考量，不宜直接驳回申请。

需要注意的是，实现担保物权案件的审查程序是非讼程序，一般而言，对于此种程序人民法院可以根据案件具体情况进行审查，较为简单的案件也可以书面审查；案情较复杂，需要询问当事人、利害关系人的，也可以询问申请人、被申请人等当事人及相关关系人；案情复杂时，有调取证据的需要，法院也可主动依职权核查相关事实。人民法院在对实现担保物权案件进行审查时可采用哪些审查手段，主要规定在《民诉法司法解释》第370条，人民法院可以询问申请人、被申请人、利害关系人，必要时可以依职权调查相关事实，该条是基于非讼程序本身适用职权主义作出的规定。那么，在被申请人提出异议且未提供相关证据进行证明时，法官是否有权且是否有必要依职权调查核实相关事实呢？笔者认为，这就要取决于具体案件，如果被申请人提出的异议确实影响担保物权的实现，虽然其没有提供相关的证据，但是为了确保司法公正，法官还是有必要对相关事实进行调查核实的。法院经审查认为申请实现担保物权符合法律规定的，可以裁定拍卖、变卖担保财产，同时驳回被申请人的异议。如果被申请人提出异议只是想拖延时间或者恶意逃避债务，那么就没有必要再进行调查，毕竟还是要考虑到有限的司法资源，这也与将实现担保物权程序设为特别程序，追求高效、快捷的司法目的相吻合。

3. 明确人民法院对被申请人异议的审查标准

实现担保物权案件中，对证据材料的审查问题是司法实践中的核心争议问题，[1] 在被申请人异议处理中亦然。《民诉法司法解释》第371条规定，被申请人提出异议的，人民法院应一并进行审查，但是采取何种标准审查，我国《民事诉讼法》及《民诉法司法解释》规定得过于原则，使得基层人民

---

[1] 张自合："论担保物权实现的程序"，载《法学家》2013年第1期。

法院在对被申请人异议进行审查时，缺失统一、规范的实务操作规则。学界及实务部门对于应采用何种标准，看法不一，分歧较大，主要有"实质审查说""全面审查说""形式审查说"等观点。学界特别是实务部门对实现担保物权案件中被申请人异议审查标准看法的不统一，不可避免地就会导致实务操作中不同地区、不同法官采取不同的标准进行审查，从而引起实现担保物权案件司法适用的混乱。因此，消弭学界及实务部门对实现担保物权案件中被申请人异议审查标准的分歧，并在此基础上提出合理的审查标准，就显得尤为必要。笔者认为，秉承合乎审查目的的内在要求、注重权利的迅速实现和保护、尊重物权公示公信原则等基本理念，[1] 我国实现担保物权案件的审查标准应确立为形式审查。理由如下：

首先，是实现担保物权案件具有不存在实体争议的特征所决定的。"非讼性"是《民事诉讼法》规定的实现担保物权案件的重要特征之一，这是由《物权法》中的公示公信原则所决定的。申请人向人民法院提出实现担保物权的申请，主要是因为在担保物权实现的条件成就后，双方未能就担保物权的实现方式达成一致意见，申请人请求人民法院介入，是希望通过人民法院对担保财产进行拍卖、变卖以实现其权利。对申请人来说，通过人民法院拍卖、变卖担保财产，不但可以利用人民法院的公信力解决自行实现担保物权中双方之间的不信任问题，还起到了一种证明、公示的作用，即人民法院的拍卖、变卖行为对社会具有公示的效力，如果担保物权实现过程中还有其他利害关系人存在，其可以在第一时间里获知相关的信息，并及时采取有效的措施，从而避免了日后不必要纠纷的发生。对人民法院来说，其作出的拍卖、变卖担保财产的行为，是对担保物权人享有的担保物权的一种转化，本质上还是属于担保物权人直接取偿的一种表现；对其他有权请求实现担保物权的人是其享有的所有权的一种转化，本质上还是属于其他有权请求实现担保物权的人直接处分财产的一种表现。如此，实现担保物权案件的案件特征也就使得人民法院在对实现担保物权案件进行审查时，没有必要听取申请人与被申请人双方的陈述与辩论，没有必要通过双方的陈述与辩论来明辨案件事实的是非、形成内心的确信。相反，法官只需借助于实现担保物权申请人的诚信及

---

[1] 参见李林启："形式审查抑或实质审查：实现担保物权案件审查标准探析"，载《政治与法律》2014年第11期。

其提交的书面申请材料。申请人提交的有关实现担保物权的书面申请材料是否客观存在及其真实状态如何,成为法官行使审判权、决定是否准予实现担保物权申请的重要依据,正如有学者指出的,"法官的内心确信在这里已让位于形式审查的真实性"。[1] 因此,人民法院对实现担保物权案件的审查应确立形式审查的标准。

其次,是实现担保物权非讼程序高效快捷的立法目的所必需的。为达到高效快捷的立法目的,实现担保物权非讼程序在程序设计上具有诸多不同于普通审判程序的特殊性和独立性,主要体现在:一是审级制度上,普通审判程序实行二审终审制,当事人不服一审裁判的,可以提起上诉;实现担保物权非讼程序实行一审终审,人民法院的裁判自送达之日起发生法律效力,申请人即使对人民法院的裁判不服也不得提起上诉。二是审判组织上,普通程序一般采取合议制,合议庭的组成可以由陪审员参加;实现担保物权非讼程序原则上采用独任制,只有重大、疑难案件才采用合议制,且合议庭只能由审判员组成,陪审员不能参加。三是案件审结期限上,适用普通程序审理的案件,要求6个月内审结,特殊情况可以延长两次,分别为6个月和3个月;适用实现担保物权非讼程序审理的案件审结期限较短,一般应在立案之日起30日内审结,特殊情况可延长一次,为30日。四是审判监督程序的适用上,依普通程序审理的案件,对生效裁判的纠正应通过审判监督程序;依实现担保物权非讼程序审理的案件,不适用审判监督程序,原审人民法院可直接依法撤销原裁判而再作出新的裁判。如此的程序设计,要求人民法院在审查实现担保物权案件时,既要审查形式证据是否存在、完备,还要对形式证据体现的实体法上的权利是否存在或者其法律要件是否确定作进一步实质上的探究,这很难达到"实质上的充足",也难以让法官形成内心的确认,更与实现担保物权非讼程序高效快捷的立法目的相悖。因此,人民法院对实现担保物权案件的审查只能确立形式审查的标准。

最后,是实现担保物权非讼程序的性质所要求的。非讼程序强调法院的职权性、纠纷解决的快速性,具有节省时间、费用及司法资源的特征。当事人向人民法院申请实现担保物权,目的是取得强制执行的名义。人民法院在

---

[1] 汤维建:"试论诉讼原理与非讼原理的交错适用",载樊崇义主编:《诉讼法学新探》,中国法制出版社2000年版,第710~711页。

适用非讼程序处理实现担保物权案件中，不需要双方当事人之间展开言词辩论，也无须法官自由心证的介入，法官只需采用形式上的法定基准，并依据当事人提供的、客观存在的形式证据对申请人的申请予以审查即可。通过法官的形式审查，以一定方式向社会公示，没有利害关系人提出异议的，即可推定事实状态的成立，法院据此也可作出裁判。申请人依法院的裁判，可以启动强制执行，或者作为某种事实状态合法存在的依据。也就是说，适用非讼程序对案件的处理过程中，只要遵循了相应的程序规则，完成了相应的程序流程，法院即可对案件作出裁判，案件的客观事实真相是否完全查清，则在所不问。即使在法院对非讼案件的审查过程中，当事人因对案件涉及的实体权利义务有争议而提出自己的主张或者进行抗辩，法院也不对此进行审查。[1] 正如有学者所指出的，法院适用非讼程序对案件的审查更为注重的应是"形式上是否正确"。[2] 否则，诉讼程序和非讼程序将混为一谈，申请人将被强迫适用不适合其请求事项的所谓完美的程序，这不仅徒增申请人的负担，还会造成非讼程序迟滞，影响非讼程序功能的充分发挥，甚至陷入"为程序而程序"的形式主义泥潭。

此外，实现担保物权案件确立形式审查标准，符合实现担保物权程序立法国际化的发展趋势，能够获得比较法上的支持。从立法例来看，德国、[3] 日本[4] 等很多国家对实现担保物权案件的审查标准为形式审查。

既然实现担保物权案件的审查采取形式审查，那么对被申请人异议的审查也应采取形式审查。结合被申请人提交的证据材料，经审查，被申请人提出的异议确属实质性争议的，可以直接由特别程序转入诉讼程序，法院之前所做的工作就不会白费；如果为非实质性争议，则按照特别程序对申请人的申请予以支持，作出许可裁定。如此，既防止了被申请人滥用异议权恶意拖

---

[1] 参见许士宦："非讼事件法修正后程序保障之新课题"，载《月旦法学杂志》2005年第125期。

[2] 李木贵：《民事诉讼法》（上），元照出版公司2006年版，第1~58页。

[3] 《德国民法典》规定，抵押权的实现属非讼事件，权利人可直接申请法院拍卖抵押物以实现其抵押权，法院对权利人的申请仅作形式上的审查，并不对实体内容进行审查。参见张龙文：《民法物权实务研究》，汉林出版社1977年版，第145页。

[4] 在日本，抵押权人可以通过申请拍卖抵押物实现其权利，地方裁判所对抵押权是否存在、被担保债权的偿还期是否到来、是否通知涤除权人等要件、程序作形式上的审查，对于实体上的要件不作实质审查。参见［日］近江幸治：《担保物权法》，祝娅、王卫军、房兆融译，法律出版社2000年版，第134~136页。

第六章 实现担保物权案件被申请人异议制度实践探索

延诉讼行为的发生,也提高了司法审判的效率。

三、实现担保物权案件中被申请人异议救济的现状及其完善

司法实践中,实现担保物权案件被申请人提出异议的理由涉及案件的方方面面,且每个案件异议理由各有不同。从实现担保物权案件被申请人有无异议与审查结果交叉表来看,样本案件中被申请人有异议的为86件,超过样本案例总数的1/5。在被申请人有异议的86件案件中,法院裁定支持申请人实现担保物权申请的为56件,支持率是65.1%,部分支持部分驳回的为4件,占4.7%,也就是说,超过2/3的被申请人异议未得到法院的支持(详见表6-12)。设立担保物权的目的是为了确保债权的实现,但是债务人及其他利害关系人的权益保护也不容忽视,尤其是在实现担保物权案件中我国相关法律法规对被申请人的权利救济未给予足够重视的情况下,明确被申请人异议被法院驳回后的救济途径,加强对双方当事人权利的平等保护,促进申请人与被申请人之间的利益平衡,不仅是法律中平等、公平原则的体现,对实现担保物权程序的良好运行及市场经济的稳定与发展也具有重要作用。[1]

(一) 实现担保物权案件中被申请人异议救济的立法现状与理论争鸣

1. 实现担保物权案件中被申请人异议救济的立法现状

我国《民事诉讼法》将实现担保物权案件规定在特别程序中,特别程序的优势就是程序简便,而且一审终审,这意味着法院的裁定作出以后立即生效,当事人没有了上诉的机会。对被申请人来说,其在裁定生效后再提出异议寻求救济,有可能财产正在或者已经被执行完毕了。不能上诉或者提出再审本身就使当事人特别是被申请人减少了一条救济的途径,那么在适用特别程序时就要更加注意对被申请人权利的保护。

根据《民事诉讼法》第197条后半句的规定,人民法院在受理申请人实现担保物权的申请后,经审查,"不符合法律规定的,裁定驳回申请,当事人可以向人民法院提起诉讼"。第197条赋予了当事人向人民法院提起诉讼的权利,而对于此处的"当事人"如何理解,是"申请人"还是既包括"申请人"也包括"被申请人",《民事诉讼法》未予以明确。2015年《民诉法司法

---

[1] 李林启、李焱:"论实现担保物权案件中被申请人异议及其救济——以河南省为分析样本",载《政法学刊》2018年第6期。

解释》第 372 条第 3 项则明确规定，实现担保物权案件中，被申请人有实质性争议的，裁定驳回申请人的申请，"并告知申请人向人民法院提起诉讼"，[1] 此处明确了只有申请人才有救济程序，即其可通过向人民法院提起诉讼的方式主张权利。

对被申请人异议被驳回后的救济，《民事诉讼法》及《民诉法司法解释》关于实现担保物权程序规则的直接规定中要么规定不明，要么直接不予规定。《民事诉讼法》关于特别程序的一般规定中，第 179 条指出，适用特别程序过程中，发现案件属于民事权益争议的，应裁定终结特别程序，告知利害关系人另行向人民法院提起诉讼。此处"利害关系人"如何界定，涉及被申请人异议救济能否行使及如何行使的问题。在诉讼事件与非讼事件中，均存在法律主体——程序参与主体的问题。在诉讼程序中，其程序主体一般统称为"当事人"，只不过在不同的诉讼程序及诉讼的不同阶段，当事人的称谓不完全相同。此外，诉讼程序中还有"无独立请求权第三人"等利害关系人，但其与本诉中的当事人具有较明显的区分。[2] 在非讼程序中，由于非讼事件的多样性，其程序主体的构造与诉讼程序不完全相同，呈现出复杂性的特点，"当事人"一词已难以涵盖非讼程序的所有主体，因而多以"关系人"称之。[3] 关系人作为非讼程序主体的称谓，符合界定程序主体的意义，有利于对程序主体权益的保护。通常来说，非讼程序中的关系人包括申请人、被申请人及其他利害关系人。由于我国的非讼研究起步较晚，加之缺乏诉讼与非讼区分的历史传统及思维观念，相关理论不够系统、深入，还没有专门的非讼立法文本，[4] 因而，《民事诉讼法》第 179 条中的利害关系人与非讼理论上的关系人并不相同，根据第 179 条维护法秩序、方便人们生活的立法目的，

---

[1]《最高人民法院关于适用〈中华人民共和国民事诉讼法〉的解释》第 372 条规定："人民法院审查后，按下列情形分别处理：（一）当事人对实现担保物权无实质性争议且实现担保物权条件成就的，裁定准许拍卖、变卖担保财产；（二）当事人对实现担保物权有部分实质性争议的，可以就无争议部分裁定准许拍卖、变卖担保财产；（三）当事人对实现担保物权有实质性争议的，裁定驳回申请，并告知申请人向人民法院提起诉讼。"

[2] 参见姜世明：《非讼事件法新论》（修订第 2 版），新学林出版社 2013 年版，第 70 页。

[3] 如《德国家庭与非讼事件程序法》第 7 条规定："关系人：（1）应申请而开始的程序，申请人为关系人。（2）以下情况，作为关系人参与程序：根据程序，其权利受到直接影响者；根据本法或者其他法律，依职权或者依申请，有必要让其参加程序者。"

[4] 参见赵蕾：《非讼程序论》，中国政法大学出版社 2013 年版，第 51 页。

此处的"利害关系人"即申请特别程序的人——申请人。[1] 也就是说,实现担保物权案件中,人民法院裁定终结特别程序后,同样只要申请人有权向人民法院另行提起诉讼。

需要注意的是,《民诉法司法解释》第374条规定,[2] 对人民法院作出的准许实现担保物权的裁定,当事人有异议的,可以向作出该裁定的人民法院提出异议。对此,最高人民法院修改后民事诉讼法贯彻实施工作领导小组指出,这是从权利对等的角度,赋予被申请人不服人民法院许可裁定的救济程序。[3] 不过,这里被申请人的异议,并非被申请人在人民法院审查案件过程中提出的异议。

2. 实现担保物权案件中被申请人异议救济理论分歧述评

《民事诉讼法》及《民诉法司法解释》对实现担保物权案件中被申请人异议救济规定的不足,加之实现担保物权程序是新增程序,司法实务中也没有相关先例可遵循,导致在实务操作中被申请人异议被驳回后的救济困难重重,也使得基层人民法院在对实现担保物权案件中被申请人异议被驳回后提出的救济如何处理,缺失统一、规范的实务操作规则。针对实现担保物权案件中被申请人异议救济规定的不足,学界及实务部门提出了不同的解决办法,总的来说,主要有以下几种观点:

一是另行提起普通诉讼。该观点认为,在实现担保物权案件中,对于被申请人提出的有关实体性方面的异议在特别程序中不加以审理,这样才能体现出特别程序的效率价值;而对于特别程序中不予审理的实体性争议,则应另行提起普通诉讼来进行救济,也就是说,在实现担保物权的特别程序中不审理被申请人提出的实体性争议。[4] 事实上,在我国现有的法律框架下,被

---

[1] 江必新主编:《新民事诉讼法理解适用与实务指南》,法律出版社2012年版,第668页。

[2] 《最高人民法院关于适用〈中华人民共和国民事诉讼法〉的解释》第374条规定:"适用特别程序作出的判决、裁定,当事人、利害关系人认为有错误的,可以向作出该判决、裁定的人民法院提出异议。人民法院经审查,异议成立或者部分成立的,作出新的判决、裁定撤销或者改变原判决、裁定;异议不成立的,裁定驳回。对人民法院作出的确认调解协议、准许实现担保物权的裁定,当事人有异议的,应当自收到裁定之日起十五日内提出;利害关系人有异议的,自知道或者应当知道其民事权益受到侵害之日起六个月内提出。"

[3] 沈德咏主编:《最高人民法院民事诉讼法司法解释理解与适用》(下),人民法院出版社2015年版,第990页。

[4] 程啸:"论抵押权的实现程序",载《中外法学》2012年第6期。

申请人对其实质性异议被人民法院驳回后的救济也只能通过另行提起普通诉讼的方式。

二是被申请人异议之诉。该观点认为，我国《民诉法司法解释》中，对于被申请人、利害关系人的救济仅限于提出异议。为尽快审理实现担保物权案件，法院只对当事人之间的权利义务关系进行形式审查，这种做法虽然符合法律的规定，但是却会侵害到被申请人的利益。追求高效如果以牺牲被申请人的合法权益为代价，不仅会对我国的司法权威造成影响，还会遭受大众的指责。为此，有必要引入被申请人异议之诉。[1]

三是被申请人执行异议之诉。该观点认为，被申请人通过向人民法院另行提起普通诉讼的救济方式具有诸多局限性，在人民法院对申请人实现担保物权申请作出许可裁定的情况下，被申请人认为许可裁定侵害其合法权益的，可以向执行法院提出异议之诉，以维护其合法权益。[2]

上述各个观点都有其可取之处，将实现担保物权案件列入特别程序固然是为了高效、快捷地处理案件，但其前提是实现担保物权案件本身不存在争议或者其争议不大，才可以通过特别程序来解决。但是如果当事人对实现担保物权存在争议，且影响到担保物权实现的，就应当考虑结束特别程序，但观点一中不审理被申请人提出的实体性争议显然过于绝对，不利于实现担保物权程序功能的发挥，因此，有观点指出，对被申请人的异议在特别程序中要进行审查，[3] 从当事人的角度来讲，法院对被申请人异议的审查也是对其利益的一种保护，但审查后特别是经审查被驳回后应该给予被申请人救济的途径。此外，对被申请人异议被驳回后通过何种途径进行救济，还存在启动审判监督程序、通过第三人撤销之诉等方式进行救济的观点。启动审判监督程序，即允许被申请人向人民法院申请再审，显然违背特别程序的一般规定；实现担保物权许可裁定不具有诉讼程序中裁决的既判力，通过第三人撤销之诉进行救济显然不符合第三人撤销之诉是针对具有既判力的法律文书的立法意旨。对实现担保物权案件中被申请人的异议如何救济，如何更好地对其权利进行保护，还要结合我国司法实践中的具体情况来加以研究。事实上，笔

---

〔1〕 王侃："我国担保物权实现程序的完善研究"，广东财经大学2016年硕士学位论文。

〔2〕 王明华、孙心佩："担保物权实现程序中被申请人异议之诉的确立"，载《人民司法》2014年第7期。

〔3〕 高民智："关于实现担保物权案件程序的理解与适用"，载《人民法院报》2012年12月9日。

第六章　实现担保物权案件被申请人异议制度实践探索

者赞同赋予被申请人另行提起普通诉讼及执行异议之诉，下文将专门探讨，此不赘述。

(二) 实现担保物权案件中被申请人异议救济的完善

与程序的结果有利害关系或者可能因该结果而蒙受不利影响的人，都有权参与到该程序中并得到提出有利于自己的主张和证据以及反驳对方提出之主张和证据的机会。这就是"正当程序"原则最基本的内容或者要求，也是满足程序正义的最重要条件。[1] 在《民事诉讼法》《民诉法司法解释》对实现担保物权规则为数不多的规定中，更多的是体现出保护申请人的利益，对被申请人权利的保护及其救济未给予足够的重视。完善实现担保物权案件中的被申请人异议救济，既是司法实践中亟待解决的问题，也是平等保护各方当事人权利的要求，更是满足程序正义的需要。

1. 明确被申请人享有另行起诉的权利

实现担保物权案件中，我国《民事诉讼法》及《民诉法司法解释》只赋予了申请人另行起诉的权利，笔者认为，被申请人作为实现担保物权案件中的一方当事人，应明确被申请人享有另行起诉的权利，其理由主要有：

首先，被申请人享有另行起诉的权利有其法理基础。适用特别程序审理的案件一审终审，既然已经是终审裁判，那么被申请人另行起诉的依据是什么呢？笔者认为，被申请人之所以拥有另行起诉的权利，是因为实现担保物权的裁定对实体法律关系没有既判力。既判力一般认为是判决实质上的确定力，[2] 关于非讼事件作出的裁定有没有既判力的问题，学者杨建华认为，需根据裁定的内容区分不同的事项，作出裁定后，与诉讼标的有关的实体上的权利义务关系，没有既判力，但裁定中作出的有关程序的判断事项，应该有对程序的确定力。[3] 在实现担保物权非讼程序中，因缺少对立主体在实体权利义务上存在争执的前提，其程序设置也较为简略，没有给双方当事人足够的程序保障，既判力与非讼程序追求的基本价值完全相悖，无既判力产生的

---

[1] 参见[日]谷口安平：《程序的正义与诉讼》（增补本），王亚新、刘荣军译，中国政法大学出版社2002年版，第11页。

[2] 江伟主编：《民事诉讼法》，中国人民大学出版社2013年版，第309页。

[3] 杨建华：《问题研析民事诉讼法》（一），三民书局1987年版，第410页。

根据。[1] 实现担保物权的裁定没有既判力，也就是说，法院作出的裁定不发生确定性的效力，被申请人可以就其与申请人之间的争议另行提起民事诉讼。

其次，被申请人保护自身权益的需要。实现担保物权案件中，债务人本人作为被申请人时，对申请人提出的实现担保物权申请提出异议，认为损害了自身的合法权益，法院审查后支持申请人的申请，作出许可裁定的，被申请人的异议未得到支持，应赋予被申请人另行起诉的权利对其进行救济。法院审查后认为存在实质性争议，驳回申请人申请的情况下，被申请人是否还享有另行起诉的权利呢？对此，有人认为法院既然驳回了申请人的申请，对被申请人的财产就没有执行的依据，自己的财产不被执行为什么还要另行起诉呢？在此种情况下，既然被申请人对实现担保物权存在异议且其中确实存在问题对自己的权益造成了影响，被申请人另行起诉进行维权也在情理之中。再者，担保物权是一种权利人单方面支配担保财产交换价值的权利，[2] 既然担保物权看重的是担保财产的交换价值，那么，不论是债务人的财产，还是第三人的财产，都可以设立担保物权。实现担保物权案件中，除了债务人本人提供担保外，还存在诸多第三人提供担保的情形。债务人以外的第三人作为被申请人时，也可以基于上述理由另行起诉。

再次，实现担保物权案件的复杂性所决定。《民事诉讼法》规定，有权提起实现担保物权申请的，除了担保物权人，还包括其他有权请求实现担保物权的人，其他有权请求实现担保物权的人，包括抵押人、出质人、财产被留置的债务人或者所有权人，这些人向人民法院提出实现担保物权的申请时，抵押权人、质权人、留置权人等担保物权人就成为被申请人。允许抵押人作为申请人是考虑到债务到期，债务人无力还款而债权人又不及时行使自己的权利，可能会使债务人承担因债权人怠于行使权力而多付的利息，且抵押物的价值也有可能降低，所以出于对抵押人权利的保护，允许抵押人作为申请人提出实现担保物权的申请。[3] 出质人、财产被留置的债务人是因为质物或者被留置的财产已经在质权人、留置权人手中，如果质权人不及时行使自己

---

〔1〕 李林启："论实现担保物权非讼许可裁定的效力"，载《湘潭大学学报（哲学社会科学版）》2016年第6期。

〔2〕 李开国：《民法基本问题研究：民法观念更新、制度完善及适用问题的若干思考》，法律出版社1997年版，第287页。

〔3〕 金殿军："请求法院拍卖、变卖担保财产的法律问题"，载《法学》2010年第1期。

的权利可能会导致质物或者被留置的财产自然损耗或者贬值,还有可能损毁、灭失。[1] 动产本就不如不动产相对稳定,以上情况在司法实践中时有发生,因此基于对出质人、财产被留置的债务人的保护,减少担保物权人怠于行使权利给其带来的损失,其也可以向人民法院提出实现担保物权的申请,而这时担保物权人的权利还没有实现,申请人的申请被驳回时,被申请人当然可以另行起诉。

最后,程序权利平等保护所要求。根据《民事诉讼法》及《民诉法司法解释》的有关规定,因不符合法律规定申请人的申请被裁定驳回的,申请人有权向人民法院另行提起诉讼。基于程序权利的平等保护,只有允许被申请人另行起诉,在诉讼程序下解决与申请人之间的争议,才能体现出对申请人与被申请人程序权利的平等配置,才能使被申请人的权利得到更有效的保护。

明确了被申请人享有另行起诉的权利,那么被申请人应该向哪个法院提起诉讼也值得探讨。《民事诉讼法》第196条规定,申请人可以向担保财产所在地或者担保物权登记地基层人民法院提出实现担保物权的申请;《民诉法司法解释》第362条、第363条又进一步对涉及权利质权案件的管辖及属于海事法院管辖的案件进行了专门的规定,对于被申请人另行起诉的管辖法院是否也应依照上述规定呢?原则上来讲,被申请人另行起诉应该向有管辖权的法院提起,也就是担保财产所在地或者担保物权登记地,但是由于担保财产所在地或者担保物权登记地可能不在同一个地方,又或者不只存在一个担保物,就有可能造成申请人提出申请的法院和被申请人另行起诉的法院是不同的法院。笔者认为,从对案件的熟悉程度来讲,被申请人应该向原审人民法院另行起诉,这样不管从案件的快速审理还是司法资源的节约来讲,都是有好处的。

2. 完善被申请人通过诉讼程序救济的途径

前文分析,被申请人享有另行起诉的权利有其正当性,司法实践的做法是人民法院终结特别程序,被申请人另行向法院提出自己的诉讼请求。那么,值得考虑的问题是,在被申请人提出异议,非讼程序明显无法解决的情况下,是否可以直接从非讼程序转入诉讼程序呢?非讼程序直接转入诉讼程序,是

---

[1] 李相波:"实现担保物权程序适用中的相关法律问题——以新《民事诉讼法》第196条、第197条为中心",载《法律适用》2014年第8期。

法院经审查被申请人的异议之后，认为不适用特别程序来处理而直接转换成诉讼程序，对于案件情况、审查结果等一系列问题，原审理实现担保物权的法院都非常清楚，在原审法院直接转入诉讼程序，不仅有利于案件事实的查明，还能够有效利用有限的司法资源。虽然法律明确规定对实现担保物权案件中存在实质性争议的解决办法是另行起诉，但是结合司法实践，从特别程序直接转入诉讼程序还是有可操作性的。

司法权是国家与生俱来的、保障法律贯彻实施的一种重要权力，[1] 在民事司法领域，一般存在诉讼程序与非讼程序两种纠纷处理方式，且诉讼与非讼的区分历史悠久，滥觞于古罗马时期的诉讼实务中。[2] 所谓诉讼程序，是指法院为了解决平等主体之间的矛盾纠纷和利害冲突，在存在利害关系的各方主体参与下，通过对具体案件进行法律适用，审理案件、作出裁判的程序。[3] 非讼程序则是一种确认程序，指在不存在民事权益争议的情况下，利害关系人请求法院确认某种事实是否存在，从而使一定的法律关系产生、变更、消灭。[4] 在一定的条件下，诉讼程序与非讼程序之间可以转换适用，其法理基础在于：首先，案件性质的模糊性。民事案件按性质可以分为诉讼事件与非讼事件，[5] 所谓诉讼事件与非讼事件的区别在于是需要法院对当事人主张的权利加以裁判还是法院只需要进行确权，理论上，这两种事件存在很大的区别，但是鉴于司法实践中案件越来越复杂，案件性质有时也会发生一些变化，一些诉讼案件有向非讼案件转化的趋势，实现担保物权案件的趋势正是如此。因为案件性质的模糊性，使得程序转化变为了可能。其次，案件性质的阶段性发展。因为案件性质出现了模糊性，可能在当事人启动程序的时候还很不明显，但是当其他当事人或是利害关系人对此提出了异议的情况下，案件性质可能就发生了改变，就不能再适用非讼程序了。之所以设置了

---

[1]《马克思恩格斯选集》（第2卷），人民出版社1995年版，第538页。
[2] 参见周枏：《罗马法原论》（下），商务印书馆1994年版，第928~929页。
[3]〔日〕兼子一、竹下守夫：《民事诉讼法》（新版），白绿铉译，法律出版社1995年版，第4页。
[4] 江伟：《探索与构建——民事诉讼法学研究》（下卷），中国人民大学出版社2008年版，第332页。
[5] 邱联恭等："诉讼法理与非讼法理之交错适用——从民事事件之非讼化审理及诉讼化审理论程序保障之机能"，载民事诉讼法研究会：《民事诉讼法之研讨（二）》，三民书局1993年版，第449页。

第六章　实现担保物权案件被申请人异议制度实践探索

诉讼和非讼两种程序，就是为了适应不同性质的案件，以期对当事人的程序权利有所保障。

在我国民事诉讼中，对有关程序之间的转换也有规定，例如支付令制度，根据《民事诉讼法》第217条第2款、《民诉法司法解释》第440条、第441条的规定，如果债权人不同意直接转入诉讼程序就应当在支付令失效后的法定期间内向受理申请的法院表明不同意提起诉讼，否则就视为同意转入诉讼程序，这样的话就不用申请支付令的一方当事人再去另行起诉，节省了司法资源，提高了诉讼效率。在实现担保物权案件中，对于被申请人的救济问题，我们可以借鉴支付令制度的有关规定，明确被申请人提出异议的，经人民法院审查需要转入诉讼程序，如果申请人在合理期间内未表明不同意通过诉讼实现担保物权的，则自动转入诉讼程序。

3. 确立被申请人执行异议之诉

实现担保物权案件中，人民法院作出许可裁定送达当事人后立即生效，申请人即可申请人民法院对担保财产拍卖、变卖，那么，在执行程序中，可否允许被申请人提起执行异议之诉，关系到被申请人在执行过程中是否有救济途径，这是需要我们关注的问题。

执行程序中的执行异议之诉，包括案外人异议之诉和债务人异议之诉，我国现行法律缺乏对债务人异议之诉的规定，只赋予了案外人提起诉讼的权利，即在执行过程中，案外人的权利如果受到了侵害，其可以通过提起案外人执行异议之诉的方式，维护其实体权利。在案外人异议之诉中，只有申请人及被申请人之外对执行财产主张权利的人才能提起此诉讼，从起诉主体来看，案外人执行异议之诉不能适用于实现担保物权案件中对被申请人的救济。相关法律对债务人异议之诉作了规定，债务人异议之诉是指债务人认为如果按照法院裁判所作出的执行依据执行财产，会妨碍或者侵害自己的权利，请求法院撤销裁判，停止执行而提起的诉讼。也就是说，债权人拿到了合法的执行依据，但是有可能损害了债务人的利益。[1] 根据一些地区债务人异议之诉的规定，异议之诉的原告，包括债务人，还包括原告的继承人、权利义务继受人，或者其他因执行效力的扩张而受强制执行之人，这些统称为债务人，也就是说，不管是债务人本人作为被申请人，还是除债务人以外的第三人作

---

[1] 杨与龄编著：《强制执行法论》，中国政法大学出版社2002年版，第72页。

为被申请人，抑或是担保物权人作为被申请人，被申请人都有提起执行异议之诉的主体资格，从主体资格来讲，确立被申请人执行异议之诉是没有问题的。

我国还没有设立债务人执行异议之诉，建议我国借鉴有关债务人执行异议之诉的规定，确立被申请人执行异议之诉。被申请人执行异议之诉相比另行起诉而言，有其优点，首先被申请人如果提起执行异议之诉，只有一次机会，这样就可以有效预防被申请人恶意拖延诉讼；还有就是司法实践中受理申请的法院与执行地法院的冲突问题也可以有效避免，在债务人异议之诉中，规定了异议之诉直接由执行法院管辖，如果设立被申请人执行异议之诉，也应该由作出许可申请实现担保物权的法院来受理异议之诉。

确立被申请人执行异议之诉在一定程度上借鉴了债务人执行异议之诉，但其还是有一定区别的。债务人异议之诉是由于执行债权人取得生效的法律文书之后，可能又出现了债务的清偿、免除、混同、抵销以及双方达成执行和解等情形，这些都会导致执行债权人全部或部分丧失申请强制执行的权利，如果这种情况下还允许债权人申请强制执行，必然会给债务人造成损失；还有就是司法实践中执行债权人也可能将自己的权利进行了转让。而设立被申请人异议之诉，更重要的是为了特别程序中被申请人提出的异议没有得到法院的支持而对其进行的保护。

第七章

实现担保物权案件调解适用的实践困境与反思

现代社会在飞速、多元化发展的同时也伴随着矛盾纠纷的大众化、多样化，纠纷的多化性直接导致当事人诉争的利益产生于不同的基点，有效处理多元化的纠纷就需要多元化的纠纷解决机制，调解、仲裁和其他相关纠纷解决方法等非诉讼纠纷解决方式（ADR）在纠纷解决中的作用日益增强，其中调解被誉为"东方经验""东方之花"，在中国有着悠久的历史与文化传统。经过长时间的司法实践，全国各级人民法院对调解功能和意义的认识不断深化，"调解优先、调判结合"的理念逐步树立。在样本案例中，有 2 件是通过调解结案的，分别为广东省佛山市禅城区人民法院、甘肃省陇西县人民法院立案受理的实现担保物权案件，这两个案件虽然以调解结案，但均不是通过法院制作调解书结案。广东省佛山市禅城区人民法院立案受理的实现担保物权案件是在法院的调解下双方当事人达成和解，法院以司法确认书的形式确认和解协议的强制执行力结案；[1] 甘肃省陇西县人民法院审理的实现担保物权案件则是在法院的审查中，申请人与被申请人达成和解协议，法院以民事裁定书的形式确认和解协议的法律效力结案。[2] 之所以出现这种情况，主要是因为最高人民法院明确规定人民法院审理适用特别程序的案件不得调解，而 2012 年修改的《民事诉讼法》增设的"实现担保物权案件"一节规定在特别程序中。然而，实现担保物权案件的审理程序虽然属于特别程序，却与其他特别程序不同，其处理的仅仅是当事人的财产权利，在实现担保物权案件中适用调解具有正当性，符合实现担保物权非讼程序的立法目的，是司法实

---

[1] 参见凌蔚、邱小华："佛山禅城：庭前调处实现担保物权案"，载《人民法院报》2013 年 4 月 19 日。

[2] 参见"申请人甘肃陇西农村合作银行与被申请人李鹏实现担保物权纠纷案"，甘肃省陇西县人民法院（2014）陇民特字第 001 号民事裁定书。

践发展的必然选择，有助于实现法律效果与社会效果的统一。本部分就实现担保物权案件裁定中调解的适用问题进行探讨，以期能够为实现担保物权案件的处理提供一种新的视角，为法院通过纠纷的个别化解决来实质地满足当事人的要求有所裨益，使每一个实现担保物权案件都能够成为可感受到公平正义的案件。

一、实现担保物权案件调解适用的法律规定

（一）相关法律未明确人民法院审理实现担保物权案件裁定能否适用调解

《最高人民法院关于进一步贯彻"调解优先、调判结合"工作原则的若干意见》中指出，调解是高质量审判，调解是高效益审判，调解能力是高水平司法能力。各级人民法院要准确认识和把握"调解优先、调判结合"的工作原则，要深刻认识调解在有效化解矛盾纠纷、促进社会和谐稳定中所具有的独特优势和重要价值，切实转变重裁判、轻调解的观念，根据每个案件的性质、具体情况和当事人的诉求，把调解作为处理案件的首要选择，自觉主动地运用调解方式处理矛盾纠纷。司法实践中，人民法院深化司法改革，不断改进审判工作运行机制，坚持调解优先、调判结合，提高调解质量，规范人民调解协议司法确认程序，健全诉讼与非诉讼相衔接的矛盾纠纷解决机制，仅2018年，地方各级人民法院受理案件2800万件，审结、执结2516.8万件，其中以调解方式结案313.5万件，[1] 调解在司法实践中的地位由此可见一斑。

然后，调解原则是我国《民事诉讼法》的一项基本原则，《民事诉讼法》对调解案件的范围并未作任何限制。根据《民事诉讼法》的相关规定，调解在民事诉讼中具有广泛的适用性。对于实现担保物权案件的处理中是否适用调解，《民事诉讼法》及相关法律未作明确的规定。

（二）最高人民法院明确宣告人民法院审理实现担保物权案件不得调解

为了保证人民法院正确调解民事案件，及时解决纠纷，保障和方便当事人依法行使诉讼权利，节约司法资源，2004年8月，最高人民法院根据《民事诉讼法》等法律的规定，结合人民法院调解工作的经验和实际情况，制定

---

[1] 参见2019年3月12日周强在第十三届全国人民代表大会第二次会议上的最高人民法院工作报告。

第七章　实现担保物权案件调解适用的实践困境与反思

了《关于人民法院民事调解工作若干问题的规定》，该规定第 2 条用列举和概括的方式，规定了除适用特别程序案件等 6 类案件不适用调解外，其他案件均可以调解。[1]

"调解优先、调判结合"工作原则是认真总结人民司法实践经验，深刻分析现阶段形势任务得出的科学结论，是人民司法优良传统的继承和发扬，是人民司法理论和审判制度的发展创新，对于充分发挥人民法院调解工作在化解社会矛盾、维护社会稳定、促进社会和谐中的积极作用，具有十分重要的指导意义。2010 年 6 月，为贯彻落实中央关于深入推进社会矛盾化解、社会管理创新、公正廉洁执法三项重点工作的部署，进一步贯彻"调解优先、调判结合"的工作原则，针对人民法院调解工作中出现的新情况和新问题，最高人民法院在广泛调查研究的基础上发布了《关于进一步贯彻"调解优先、调判结合"工作原则的若干意见》，该意见要求，对《最高人民法院关于人民法院民事调解工作若干问题的规定》第 2 条规定的适用特别程序等依案件性质不能进行调解的民事案件，不予调解。[2]

《最高人民法院关于人民法院民事调解工作若干问题的规定》第 2 条明确指出，适用特别程序的案件，人民法院不予调解，其《关于进一步贯彻"调解优先、调判结合"工作原则的若干意见》再次明确，对适用特别程序的案件不予调解。由此，最高人民法院明确宣告，人民法院审理适用特别程序的案件不得调解。2013 年 1 月 1 日施行的《民事诉讼法》顺应实践发展要求在审判程序编的第 15 章增加了"实现担保物权案件"一节，明确规定了实现担保物权的程序规则。第 15 章是规定特别程序的一章，实现担保物权案件的审理适用的是特别程序，按照最高人民法院的要求，实现担保物权案件不得适用调解。2015 年 2 月 4 日实施的《民诉法司法解释》中，突出了对《民事诉讼法》新增及修改重要制度的落实。针对实现担保物权案件，《民诉法司法解

---

[1]《最高人民法院关于人民法院民事调解工作若干问题的规定》（法释〔2004〕12 号）第 2 条规定："对于有可能通过调解解决的民事案件，人民法院应当调解。但适用特别程序、督促程序、公示催告程序、破产还债程序的案件，婚姻关系、身份关系确认案件以及其他依案件性质不能进行调解的民事案件，人民法院不予调解。"

[2]《最高人民法院关于进一步贯彻"调解优先、调判结合"工作原则的若干意见》（法发〔2010〕16 号）要求，对《最高人民法院关于人民法院民事调解工作若干问题的规定》第 2 条规定的适用特别程序、督促程序、公示催告程序、破产还债程序的案件，婚姻关系、身份关系确认案件以及其他依案件性质不能进行调解的民事案件，不予调解。

释》从多方面对实现担保物权程序规范进行了细化，增强了其操作性，但对于实现担保物权案件的处理中是否适用调解未作明确的规定。

二、实现担保物权案件调解适用的司法实践

2013年1月1日，修订的《民事诉讼法》实施后，自然人、企业法人、金融机构、担保公司、小额贷款公司等各类主体向人民法院申请实现担保物权的案件在各地不断出现。就2013年上半年而言，全国各级人民法院审理各类民事案件在数量上呈现出良性增长的趋势，在各类民事案件中，适用特别程序的案件就有152 934件，较去年同时期增加55.07%，同比增幅明显加大。[1] 究其原因，2012年《民事诉讼法》特别程序中增设"实现担保物权案件"是最主要的原因。[2] 在各地实现担保物权案件数量不断增长的同时，基层人民法院在审理实现担保物权案件的过程中，面对申请人与被申请人提出的协商、调解等要求，因最高人民法院的禁止性规定，在调解的适用上，只能是"犹抱琵琶半遮面"。

（一）通过司法确认书的形式确认和解协议

尽管我国最高人民法院明确规定对适用特别程序的案件不予调解，但2012年《民事诉讼法》实施后，各地基层人民法院根据案件的具体情况，开始尝试以调解或者和解方式解决，只不过为了规避最高人民法院的禁止性规定，实现担保物权案件中的调解被称为"协调"或"和解"，并以法院通过司法确认书的形式确认和解协议的强制执行力结案。样本案例中，有2件是通过调解结案的。

一件是广东省佛山市禅城区人民法院审结的实现担保物权案件。2013年4月19日，《人民法院报》在第3版"现在开庭"栏目报道了由广东省佛山

---

[1] 袁定波："经济形势致民间借贷纠纷速增"，载《法制日报》2013年9月17日。
[2] 最高人民法院民一庭有关负责人解释说，2012年《民事诉讼法》在"特别程序"中新增了"确认调解协议案件"和"实现担保物权案件"两类案件，是导致2013年上半年司法统计中特别程序案件激增的主因。但根据学者的调研，在纠纷调解实践中，由于各种原因，确认调解协议较少使用，且有逐渐消亡的发展趋势。参见廖永安、张宝成："对我国人民调解协议司法确认制度的冷思考"，载《民事程序法研究》2013年第2期；张显伟、杜彦秀："制度与实践的悖离——司法确认人民调解协议制度的反思"，载《广西民族大学学报（哲学社会科学版）》2013年第2期。因此，本书认为，2012年《民事诉讼法》特别程序中增设"实现担保物权案件"才是司法统计中特别程序案件激增的主因。

市禅城区人民法院庭前调处的实现担保物权案件。禅城是佛山的中心城区,是佛山政治、金融、文化、交通、信息中心。禅城区人民法院强调提升司法服务水平,通过创新矛盾化解机制、创新审判工作机制、创新审判管理模式、创新为民司法举措等社会管理创新新举措践行司法为民理念。2012年《民事诉讼法》实施后,禅城区人民法院专门成立金融专业法庭,配备7名经验丰富的法官,专职审理各类金融纠纷,努力提升此类案件的质效,并成功调结首宗实现担保物权案。该案中,承办法官考虑到涉案债权较小(本息共计1.4万元)、强制拍卖成本较高,直接裁定准予依法将抵押房产变价,会让处于经济困难期的被申请人雪上加霜,在征得双方当事人同意之后,于庭前组织了一场调解。经过法官一番牵线搭桥,双方达成了和解协议,约定丁先生夫妇分两次、最迟于2013年5月30日前还清本息;否则,银行将有权立即向法院申请强制执行所欠余款,以拍卖抵押房产得款优先受偿。该案不是通过法院制作调解书结案,而是在法院的调解下双方当事人达成和解,法院以司法确认书的形式确认和解协议的强制执行力结案。[1]

另一件是甘肃省陇西县人民法院审结的实现担保物权案件,该案是甘肃陇西农村合作银行与李某实现担保物权的纠纷,被申请人李某向申请人甘肃陇西农村合作银行申请贷款60万元,并以具有使用权的土地及地上建筑物提供抵押,后被申请人未按约定偿还借款本息,申请人甘肃陇西农村合作银行向陇西县人民法院提出实现担保物权申请,要求被申请人偿还借款本息。在人民法院的审查中,申请人与被申请人对借款本息的偿还及担保物权的实现达成和解协议。随后,陇西县人民法院经审查认为申请人与被申请人达成的

---

[1] 该案案情为:2003年10月,湖北商人丁先生与妻子向中国工商银行佛山分行申请了25万元个人购房贷款,约定在10年内分120期等额还清本息,并将其购买的新房抵押给了佛山分行。佛山分行在取得上述房屋的他项权利证书后,依约足额发放了贷款。由于丁先生夫妇的还款比较跳跃,经常连续几个还款期分文不还,有时一下就还了将近三倍于当期应还数额,佛山分行遂于2013年3月20日宣布借款合同提前到期,并向禅城区人民法院申请实现担保物权。截至起诉时,丁先生夫妇逾期未还本息共计1.4万元,另外还有提前到期本息1.1万元。此案为禅城区人民法院受理的首宗实现担保物权案件,承办法官认真审查卷宗材料,充分考虑案件具体情况,在征得双方当事人同意后,于庭前组织了一场调解,双方达成了和解协议。随后,禅城区人民法院以司法确认书的形式,确认了和解协议的强制执行力。参见凌蔚、邱小华:"佛山禅城:庭前调处实现担保物权案",载《人民法院报》2013年4月19日。

协议不违反法律规定，以民事裁定书的形式确认和解协议的法律效力结案。[1]

（二）以人民法院准许当事人提出的撤诉申请终结程序

民事诉讼中的撤诉，是指当事人将已成立之诉撤回，不再要求人民法院对案件进行审理的诉讼行为，是法律规定的原告的一项诉讼权利。原告作为民事诉讼的发起人和民事诉讼的主体之一，可以积极行使自己的诉讼权利，主张自己的要求，也可以以消极的方式放弃自己的诉讼权利和诉讼请求。我国民事诉讼中当事人的处分权不是绝对的，法律在赋予当事人处分权的同时，也要求当事人不得违反法律规定，不得损害国家的、社会的、集体的和公民个人的利益；否则，法院将代表国家实行干预，即通过司法审判确认当事人某种不当的处分行为无效。适用特别程序的实现担保物权案件中，申请人亦可以消极的方式放弃自己的诉讼权利和诉讼请求，即向人民法院申请撤回实现抵押权的申请。关于适用特别程序的实现担保物权案件中申请人提出撤回申请的处理，《民事诉讼法》特别程序一章未作规定，依据《民事诉讼法》第177条的规定，可以适用《民事诉讼法》和其他法律的有关规定。

在实现担保物权案件的司法实践中，申请人撤诉是经常出现的，在笔者前期收集的459件全国各地实现担保物权案件中，当事人在人民法院审查过程中提出撤诉申请，人民法院准予撤回的有64件，占样本案例总数的13.94%，具体参见表4-11各地实现担保物权案件裁判结果及所占比例情况。在河南省所有的401件实现担保物权案件中，撤诉的有62件，占样本案例总数的15.46%（详见表7-1）。

---

[1] 该案具体案情为：2006年9月29日，被申请人李某以陇国用（2006）第6289号土地使用证所属土地及地上建筑物提供抵押，向申请人甘肃陇西农村合作银行申请贷款60万元，贷款期限自2006年9月29日至2009年9月29日，月利率10.23‰，按季结息，逾期期间利率上浮50%。后被申请人未按约定偿还贷款本息，截至2014年6月30日前结欠本息合计1 485 054.71元。2014年6月，申请人甘肃陇西农村合作银行向陇西县人民法院提出实现担保物权申请，要求被申请人偿还借款本息。在人民法院的审查中，申请人与被申请人对借款本息的偿还及担保物权的实现达成和解协议。随后，陇西县人民法院经审查认为申请人与被申请人达成的协议不违反法律规定，遂以民事裁定书的形式确认了双方当事人和解协议的法律效力。参见"申请人甘肃陇西农村合作银行与被申请人李某实现担保物权纠纷案"，甘肃省陇西县人民法院（2014）陇民特字第001号民事裁定书。

表 7-1　河南省各地基层人民法院审结实现担保物权案件裁判结果及所占比例

		频率	百分比	有效百分比	累积百分比
有效	支持	252	62.84	62.84	62.84
	驳回	79	19.70	19.70	82.54
	撤诉	62	15.46	15.46	98.00
	其他	8	2.00	2.00	100.00
	合计	401	100.00	100.00	

然而，在实现担保物权案件裁判中，为规避最高人民法院的禁止性规定，各地基层人民法院更多以和解方式解决争议的案件以撤诉的形式终结程序。为更好地说明这一问题，笔者对实现担保物权案件中的撤诉进行了全样本考察。截至 2018 年 12 月 31 日，笔者在中国裁判文书网共检索到实现担保物权案件 17 265 件，其中以撤诉结案的共有 382 件。这 382 件案件中，关于撤诉的理由，裁定书未载明的有 290 件，载明的有 92 件。在裁定书载明理由的 92 件中，双方自行协商、（达成）和解、庭外调解等理由出现的最多，有 33 件，占载明理由案件的 36%（详见表 7-2）。各地人民法院实现担保物权案的裁定显示，当事人撤诉的原因有："在审查期间双方自行和解"[1] "被申请人有意与其协商处理双方债务纠纷"[2] "与被申请人自行协商"[3] 等。

表 7-2　实现担保物权撤诉案件撤诉理由及所占比例情况

撤诉理由	频率	百分比	有效百分比	累积百分比
未载明	290	75.92	75.92	75.92
不属于本院管辖范围	1	0.26	0.26	76.18

---

[1] 参见"九江银行股份有限公司合肥分行与张某、王某实现担保物权纠纷案"，安徽省凤台县人民法院（2014）凤民申担字第 00001 号民事裁定书。

[2] 参见"周某与某市某乳业发展有限公司实现担保物权纠纷案"，湖南省冷水江市人民法院（2013）冷民特字第 2 号民事裁定书。

[3] 参见"江苏金联投资担保有限公司与金湖县金炜锻造有限公司实现担保物权纠纷案"，江苏省金湖县人民法院（2014）金商特字第 0011 号民事裁定书。

续表

撤诉理由	频率	百分比	有效百分比	累积百分比
无法直接对被申请人送达告知通知书等材料	8	2.09	2.09	78.27
双方自行协商、（达成）和解、庭外调解	33	8.64	8.64	86.91
通过诉讼程序主张权利（案情复杂、主债务存在争议）	9	2.36	2.36	89.27
采取其他方式解决纠纷	6	1.57	1.57	90.84
无法联系到被申请人、被申请人下落不明	8	2.09	2.09	92.93
不符合申请条件	1	0.26	0.26	93.19
无法找到抵押物共有人	1	0.26	0.26	93.46
非实现担保物权所有人	1	0.26	0.26	93.72
证据尚未收集齐全、需进一步补充证据材料	10	2.62	2.62	96.34
被申请人自愿还款、已归还贷款本息	7	1.83	1.83	98.17
被申请人患病在外治疗，暂无法到庭参加诉讼	1	0.26	0.26	98.43
借款合同尚未全部到期	1	0.26	0.26	98.69
本案申请不符合民事诉讼法相关规定	1	0.26	0.26	98.95
申请人主体有误	1	0.26	0.26	99.21
被申请人未到庭参与听证，对抵押担保的事实不能进行核实	1	0.26	0.26	99.48
担保人承担连带保证责任	1	0.26	0.26	99.74
被申请人提出异议	1	0.26	0.26	100.00
合计	382	100.0	100.0	

第七章 实现担保物权案件调解适用的实践困境与反思

三、实现担保物权案件确立适用调解的正当性

法律是对过去社会关系的总结,法律又必须适应社会现实而发展,而理论的价值则在于为法律发展的连续性提供理性的保障。对于一项新生的制度,理论上的正当性是其存在、发展的前提。所谓正当性(legitimacy),就是指事物处于具有合规律性、合道德性和合法律性或三者至少居其一的状态或性质,是对人的认识、行为和人类制度等人的活动与规律、规范之间相互联系的状态或性质的判断。[1] 在调解的优势和价值日益被社会各界所重视的今天,实现担保物权案件中确立适用调解,不仅具有理论上的必要性,同时在现实中也具有可行性。[2]

(一)调解符合实现担保物权程序的立法目的

担保物权设立的主要目的是确保债权的实现,从担保物权实现的发展历程来看,我国相关立法一直追求高效、快速、低成本的权利实现途径及方式。相较于其他纠纷解决方式,调解在高效、快速、低成本实现担保物权中具有明显的优势,符合实现担保物权程序的立法目的,是实现担保物权非讼程序立法目的的客观要求。

首先,在实现担保物权案件中,调解具有便捷性、灵活性。确保债权的实现是担保物权设立的最重要的目的,在不违背法律法规和国家政策的前提下,只要有利于债权的实现,可以运用各种社会规范、公序良俗、行业标准等作为依据对当事人进行调解,具有很强的便捷性和灵活性,能够最大限度地实现和维护担保物权申请人的合法权益。

其次,在实现担保物权案件中,调解的成本低。虽然《民事诉讼法》规定的担保物权实现程序属于特别程序,在程序设计时强调纠纷的特性,考虑到了担保物权实现中多方面的因素,采用了综合的个别化原理,即既有特别程序的一般规则,又有针对实现担保物权案件而设计的特别程序,但还是要按照法律规定的程序,向法院提交申请书并附主合同、担保物权合同、抵押权登记证明或者他项权利证书、权利质权的权利凭证或者出质登记证明、能够证明实现担保物权条件成就的有关证据材料(如证明债务已届清偿期、合

---

[1] 蒋开富:"正当性的语义学与语用学分析",载《广西社会科学》2005年第5期。
[2] 详见李林启:"论实现担保物权案件中适用调解的必要性",载《求索》2014年第9期。

同约定的实现担保物权情形发生等证据材料）及人民法院认为需要提交的其他证据材料等，有的还要缴纳申请费，[1]与法官、律师、对方当事人等案件相关方交涉，这些都是需要成本的。且法院裁定准予拍卖、变卖担保物的，当事人还要向人民法院申请强制执行，按照《诉讼费收费办法》的规定，应按执行金额收取执行申请费，另外还可能产生评估费、拍卖费等费用。而调解如果运用得当，在实现担保物权案件中可以明显节省当事人的诉讼成本，为个人和社会都节约大量成本：在收取申请费的地方，调解可以节省当事人的诉讼费用，调解达成协议以后，当事人可以选择撤诉，而根据《诉讼费收费办法》，对撤诉和调解结案的，减半收取案件受理费，为当事人节省了一半的诉讼费用。调解程序简单，可以帮助当事人节省支出，调解不必严格按照法律规定的程序来进行，显得更加灵活，由于调解简化、省略了很多诉讼程序，当事人就不必再一一完成所有的程序，需要完成的程序少了，自然可以节省不少成本；调解有利于执行，当事人一般不会对自愿达成的调解协议产生抵触，大部分人会积极、主动地履行协议，因而权利人可以省去申请执行而必须支出的费用，法院也可以节省不少执行成本。

（二）实现担保物权案件中适用调解有助于实现两个效果的统一

著名罗马法学家塞尔苏斯指出："认识法律不意味抠法律字眼，而是把握法律的意义和效果。"[2] 1999 年，最高人民法院提出在审理新类型民事案件时要讲求社会效果后，法律效果与社会效果统一的司法政策逐渐完善。经过十多年的发展，这一司法政策经历了一个从提出到内容不断扩充、适用范围不断扩大的过程。实现两个效果的统一是满足人民群众日益增长的司法需求的客观要求，是中国特色社会主义司法制度的价值追求，是人民法院的政治责任和历史使命。担保物权制度是市场经济发展的安全阀和助推器，担保作

---

[1] 由于实现担保物权案件是《民事诉讼法》修改后新增的内容，现行的《诉讼费用交纳办法》对如何收费并未明确规定。实践中，各地的做法并不相同，有不收取申请费的，如《浙江省高级人民法院关于审理实现担保物权案件的意见》第 7 条规定，实现担保物权案件不收取案件申请费用；也有参照督促程序支付令案件按件收取申请费的，如《孝义市人民法院关于审理实现担保物权案件的暂行办法》第 6 条规定，实现担保物权案件参照督促程序支付令案件收费标准收取。甚至在同一个省份，情况也不一样，如江苏省，南京市溧水区人民法院网显示，溧水区人民法院担保物权实现案件诉讼费收费是每件 100 元；而无锡市滨湖区人民法院网显示，实现担保物权特别程序无须缴纳任何诉讼费用。详见本书第九章"实现担保物权案件申请费用交纳标准实证考察"。

[2] [德] 卡尔·恩吉施：《法律思维导论》，郑永流译，法律出版社 2004 年版，第 1 页。

为融通资金、活跃资本市场、保障交易安全、防范和化解金融风险的重要手段，越来越受到各国法律的重视，许多国家进行了担保法律制度改革，包括欧洲复兴开发银行、美洲国家组织和联合国国际贸易法委员会等在内的地区性和国际性组织都相继制定了担保交易示范法和立法指南，旨在帮助其成员国制定简便高效的现代担保交易法律机制。近些年，我国经济持续增长，资金需求量越来越大，国内外经济往来日益频繁，维护金融稳定的任务更加艰巨。经济上的发展变化，迫切需要完善我国担保法律制度，扩大可供担保财产的范围，简化担保设立程序，建立高效、低成本的担保物权实现机制，以适应社会主义市场经济的发展。[1] 实现担保物权案件中，不但要注重法律效果，还要注重社会效果，实现两个效果的统一。

虽然2012年《民事诉讼法》规定的担保物权实现程序是为了更好地保护担保物权人的合法权益，便利担保物权的实现，节约诉讼资源。但依据《民事诉讼法》的规定，在实现担保物权案件中，人民法院受理申请后，经审查，符合法律规定的，裁定拍卖、变卖担保财产，当事人依据该裁定可以向人民法院申请执行；不符合法律规定的，裁定驳回申请，当事人可以向人民法院提起诉讼。也就是说，诉讼中法官只能依照法律的规定作出拍卖、变卖担保财产或者驳回申请的裁定。举例来说，申请人钦州市区农村信用合作联社与被申请人钦州市某冰厂、第三人杨某某实现担保物权一案中，法院认为，申请人与被申请人、第三人签订的《个人借款合同》系双方当事人的真实意思表示，内容没有违反法律法规的强制性规定，合法有效，对双方均具有法律约束力。根据《个人借款合同》的约定，被申请人以其厂内的主要设备作抵押担保，并办理了抵押登记，抵押设立有效，原告对抵押物享有抵押权，其请求对抵押物享有优先受偿权合法有据，予以支持。遂依照《物权法》及《民事诉讼法》的规定，裁定申请人钦州市区农村信用合作联社对拍卖、变卖被申请人钦州市某冰厂用于借款抵押的抵押物所得价款在借款本金150 000元及利息范围内享有优先受偿权。[2] 此案中，从法律的角度看，法院的裁定符

---

[1] 姚红："完善担保物权制度 促进经济发展"，载《中国金融》2007年第20期。
[2] 该案具体案情为：第三人杨某某为借款人，被申请人钦州市某冰厂为担保人，2011年5月25日，杨某某与申请人钦州市区农村信用合作联社签订一份编号为（2011）桂农信钦联借合第04X号《个人借款合同》，合同约定第三人杨某某向申请人借款150 000元，用于冰厂周转，借款期限自2011年5月25日至2012年5月24日，本合同项下借款的担保方式为抵押担保，抵押物为钦州市某冰厂的

合法律的规定，达到了法律的效果。但不一定能够妥善解决矛盾纠纷，实现法律效果与社会效果的统一。因为每个案件背后都有多种利益冲突，存在不同的价值判断和利益选择。就上述案例来说，从法院的裁定书上可以看到，抵押物是钦州市某冰厂的几乎所有主要设备，法院裁定对其进行拍卖、变卖，更好地使信贷人的权利得到了有效的保护，降低了金融机构的经营风险和不良贷款的比率，促进了金融创新，保障了金融安全。但是，钦州市某冰厂主要设备被拍卖、变卖后，其生产如何进行，企业的工人如何进行，法院并没有考虑。法官严格适用法律就使当事人丧失了寻求其他解决方案的机会，也就阻断了通向更好结果的通道。许多有复杂利益关系的纠纷尽管获得了裁判，但问题并没有真正完全解决。而调解具有灵活性及良好的信息交流氛围，允许考虑各种可能的方案，并没有外在规范的限制，鼓励申请人、被申请人、第三人等各方提出创造性的建议，在这个过程中，许多先前完全没有想到的方案可能在调解中出现，找到一个双赢的处理结果，皆大欢喜地解决纠纷。因此，要取得最好的法律效果与社会效果，人民法院在办案中不能机械适用法律，不能脱离社会和民众的期待，不能孤立办案、就案办案。特别是在实现担保物权案件中，被申请人多为企业，担保物的拍卖、变卖涉及企业的生产。在实现担保物权案件中适用调解，能够更好地对不同的价值进行衡量、选择、对比，统筹兼顾不同的利益，切实做到各种利益要求和利益冲突的平衡。同时，也有利于现代化的融资担保系统的不断完善，释放出没有得到利用的大量资本，给企业（特别是中小企业）融资带来便利，使资金以更低的成本和更顺畅的途径流向企业（特别是中小企业），促进资金融通发展，解决目前企业（特别是中小企业）融资难的问题，从而促进社会经济发展，促进社会和谐。

在实现担保物权案件中，也有不少双方当事人均为自然人的，如浙江省温州市鹿城区人民法院发出的全国首份实现担保物权民事裁定书中，申请人

（接上页）制冷压缩机、冰桶、聚氨酯发泡、蒸发排管、氨阀门、氨制冷压缩机控制柜、立式搅拌机、水泵、氨泵、冷却塔、中分器、油氨分器、吊车、自动补偿控制器、电力变压器等主要设备，抵押担保范围为本合同项下到期的贷款本金及利息、违约金、损害赔偿金和实现债权的费用以及其他应付费用。并办理了抵押登记手续，申请人取得了《动产抵押登记书》，向第三人杨某某发放贷款150000元，但第三人杨某某没有按期偿还申请人贷款本息。参见"申请人钦州市区农村信用合作联社与被申请人钦州市某冰厂、第三人杨某某实现担保物权案"，广西壮族自治区钦州市钦北区人民法院（2013）钦北民特字第2号民事裁定书。

(萧先生夫妇)和被申请人(陈先生夫妇)就均为自然人。[1] 在双方均为自然人的情况下,一般双方是有一定关系的,在这种情况下适用调解,更能实现法律效果与社会效果的统一。因为根植于传统的人情世故能够给人提供安宁和生活乐趣,当事人通常都有对良好人际关系的渴求,不伤和气,互给面子,和气生财,化干戈为玉帛,杯酒泯恩仇,化敌为友,这些古训典故都是很好的证明,而调解可以使纠纷当事人有机会享受到人情事理带来的好处,无论是面子、被尊重、和谐关系、人情、避免未来的报复等方面,都有利于纠纷的解决,实现法律效果与社会效果的统一。加之市场经济社会中,良好的人际关系能带给人更多的商业机会和经济效益,还可以在自己需要帮助的时候获得援手。"关系就是生产力"的说法深入人心,特别是在商界,圈内人的关系希望能够维系长久,维持长久关系意味着进一步的合作,也意味着更多的商业机会。对于那些距离较近或存在着长期业务关系的当事人而言,裁判的结果可能给他们的生产或生活带来极大的不便,迫使他们付出更大的代价去谋求新的商业关系,而调解不但要解决矛盾纠纷,更强调未来的良好关系,更有利于实现两个效果的统一。

(三) 实现担保物权案件处理的仅仅是当事人的财产权利

《最高人民法院关于人民法院民事调解工作若干问题的规定》对调解案件的范围作了限制,是基于各类案件自身的特征。如特别程序是人民法院对非民事权益冲突案件的审理程序,适用特别程序审理的案件,其目的不是解决双方当事人之间的民事权益冲突,而是确认某种法律事实是否存在,权利状态的有无或公民是否享有某种资格,能否行使某种权利。所以,这类案件不适用调解。因督促程序是一种非讼程序,无须开庭审理,当事人不当面对质,也不能适用调解。公示催告程序是非讼程序,其发生不是基于当事人的起诉,而是基于当事人的申请,案件无明确相对人,不适用调解。婚姻、身份关系对当事人的权利义务影响巨至,涉及当事人的配偶、监护、继承等人身和财产权益,以及当事人应承担的赡养、扶养、抚养等义务。调整这两类关系的法律规范多属强制性规范,所以,婚姻关系、身份关系确认案件不适用调解。

---

[1] 余建华、孟焕良、鹿轩:"浙江发出首份实现担保物权民事裁定书",载《人民法院报》2013年1月11日。

然而，实现担保物权案件的审理程序虽然属于特别程序，却与涉及人身权利的宣告失踪、宣告死亡等案件及体现国家意志的选民资格案件所适用的特别程序不同，其处理的仅仅是当事人的财产权利。且实现担保物权案件虽然是基于当事人的申请，但具有明确的被申请人。按照诉讼及非讼法理，与申请人直接对应的主体即是被申请人。《民事诉讼法》第 196 条规定，担保权人可以向担保财产所在地或者担保物权登记地基层人民法院提出实现担保物权申请，《民诉法司法解释》第 361 条对担保物权人作出了明确规定，包括抵押权人、质权人、留置权人。抵押权人与抵押人相对应、质权人与出质人相对应、留置权人与财产被留置的债务人相对应，因此，担保物权人提起实现担保物权申请时，抵押人、出质人和财产被留置的债务人是被申请人。同时，《民事诉讼法》第 196 条规定，其他有权请求实现担保物权的人亦可依照《物权法》等法律的规定向基层人民法院提出实现担保物权申请。《民诉法司法解释》第 361 条规定，其他有权请求实现担保物权的人，包括抵押人、出质人、财产被留置的债务人或者所有权人等。抵押权人与抵押人相对应、质权人与出质人相对应、留置权人与财产被留置的债务人或者所有权人相对应，抵押人、出质人、财产被留置的债务人或者所有权人申请实现担保物权时，抵押权人、质权人、留置权人应作为被申请人。因而，实现担保物权案件中确认调解制度是完全可行的。

（四）实现担保物权案件中适用调解是司法实践发展的必然选择

在民事诉讼中，根据《民事诉讼法》第 143 条和第 145 条的规定，撤诉可以分为"按撤诉处理"和"申请撤诉"两种。实现担保物权案件中的撤诉主要是申请人申请撤诉，多数情况下，申请人申请撤诉，要么是在和被申请人充分协商的基础上就担保物权的实现达成了和解的协议，要么是在人民法院的建议、劝说、协调下和被申请人就担保物权的实现达成了某种共识，而在人民法院的参与下双方当事人达成的共识，其实质就属于法院调解，只不过以另外一种程序处理的方式——和解结案而已。而对于人民法院没有参与和解的申请撤诉，是否准许，决定权还在人民法院。也就是说，人民法院要对申请人的撤诉申请进行审查，审查时必然会关注当事人就实现担保物权达成的和解协议能否顺利履行，以防止申请人撤诉后因协议不能履行再提出申请，浪费司法资源。

在实现担保物权案件中适用调解，是实现担保物权案件司法实践发展的必然选择。审判实践中，各地基层人民法院面对 2012 年《民事诉讼法》实施后日益增多的实现担保物权案件，根据案件的具体情况，也开始尝试以调解或者和解方式解决实现担保物权案件，只不过为了规避最高人民法院的禁止性规定，实现担保物权案件中的调解被称为"协调"或"和解"，并以法院通过司法确认书的形式，确认和解协议的强制执行力的方式结案；更多地以和解方式解决争议的案件以撤诉的形式终结程序。[1] 而允许在实现担保物权案件中适用调解，人民法院就可以针对担保物权实现中的具体情况正大光明地组织双方进行协商，并对申请人和被申请人协商的过程进行指导、监督，达成协议的还可以制作具有法律效力的调解书。可见，调解在担保物权实现中的作用远非和解或者撤诉所能够承载的，承认实现担保物权案件中适用调解并对其进行规范、完善是司法实践发展的必然选择。广东省佛山市禅城区人民法院调解结案的案件登载在《人民法院报》第 3 版"现在开庭"栏目，《人民法院报》作为由最高人民法院主管，集中反映人民法院审判工作的唯一一张全国大型报刊，是全国各级人民法院新闻宣传的阵地，是全国各级人民法院及所有关心中国社会主义民主法制建设人士的重要舆论阵地，"现在开庭"是《人民法院报》精心打造的受广大读者普遍关注的知名专版，其登载的案例在一定程度上反映了最高人民法院对实现担保物权案件中适用调解的态度。

再者，由实现担保物权案件中调解制度引发的立法与司法实践之间的冲突来看，调解制度具有顽强的生命力。"社会的需要和社会的意见常常是或多或少地走在法律前面，我们可能非常接近地达到它们之间缺口的接合处，但永远存在的趋向是要把这缺口重新打开来。因为法律是稳定的，而我们谈到的社会是前进的。"[2] "现在以及任何别的时间，法律发展的重心既不在立法，也不在法律科学和司法判决，而在于社会本身。"[3] 面对社会的发展及实现担保物权案件的特殊性，如果依然拘泥于现行法律及司法解释的规定，坚持禁止人民法院在实现担保物权案件中进行调解，只会使该规定成为口号

---

[1] 如"申请人周某与被申请人某市某乳业发展有限公司申请实现担保物权案"，湖南省冷水江市人民法院（2013）冷民特字第 2 号民事裁定书。

[2] [英] 梅因：《古代法》，沈景一译，商务印书馆 1995 年版，第 15 页。

[3] [美] E. 博登海默：《法理学：法律哲学与法律方法》，邓正来译，中国政法大学出版社 1999 年版，第 142 页。

性条款，失去法律规范本应该具有的规范功能，同时也使实现担保物权案件中的调解游离于制度之外。承认实现担保物权案件中适用调解并对其进行规范、完善是实践发展的必然选择，势在必行。

第八章
实现担保物权案件撤诉制度的实践探析

撤诉，又称诉之撤回，是指在诉讼进行过程中，原告或相当于原告的当事人向受诉法院请求不要求就其所提的诉讼继续进行审判的意思表示。[1] 原告或相当于原告的当事人向人民法院提起诉讼是行使法律赋予的诉讼权利，起诉后又撤回的，是对自己的诉讼权利的处分行为。我国《民事诉讼法》第11条明确规定民事诉讼当事人有权在法律规定的范围内处分自己的诉讼权利，因而撤诉也是法律赋予的一种诉讼权利。撤诉是法院审理民事案件中经常出现的现象，在各国民事诉讼立法中，对撤诉问题一般均作为一项制度加以规定，不过从各自的社会生活实际以及传统的习惯出发，在撤诉的条件和法律效力等方面有所差异。[2] 司法实践中，申请人撤诉在实现担保物权案件中亦经常出现。在笔者收集的459件实现担保物权样本案件中，当事人在人民法院审查过程中主动提出撤诉申请，人民法院准予撤回的案件有64件，占样本总数的13.94%（见表4-11）。为更好地探讨实现担保物权案件中的撤诉问题，笔者收集了截至2018年12月31日中国裁判文书网公布的所有实现担保物权案件（共检索到实现担保物权案件17 265件）中涉及撤诉问题的案件，共计382件。本部分以382件案件为样本对实现担保物权撤诉案件中撤诉理由、裁判要旨、撤诉费用等主要问题进行全样本分析，以求客观地反映我国实现担保物权案件中撤诉制度的运行现状及其存在的问题。同时，结合实现担保物权案件的特质，针对撤诉制度法律规定的不足以及司法实践中存在的问题，提出相关完善建议。

---

[1] 王福华：《民事诉讼专题研究》，中国法制出版社2007年版，第256页。
[2] 参见柴发邦主编：《民事诉讼法学》，法律出版社1987年版，第298页。

一、实现担保物权案件撤诉制度的现状分析

（一）实现担保物权撤诉案件地域分布

实现担保物权案件不论是在我国东中西部的分布上，还是在各省（直辖市、自治区）的分布上，都呈现出明显的区域不均衡状态。[1] 通过对全国382件实现担保物权撤诉样本案件的分析发现，实现担保物权案件中撤诉情况仍然有区域分布不均衡的倾向，但是与实现担保物权案件的整体分布情况有所出入。

1. 实现担保物权撤诉案件的东中西部分布情况

统计数据显示，所有382件实现担保物权撤诉案件中，东部地区99件，占总数的25.92%；中部地区160件，占总数的41.88%；西部地区123件，占总数的32.20%（详见表8-1）。在东部地区，江苏省撤诉案件40件，山东省撤诉案件22件，分别占东部地区撤诉案件的30.40%和22.22%；在中部地区，湖南省撤诉案件72件，安徽省撤诉案件30件，分别占中部地区撤诉案件的45.00%和18.75%；在西部地区，重庆市撤诉案件57件，四川省撤诉案件41件，分别占西部地区撤诉案件的46.34%和33.33%。从东中西部整体分布来看，撤诉案件样本呈现中部案件数量最多，西部案件数量居中，东部案件数量最少的分布情况。然而，实现担保物权案件的分布为东部地区案件数量最多，中部地区案件数量居中，西部地区案件数量最少，[2] 二者之间存在明显差异。

---

[1] 李林启："实现担保物权非讼程序运行现状实证分析——基于全国各地459例实现担保物权案件的考察"，载《河南工程学院学报（社会科学版）》2017年第2期。

[2] 全国各地基层人民法院审理的459件实现担保物权样本案件，东部地区有238件，占样本总数的51.85%；中部地区有129件，占样本总数的28.11%；西部地区有92件，占样本总数的20.04%。参见李林启："实现担保物权非讼程序运行现状实证分析——基于全国各地459例实现担保物权案件的考察"，载《河南工程学院学报（社会科学版）》2017年第2期。

表 8-1 实现担保物权撤诉案件中东西部分布及所占比例情况

		频率	百分比	有效百分比	累积百分比
有效	东部地区	99	25.92	25.92	25.92
	中部地区	160	41.88	41.88	67.80
	西部地区	123	32.20	32.20	100.00
	合计	382	100.00	100.00	

2. 实现担保物权撤诉案件各省（直辖市、自治区）分布情况

在各省（市、自治区）分布上，382件实现担保物权撤诉案件，分布在我国东、中、西部的22个省（市、自治区）（见表8-2），涉及171个基层人民法院。从各省（直辖市、自治区）的分布来看，实现担保物权撤诉案件发生地区集中在江苏、山东、湖南、安徽、重庆、四川等几个省（直辖市、自治区），占总样本数量的68.59%，其中东部地区的江苏省（40件）、山东省（22件）较多，中部地区的湖南省（72件）、安徽省（30件）较多，西部地区的重庆市（57件）、四川省（41件）较多。撤诉案件发生区域分布具有不均衡的倾向，二者之间的区域分布情况基本一致。根据对比分析可以看出，实现担保物权案件的分布与其撤诉案件分布的不同之处主要在于浙江省。浙江省位于我国东南沿海地区，经济发达，是东部甚至我国实现担保物权案件数量最多的省份。全国各地基层人民法院审理的459件实现担保物权样本案件，浙江省有72件，占东部地区案件数的30.25%，占样本总数的15.69%。但是在撤诉案件中，浙江省只有4件，占比仅为样本总数的1.05%。浙江省撤诉案件数量较少，案件审理完成度高，直接拉动了整个东部地区撤诉案件的整体数量的减少。

表 8-2 实现担保物权撤诉案件各省（市、自治区）分布情况

省级行政区	中东西部			合计
	东部地区	中部地区	西部地区	
河北省	11	0	0	11
辽宁省	1	0	0	1
上海市	1	0	0	1

续表

省级行政区	东部地区	中部地区	西部地区	合计
江苏省	40	0	0	40
浙江省	4	0	0	4
福建省	18	0	0	18
山东省	22	0	0	22
广东省	2	0	0	2
山西省	0	3	0	3
内蒙古自治区	0	6	0	6
吉林省	0	17	0	17
黑龙江省	0	6	0	6
安徽省	0	30	0	30
江西省	0	3	0	3
河南省	0	16	0	16
湖北省	0	7	0	7
湖南省	0	72	0	72
重庆市	0	0	57	57
四川省	0	0	41	41
陕西省	0	0	12	12
甘肃省	0	0	7	7
青海省	0	0	6	6
合计	99	160	123	382

从实现担保物权案件的分布可以看出，在经济发达地区，实现担保物权产生的纠纷越多，对担保物权制度的利用程度就越高，相应的案件数量也就越多。但是，对于此类案件撤诉情况的差别，不仅仅和地区经济发达程度有关，还可能与各地区人民法院的具体处理方式等影响因素有一定关系。

(二) 实现担保物权撤诉案件撤诉理由

在 382 件样本案例中，未载明撤诉理由的案件有 290 件，占样本总数的 75.92%；载明撤诉理由的案件有 92 件，占样本总数的 24.08%（见表 7-2）。绝大部分裁判文书并未详细载明撤诉理由，仅仅以"在法律允许的范围内对其权利所做的处分"[1]"不违背法律规定"[2]"在本案诉讼期间自愿申请撤回起诉"[3]"系当事人对自己诉权的处分且未违反法律、行政法规的禁止性规定，未损害他人合法权益"[4] 等笼统的语言对准许撤诉的理由加以描述。在裁定书载明撤诉理由的 92 件案例中，以"双方自行协商、（达成）和解、庭外调解"为由的案件最多，有 33 个，占样本总数的 8.64%，占载明撤诉理由样本总数的 35.87%；以"需进一步补充证据材料、证据尚未收集齐全"为由的案件有 10 个，占样本总数的 2.62%，占载明撤诉理由样本总数的 10.87%。如人民法院裁定文书载明，申请人撤诉的理由有："本案不属于本院管辖范围"[5]"在审查期间双方自行和解"[6]"被申请人有意与其协商处

---

[1] 参见"成都市龙泉驿区誉诚小额贷款有限公司与李某、杜某实现担保物权纠纷案"，成都市金牛区人民法院（2015）金牛民担字第 12 号民事裁定书；"刘某凤与李某东实现担保物权纠纷案"，山东省济南市市中区人民法院（2014）市商特字第 7-1 号民事裁定书。

[2] 参见"天一农村小额贷款有限公司与江苏祺顺建设发展有限公司实现担保物权纠纷案"，淮安经济技术开发区人民法院（2014）淮开民特字第 7 号民事裁定书；"吉林省信托有限责任公司与抚松县松江河鑫鼎贸易有限责任公司、抚松县松江河鑫鼎房地产开发有限责任公司实现担保物权纠纷案"，吉林省抚松县人民法院（2015）抚民特字第 30 号民事裁定书；"上海浦东发展银行股份有限公司金华永康支行与浙江三德家居有限公司实现担保物权纠纷案"，浙江省武义县人民法院（2013）金武民特字第 1 号民事裁定书。

[3] 参见"中国工商银行股份有限公司重庆涪陵分行与陈某实现担保物权纠纷案"，重庆市涪陵区人民法院（2015）涪法民特字第 00013 号民事裁定书；"中国农业银行股份有限公司重庆九龙坡支行与周某林、张某英实现担保物权案件"，重庆市沙坪坝区人民法院（2015）沙法民特字第 00095 号民事裁定书。

[4] 参见"蒋某英与艾某实现担保物权纠纷案"，成都高新技术产业开发区人民法院（2015）高新民担字第 16 号民事裁定书；"中国工商银行股份有限公司祁门支行与姚某某、杨某某实现担保物权纠纷案"，安徽省祁门县人民法院（2014）祁民申字第 00001 号民事裁定书；"中国建设银行股份有限公司湖南省分行与李某实现担保物权纠纷案"，湖南省长沙市芙蓉区人民法院（2014）芙民特字第 70 号民事裁定书。

[5] 参见"中国邮政储蓄银行股份有限公司陕县支行与梁某峡、宋某针、昝某平、贺某娥实现担保物权纠纷案"，河南省陕县人民法院（2015）陕特字第 7 号民事裁定书。

[6] 参见"九江银行股份有限公司合肥分行与张某、王某实现担保物权纠纷案"，安徽省凤台县人民法院（2014）凤民申担字第 00001 号民事裁定书。

理双方债务纠纷"[1]"无法直接对被告黄某勇送达诉讼材料"[2]"与被申请人自行协商"[3]"因被申请人外出,地址不详,无法直接送达告知实现担保物权通知书"[4]"以采取其他方式解决纠纷为"[5] 等(详见表8-3)。对92件载明撤诉理由的样本案例进一步细分,可以从管辖、申请人、申请条件、被申请人及利害关系人、成就条件、纠纷解决方式等方面进行分析。

表8-3 实现担保物权撤诉案件载明撤诉理由情况及所占比例

	撤诉理由	频率	百分比
管辖	不属于本院管辖范围	1	1.09
申请人	申请人主体有误	1	1.09
	非实现担保物权所有人	1	1.09
申请条件	本案申请不符合民事诉讼法相关规定	1	1.09
	不符合申请条件	1	1.09
被申请人及利害关系人	被申请人提出异议	1	1.09
	被申请人自愿还款、已归还贷款本息	7	7.60
	无法直接对被申请人送达告知通知书等材料	8	8.70
	无法联系到被申请人、被申请人下落不明	8	8.70
	被申请人患病在外治疗,暂无法到庭参加诉讼	1	1.09
	被申请人未到庭参与听证,对抵押担保的事实不能进行核实	1	1.09
	无法找到抵押物共有人	1	1.09
	担保人承担连带保证责任	1	1.09

---

[1] 参见"周某与某市某乳业发展有限公司实现担保物权纠纷案",湖南省冷水江市人民法院(2013)冷民特字第2号民事裁定书。

[2] 参见"中国邮政储蓄银行股份有限公司佛山市高明支行与黄某勇实现担保物权纠纷案",广东省佛山市高明区人民法院(2013)佛明法民二担字第1号民事裁定书。

[3] 参见"江苏金联投资担保有限公司与金湖县金炜锻造有限公司实现担保物权纠纷案",江苏省金湖县人民法院(2014)金商特字第0011号民事裁定书。

[4] 参见"含山县中汇小额贷款股份有限公司与蒋某、卫某实现担保物权纠纷案",安徽省含山县人民法院(2015)含民申担字第00001号民事裁定书。

[5] 参见"涞源县农村信用联社股份有限公司与梁某福实现担保物权纠纷案",河北省涞源县人民法院(2015)涞民特字第7号民事裁定书。

续表

撤诉理由		频率	百分比
成就条件	借款合同尚未全部到期	1	1.09
	证据尚未收集齐全、需进一步补充证据材料	10	10.87
纠纷解决方式	通过诉讼程序主张权利（案情复杂、主债务存在争议）	9	9.78
	双方自行协商、（达成）和解、庭外调解	33	35.86
	采取其他方式解决纠纷	6	6.50
合计		92	100.0

1. 不符合管辖规定而撤诉

管辖的确定是民事诉讼程序的起点，是确定当事人起诉权和其他诉讼权利的前提，对维护诉讼秩序、实现程序公正起着重要作用。《民事诉讼法》第196条规定，实现担保物权案件申请应向担保财产所在地或者担保物权登记地基层人民法院提出。法院处理申请人的管辖异议时有两种处理方法，一是依职权主义，法院无管辖权时直接裁定驳回起诉，二是依当事人主义，尊重当事人处分原则，申请人可以通过撤诉避免法院的管辖。在样本案例中，以"不属于本院管辖范围"为由撤诉的案件仅有1件，占"载明撤诉理由"案件的1.09%，占样本总数的0.26%，该案例为中国邮政储蓄银行股份有限公司陕县支行与梁某峡、宋某针、昝某平、贺某娥实现担保物权纠纷案。[1]

2. 申请人不符合条件而撤诉

适格的主体是启动程序的前提，也是人民法院立案受理的关键。[2] 申请人是否适格是实现担保物权案件立案审查时需要明确的问题。《民事诉讼法》第196条规定的申请主体包括：担保物权人以及其他有权请求实现担保物权的人。《民诉法司法解释》第361条对于实现担保物权程序的申请人范围作出明确界定：担保物权人包括抵押权人、质权人、留置权人；其他有权请求实

---

[1] 参见"中国邮政储蓄银行股份有限公司陕县支行与梁某峡、宋某针、昝某平、贺某娥实现担保物权纠纷案"，河南省陕县人民法院（2015）陕特担字第7号民事裁定书。

[2] 李相波："实现担保物权程序适用中的相关法律问题——以新《民事诉讼法》第196条、第197条为中心"，载《法律适用》2014年第8期。

现担保物权的人包括抵押人、出质人、财产被留置的债务人或者所有权人等。在司法实践中,实现担保物权案件的申请人大多为担保物权人。在样本案例中,因申请人原因撤诉的案件共有2件,分别以"申请人主体有误""非实现担保物权所有人"为由,占"载明撤诉理由案件"的2.18%,占样本总数的0.52%。例如,滁州皖东农村商业银行扬子支行与滁州市博海电器有限公司实现担保物权案中,滁州皖东农村商业银行扬子支行以申请人主体有误为由提出撤诉申请。[1]

3. 申请条件不符合规定而撤诉

对于实现担保物权案件的申请条件,我国主要有两要件说、三要件说及四要件说等观点。[2]综合来看,人民法院应当就主合同的效力、期限、履行情况,担保物权是否有效设立、担保财产的范围、被担保的债权范围、被担保的债权是否已届清偿期等担保物权实现的条件,以及是否损害他人合法权益等内容进行审查。被申请人或者利害关系人提出异议的,人民法院应当一并审查。出质人、财产被留置的债务人请求实现担保物权的,须以质权人、留置权人怠于行使担保物权为条件。申请条件的设置是为了避免当事人双方因债权问题产生纠纷,造成实现担保物权程序无法进行,浪费司法资源。在样本案例中,因申请条件不符合规定而撤诉的案件共有2件,分别以"申请人主体有误""非实现担保物权所有人"为由,占"载明撤诉理由案件"的2.18%,占样本总数的0.52%。例如,中国农业银行股份有限公司金湖县支行与范某培、赵某香申请实现担保物权纠纷案中,申请人因"不符合申请条件"撤诉。[3]

4. 因被申请人及利害关系人原因撤诉

《民事诉讼法》并未对实现担保物权案件中的被申请人作出规定。依照法理,被申请人应是与申请人直接对应的程序主体,例如,抵押人、出质人、财产被留置的债务人。对于利害关系人是否应被列为被申请人,学术界存在不同意见。但在我国司法实践中,为避免不同利害关系人之间的权利冲突,

---

〔1〕 参见"滁州皖东农村商业银行扬子支行与滁州市博海电器有限公司实现担保物权案",安徽省滁州市琅琊区人民法院(2015)琅民特字第00002号民事裁定书。

〔2〕 王明华:"实现担保物权案件中的当事人范围与实现条件",载《山东审判》2013年第1期。

〔3〕 参见"中国农业银行股份有限公司金湖县支行与范某培、赵某香申请实现担保物权纠纷案",江苏省金湖县人民法院(2014)金商特字第0040号民事裁定书。

可将利害关系人列为被申请人。在样本案例中，因被申请人及利害关系人原因撤诉的案件共有28件，其中因被申请人原因撤诉的案件有26件，理由包括"被申请人提出异议""被申请人自愿还款""已归还贷款本息""无法直接对被申请人送达告知通知书等材料""无法联系到被申请人、被申请人下落不明""被申请人患病在外治疗，暂无法到庭参加诉讼""被申请人未到庭参与听证，对抵押担保的事实不能进行核实"等，占"载明撤诉理由案件"的28.28%，占样本总数的0.52%。例如，中国银行股份有限公司商丘分行与杨某、郭某梅、赵某伟实现担保物权纠纷案中，因被申请人下落不明申请撤诉；[1] 韦某与戚某华、杨某婷申请实现担保物权案中，因被申请人患病在外治疗，暂无法到庭参加诉讼申请撤诉。[2] 另外，因利害关系人撤诉案件2件，理由包括"无法找到抵押物共有人""担保人承担连带保证责任"，占"载明撤诉理由案件"的2.18%，占样本总数的6.79%。例如，中国邮政储蓄银行股份有限公司益阳市分行与李某武、欧某姿实现担保物权纠纷案中，申请人以无法找到抵押物共有人为由提出撤诉申请。[3]

5. 成就条件不具备而撤诉

实现担保物权案件因成就条件不具备而撤诉的，主要包括履行期限尚未届满、申请人提交的证据材料不符合规定等。《民诉法司法解释》第367条规定，申请实现担保物权，应当提交下列材料：第一，申请书，应当载明申请人和被申请人的姓名、名称等基本情况和联系方式，具体的请求、事实和理由等；第二，证明担保物权存在的材料，包括主合同、担保物权合同、抵押权登记证明或他项权利证书，权利质权的权利凭证或者出质登记证明等；第三，证明实现担保物权条件成就的证据材料；第四，担保物现状的说明；第五，人民法院认为需要提交的其他材料。在样本案例中，因成就条件不具备而撤诉的案件共11件，主要以"借款合同尚未全部到期""证据尚未收集齐全、需进一步补充证据材料"为由，占"载明撤诉理由案件"的11.96%，占

---

[1] 参见"中国银行股份有限公司商丘分行与杨某、郭某梅、赵某伟实现担保物权纠纷案"，河南省商丘市梁园区人民法院（2015）商梁民特字第00009号民事裁定书。

[2] 参见"韦某与被申请人戚某华、杨某婷申请实现担保物权纠纷案"，江苏省阜宁县人民法院（2014）阜民特字第00017号民事裁定书。

[3] 参见"中国邮政储蓄银行股份有限公司益阳市分行与李某武、欧某姿实现担保物权纠纷案"，湖南省益阳市赫山区人民法院（2015）益赫民二特字第5号民事裁定书。

样本总数的 2.88%。例如，杨某刚与孙某实现担保物权纠纷案中，申请人因需进一步补充证据材料，主动申请撤诉。[1]

6. 因采取其他纠纷解决方式而撤诉

民事诉讼解决纠纷的方式多样，当事人可以选择诉讼程序、非讼程序等。如果双方当事人在案件审查过程中自愿和解的，申请人可提出撤回申请，法院应予准许。如果申请人不撤回申请，法院仍应裁定准予实现担保物权，双方可在后续的执行程序中进行和解。在司法实践中，当事人因采取其他纠纷解决方式而撤诉的案件十分常见，样本案例中有 48 件，占"载明撤诉理由"案件的 52.17%，占样本总数的 12.57%。当事人多以"通过诉讼程序主张权利""双方自行协商、（达成）和解、庭外调解"为由撤诉。例如，江苏金湖农村商业银行股份有限公司与江苏强泰机械有限公司实现担保物权纠纷案中，申请人以与被申请人自行协商为由申请撤诉。[2]

（三）实现担保物权撤诉案件裁判结果

1. 裁判结果总体情况

382 个样本案件中，法院裁判文书的裁判结果主要分为三种：准许撤诉、按撤诉处理、终结审理。其中，法院裁定准许撤诉的案件居多，有 350 件，占样本案件总数的 91.62%；按撤诉处理的案件有 21 件，占样本案件总数的 5.50%；终结审理的案件有 11 件，占样本案件总数的 2.88%；按撤诉处理和终结审理的样本案件共有 32 件，仅占样本总数的 8.38%（见表 8-4）。

表 8-4 实现担保物权撤诉案件裁判结果及所占比例情况

裁判结果	频率	百分比	有效百分比	累积百分比
准许撤诉	350	91.62	91.62	97.12
按撤诉处理	21	5.50	5.50	5.50
终结审理、终结程序	11	2.88	2.88	100.00
合计	382	100.00	100.00	

---

[1] 参见"杨化刚与孙某实现担保物权纠纷案"，南京市建邺区人民法院（2014）建民特字第 16 号民事裁定书。

[2] 参见"江苏金湖农村商业银行股份有限公司与江苏强泰机械有限公司实现担保物权纠纷案"，江苏省金湖县人民法院（2014）金商特字第 0035 号民事裁定书。

第八章　实现担保物权案件撤诉制度的实践探析

实现担保物权案件中，按撤诉处理的一般有以下几种情况：一是原告未按期交纳诉讼费用，如中国工商银行股份有限公司黄山区支行与胡某飞实现担保物权纠纷案中，"申请人中国工商银行股份有限公司黄山区支行未在法定期限内交纳诉讼费，亦未申请办理相关缓、减、免交诉讼费手续"，按撤诉处理；[1] 二是原告或有独立请求权的第三人经传票传唤，无正当理由拒不到庭，或未经法庭许可中途退庭，司法实践中此种情况并不常见；三是原告应预交而未预交案件受理费，经通知后仍未预交的。如长沙银行股份有限公司浏阳支行与陈某、尤某、尤某文、潘某平实现担保物权纠纷案中，人民法院"向申请人送达了受理案件通知书，并通知其在七日内预交案件受理费，但申请人未在本院指定期限内预交受理费"，按撤诉处理。[2]

终结审理或者终结程序是指人民法院在审判案件过程中，遇有法律规定的情形致使审判不应当或者不需要继续进行时终结案件的诉讼活动。如余某与廖某东实现担保物权纠纷案中，法院裁定终结余某要求对廖某东所有的位于重庆市永川区大安场镇房地产及其土地使用权实现担保物权特别程序。[3]

2. 审判组织与裁判结果的关系

为更好地分析实现担保物权撤诉案件裁判结果，笔者通过对审判组织和裁判结果进行对比分析，探求审判组织的形式是否会对申请撤诉案件的裁判结果产生影响。《民诉法司法解释》第369条规定，实现担保物权案件可以由审判员一人独任审查。担保财产标的额超过基层人民法院管辖范围的，应当组成合议庭进行审查。可见，实现担保物权案件的审判组织可分为独任审判以及合议庭两种。382件样本案例中，独任审判案例有344例，占样本案件总数的90.05%；合议庭审判仅有38例，占样本案件总数的9.95%（见表8-5）。准许撤诉的350件样本案例中，独任审判的315件，占样本案件总数的82.46%；合议庭审判的35件，占样本案件总数的9.16%。按撤诉处理的21件样本案例中，独任审判的有18件，占样本案件总数的4.71%；合议庭审判

---

[1] 参见"中国工商银行股份有限公司黄山区支行与胡某飞实现担保物权纠纷案"，安徽省黄山市黄山区人民法院（2015）黄民申担字第00002号民事裁定书。

[2] 参见"长沙银行股份有限公司浏阳支行与陈某、尤某、尤某文、潘某平实现担保物权纠纷案"，湖南省浏阳市人民法院（2015）浏民特字00019号民事裁定书。

[3] 参见"余某与廖某东实现担保物权纠纷案"，重庆市永川区人民法院（2015）永法民特字第00008号民事裁定书。

的有 3 件，占样本案件总数的 0.79%。审结审理或者终结程序的 11 件样本案例中，独任审判的有 11 件，占样本案件总数的 2.88%；合议庭审判的为 0 件。

表 8-5　裁判结果和审判组织数量关系分析表

		审判组织		合计
		独任审判	合议庭	
裁判结果	准许撤诉	315	35	350
	按撤诉处理	18	3	21
	终结审理、终结程序	11	0	11
合计		344	38	382

对裁判结果和审判组织的关系运用 SPSS 软件进行描述性统计分析后，得出如下卡方检验表（见 8-6）。从表中数据可以看出，sig = 0.437 > α = 0.05，[1] 即认为审判组织的形式与裁判结果之间没有显著相关关系。由此可见，在实现担保物权案件中，审判组织无论是独任审判还是组成合议庭，当事人如果有撤诉意愿，并不会对其申请撤诉的结果造成显著影响。这在一定程度上能够体现出，制度设计的变化并不会对实现担保物权案件审理的公平性产生影响。

表 8-6　裁判结果和审判组织的关系卡方检验表

	值	df	渐进 Sig（双侧）
Pearson 卡方	1.657a	2	0.437
似然比	2.700	2	0.259
线性和线性组合	1.180	1	0.277

---

〔1〕 显著性水平 α 是指原假设为真却将其拒绝的风险，即弃真的概率。通常设为 0.05 或 0.01。可以根据统计量观测值的概率 p 值和显著性水平 α 比较的结果进行决策。若 p-值 $> \alpha$，不拒绝 H_0；若 p-值 $< \alpha$，小概率事件发生，拒绝 H_0。在本书的研究情况中，若 sig 值小于 α，则认为二者具有显著相关关系。

（四）实现担保物权撤诉案件申请费用

我国民事审判中，《民诉法司法解释》明确了实现担保物权案件应当交纳申请费用，[1] 撤诉后诉讼费用的承担问题主要规定在《诉讼费用交纳办法》第15条、[2] 第34条。[3] 在382个样本案例中，未收费的案件37件，占样本案例总数的9.69%；未载明是否收费的案件156件，占样本案例总数的40.83%；收取费用的案件189件，占样本案件总数的49.48%（见表8-7）。收取申请费用的撤诉案件中，法院主要是以"案件受理费""案件申请费""诉讼费""财产保全费"的名义收取费用，其分别占比为34.29%、15.44%、1.57%、0.26%。关于收取费用的多少问题，笔者将未载明是否收取费用的按照收取费用为0元计数，经过统计分析发现，诉讼费用多集中在150元以下，总计占比约84.8%。

表8-7 撤诉案件是否收取受理费用分析表

		频率	百分比	有效百分比	累积百分比
有效	否	37	9.69	9.69	9.69
	是	189	49.48	49.48	59.16
	未载明	156	40.83	40.83	100.00
	合计	382	100.00	100.00	

在实现担保物权案件的裁判结果和收费情况的关系上，准许撤诉的案件中，未收费的有162个，收费案件有188个，其中以"案件受理费"名义收费的案件为130个，占绝大多数；按撤诉处理的21个案件中，未收费的有20个，收费案件有1个；终结审理案件均未收费（详见表8-8）。由此可以看出，在实现担保物权的案件撤诉时，有一大部分案件需要交纳案件受理费。

---

[1]《最高人民法院关于适用〈中华人民共和国民事诉讼法〉的解释》第204条第1款规定："实现担保物权案件，人民法院裁定拍卖、变卖担保财产的，申请费由债务人、担保人负担；人民法院裁定驳回申请的，申请费由申请人负担。"

[2]《诉讼费用交纳办法》第15条规定："以调解方式结案或者当事人申请撤诉的，减半交纳案件受理费。"

[3]《诉讼费用交纳办法》第34条规定："民事案件的原告或者上诉人申请撤诉，人民法院裁定准许的，案件受理费由原告或者上诉人负担。行政案件的被告改变或者撤销具体行政行为，原告申请撤诉，人民法院裁定准许的，案件受理费由被告负担。"

但是,根据《诉讼费用交纳办法》第 8 条的规定,依照《民事诉讼法》规定的特别程序审理的案件,不需要交纳案件受理费。实现担保物权案件的审理程序属于特别程序,不需交纳案件受理费。因此,在司法实践中以"案件受理费"为名义收取费用并不符合法律规定,但这种现象却常有发生。

表 8-8 收费情况和裁判结果的关系分析表

		裁判结果			合计
		按撤诉处理	准许撤诉	终结审理、终结程序	
收费名义	无	20	162	2	184
	案件受理费全额退还	0	1	0	1
	案件受理费	1	68	0	69
	案件申请费	0	43	9	52
	案件受理费减半收取	0	62	0	62
	诉讼费	0	4	0	4
	诉讼费减半收取	0	2	0	2
	案件申请费减半收取	0	7	0	7
	案件申请费、财产保全费	0	1	0	1
合计		21	350	11	382

二、实现担保物权案件撤诉制度存在的问题及成因

撤诉是指诉讼当事人在诉讼过程中以消极或积极的方式撤回人民法院已受理的诉讼,从而终止已经开始的诉讼程序的诉讼行为。我国现行法律中对于民事撤诉制度的规定并不完善,具体体现在《民事诉讼法》第 124 条第 5 项、第 143 条、第 145 条。其中《民事诉讼法》第 124 条第 5 项规定了人民法院以裁定准许撤诉的案件,可以再次提起诉讼;[1] 第 143 条是按撤诉处理

---

[1]《民事诉讼法》第 124 条规定:"人民法院对下列起诉,分别情形,予以处理……(五)对判决、裁定、调解书已经发生法律效力的案件,当事人又起诉的,告知原告申请再审,但人民法院准许撤诉的裁定除外……"

第八章　实现担保物权案件撤诉制度的实践探析

的规定，明确对原告无故不到庭或者未经法庭许可中途退庭的后果规定；[1]第145条是申请撤诉制度的规定，明确原告具有撤诉权，法院具有撤诉裁定权。[2]此外，《民诉法司法解释》第66条、第143条、第144条、第158条、第159条、第160条、第161条、第191条均涉及对申请撤诉或按撤诉处理制度的规定，是对《民事诉讼法》关于民事撤诉制度的进一步补充。

(一) 实现担保物权案件撤诉制度存在的问题

在司法实践中，实现担保物权案件中申请人撤诉的案件是一种常见情况，但是在我国立法和理论研究方面仍处于边缘化的态势，并没有针对性的规定，导致实现担保物权撤诉案件实践中存在着一定的问题。

1. 缺乏对申请人撤诉权的限制

我国现行法律对于原告申请撤诉的形式并未作出具体规定，原告可以以书面或者口头的方式申请撤诉。这就意味着，实现担保物权案件中，申请人一旦产生不愿承担败诉风险的想法或者找到其他救济途径而想要停止诉讼，就可以快速简单地以口头的方式向法院提出申请。而法院以口头方式作出裁定，被申请人则很有可能在未被告知且无任何书面凭证为依据的情况下为"已经结束的诉讼"做着应诉准备。申请人申请撤诉，除案件审理费之外，不再担心其他需要负担的义务，而被申请人为应对诉讼产生的损失却无处伸张。法律对于申请人撤诉后是否能够再起诉也未作任何限制，若发生申请人反复撤诉和再诉的情况，将会对司法资源和被申请人权益造成极大损害，也为申请人钻法律空子寻求利益创造了机会。且在实现担保物权案件中，担保物权人和担保人之间没有权利义务上的争议，不存在利益相反的当事人。因此，实现担保物权案件的申请人申请撤诉的，被申请人作为参与方应该享受同等知情权和异议权。

2. 法官的自由裁量权较大

根据实证分析可以发现，实现担保物权撤诉案件中，当事人申请撤诉的，绝大部分都是"准许撤诉"，裁定不准许撤诉的现象比较罕见。382件样本案件中，法院裁定准许撤诉的案件有350件，占样本案件总数的91.62%（详见

---

[1]《民事诉讼法》第143条规定："原告经传票传唤，无正当理由拒不到庭的，或者未经法庭许可中途退庭的，可以按撤诉处理；被告反诉的，可以缺席判决。"

[2]《民事诉讼法》第145条规定："宣判前，原告申请撤诉的，是否准许，由人民法院裁定。人民法院裁定不准许撤诉的，原告经传票传唤，无正当理由拒不到庭的，可以缺席判决。"

· 199 ·

表8-4）。对于申请人申请撤诉的，根据《民事诉讼法》第145条的规定，"是否准许，由人民法院裁定"，该规定较为笼统，《民诉法司法解释》中规定了撤诉需要经过法院批准，在特定的情况下，法院可以裁定不予撤诉。法律赋予法院对撤诉的绝对决定权，却没有明确规定准许撤诉的条件以及不准许撤诉后原告的救济措施。这使得法院在裁定是否准许撤诉时拥有较大的自由裁量权，在结案的压力面前，法官更倾向于准许当事人撤诉。这可能造成原告违背真实意愿无奈作出撤诉申请的情况。进而言之，这也是造成多数法院制作撤诉裁定书往往非常简单，且并不载明撤诉理由的一种原因。

在382件样本案件中，未载明撤诉理由的案件有290件，占样本案件总数的75.92%（详见表7-2）。可见，实现担保物权撤诉案件裁判文书中，绝大部分并未详细载明撤诉理由，仅仅以笼统的语言对准许撤诉的理由加以描述。对于撤诉理由进行详细说明的，仅有极少部分裁判文书。关于样本案例中出现的撤诉理由（详见表8-3）。尚未完善的法律规定、笼统描述的撤诉裁定书，为隐藏其中的不规范司法行为提供了可操作空间。[1] 此外，如果人民法院对于撤诉申请的审查过于简单，并未关注到撤诉后担保物权的实现是否顺利履行，则可能发生撤诉后申请人再次提出申请的情况，浪费司法资源。

3. 以"撤诉"为名行"调解"之实

我国担保物权实现程序机制在不断创新，2012年修改的《民事诉讼法》立足于我国市场经济发展的需要，为了改变诉讼程序耗时长、成本高、不便捷的弊端，将实现担保物权案件纳入"特别程序"一章，完成了担保物权的实现由诉讼程序向非讼程序的重大改变。调解在民事诉讼中具有广泛适用性，对于实现担保物权案件来说更为方便快捷。但是，《最高人民法院关于人民法院民事调解工作若干问题的规定》第2条明确指出，适用特别程序的案件，人民法院不予调解。也就是说，按照最高人民法院的要求，实现担保物权案件不得适用调解。随着各地实现担保物权案件数量的不断增多，各地基层人民法院因最高人民法院的禁止性规定，在调解上开始尝试以其他方式行"调解"之实。因此，在司法实践中，存在着以和解方式解决争议的案件以撤诉的形式终结程序，即申请人申请撤诉是基于在人民法院的劝说、建议下与被申请人就担保物权的实现达成共识，其实质就是和解结案。从样本案件的

---

[1] 王罗颐等："完善民事撤诉制度 减少司法资源浪费"，载《人民法院报》2016年12月22日。

"撤诉理由"部分也可以发现,已载明撤诉理由的92件中,以"双方自行协商、(达成)和解、庭外调解"为由撤诉的案件有33件,占已载明理由案件的35.87%。以"撤诉"的形式实行调解,虽然提高了实现担保物权案件的效率,但是法官在此过程中的过多参与,有违申请撤诉的要求,即撤诉必须基于原告真实自愿的意思表示,审判人员不得违背原告真实意思表示而劝告或督促其撤诉。

4. 申请费用交纳问题有待完善

担保物权不仅保障债权实现,而且有助于促进资金融通,活跃市场经济,[1] 实现担保物权案件中,在案情不同的情况下,对于案件申请费均减半处理,则不能从经济层面约束申请人的撤诉行为。如申请人如果在诉讼程序临近终结时撤诉,对于法院为审理案件投入的大量人力物力是一种极大的损失,造成司法资源的浪费。此外,对于按撤诉处理的案件的诉讼费用问题没有明确规定。按撤诉处理的案件是否应该退还诉讼费用或者应该按照什么比例退还,理论和实践中都存在分歧。按撤诉处理的起因是申请人存在消极行为,而申请撤诉是申请人的积极行为,若以同样的标准收取费用,在不同情况下会产生不公平的现象。这也造成实践中同样的案件法院做法不同的情况,有违公平原则。

(二) 实现担保物权案件撤诉制度存在问题的成因分析

2012年《民事诉讼法》新增了实现担保物权非讼程序,但只有第196条、第197条两个条文,相关法律规定并不完善,在处理实现担保物权案件中的撤诉问题时,法官具有较大的自由裁量权。2015年2月4日实施的《民诉法司法解释》突出了对《民事诉讼法》新增及修改重要制度的落实。针对实现担保物权案件,《民诉法司法解释》规定了十多条内容,从申请主体、管辖法院、受理审查、处理结果等方面对实现担保物权程序规范进行了细化,增强了其操作性,为法官裁判实现担保物权案件提供了依据。本部分将382个样本案例的裁定时间以"2015年2月4日"为节点进行划分,意在界定实现担保物权非讼程序法律规定是否完善。同时,将裁定时间和撤诉理由、裁判结果三者设定为变量,并进行赋值处理,用SPSS软件进行描述性统计分析,探求法律规定进一步完善后,实现担保物权的撤诉案件的情况是否有所

---

[1] 王泽鉴:《民法物权》(第2版),北京大学出版社2010年版,第367页。

变化。

从撤诉理由是否载明与裁定时间数量关系上来看，根据样本案件裁判文书中是否载明关于申请人的撤诉理由，将382件样本案件分为"未载明"和"已载明"两种情况，其中未载明撤诉理由的案件共有290例，"2015年2月4日前"的案件有108件，"2015年2月4日及以后"的案件为182件；已载明撤诉理由的案件共有92件，"2015年2月4日前"的案件有46件，"2015年2月4日及以后"的案件亦为46件，可见，2015年《民诉法司法解释》的颁布实施对实现担保物权撤诉案件是否载明撤诉理由影响不大，特别对载明撤诉理由的影响更是不显著（详见表8-9）。

表8-9　实现担保物权撤诉案件中撤诉理由是否载明与裁定时间数量关系表

撤诉理由	裁定时间		合计
	2015年2月4日前	2015年2月4日及以后	
未载明	108	182	290
已载明	46	46	92
合计	154	228	382

从裁判结果与裁定时间关系上来看，"2015年2月4日前"的案件有154件，其中准许撤诉的有143件，按撤诉处理的有5件，终结审理或者终结程序的有6件；"2015年2月4日及以后"的案件有228件，其中准许撤诉的有207件，按撤诉处理的有16件，终结审理或者终结程序的有5件。从数量上看，"2015年2月4日及以后"的案件总体有所增加（详见表8-10）。也就是说，2015年《民诉法司法解释》颁布实施后，实现担保物权撤诉案件的数量较之前的案件数量总和要多，推测其增长原因，一方面是司法解释发布之后，更加完善的法律规定对于解决实现担保物权案件具有促进作用；另一方面是随着经济发展，实现担保物权的现实需求量也在不断增长。社会环境以及现实需求的影响，加之法律法规的完善，对于实现担保物权案件的增长均是正向促进的。但是从数量关系上，无法看出法律法规的完善是否会影响撤诉案件的裁判结果以及撤诉理由，这就需要进行进一步分析。

表8-10 实现担保物权撤诉案件中裁判结果与裁定时间案件数量关系表

		裁定时间		合计
		2015年2月4日前	2015年2月4日及以后	
	准许撤诉	143	207	350
	按撤诉处理	5	16	21
	终结审理、终结程序	6	5	11
	合计	154	228	382

运用SPSS进行描述性统计分析,得出表8-11卡方检验表。从表中数据可以看出,裁判结果与裁定时间的关系中,sig=0.188>α=0.05,即认为在0.05的显著性水平上,裁判结果与裁定时间之间并不存在显著相关,说明法律法规的完善并没有对裁判结果产生显著影响。撤诉理由与裁定时间的关系中,sig=0.294>α=0.05,即认为在0.05的显著性水平上,撤诉理由与裁定时间之间不存在显著相关的关系,法律法规的完善对撤诉理由并未产生显著影响。

表8-11 实现担保物权撤诉案件裁定时间与裁判结果、撤诉理由关系卡方检验表

		值	df	渐进Sig(双侧)
裁判结果与裁定时间	Pearson卡方	3.346a	2	0.188
撤诉理由与裁定时间	Pearson卡方	20.707a	18	0.294

可见,2015年2月4日《民诉法司法解释》颁布实施之后,对于实现担保物权非讼程序的法律规定虽然有所完善,但是对于实现担保物权案件中的撤诉问题并没有作出具体规定。所以,实现担保物权案件中撤诉问题依然是主要遵循《民事诉讼法》及《民诉法司法解释》中的原则性规定,通过对裁定时间与裁判结果、撤诉理由的显著性检验分析可以看出,司法解释的出台并未真正触及实现担保物权案件中撤诉制度的实质问题,在撤诉问题的司法实践中并未产生显著影响,我国实现担保物权案件中撤诉问题的相关立法仍有待进一步研究和完善。

三、完善实现担保物权案件撤诉制度的建议

实证分析发现，实现担保物权案件中的撤诉问题在极大程度上源于立法的缺陷。《民事诉讼法》中关于撤诉制度的规定本身就过于笼统，对于关键性的问题没有作出具体规定。除此之外，实现担保物权案件的撤诉制度的规定尚存在诸多方面的空白。在分析裁定时间和裁判结果以及撤诉理由的关系时，可以看出2015年《民诉法解释》虽然对实现担保物权案件的审理作出细化，但在撤诉方面仍未有进展，当前的立法难以完全满足司法实践的需要。《民事诉讼法》规定的实现担保物权非讼程序具有优于诉讼程序的特点，如若无法解决在司法审判中存在的诸多问题，非讼程序的优势就难以发挥。"法治的理想必须落实到具体的制度和技术层面"，[1]结合实现担保物权撤诉案件的特点，审视我国相关法律关于撤诉的规定，针对实现担保物权撤诉案件司法实践中存在的不足，进一步完善实现担保物权案件撤诉制度设计，具有重要的现实意义。

（一）对于申请人再次提起诉讼进行限制

为了避免原告恶意撤诉并反复起诉对被告的侵害和对司法秩序的破坏，很多国家均对原告撤诉之后再次起诉的行为进行了限制。例如，日本法律规定在作出终局判决后撤诉的，不能再次提起同一诉讼；美国以"二次诉讼"规则限制原告的再次起诉行为，规定原告只有两次撤诉机会。还有些国家规定起诉后撤诉的，诉讼时效不中断，溯及至未起诉之时。如《法国民法典》第2247条规定："以下情形，不视为时效中断……如原告撤诉、原告听任诉讼逾期而不进行诉讼或者如原告的诉讼请求被驳回。"这种做法能够实现程序稳定，也符合法学理论。若规定撤诉后的诉讼时效不中断，原告在行使撤诉权的时候，就会深入考虑撤诉行为会不会产生因超过诉讼时效而无法再次提起诉讼的后果，这在一定程度上可以防止原告对于撤诉权的滥用。

实现担保物权案件中，我国法律尚未对撤诉后诉讼时效问题作出规定，[2]也未对再次起诉的次数作出规定。笔者认为，对于实现担保物权案件

---

[1] 苏力：《送法下乡——中国基层司法制度研究》，北京大学出版社2011年版，第1页。

[2] 需要注意的是，2011年《全国民事审判工作会议纪要》第64条规定："当事人起诉后又撤诉或者人民法院依法裁定按撤诉处理，不引起诉讼时效的中断。但起诉后起诉状已送达相对人后又撤诉或被裁定按撤诉处理的，诉讼时效于起诉状送达相对人之日起中断。"该条原则上认为起诉后又撤

中的撤诉问题，可以参考美国的做法，对再次申请的次数予以限制，并设立"不得再次申请实现担保物权的登记"。即实现担保物权案件中，申请人向人民法院提出实现担保物权的申请后提出撤诉的，人民法院可以准许其撤诉。在行使撤诉权之后就同一请求再次向人民法院提起申请并再次申请撤诉的，法院可以准许撤诉，但应告知申请人不得再次申请实现担保物权，并要求申请人进行"不得再次申请实现担保物权的登记"，登记信息在司法系统中公开，避免申请人就同一事实以同一诉讼请求再次申请。[1]

（二）建立当事人合意撤回起诉制度

关于撤诉问题，大陆法系和英美法系均通过赋予被告一定的权利对抗原告，如法国相关规定，如果原告撤诉时被告已经进行了实体上的辩护，那么撤诉在被告接收时才真正有效。德国相关规定，除撤诉发生在言辞辩论前或者被告尚未进入到诉讼状态前以外，原告撤回起诉原则上需要经过被告同意。这些规定都充分保护了被告的合法权利。在我国，可以将被告介入撤诉过程分为两个阶段：第一个阶段为诉前阶段，此时被告尚未耗费太多资源进行应诉，原告撤诉不会造成被告太多的利益损失，因而原告可享有自主撤诉的权利，而不受任何利益相关人的限制。第二个阶段为审判阶段，此时原告、被告双方均以就应诉作出一定人力、物力的投入，应当赋予被告一定的介入撤诉申请的权力。可以根据案件审理情况给予被告不同程度的介入权，例如，在案件一审阶段，可要求原告申请撤诉，需书面告知被告，被告在法定期限内作出是否同意撤诉的表示，并向法院提出自己的意见。若已经进入二审阶段，则应该对原告的撤诉权进行进一步限制，对被告的介入权进行扩大，可以要求双方在共同意愿的基础上同时向法院提出撤诉请求。

实现担保物权非讼程序存在的法理根基在于担保物权法律关系主体之间的承诺，即双方主体对涉及担保物权相关实体法律关系不存在任何争执的认

（接上页）的，诉讼时效不中断，例外规定起诉状副本送达给被告的，诉讼时效于送达之日起中断。该纪要第64条说明法院在实际审判工作中对该问题基本达成了共识，是总结审判经验的具体表现，亦是将经验上升为学术理论，以供日后制定、修改法律或司法解释提供参考。但是，毕竟《纪要》不是司法解释，不具有法律效力，各级法院在审判实践中只能用于参考。参见邓忠明："撤诉与诉讼时效中断规定的变化与发展"，载《人民司法（应用）》2016年第4期。

[1] 李林启主编：《实现担保物权实证研究》，中国政法大学出版社2018年版，第40页。

可。[1] 一旦进入非讼程序，依旧要贯彻平等原则，保障当事人双方的合法权利。被申请人作为被动者进入非讼程序，倘若在撤诉之时依旧作为唯一被动方，则有失公平。在实现担保物权案件中，自由原则和平等原则均占有重要地位，若要推动解决撤诉问题，应当在程序契约理念的背景下，构建当事人撤诉合意制度。这一方面适当限制了申请人的权利，一方面对被申请人的权利予以了更多的保护。

（三）规范司法审查权的行使

法院在撤诉案件中具有决定权，但是立法的缺失极易造成法官自由裁量权的滥用，因此，需要完善法院对于原告撤诉申请的审查。实现担保物权案件中，应规范司法审查权的行使，这就要求，一方面，遵循实现担保物权案件中人民法院的审查标准应为形式审查，[2] 对撤诉案件的审查亦应遵循形式审查的标准，具体包括对于申请撤诉的主体是否适格的审查、主体意思是否真实自由的审查、申请期限是否适当的审查、撤诉理由是否合理的审查等。对于审查后的裁定结果，应该及时告知被告；如需被告同意，则及时与被告取得沟通。另一方面，从程序上规范法院作出裁定的合理期限以及从接收申请到裁定后的办事流程。法院在接收申请人申请的恰当期限内完成审查，作出是否准许撤诉的裁定，并将审查结果详细记录在裁定书中。在诉前阶段申请人申请撤诉的，法院应当将裁定书告知被告；在审判程序开始后申请人申请撤诉的，法院应当征求被申请人的意见，最大限度尊重申请人和被申请人双方的权利。最后，为了避免法官滥用职权使申请人违背真实意愿申请撤诉，可以通过规范申请撤诉的形式，堵上撤诉权滥用和司法权力滥用的捷径。申请人在提出撤诉申请时，以书面形式提出为原则，只有在特殊情况下才允许口头方式提出。书面申请的，必须包括详细的撤诉理由；以口头方式提出申请的，法院必须将原告的撤诉请求详细记录下来备案，从而做到撤诉申请理由合理、撤诉裁定有理有据。

此外，基于实际存在的问题，应加强对撤诉审查制度整体的统筹安排，有针对性地对法律进行完善。在具体完善制度时，不仅要关注法律规范中存

---

〔1〕 毋爱斌：" '解释论'语境下担保物权实现的非讼程序——兼评《民事诉讼法》第196条、第197条"，载《比较法研究》2015年第2期。

〔2〕 李林启："形式审查抑或实质审查：实现担保物权案件审查标准探析"，载《政治与法律》2014年第11期。

第八章　实现担保物权案件撤诉制度的实践探析

在的焦点、盲点问题，还应充分考虑到各层级、各部门的法律规范之间的相互补充协调，避免出现内容上的相互冲突，从而减少立法的盲目性和法律在适用时的混乱性，争取从源头把控，规范法律适用标准，避免撤诉中的乱象发生。

（四）确立调解制度的适用

面对实现担保物权案件的特殊性，实现担保物权撤诉案件中适用调解是司法实践的必然选择。由于最高人民法院颁布的司法解释禁止特殊程序适用调解，造成法院以"撤诉"之名行"调解"之实，严重影响了撤诉制度的秩序和价值。为了使纠纷有效解决，民事诉讼程序的设计应该考虑程序效益的问题。既然调解制度引发了立法和司法之间的矛盾冲突，其是否应该存在就应该被慎重考虑。适用特别程序的案件禁止适用调解是因为适用特别程序审理的案件是为了确认某种法律事实是否存在，权利状态的有无或者公民是否有某种资格，能否行使某种权利，不具备调解的可能性。

实现担保物权撤诉案件虽然属于特别程序，但是其处理的仅仅是当事人的财产权利，且具有明确的被申请人。因此，确立实现担保物权撤诉案件中的调解制度不仅可行，而且符合此类案件的需求。如果无法对实现担保物权案件中的"调解"问题进行创新，仅拘泥于现行法律和司法解释的规定，则可能会使其成为"口号性"条款，无法达到解决实际问题的立法目的，甚至可能影响实现担保物权案件中其他制度的高效发挥。确立实现担保物权案件中的调解制度，是实践发展的选择，更能保障法的实现。[1]

（五）完善诉讼费用的相关规定

诉讼费用的多少通常与案件标的额、案件的简易程度相关，也会影响诉讼的提起和进行。诉讼费用不仅是法院收取的诉讼成本，还应该成为法院调控诉讼的一种手段。[2] 实现担保物权案件中，对于按撤诉处理案件的诉讼费用问题，应该根据司法实践区分对待。一是在申请人与被申请人未达成协议，因申请人消极的不作为而按撤诉处理的案件，不仅对被告的权益造成伤害，还浪费了司法资源，可以不免其案件受理费。此类申请人有过错的情形若依

---

[1] 关于实现担保物权案件中调解的适用问题，详见本书第七章内容及李林启："论实现担保物权案件中适用调解的必要性"，载《求索》2014年第9期。

[2] 刘婷："按撤诉处理的民事案件是否应减半交纳案件受理费"，载《人民法院报》2017年9月13日。

旧"不需交纳案件受理费",是在立法层面给予庇护,在一定程度上是对申请人消极行为的肯定,无论在立法还是司法中,都将造成不良影响。二是在原告应预交而未预交案件受理费,人民法院应当通知其预交,通知后仍不交纳或申请缓、减、免未获人民法院批准仍不交纳诉讼费用的情形中,可以不收取其诉讼费用。在此种情形中,人民法院不会立案受理,案件不进入诉讼程序,也就不用交纳费用。此外,在不能送达的情形中,可以"减半交纳"。

我国现行规定的申请撤诉案件"减半交纳案件受理费"也应作出相应修改,根据撤诉所处阶段以及申请人的主观过错规定灵活的诉讼费用。实现担保物权案件中通常所涉及的标的额通常较高,但是根据样本案例显示,所收取的诉讼费用大多不超过150元。如果能够在案件标的额的基础上,根据原告撤诉时的主观过错来收取诉讼费用,则能够在一定程度上限制申请人随意撤诉。如果仅撤回部分诉讼请求的,可在其他诉讼程序终结之时对申请人所应承担的部分诉讼费用进行计算。除科学设置诉讼费用缴费标准外,法院应严格按照《诉讼费用交纳办法》收取费用。[1]

---

[1] 关于实现担保物权案件中申请费用的具体交纳标准,详见本书第九章内容及李林启:"按件抑或按数额:实现担保物权案件申请费用交纳标准考察",载《湘潭大学学报(哲学社会科学版)》2018年第4期。

第九章

实现担保物权案件申请费用交纳标准实证考察

现代各国民事诉讼法中,诉讼费用制度是一项不可或缺的制度,是整个诉讼制度的重要组成部分,是一国诉讼理念、经济发展水平、国家对社会经济生活控制能力以及司法功能和地位的反映。[1] 诉讼费用问题看起来比较简单,但与诉讼者的利益关系甚密,关系到司法制度的根本。[2] 诉讼费用制度的构建是否科学合理,直接影响广大民众诉讼观念的形成及转变,直接影响诉讼当事人诉权保护和实现的程度,直接制约各种诉讼程序功能的充分发挥及各类诉讼程序机制的协调运作,直接影响司法公正与司法廉洁。[3] 实现担保物权案件是 2012 年《民事诉讼法》新增的内容,申请人向人民法院申请实现担保物权是否需要交纳及如何交纳申请费用,《民事诉讼法》缺乏明确的规定。《诉讼费用交纳办法》第 8 条规定,人民法院依照《民事诉讼法》规定的特别程序进行审理的案件,不交纳案件受理费。[4] 而实现担保物权案件虽然规定在《民事诉讼法》特别程序一章中,但《诉讼费用交纳办法》制定时,特别程序中还没有实现担保物权案件。因此,实现担保物权案件申请费用的交纳是否适用《诉讼费用交纳办法》的规定,学界及司法实务部门存在争议。实现担保物权案件申请费用交纳标准相关规定的缺失,导致司法实践中对此问题的认识并不统一。有观点认为,实现担保物权案件应不收取申请费用,如《浙江省高级人民法院关于审理实现担保物权案件的意见》明确规定,申

---

[1] 左卫民等:《诉讼权研究》,法律出版社 2003 年版,第 126 页。
[2] [日]谷口安平:《程序的正义与诉讼》(增补本),王亚新、刘荣军译,中国政法大学出版社 2002 年版,第 55 页。
[3] 廖永安等:《诉讼费用研究——以当事人诉权保护为分析视角》,中国政法大学出版社 2006 年版,第 5~7 页。
[4]《诉讼费用交纳办法》第 8 条规定:"下列案件不交纳案件受理费:(一)依照民事诉讼法规定的特别程序审理的案件……"

请实现担保物权，人民法院不收取申请费；[1]也有观点认为，实现担保物权案件应收取申请费，具体标准参照督促程序支付令案件的收费标准；[2]还有观点认为，按照审查的结果决定是否收费，法院裁定准予申请的，不收费；裁定驳回申请的，收取50元或100元。[3]《民诉法司法解释》虽然明确了实现担保物权案件应当交纳申请费用，[4]但对于如何交纳，并没有作出明确的规定。相关法律要么缺乏明确的规定，要么作出相互矛盾的规定，这导致各地基层人民法院在收费上"各自为战"，司法实践中申请费用的收取乱象繁生。[5]各地基层人民法院对该类案件申请费用实际收取的标准不一，导致具体案件中申请人费用支出上差异悬殊。实现担保物权案件申请费用交纳上的混乱状态，严重损害了人民法院特别是基层人民法院在广大人民群众心目中的形象，有损司法权威，进而影响司法公信力的提升。因此，在实现担保物权案件中，构建科学、合理的诉讼费用制度，具有重要的理论价值与现实意义。基于实现担保物权案件申请费用收取的混乱状态，本章通过对司法实践中全国各地2295例实现担保物权案件申请费用收费状况的实证分析，探寻确立实现担保物权案件申请费用交纳标准的基本原则，明确实现担保物权案件中申请费用的交纳标准，以期对合理有效分配有限的司法资源，切实维护申请人的切身权益，有效保障申请人诉权的充分实现，遏制申请人非理性诉讼

---

[1]《浙江省高级人民法院关于审理实现担保物权案件的意见》（浙高法〔2012〕396号）第7条第1款。

[2]参见《孝义市人民法院关于审理实现担保物权案件的暂行办法》第6条；胡买梅："关于担保物权实现之诉受理的几点思考"，载 http://www.jsfy.gov.cn/llyj/gdjc/2013/05/21162738119.html，访问时间：2016年1月10日。

[3]参见徐秀芳："浅析如何审查受理实现担保物权之诉"，载 http://www.jsfy.gov.cn/llyj/gdjc/2013/05/29163256957.html，访问时间：2016年1月10日。

[4]《最高人民法院关于适用〈中华人民共和国民事诉讼法〉的解释》第204条第1款规定："实现担保物权案件，人民法院裁定拍卖、变卖担保财产的，申请费由债务人、担保人负担；人民法院裁定驳回申请的，申请费由申请人负担。"

[5]我国诉讼费用主要由两部分构成：一部分是案件受理费或申请费，另一部分是应由当事人负担的其他诉讼费用，主要包括：证人、鉴定人、翻译人员、理算人员在人民法院指定日期出庭发生的交通费、住宿费、生活费和误工补贴（根据《诉讼费用交纳办法》第11条的规定，该部分费用由人民法院按照国家规定标准代为收取），诉讼过程中因鉴定、公告、勘验、翻译、评估、拍卖、变卖、仓储、保管、运输、船舶监管等发生的费用（根据《诉讼费用交纳办法》第12条的规定，该部分费用由当事人负担，人民法院不得代收代付）。对于第二部分费用，实践中大多没有争议，一般以实际支出为准，依国家有关规定办理即可。争论颇多的是案件的受理费或者申请费如何交纳。基于此，本章主要探讨实现担保物权案件的申请费用问题。

乃至恶意诉讼，树立司法的权威及提升司法公信力有所裨益。

一、实现担保物权案件申请费用交纳标准的立法冲突

在实现担保物权案件中，申请人向人民法院申请实现担保物权是为了寻求正义，而通过审判生产正义是需要成本的。有学者认为，"生产正义的成本"可以分为两个部分，一部分是公共成本，即由国家负担的"审理成本"；另一部分是私人成本，即由诉讼当事人负担的"诉讼成本"。[1]当事人不需要任何经济支出的免费诉讼意味着"生产正义的成本"全部转移给社会，由政府预算负担；诉讼成本与审理成本均由当事人负担则意味着国家将履行公共职能需要支出的成本全部转移给当事人，国家财政无须支出任何成本。在不同的国家，基于不同的国情及一定的政策考虑，会将"生产正义的成本"在国家和当事人之间进行分配，合理的司法政策总是在两个极端之间寻求折中。[2]在我国，国务院制定《诉讼费用交纳办法》之前，诉讼收费规则是由最高人民法院制定的，大致经历了基本不收费（中华人民共和国成立至1984年）、试行收费（1984年至1989年）、统一收费（1989年至1999年）、收费调整（1999年至2007年）等四个阶段。2007年实施的《诉讼费用交纳办法》基于当事人为保护自己的利益而消耗的司法资源应由当事人补偿、通过败诉人负担诉讼费用对违法者进行惩罚、防止当事人滥用诉权、有效调节诉讼案件数量等原因，将交纳诉讼费用作为当事人的一项法定义务加以规定。[3]

（一）《诉讼费用交纳办法》关于实现担保物权案件申请费用交纳标准的规定

在我国，《诉讼费用交纳办法》是确定当事人诉讼费用交纳义务的唯一依据。基于当事人为保护自己的利益而消耗的司法资源应由当事人补偿、通过败诉人负担诉讼费用对违法者进行惩罚、防止当事人滥用诉权、有效调节诉讼案件数量等原因，《诉讼费用交纳办法》第2条第1款将交纳诉讼费用作为当事人的一项法定义务加以规定。但是，并非所有案件的当事人都必须交纳

---

[1] 参见［日］棚濑孝雄：《纠纷的解决与审判制度》，王亚新译，中国政法大学出版社2004年版，第272~283页。

[2] 参见方流芳："民事诉讼收费考"，载《中国社会科学》1999年第3期。

[3] 《诉讼费用交纳办法》第2条第1款规定："当事人进行民事诉讼、行政诉讼，应当依照本办法交纳诉讼费用。"

诉讼费用。根据案件性质、审理程序等的不同，《诉讼费用交纳办法》规定了不交纳诉讼费用的几类案件，其中第8条第1项规定，"依照民事诉讼法规定的特别程序审理的案件"不交纳案件受理费。[1] 之所以规定适用特别程序的案件不需要交纳诉讼费用，是因为依特别程序审理的案件，通常不涉及民事权利义务争议，不是解决当事人之间的民事权利义务争议，主要是确认某种法律事实是否存在，确认某种权利的实际状况等，从而体现出与普通诉讼程序所不同的价值追求和立法精神，具有程序上的独立性和适用上的特殊性。依特别程序审理的案件中，诉讼费用制度的诸多功能难以发挥，诉讼费用制度的诸多原则难以贯彻。

我国2012年《民事诉讼法》针对《物权法》等实体法中关于实现担保物权公力救济存在的问题，与时俱进，在担保物权实现的程序上有了重大突破与飞跃，即在审判程序编的第十五章"特别程序"中增加了"实现担保物权案件"一节（第七节），用第196条、第197条两个条文明确规定了实现担保物权的程序规则，且实现担保物权案件的特征与非讼案件的特征本质上具有一致性，申请人与被申请人只是对以何种方式实现担保物权存在不同看法，难以协商一致，在债权的存在、担保物权的存在及实现等实质权利义务关系上没有争议，反之，在尽快实现担保物权这一问题上，申请人与被申请人甚至具有某种一致性，这既是申请人的诉求，也符合被申请人的利益。[2] 因而，人民法院审理实现担保物权案件，应适用特别程序。

《诉讼费用交纳办法》第8条规定，依照特别程序审理的案件，不交纳诉讼费用，而人民法院审理实现担保物权案件应适用特别程序，因而，实现担保物权案件应不交纳申请费用。

（二）《民事诉讼法》及《民诉法司法解释》关于实现担保物权案件申请费用交纳标准的规定

实现担保物权案件是2012年《民事诉讼法》新增的内容，申请人向人民法院申请实现担保物权是否需要交纳及如何交纳申请费用，《民事诉讼法》没有明确的规定。实现担保物权案件虽然规定在《民事诉讼法》特别程序一章

---

[1] 《诉讼费用交纳办法》第8条规定："下列案件不交纳案件受理费：（一）依照民事诉讼法规定的特别程序审理的案件……"

[2] 参见李林启："我国实现担保物权的程序性质"，载《湖南科技大学学报（社会科学版）》2015年第3期。

中，但《诉讼费用交纳办法》制定时，特别程序中还没有实现担保物权案件。因此，实现担保物权案件申请费用的交纳是否适用《诉讼费用交纳办法》的规定，学界及司法实务部门存在争议。有观点认为，实现担保物权案件应不收取申请费用，如《浙江省高级人民法院关于审理实现担保物权案件的意见》明确规定，申请实现担保物权，人民法院不收取申请费;[1] 也有观点认为，实现担保物权案件应收取申请费，具体标准参照督促程序支付令案件的收费标准;[2] 还有观点认为，按照审查的结果决定是否收费，法院裁定准予申请的，不收费;裁定驳回申请的，收取50元或100元。[3]

2015年2月4日施行的《民诉法司法解释》，以贯彻落实《民事诉讼法》为目标，突出对《民事诉讼法》新增及修改重要制度的落实，较好地解决了《民事诉讼法》实施中的疑难问题。《民诉法司法解释》第204条第1款对实现担保物权案件诉讼费用的负担作了规定，即实现担保物权案件的申请费用应由败诉方负担：担保物权人以及其他有权请求实现担保物权的人向人民法院提出实现担保物权申请，人民法院作出许可拍卖、变卖担保财产裁定的，申请费由债务人、担保人负担；人民法院作出驳回裁定的，则申请人承担申请费。[4] 可见，《民诉法司法解释》明确了实现担保物权案件应当交纳诉讼费用，这主要是基于以下考虑：《民事诉讼法》规定的实现担保物权程序的立法目的是高效、快捷、低成本地实现担保物权，但并不意味不诚信的人可以不受诉讼费用制度的制约。实现担保物权案件虽然规定在《民事诉讼法》的特别程序中，但案件的标的额通常较大，完全不收取诉讼费用不符合司法资源合理使用的实际。[5]

综上，我国现有立法中，关于实现担保物权案件申请费用的交纳标准，

---

[1]《浙江省高级人民法院关于审理实现担保物权案件的意见》（浙高法〔2012〕396号），第7条第1款。

[2]《孝义市人民法院关于审理实现担保物权案件的暂行办法》，第6条。

[3] 参见徐秀芳："浅析如何审查受理实现担保物权之诉"，载http://www.jsfy.gov.cn/llyj/gdjc/2013/05/29163256957.html，访问时间：2018年12月12日。

[4]《最高人民法院关于适用〈中华人民共和国民事诉讼法〉的解释》第204条第1款规定："实现担保物权案件，人民法院裁定拍卖、变卖担保财产的，申请费由债务人、担保人负担；人民法院裁定驳回申请的，申请费由申请人负担。"

[5] 沈永德主编：《最高人民法院民事诉讼法司法解释的理解与适用》（上），人民法院出版社2015年版，第549页。

不同法律法规作出了不同的规定。依《诉讼费用交纳办法》，实现担保物权案件不交纳诉讼费用，《民事诉讼法》未对实现担保物权案件申请费用的交纳标准作出规定，《民诉法司法解释》虽然规定了实现担保物权案件应当交纳申请费用，但对于具体的交纳标准，并没有作出明确的规定。相互冲突且标准不明的规定，必将导致司法实践中实现担保物权案件申请收费乱象的产生。

二、实现担保物权案件申请费用交纳标准的实践乱象

随着2012年《民事诉讼法》的实施，各地基层人民法院受理的实现担保物权案件不断增多，且有些案件涉案金额特别大。但在该类案件申请费用的收取上，不同基层人民法院标准各异，实践中可谓五花八门，乱象繁生。有收费的，也有不收费的；有收取案件受理费的，也有收取案件申请费的；有按件收费的，也有按标的额收费的；有全额收取的，也有减半收取的；等等。这些乱象不仅直接影响申请人在实现担保物权案件中对司法的态度和评价，进而也影响广大民众在需要实现担保物权时对实现担保物权非讼程序的需求和信赖。

（一）总体缺乏统一模式

申请人向人民法院申请实现担保物权是否收费，各地基层人民法院并没有统一的模式。有的基层人民法院要求申请人交纳申请费用，也有的法院不要求交纳。在笔者收集的来自全国各地676个基层人民法院的2295件样本案例中，不收取申请费用的有1333件，占58.08%；收取申请费用的有962件，占41.92%（见表9-1）。

表9-1 各地实现担保物权案件是否收费及所占比例情况

		频率	百分比	有效百分比	累积百分比
有效	否	1333	58.08	58.08	58.08
	是	962	41.92	41.92	100.00
	合计	2295	100.00	100.00	

值得注意的是，在不少省（市、自治区），是否收取申请费用各地基层人民法院的做法并不统一。2295件样本案件选自全国28个省（市、自治区），其中只有上海市、海南省、吉林省、黑龙江省、贵州省、青海省、新疆维吾

尔自治区等7个省（市、自治区）的各地基层人民法院对实现担保物权案件是否收费做法统一，且均为不收取费用，其余21个省（市、自治区）的各地基层人民法院对实现担保物权案件是否收费的做法并不一致（详见表9-2）。如浙江省高级人民法院《关于审理实现担保物权案件的意见》第7条第1款明确规定了申请人向人民法院申请实现担保物权不收取申请费用，但浙江各地基层人民法院在审理实现担保物权案件中，仍存在收费的情况。浙江省391件样本案件中，不收取申请费用的有117件，收取申请费用的有274件，且收取的名目不同。如在申请人葛某国与被申请人林某勇、郑某燕申请实现担保物权案中，法院裁定："案件申请费6900元，由被申请人林某勇、郑某燕负担。"[1] 在申请人安吉博裕小额贷款有限公司与被申请人余某华等申请实现担保物权案中，法院裁定："本案受理费5900元，由被申请人余某华、褚某勤负担。"[2] 在申请人中国民生银行股份有限公司绍兴分行与被申请人绍兴丰华织造绣印科技有限公司申请实现担保物权案中，法院裁定："案件受理费66596元，由被申请人负担。"[3] 在江苏省等其他地方，也存在这种情况。[4] 如申请人江苏昆山农村商业银行淮阴支行与被申请人淮安市金园工贸有限公司实现担保物权纠纷案，江苏省淮安市清河区人民法院于2015年3月3日作出准许拍卖、变卖裁定，但裁定书中并无提及申请费用的交纳及负担问题。[5]

---

[1] 参见"葛某国与林某勇、郑某燕申请实现担保物权纠纷案"，浙江省舟山市普陀区人民法院（2013）舟普商特字第63号民事裁定书。

[2] 参见"安吉博裕小额贷款有限公司与余某华等申请实现担保物权纠纷案"，浙江省安吉县人民法院（2013）湖安商特字第4号民事裁定书。

[3] 参见"申请人中国民生银行股份有限公司绍兴分行与被申请人绍兴丰华织造绣印有限公司申请实现担保物权纠纷案"，绍兴市柯桥区人民法院（2014）绍商特字第6号民事裁定书。

[4] 如南京市溧水区人民法院网显示，溧水法院对实现担保物权案件收取诉讼费；而无锡市滨湖区人民法院网显示，实现担保物权特别程序无须缴纳任何诉讼费用。且2015年2月4日《民诉法司法解释》正式实施后，司法实践中仍有一些基层人民法院在审理实现担保物权案件中不收取申请费用。

[5] 参见"江苏昆山农村商业银行淮阴支行与淮安市金园工贸有限公司实现担保物权纠纷案"，江苏省淮安市清河区人民法院（2015）河商特字第0004号民事裁定书。

表 9-2　各省（市、自治区）实现担保物权案件是否收费情况

		是否收费		合计
		否	是	
省级行政区	北京市	11	5	16
	河北省	20	4	24
	辽宁省	16	18	34
	上海市	30	0	30
	江苏省	124	104	228
	浙江省	117	274	391
	福建省	59	53	112
	山东省	60	38	98
	广东省	126	32	159
	广西壮族自治区	45	22	67
	海南省	51	0	51
	山西省	29	15	44
	内蒙古自治区	27	20	47
	吉林省	5	0	5
	黑龙江省	60	0	60
	安徽省	67	62	129
	江西省	45	17	62
	河南省	38	17	55
	湖北省	47	62	109
	湖南省	73	52	125
	重庆市	33	68	101
	四川省	62	47	109
	贵州省	30	0	30
	陕西省	52	14	66
	甘肃省	26	33	59

第九章　实现担保物权案件申请费用交纳标准实证考察

续表

	是否收费		合计
	否	是	
宁夏回族自治区	38	5	43
青海省	34	0	34
新疆维吾尔自治区	8	0	8
合计	1333	962	2295

（二）费用收取名目繁多

司法实践中，实现担保物权案件不仅是否收费整体上缺乏统一模式，且在收取申请费用的案件中，费用收取名目繁多。962件收取申请费用的样本案件中，收费的名义主要有三类：一是案件申请费，有488件，占收费案件总数的50.73%；二是案件受理费，有435件，占收费案件总数的45.22%；三是诉讼费，有39件，占收费案件总数的4.05%。进一步细分，有直接收取案件申请费（受理费、诉讼费）的，有案件申请费（受理费、诉讼费）减半收取的（详见表9-3）。在收取申请费用的样本案件中，有8例为未交申请费按自动撤回实现担保物权申请处理的。[1] 在收取受理费用的样本案件中，有4例为收取案件受理费后，因申请人提出撤回实现担保物权申请人民法院准许全额退还的。[2]

表9-3　实现担保物权案件收费名义具体情况

收费名义	频率	百分比	有效百分比	累积百分比
案件申请费	449	46.67	46.67	91.89
案件申请费减半收取	31	3.22	3.22	95.11

---

[1] 该案中，申请人黄某祥向浦江县人民法院申请实现担保物权，但未在规定期限内缴纳案件申请费用，也未申请减交、缓交或免交案件申请费用。浦江县人民法院根据《民事诉讼法》有关规定，裁定按自动撤回实现担保物权申请处理。参见"黄某祥与赵某钢、石某芳实现担保物权纠纷案"，浙江省浦江县人民法院民事裁定书，（2014）金浦商特字第102号。

[2] 如"北京银行股份有限公司西安分行与杨某实现担保物权纠纷案"，陕西省西安市莲湖区人民法院（2014）莲民特字第00055号民事裁定书。

续表

收费名义	频率	百分比	有效百分比	累积百分比
未交申请费按撤诉处理	8	0.83	0.83	95.95
案件受理费	357	37.11	37.11	37.11
案件受理费减半收取	74	7.7	7.7	44.80
案件受理费全额退还	4	0.42	0.42	45.22
诉讼费	15	1.56	1.56	97.51
诉讼费减半收取	24	2.49	2.49	100.00
合计	962	100.00	100.00	

（三）收费标准各不相同

实现担保物权案件申请费用的收取标准上，各地基层人民法院的做法也不一致。有按件收取的，有按标的额收取的；有按件减半收取的，有按标的额减半收取的。962件收取申请费用的样本案件中，按件（减半）收取的有409件，占收费案件总数的42.52%；按标的额（减半）收取的有553件,[1]占收费案件总数的57.48%（详见表9-4）。总数上，按件（减半）收取的低于按标的额（减半）收取的。

表9-4 实现担保物权案件收费标准具体情况

收费标准	频率	百分比	有效百分比	累积百分比
按件收取	379	39.40	39.40	39.40
按件减半收取	30	3.12	3.12	42.52
按标的额收取	464	48.23	48.23	90.75
按标的额减半收取	89	9.25	9.25	100.00
合计	962	100.00	100.00	

---

[1] 如申请人中国银行股份有限公司杭州市萧山支行与被申请人孔某泉等申请实现担保物权案中，法院裁定："本案受理费27 740元，减半收取13 870元，由孔金泉、孟森英负担。"参见杭州市萧山区人民法院（2013）杭萧瓜商特字第8号民事裁定书。

具体各省（市、自治区）而言，21个收取费用的省（市、自治区）中，除了河北省各地基层人民法院的做法是统一的，其他省（市、自治区）的各地基层人民法院做法并不统一。如江苏省的104件收费案件中，各种收费标准的案件都有，既有按件收取的（38件），也有按件减半收取的（1件）；既有按标的额收取的（52件），也有按标的额减半收取的（13件）（详见表9-5）。

表9-5 收取申请费用的省（市、自治区）具体收费标准分布情况

省级行政区		北京市	河北省	辽宁省	江苏省	浙江省	福建省	山东省	广东省	广西	山西省	内蒙古	安徽省	江西省	河南省	湖北省	湖南省	重庆市	四川省	陕西省	甘肃省	宁夏	合计
收费标准	按件	2	0	7	38	104	18	14	10	9	6	11	33	9	6	23	20	35	11	6	16	1	379
	按件减半	1	0	1	1	10	4	2	0	0	0	0	3	0	2	1	1	2	1	1	0	0	30
	按标的额	2	4	7	52	134	24	21	19	11	9	9	21	7	8	36	22	27	31	5	12	3	464
	按标的额减半	0	0	3	13	26	7	1	3	2	0	0	5	1	1	2	9	4	4	2	5	1	89
合计		5	4	18	104	274	53	38	32	22	15	20	62	17	17	62	52	68	47	14	33	5	962

在按件收取申请费用的样本案件中，收费的多少也没有统一的标准。根据SPSS软件统计，409件按件（减半）收取申请费用的实现担保物权样本案例中，平均收费金额为222.13元，最少的收取25元，为河北省青县人民法院审结的一起实现担保物权案件;[1] 最多的收取2000元，是甘肃省陇西县人民法院审结的某银行申请实现担保物权案件,[2] 收费金额出现次数最多的是100元（见表9-6）。各地基层人民法院在实现担保物权案件按件（减半）收费中，40元、50元、80元、200元、500元等数额均有出现（详见表9-7）。在按标的额收取申请费用的样本案件中，收取费用的多少则和标的额有

---

[1] 参见"马某川与陈某同（才）实现担保物权纠纷案"，河北省青县人民法院（2014）青民初字第1662号民事裁定书。

[2] 参见"甘肃陇西农村合作银行与陇西绿莹科技发展有限责任公司实现担保物权纠纷案"，甘肃省陇西县人民法院（2013）陇民二初字第271号民事裁定书。

关,少则300多元,[1] 多则高达466 800元。[2]

表9-6 按件(减半)收取申请费用的实现担保物权案件收费金额数值

单位:元

N	有效	409
	缺失	0
均值		222.13
中值		100.00
众数		100.00
全距		1975.00
极小值		25.00
极大值		2000.00

表9-7 按件(减半)收取申请费用的实现担保物权案件收费金额分布情况

金额	频率	百分比	有效百分比	累积百分比
25.00	5	1.22	1.22	1.22

---

〔1〕 该案为池州市贵池区人民法院审结的一起实现担保物权案件,2013年12月31日,被申请人唐某兵与申请人签订了《金穗贷记卡汽车分期业务担保贷款合同》,根据合同约定申请人向唐某兵发放了汽车分期按揭贷款4.6万元,期限为24个月,每个月等额还款1916元,以唐某兵所有的车牌号为RCZ7＊＊的英伦牌汽车作为抵押,并依法办理了抵押登记手续。至申请人向人民法院申请实现担保物权时,唐某兵尚欠申请人贷款本金34 504元。参见"中国农业银行股份有限公司池州开发区支行与唐某兵、唐某云实现担保物权纠纷案",安徽省池州市贵池区人民法院(2014)贵民申担字第00001号民事裁定书。

〔2〕 该案为汕头市潮南区人民法院审结的一起实现担保物权案件,汕头市美莱顺内衣城有限公司与申请人于2011年9月26日签订编号为潮营业部农信(2011)高固借字第××××号《最高额固定资产借款合同》,合同约定美莱顺公司向申请人借款13 000万元。汕头市港威化工有限公司为担保美莱顺公司依约履行上述《最高额固定资产借款合同》约定的还款义务,与申请人签订编号为潮营业部农信(2011)高抵字第××××号《最高额抵押担保合同》及其补充协议,以其编号为潮南国用(2009)字第××××号、第××××、第××××号的《国有土地使用证》项下的国有土地使用权和前述土地范围内建筑面积为43 464.52平方米的在建工程,向申请人提供抵押担保并办理了抵押登记手续。上述编号为潮营业部农信(2011)高固借字第××××号《最高额固定资产借款合同》签订后,申请人依约向美莱顺公司发放了5笔借款合计13 000万元。至申请人向人民法院申请实现担保物权时,汕头市美莱顺内衣城有限公司尚未履行的借款本金8500万元。参见"汕头市潮阳农村信用合作联社营业部与汕头市港威化工有限公司实现担保物权纠纷案",广东省汕头市潮南区人民法院(2014)汕南法民一担字第1号民事裁定书。

续表

金额	频率	百分比	有效百分比	累积百分比
40.00	24	6.10	6.10	7.32
50.00	44	10.98	10.98	18.29
80.00	39	9.76	9.76	28.05
100.00	209	51.22	51.22	79.27
200.00	5	1.22	1.22	80.49
300.00	5	1.22	1.22	81.71
400.00	10	2.44	2.44	84.15
450.00	10	2.44	2.44	86.59
500.00	14	3.66	3.66	90.24
1000.00	34	8.52	8.52	98.78
2000.00	10	1.22	1.22	100.00
合计	409	100.00	100.00	

实现担保物权案件申请费用交纳标准的实践乱象，不仅直接影响申请人在实现担保物权案件中对司法的态度和评价，进而也影响广大民众在需要实现担保物权时对实现担保物权非讼程序的需求和信赖；不仅严重损害了人民法院特别是基层人民法院在广大人民群众心目中的形象，而且有损司法权威，进而影响了司法公信力的提升。

三、确立实现担保物权案件申请费用交纳标准应遵循的原则

"原"，根本、察究、推求，"则"规则，原则即观察、处理问题的基本准绳、根本规则，[1] 原则以其较宽的覆盖面、较宏观的指导性及较强的稳定性等特点成为体现规则基本精神、贯穿于规则始终的准则。在实现担保物权案件的申请收费上，尽管经过近几年的司法实践探索，各地人民法院积累了一定的经验，但其仍主要停留在对个案的把握上，还没有建立起科学成熟、

---

[1]《辞海》（缩印本），上海辞书出版社1979年版，"原则"条。

普遍适用的系统规则。故而,构建实现担保物权案件申请费用规则必须遵循一定的原则,这些原则是构建实现担保物权案件申请费用规则的基础,是制定实现担保物权案件申请费用规则的基本准则。笔者认为,构建实现担保物权案件申请费用规则除了遵循司法资源耗费与诉讼费用支出相一致、有利于纠纷得到及时解决、有利于维护公益等原则外,[1] 主要还有以下一些原则:

（一）保障申请人诉权有效行使的原则

司法的灵魂及本质精神是公正,公正司法是人民法院的基本职责。[2] 诉讼费用与诉讼者的利益关系紧密,诉讼费用是否合理在某种程度上反映着一个国家的普通民众享受法律保障的程度。要让人民群众在每一个司法案件中都能感受到公平正义,就需要国家保障普通民众能够真正、有效地接近司法,而不是司法仅仅在形式上能够为所有人接近,实现担保物权案件中亦然。

实现担保物权案件中,申请主体复杂,不仅有抵押权人、质权人、留置权人等担保物权人,还有抵押人、出质人、财产被留置的债务人或者所有权人等其他有权请求实现担保物权的人。如果申请费用高昂或者收取不合理,可能会在无形中给申请人实现担保物权设置了一道障碍或者影响申请人通过公力救济实现担保物权,对申请人来说,"所谓的接近正义也就成了一件可望而不可即的奢侈品",[3] 这不仅直接影响实现担保物权非讼程序的充分发挥,也变相地限制了宪法赋予实现担保物权申请人通过司法途径获得救济的权利。因此,构建实现担保物权案件申请费用规则,必须以保障申请人诉权有效行使作为基本原则,以使向人民法院请求拍卖、变卖担保财产的申请人能得到有效的司法救济。

（二）遵循担保市场规则的原则

担保物权作为财产担保的方式之一,是一种极为重要的经济现象,其不仅保障了债权的实现,化解了交易中的风险,而且促进了财产的流转及资金的融通,提高了经济效益,规范了市场经济秩序,进而推动了社会经济的发

---

[1] 参见廖永安:"论民事诉讼费用的性质与征收依据",载《政法论坛》2003年第5期。
[2] 张卫平等:《司法改革:分析与展开》,法律出版社2003年版,第560页。
[3] 廖永安:"民事诉讼费用制度",载杨荣馨主编:《民事诉讼原理》,法律出版社2003年版,第526页。

展。在实现担保物权案件中，申请费用的收取是否合理同样影响着申请人对实现担保物权非讼程序的选择，影响着申请人享受法律保障接近正义的程度。高昂的申请费用和非讼程序的快速性，可能会造成申请人在法院的大门外踌躇徘徊；申请费用与其他支出几乎与实现债权的数额等同，可能会使得通过人民法院实现担保物权变得毫无意义；因权利人怠于实现担保物权欲向人民法院申请拍卖、变卖担保财产的其他有权请求实现担保物权的人，因财力不足无法预交申请费用也只能"望讼兴叹"……只有在申请人认为申请费用合理且能够承担得起的情况下，其才会选择公力救济，才会利用司法来实现自己的权利。因为基于追求利益最大化的考虑，申请人实现担保物权时总倾向于选择救济成本较低的救济方式。"无论审判怎样完美地实现正义，如果付出的代价过于昂贵，则人们往往只能放弃通过审判来实现正义的希望。"[1]

因此，构建实现担保物权案件申请费用规则，需要遵循市场规则，根据市场经济的基本规律科学设置实现担保物权案件的申请费用规则，以激发申请人在需要实现担保物权时选择非讼程序的积极性，也使实现担保物权非讼程序能够在担保交易中更好地发挥作用。

(三) 立足国情的原则

任何制度的设置及完善，都必须立足于我国的国情，而不能脱离我国现阶段的基本国情。这是因为，"社会不是以法律为基础的……相反地，法律应该以社会为基础"[2]。诉讼费用制度作为一国法律制度的重要组成部分，其不仅涉及当事人之间诉讼成本的合理分担，也直接关涉当事人与国家之间诉讼成本的合理分担，自然也应当遵从以社会为基础的基本规律。因此，立足国情是构建实现担保物权案件申请费用规则应当遵循的基础性原则。坚持立足国情原则，有助于我们更加清醒和正确地认识实现担保物权案件申请费用收取的乱象问题，从而从源头上有针对性地提出完善的措施，以彻底解决实现担保物权案件申请费用"收费乱"的现象，推进实现担保物权非讼程序的有效运行。

---

[1] [日] 棚濑孝雄：《纠纷的解决与审判制度》，王亚新译，中国政法大学出版社2004年版，第267页。

[2] 马克思："莱茵区域委员会的审判"，载《马克思恩格斯全集》（第6卷），人民出版社1972年版，第291~292页。

坚持立足国情的原则，要求我们要以十八大以来我国经济社会总体发展规划和全面推进依法治国的总目标为指导，以当前我国的综合国力和社会发展的基本情况为依托，在充分考虑实现担保物权非讼程序的特性及申请人的承载能力或承载可能性的基础上，科学、合理地构建实现担保物权案件申请费用规则，而不能背离总体规划、总目标"另搞一套"，不能脱离我国基本国情制定一些不切实际的规则。此外，需要明确的是，在实现担保物权案件申请费用规则的构建中坚持立足国情的原则，我们并不排斥参考、借鉴域外的优秀经验和先进制度，相反，我们倡导用世界的眼光来思考中国的问题，大胆吸收和批判借鉴域外优秀经验和先进制度为我所用，但坚决反对"唯域外正确论"，[1] 更反对不考虑制度体系的差异、权利运行体制的不同等实际情况一味地生搬硬套，简单地拿域外的做法来解决我国的实际问题。

四、实现担保物权案件申请费用交纳标准应确立为按件收取

实现担保物权案件中，申请费用交纳标准是申请费用规则最核心的问题之一。在实现担保物权案件申请费用交纳标准的问题上，相关法律法规相互矛盾的规定，是司法实践中实现担保物权案件申请收费乱象产生的根本原因。笔者认为，实现担保物权案件的审理程序虽然属于特别程序，却与涉及民事主体人身权利的认定公民无（限制）民事行为能力、宣告失踪（死亡）等案件及体现国家意志的选民资格等案件所适用的特别程序不同，其处理的仅仅是当事人的财产权利，应当收取一定的申请费用。此外，在我国尚未达到足够富裕的情况下，按照社会公平的要求，申请人为保护自己的权利对司法资源的消耗，其成本不应完全由国家财政负担，申请人应给予适当的补偿，即应当收取一定的申请费用。再者，实现担保物权案件中收取一定的申请费用，可以表明实现担保物权非讼程序的启动，并可作为防止"不当之诉"的第一道门槛。交纳标准上，秉承保障申请人诉权有效行使、遵循担保市场规则、

---

[1] 如有学者指出，在我国立法过程中，不少人常常以西方的法律制度作为衡量我国立法的标准：西方有的，我们也应当有，否则就是不健全；西方没有的，我们也不应有，否则就是不规范；西方是此种状态，我们就不应是彼种状态，否则就是不完善。参见顾培东："中国法治的自主型进路"，载《法学研究》2010年第1期。

立足国情等基本原则,实现担保物权案件申请费用[1]应按件收取,[2] 主要理由如下:

(一) 法院审判活动的公共服务性所必须

在现代法治国家,"接受审判"的权利是宪法赋予公民的一项基本权利,公民在自身合法权益受到侵犯时,有权通过司法途径获得救济。而普通民众要实现利用司法解决争议这一基本权利,真正享受司法福利或真正接近正义,合理的诉讼费用制度就显得非常重要。因为民众只要在认为诉讼费用合理且能够承担得起的情况下,才会通过司法途径来实现自己的权利;反之,如果民众认为诉讼费用的收取不合理或者费用高昂得难以承受,其可能不会或者不愿通过司法途径来解决纠纷,而是寻求私力救济等途径实现自己的权利。

人民法院作为公共服务机关之一,司法权源于人民,为人民提供服务,司法为民应当始终是人民法院的根本宗旨。人民法院要实现司法为民的根本宗旨,首先要让民众接近司法,而普通民众要真正接近司法,必须有科学合理的诉讼费用制度。随着我国社会经济的不断发展,应当让普通民众共享经济发展的成果,体现在诉讼成本的分担上,国家应逐步减少当事人的分担比例,而按件收费不仅能够有效破解经济困难的普通民众因交不起诉讼费而出现的诉讼难,且更好地凸显了审判活动的公共服务性质。担保物权的实现对于充分发挥担保物权制度在市场经济中的作用,促进整个社会经济的可持续发展具有重要的意义。实现担保物权案件按件收取申请费用,亦体现了审判活动的公共服务性质,其不仅有利于申请人低成本实现担保物权,而且因申请费用的确定使法官能够在更公正的氛围中对案件进行审查,更有利于树立

---

[1] 在收费种类上,申请实现担保物权收取申请费,而非案件受理费。其主要原因是实现担保物权案件中没有民事权益争议。根据《诉讼费用交纳办法》第6条的规定,诉讼费用包括案件受理费、申请费及证人、鉴定人、翻译人员、理算人员在人民法院指定日期出庭发生的交通费、住宿费、生活费和误工补贴等费用,其中案件受理费是指人民法院受理当事人关于民事法律关系内容发生争议提起的诉讼后,按照《诉讼费用交纳办法》等有关规定向当事人收取的费用;申请费则是有关当事人向人民法院申请适用特殊程序而应交纳的费用。案件受理费与申请费的区别是,案件受理费是当事人请求人民法院对民事权益争议依法裁判而交纳的费用,而申请费是当事人要求人民法院适用特殊程序对某种法律事实或者民事权利的存在与否予以确认或者实现具有给付内容的生效法律文书而交纳的费用。实现担保物权案件具有非讼性,申请人与被申请人之间不存在实质权利义务关系的争议,可能只是对实现担保物权的方式存在不同的看法。因而,申请实现担保物权的收费种类应为申请费。

[2] 参见李林启:"按件抑或按数额:实现担保物权案件申请费用交纳标准考察",载《湘潭大学学报(哲学社会科学版)》2018年第4期。

法律的权威，提升司法的公信力。

（二）实现担保物权程序立法目的所使然

市场经济环境下，经济因素对人们在处理矛盾纠纷时是否选择司法救济途径的影响越来越大。在采取司法有偿主义的国家，当事人向人民法院提起诉讼，需要依法缴纳案件受理费或者申请费，还需要承担诉讼活动中产生的其他费用，因而，当事人的诉讼行为具有包含经济成本在内的经济行为特征。一国诉讼费用制度对交纳标准、交纳方式、费用分担等的规定，直接关系到人们在诉讼活动中所承担诉讼费用的高低，左右着人们对诉讼行为的选择，对原告是否选择司法途径对自己的权利进行救济具有更为直接的影响。因此，进行成本与收益的分析是当事人通过司法途径实现自己的权利前必然要做的事情。正如有学者指出的："一个理性的人在选择是否提起诉讼时，通常会进行成本收益分析。"[1]

《民事诉讼法》修订前，担保物权实现的公力救济途径大多是向人民法院提起诉讼，人民法院按照《民事诉讼法》规定的普通审判程序进行审理并作出裁判，而通过诉讼方式实现担保物权存在成本高、效率低的弊端，高昂的诉讼成本对担保物权人明显不利，因而广受诟病。2012年《民事诉讼法》增设的实现担保物权非讼程序在程序设计上，以有效降低权利实现成本，达到各项成本"最小化"而各方收益"最大化"为目标，强调担保物权实现的快捷、高效。为达到低成本、高效、快捷的立法目的，实现担保物权非讼程序在程序设计上具有诸多不同于普通审判程序的特殊性和独立性，如审级制度上的一审终审制、审判组织上以独任制为原则、案件审结期限较短、审判监督程序的不适用等。如此的程序设计，人民法院对实现担保物权案件审查时的司法资源投入相对于普通审判程序而言也就较少。因此，实现担保物权案件的申请费用应按件收取。

（三）实现担保物权案件非讼性质所决定

申请人向人民法院提出实现担保物权的申请，主要是因为在担保物权实现的条件成就后，双方未能就担保物权的实现方式达成一致意见，申请人请求人民法院介入，是希望通过人民法院对担保财产进行拍卖、变卖以实现其权利。也就是说，实现担保物权案件不对当事人民事权利义务的争议做实质

---

[1] 廖永安："论民事诉讼费用的性质与征收依据"，载《政法论坛》2003年第5期。

上的审理，即不是解决当事人的民事权利义务争议，而是对申请人申请实现担保物权的法律事实进行确认，具有职权主义和非对抗性；实现担保物权程序符合非讼程序的本质，合乎非讼程序的制度价值，其性质属于非讼程序。非讼程序与诉讼程序的当事人主义和对抗性形成了鲜明的对比，体现了不同的价值追求。非讼程序强调法院的职权性、纠纷解决的快速性，具有节省时间、费用及司法资源的特征。实现担保物权案件程序上的独立性和适用上的特殊性，约束了诉讼费用制度惩罚性等功能的发挥。因此，实现担保物权案件应按件收取申请费用。

为防范司法实践中因实现担保物权案件按件收取申请费用，可能出现当事人在发生纠纷后，为尽量少交纳诉讼费用而选择通过特别程序规避诉讼程序的现象，人民法院应加强案件受理阶段的审查；而对于实现担保物权案件一般标的额较大，不收取申请费用，会造成法院诉讼费大量流失之说，则是没有正确理解审判公共成本与私人成本的边界问题，没有正确理解实现担保物权非讼程序的立法本意。[1]

（四）实现担保物权案件审查特点所要求

当事人将矛盾纠纷诉诸人民法院，人民法院对矛盾纠纷的解决主要是审查案件的法律关系，法律关系明晰了，各方的权利义务关系也就确定了。通常来说，一个案件的复杂程度如何，与该案件所涉及的金额大小没有直接的关系。一个简单的财产纠纷案件，涉及的金额可能是数十万甚至上百万；而一个诉讼标的额几千元、数万元的案件，可能包含人身关系、财产关系、违约责任、侵权责任等多种民事法律关系。也就是说，在本质上，诉讼费用并不是对法院审查案件法律关系所付出劳动成本的认定，标的金额大的案件耗费的司法资源未必就多，不应当按标的金额成比例收取。

实现担保物权案件中更是如此，申请人向人民法院提出实现担保物权的申请，所寻求的是请求人民法院介入，依法作出拍卖、变卖担保财产的裁定以获取执行名义，并借助于该执行名义向人民法院申请强制执行。人民法院在对实现担保物权案件进行审查时，只需根据非讼案件中形式审查的通常标准进行，依当事人提供的、客观存在的形式证据对申请人的申请予以审查，

---

[1] 李林启："我国实现担保物权非讼程序及适用——兼评新《民事诉讼法》第196、197条之规定"，载《湘潭大学学报（哲学社会科学版）》2014年第4期。

达到"形式上的正确",[1] 从而排除明显不合法、不合理的实现担保物权申请即可,不需要双方当事人之间展开言词辩论,无须对实体法上的权利是否存在或者其法律要件是否确定作实质上的探究,无须法官自由心证的介入。因此,实现担保物权案件的审查特点要求申请费用应按件收取,而不应按标的金额成比例收取。

实现担保物权案件中,具体申请费用交纳标准应由相关立法作出统一规定。收费数额上,考虑到我国地域差距较大、各地经济、社会发展不平衡的情况,可借鉴清末法制改革中"讼费列有专条"且允许各地"斟酌增减"的做法,[2] 规定一定幅度的交纳标准,如100元至500元,同时授权各省(市、自治区)人民政府根据各地实际情况在规定的幅度范围内制定切合各地实际的交纳标准。如此,既解决了立法统一性与各地实际情况差别性之间的矛盾,又考虑了各地司法审判情况的复杂性,同时还增加了收费的可操作性,限制了人民法院收费的自由裁量行为,保护了当事人的合法权益。

---

[1] 参见李木贵:《民事诉讼法》(上),元照出版公司2006年版,第1~58页。

[2] 清末法制改革中就有类似的做法,法部奏定的《通行各级审判厅试办章程》中将"讼费列有专条",并规定外省可以正常标准为基础,"斟酌增减,不得过原额十分之五"。参见廖永安等:《诉讼费用研究——以当事人诉权保护为分析视角》,中国政法大学出版社2006年版,第4页。

结　语

　　法学研究的学术发展史表明，部门法的划分作为一种自然状态可能会一直存在，但随着法学体系的不断发展及法学研究的日益深化，对问题的综合研究是理论研究者必须面对的问题。唯有打破部门法之间的界限、以综合的视角对问题进行研究，才能保证研究的深入、透彻。担保物权作为一个实体和程序紧密结合的问题，在当今经济活动的担保交易中被广泛使用。而担保物权的实现是担保物权制度发挥效用的直接体现，是担保物权制度的基本价值追求。针对实现担保物权公力救济中存在的问题，2012年《民事诉讼法》在第十五章"特别程序"中单独用一节规定了实现担保物权非讼程序，这是我国担保物权实现中程序机制的一项重大制度创新，对担保物权的实现及担保物权制度功能的发挥具有极为重要的意义。黑格尔指出："法律要成为法律而非简单的戒律，其内容必须是明确的。法律规定得越明确，法律条文就越容易得到切实施行。"[1] 然而，《民事诉讼法》关于实现担保物权非讼程序的规定只有第196条和第197条两个条文，较为模糊、抽象，尚存在诸多不够明确之处，《民诉法司法解释》虽然对实现担保物权非讼程序进行了细化，但仍有诸多不完善之处，在适用过程中难免给司法实践带来一定程度的困惑和混乱。面对各地基层人民法院在处理实现担保物权案件中的迷惘及司法实践中的乱象，深入研究实现担保物权非讼程序是民诉学界和民法学界都应高度关注的一个重要课题。正是基于此，笔者申报了国家社会科学基金年度一般项目《实现担保物权非讼程序实证研究》并获得立项。

　　如何高效、快捷、低成本地实现担保物权，是担保物权实现程序机制一直的价值追求，也是笔者在项目研究中不断思考并试图解决的问题。项目立项以来，笔者和课题组成员进一步收集、整理资料，完善研究思路和提纲，

---

[1]［德］黑格尔：《法哲学原理》，范扬、张企泰译，商务印书馆1961年版，第316页。

积极开展研究。课题组在把握实现担保物权非讼程序基本理论的基础上,根据担保物权实现实体准则与程序规范的立法意旨,结合我国实现担保物权案件的特点,通过中国裁判文书网选取2012年《民事诉讼法》实施以来全国各地基层人民法院审理的较为典型的有代表性的或者具有争议性的实现担保物权案件,并对相关数据进行量化、统计、分析,以程序和实体相结合的综合视角从立、审、执各角度对实现担保物权非讼程序在司法适用中亟待解决的几个重要问题进行了较为深入、系统的实证研究,提出了自己的见解及完善建议。

项目研究过程中,课题组多次深入各地基层人民法院,深入民事审判现场,与金融机构、担保公司、典当公司、自然人、公司等实现担保物权申请人、被申请人、相关当事人进行接触,挖掘第一手资料,发现"真问题",掌握和了解相关数据并保证其真实性和准确性,做到用数据说话,完整呈现和客观描述实现担保物权非讼程序的实际运行状况,并结合实证资料和数据进行必要的理论反思、提升,对实现担保物权司法实践中有争议的问题及实现担保物权非讼程序深层次的理论问题从实证的角度做出回应、进行探讨,为我国实现担保物权非讼程序的科学构建提供可靠的实证依据。

当然,囿于个人及课题组成员知识积累及研究水平,书中不少结论还较为粗浅,也可能失之偏颇,望各位专家多批评指正。另外,实现担保物权非讼程序中还有不少问题项目研究中尚未涉及,笔者在今后的教学科研中,会持续关注、研究。我们有理由相信,只要我们的立法机构、司法机关、理论研究者及融资担保公司等实务部门能够通力合作、良性互动,今天的探讨和建议明天就能够成为现实,我国实现担保物权非讼程序也将会日臻完善,更具可操作性、可适用性,并在促进我国担保交易健康发展、保障我国市场经济秩序有序运行、实现我国经济可持续发展中发挥重大的作用。正如德国19世纪杰出法学家耶林所说:"法不仅仅是思想,还是活的力量。"[1]

---

[1] [德]鲁道夫·冯·耶林:《为权利而斗争》,胡宝海译,中国法制出版社2004年版,第1页。

参考文献

著作类

[1] 艾林芝:《澳门物权法》,社会科学文献出版社2013年版。
[2] 本书编写组:《当代世界主要物权制度比较》,中国法制出版社2007年版。
[3] 毕玉谦:《民事证据原理与实务研究》,人民法院出版社2003年版。
[4] 卞建林主编:《中国诉讼法治发展报告(2012~2013)》,中国政法大学出版社2014年版。
[5] 卞建林主编:《中国诉讼法治发展报告(2014)》,中国政法大学出版社2015年版。
[6] 卞建林主编:《中国诉讼法治发展报告(2015)》,中国政法大学出版社2016年版。
[7] 卞建林主编:《中国诉讼法治发展报告(2016)》,中国政法大学出版社2017年版。
[8] 卞建林主编:《中国诉讼法治发展报告(2017)》,中国政法大学出版社2018年版。
[9] 曹士兵:《中国担保制度与担保方法》(第4版),中国法制出版社2017年版。
[10] 柴发邦主编:《中国民事诉讼法学》,中国人民公安大学出版社1992年版。
[11] 蔡斌:《中国法定担保的类型配置研究》,人民出版社2018年版。
[12] 陈爱武:《人事诉讼程序研究》,法律出版社2008年版。
[13] 陈爱武:《家事法院制度研究》,北京大学出版社2010年版。
[14] 陈刚:《证明责任法研究》,中国人民大学出版社2000年版。
[15] 陈光中:《中华法学大辞典:诉讼法学卷》,中国检察出版社1995年版。
[16] 陈国柱译:《意大利民法典》,中国人民大学出版社2010年版。
[17] 陈荣宗:《强制执行法》,三民书局2007年版。
[18] 陈荣宗、林庆苗:《民事诉讼法》,三民书局1996年版。
[19] 陈瑞华:《程序正义理论》,中国法制出版社2010年版。
[20] 陈祥健主编:《担保物权研究》,中国检察出版社2004年版。
[21] 陈裕琨:《最高人民法院司法观点集成(第二版)·民事诉讼卷》,人民法院出版社2014年版。
[22] 程啸:《担保物权研究》,中国人民大学出版社2017年版。

[23] 程啸:《中国抵押权制度的理论与实践》,法律出版社 2002 年版。
[24] 崔吉子:《韩国物权法专题研究》,北京大学出版社 2013 年版。
[25] 丁南:《担保物权释论》,中国政法大学出版社 2013 年版。
[26] 董学立:《美国动产担保交易制度研究》,法律出版社 2007 年版。
[27] 杜景林、卢谌译:《德国民法典》,中国政法大学出版社 2014 年版。
[28] 费安玲主编:《比较担保法——以德国、法国、瑞士、意大利、英国和中国担保法为研究对象》,中国政法大学出版社 2004 年版。
[29] 傅郁林:《民事司法制度的功能与结构》,北京大学出版社 2006 年版。
[30] 高圣平:《物权法与担保法:对比分析与适用》,人民法院出版社 2010 年版。
[31] 高圣平:《物权法担保物权编》,中国人民大学出版社 2007 年版。
[32] 《动产担保交易制度比较研究》,李昊等译,中国人民大学出版社 2008 年版。
[33] 《美国统一商法典及其正式评述》(第 2 卷),李昊等译,中国人民大学出版社 2006 年版。
[34] 葛义才:《非讼事件法论》,三民书局 1998 年版。
[35] 顾培东:《社会冲突与诉讼机制》,法律出版社 2004 年版。
[36] 郭晓光:《民事诉讼管辖实证研究》,中国政法大学出版社 2016 年版。
[37] 郭明瑞、房绍坤、张平华:《担保法》(第 2 版),中国政法大学出版社 2008 年版。
[38] 何美欢:《香港担保法》,北京大学出版社 1995 年版。
[39] 何文燕:《民事诉讼法研究文集》,湘潭大学出版社 2013 年版。
[40] 何文燕、廖永安:《民事诉讼法学专论》,湘潭大学出版社 2011 年版。
[41] 何文燕、廖永安:《民事诉讼理论与改革的探索》,中国检察出版社 2002 年版。
[42] 何文燕等:《民事诉讼理念变革与制度创新》,中国法制出版社 2007 年版。
[43] 郝振江:《非讼程序研究》,法律出版社 2017 年版。
[44] 郝振江、赵秀举:《德日家事事件与非讼事件程序法典》,法律出版社 2017 年版。
[45] 胡夏冰等:《民事诉讼法学:规范的逻辑》,法律出版社 2016 年版。
[46] 胡平仁:《法理学基础问题研究》,中南大学出版社 2001 年版。
[47] 胡思博:《民事裁定研究》,社会科学文献出版社 2014 年版。
[48] 黄松有主编:《〈中华人民共和国物权法〉条文理解与适用》,人民法院出版社 2007 年版。
[49] 江必新:《新民事诉讼法理解适用与实务指南》,法律出版社 2012 年版。
[50] 江必新:《〈中华人民共和国民事诉讼法〉修改条文解读与应用》,法律出版社 2012 年版。
[51] 江必新:《新民事诉讼法执行程序讲座》,法律出版社 2012 年版。
[52] 江必新:《新民事诉讼法专题讲座》,法律出版社 2012 年版。

［53］江必新：《民事诉讼新制度讲义》，法律出版社 2013 年版。
［54］江平主编：《物权法教程》，中国政法大学出版社 2007 年版。
［55］姜世明：《法院组织法》，新学林出版股份有限公司 2012 年版。
［56］姜世明：《民事程序法之发展与宪法原则》，元照出版公司 2003 年版。
［57］姜世明：《非讼事件法新论》（修订 2 版），新学林出版股份有限公司 2013 年版。
［58］江伟：《民事诉讼法》（第 6 版），中国人民大学出版社 2013 年版。
［59］江伟：《民事诉讼法学》，复旦大学出版社 2002 年版。
［60］江伟：《探索与构建：民事诉讼法学研究》（上卷），中国人民大学出版社 2008 年版。
［61］江伟主编：《民事诉讼法专论》，中国人民大学出版社 2005 年版。
［62］江伟：《民事诉讼法学原理》，中国人民大学出版社 1999 年版。
［63］蒋新苗等：《留置权制度比较研究》，知识产权出版社 2007 年版。
［64］金玉珍译：《韩国民法典》，北京大学出版社 2009 年版。
［65］李建华、申卫星、杨代雄：《物权法》，中国人民大学出版社 2008 年版。
［66］李建伟：《公司诉讼专题研究》，中国政法大学出版社 2008 年版。
［67］李开国：《民法基本问题研究：民法观念更新、制度完善及适用问题的若干思考》，法律出版社 1997 年版。
［68］李林启主编：《实现担保物权实证研究》，中国政法大学出版社 2018 年版。
［69］李林启主编：《非讼实现担保物权案例研究》，四川大学出版社 2017 年版。
［70］李龙主编：《法理学》，武汉大学出版社 1996 年版。
［71］李木贵：《民事诉讼法》（上、下），元照出版公司 2006 年版。
［72］李石山、汪安亚、唐义虎：《物权法原理》，北京大学出版社 2008 年版。
［73］李显冬：《中国物权法要义与案例释解》，法律出版社 2007 年版。
［74］梁慧星：《民法总论》（第 4 版），法律出版社 2011 年版。
［75］梁慧星、陈华彬：《物权法》，法律出版社 2010 年版。
［76］梁慧星：《中国物权法研究》，法律出版社 1998 年版。
［77］梁慧星：《民法解释学》（第 3 版），中国政法大学出版社 2009 年版。
［78］梁展欣：《民法与民事诉讼法的协同》，人民法院出版社 2015 年版。
［79］廖永安等：《诉讼费用制度专题实证研究》，法律出版社 2016 年版。
［80］廖永安：《民事诉讼理论探索与程序整合》，中国法制出版社 2005 年版。
［81］廖永安：《民事审判权作用范围研究》，中国人民大学出版社 2007 年版。
［82］廖永安：《民事证据法学的认识论与价值论基础》，中国社会科学出版社 2005 年版。
［83］廖永安等：《民事诉讼程序监督制约机制研究》，湘潭大学出版社 2012 年版。
［84］林诚二：《民法总则》，法律出版社 2008 年版。
［85］林洲富：《实用非讼事件法》（第 8 版），五南图书出版股份有限公司 2012 年版。

[86] 刘保玉:《物权体系论——中国物权法上的物权类型设计》,人民法院出版社2004年版。
[87] 刘保玉:《担保法》,人民法院出版社2008年版。
[88] 刘贵祥、宋朝武:《强制执行的理论与制度创新》,中国政法大学出版社2017年版。
[89] 刘汉富:《国际强制执行法律汇编》,法律出版社2000年版。
[90] 刘应民:《融资融券担保理论与制度》,中国社会科学出版社2018年版。
[91] 刘智慧主编:《中国物权法释解与应用》,人民法院出版社2007年版。
[92] 罗结珍译:《法国新民事诉讼法典》,中国法制出版社1999年版。
[93] 罗结珍译:《法国民法典》,北京大学出版社2010年版。
[94] 马俊驹、陈本寒主编:《物权法》,复旦大学出版社2007年版。
[95] 彭熙海:《担保物权研究》,湖南人民出版社2005年版。
[96] 彭熙海:《民事连带责任司法裁判研究》,湘潭大学出版社2013年版。
[97] 钱明星:《物权原理》,北京大学出版社1994年版。
[98] 全国人大常委会法制工作委员会民法室:《2012民事诉讼法修改决定条文释解》,中国法制出版社2012年版。
[99] 全国人大常委会法制工作委员会民法室:《〈中华人民共和国民事诉讼法〉释解与适用》,人民法院出版社2012年版。
[100] 全国人大常委会法制工作委员会民法室:《〈中华人民共和国物权法〉条文说明、立法理由及相关规定》,北京大学出版社2007年版。
[101] 全国人大常委会法制工作委员会民法室:《〈中华人民共和国民事诉讼法〉条文说明、立法理由及相关规定》(2012年修订版),北京大学出版社2012年版。
[102] 邵诚、刘作翔主编:《法与公平论》,西北大学出版社1995年版。
[103] 史尚宽:《物权法论》,中国政法大学出版社2000年版。
[104]《魁北克民法典》,孙建江、郭站红、朱亚芬译,中国人民大学出版社2005年版。
[105] 孙宪忠:《中国物权法总论》,法律出版社2003年版。
[106] 孙笑侠:《程序的法理》(第2版),社会科学文献出版社2017年版。
[107] 谭秋桂:《民事执行法学》(第2版),北京大学出版社2010年版。
[108] 唐力:《新民事诉讼法实施状况评估与对策建议》,中国法制出版社2018年版。
[109] 唐晓晴等译:《葡萄牙民法典》,北京大学出版社2009年版。
[110] 唐义虎:《担保物权制度研究》,北京大学出版社2011年版。
[111] 田平安主编:《民事诉讼法原理》(第3版),厦门大学出版社2007年版。
[112] 王葆莳等:《德国家事事件和非讼事件程序法》,武汉大学出版社2017年版。
[113] 王福华:《民事诉讼专题研究》,中国法制出版社2007年版。
[114] 王国征:《民事证据的提供和收集专题研究》,湘潭大学出版社2013年版。

[115] 王国征：《民事诉讼法》，科学出版社 2008 年版。
[116] 王合静：《民事判决理由研究》，法律出版社 2016 年版。
[117] 王凌云、周静茹：《法院执行原理与实务》，中国政法大学出版社 2016 年版。
[118] 王甲乙、杨建华、郑健才：《民事诉讼法新论》，广益印书局 1983 年版。
[119] 王俊杰：《法的正义价值理论与民事再审程序构建》，人民法院出版社 2007 年版。
[120] 王利明：《物权法研究》（第 4 版），中国人民大学出版社 2016 年版。
[121] 王立争：《物权法：理论反思与制度塑造》，南开大学出版社 2014 年版。
[122] 汪沛、武阳：《程序正义均衡论》，武汉大学出版社 2017 年版。
[123] 王强义：《民事诉讼特别程序研究》，中国政法大学出版社 1993 年版。
[124] 王全弟、李峰：《物权法疑难问题研究》，复旦大学出版社 2014 年版。
[125] 王胜明：《中华人民共和国民事诉讼法释义》，法律出版社 2012 年版。
[126] 王胜明：《中华人民共和国物权法解读》，中国法制出版社 2007 年版。
[127] 王卫国等译：《荷兰民法典》，中国政法大学出版社 2006 年版。
[128] 王旭光：《建筑工程优先受偿权制度研究——合同法第 286 条的理论与实务》，人民法院出版社 2010 年版。
[129] 王晓：《民事诉权的保护与滥用规制研究——兼以社会控制论为基础展开分析》，中国政法大学出版社 2015 年版。
[130] 王亚新：《社会变革中的民事诉讼》，中国法制出版社 2001 年版。
[131] 王泽鉴：《民法学说与判例研究》（修订版第 8 册），中国政法大学出版社 2005 年版。
[132] 王泽鉴：《民法物权》（第 2 版），北京大学出版社 2010 年版。
[133] 魏振瀛：《民法》（第 5 版），北京大学出版社 2013 年版。
[134] 吴明轩：《中国民事诉讼法》，三民书局 2006 年版。
[135] 吴庆宝：《最高人民法院专家法官阐释民商裁判疑难问题（2013—2014 年卷）》，中国法制出版社 2013 年版。
[136] 吴庆宝、王松：《最高人民法院专家法官阐释民商裁判疑难问题·新民事诉讼法卷》，中国法制出版社 2013 年版。
[137] 吴远富译：《越南社会主义共和国民法典》，厦门大学出版社 2007 年版。
[138] 奚晓明、张卫平：《民事诉讼法新制度讲义》，人民法院出版社 2012 年版。
[139] 奚晓明、张卫平：《新民事诉讼法条文精释》，人民法院出版社 2012 年版。
[140] 奚晓明：《担保案件审判指南》，法律出版社 2014 年版。
[141] 奚晓明主编：《〈中华人民共和国民事诉讼法〉修改条文理解与适用》，人民法院出版社 2012 年版。
[142] 肖建国：《民事诉讼程序价值论》，中国人民大学出版社 2000 年版。

[143] 谢在全:《民法物权论》(上、中、下册),中国政法大学出版社1999年版。
[144] 徐涤宇等:《物权法领域公私法接轨问题研究》,北京大学出版社2016年版。
[145] 徐涤宇译注:《最新阿根廷共和国民法典》,法律出版社2007年版。
[146] 徐海燕主编:《英美担保法》,对外经济贸易大学出版社2006年版。
[147] 许士宦:《审判对象与适时审判》,新学林出版股份有限公司2006年版。
[148] 徐昕:《论私力救济》,广西师范大学出版社2015年版。
[149] 徐同远:《担保物权论:体系构成与范畴变迁》,中国法制出版社2012年版。
[150] 徐武生:《担保法理论与实践》,中国工商出版社1999年版。
[151] 宣巽东:《非讼事件程序法》,北京聚魁堂装订讲义书局1937年版。
[152] 杨红:《担保物权专论》,人民出版社2006年版。
[153] 杨立新:《物权法》,中国人民大学出版社2009年版。
[154] 杨立新:《民法总则重大疑难问题研究》,中国法制出版社2011年版。
[155] 杨建华:《民事诉讼法问题研析(一)》,三民书局1991年版。
[156] 杨荣馨:《中华人民共和国民事诉讼法释义》,清华大学出版社2012年版。
[157] 杨荣馨:《民事诉讼原理》,法律出版社2003年版。
[158] 杨与龄主编:《强制执行法论》,中国政法大学出版社2002年版。
[159] 殷生根、王燕译:《瑞士民法典》,中国政法大学出版社1999年版。
[160] 尹田:《物权法》,北京大学出版社2013年版。
[161] 于海涌:《物权法》,中山大学出版社2013年版。
[162] 于建嵘:《岳村政治——转型期中国乡村政治结构的变迁》,商务印书馆2001年版。
[163] 翟羽艳:《民事权利救济模式的选择——在公力救济与私力救济之间》,法律出版社2017年版。
[164] 赵秉志等:《澳门民法典》,中国人民大学出版社1999年版。
[165] 赵蕾:《非讼程序论》,中国政法大学出版社2013年版。
[166] 张龙文:《民法物权实务研究》,汉林出版社1977年版
[167] 张卫平:《民事诉讼的逻辑》,法律出版社2015年版。
[168] 张卫平主编:《新民事诉讼法条文精要与适用》,人民法院出版社2012年版。
[169] 张卫平:《新民事诉讼法专题讲座》,中国法制出版社2012年版。
[170] 张卫平:《诉讼架构与程式——民事诉讼的法理分析》,清华大学出版社2002年版。
[171] 张文显:《法理学》(第4版),高等教育出版社、北京大学出版社2011年版。
[172] 张文显:《法学基本范畴研究》,中国政法大学出版社1993年版。
[173] 张晓娟:《动产担保法律制度现代化研究》,中国政法大学出版社2013年版。
[174] 张晓茹:《家事裁判制度研究》,中国法制出版社2011年版。
[175] 张学仁主编:《香港法概论》(第3版),武汉大学出版社2008年版。

[176] 张玉卿、葛毅主编:《中国担保法比较法案例分析》,中国商务出版社 2003 年版。
[177] 郑冠宇:《民法物权》,新学林出版股份有限公司 2011 年版。
[178] 郑玉波:《民商法问题研究(三)》,三民书局 1983 年版。
[179] 郑玉波:《民法物权》,三民书局 1977 年版。
[180] 中国人民银行研究局、世界银行集团外国投资咨询服务局、国际金融公司中国项目开发中心:《中国动产担保物权与信贷市场发展》,中信出版社 2006 年版。
[181] 周枏:《罗马法原论》,商务印书馆 1994 年版。
[182] 《奥地利普通民法典》周友军、杨垠红译,清华大学出版社 2013 年版。
[183] 邹碧华等:《民商事审判方法》,法律出版社 2017 年版。
[184] 朱新林:《论民事执行救济》,中国政法大学出版社 2015 年版。
[185] 朱腾飞:《案外人异议之诉研究》,中国政法大学出版社 2016 年版。
[186] 朱岩、高圣平、陈鑫:《中国物权法评析》,北京大学出版社 2007 年版。
[187] [德] 奥特马·尧厄尼希:《民事诉讼法》(第 27 版),周翠译,法律出版社 2003 年版。
[188] [德] 鲍尔、施蒂尔纳:《德国物权法》,申卫星、王洪亮译,法律出版社 2006 年版。
[189] [德] 卡尔·恩吉施:《法律思维导论》,郑永流译,法律出版社 2004 年版。
[190] [德] 罗尔夫·克尼佩尔:《法律与历史——论〈德国民法典〉的形成与变迁》,朱岩译,法律出版社 2003 年版。
[191] [德] 罗森贝克、施瓦布、戈特瓦尔德:《德国民事诉讼法》,李大雪译,中国法制出版社 2007 年版。
[192] [德] 曼弗雷德·沃尔夫:《物权法》,吴越等译,法律出版社 2002 年版。
[193] [美] E·博登海默:《法理学:法律哲学与法律方法》,邓正来译,中国政法大学出版社 1999 年版。
[194] [美] 理查德·A. 波斯纳:《法律的经济分析》,蒋兆康译,中国大百科全书出版社 1997 年版。
[195] [美] 庞德:《通过法律的社会控制:法律的任务》,沈宗灵、董世忠译,商务印书馆 1984 年版。
[196] [美] 万安黎:《担保论:全球金融市场中的法律推理》,江照信等译,中国民主法制出版社 2013 年版。
[197] [日] 高桥宏志:《民事诉讼法》,林剑锋译,法律出版社 2003 年版。
[198] [日] 谷口安平:《程序的正义与诉讼》(增补本),王亚新、刘荣军译,中国政法大学出版社 2002 年版。
[199] [日] 兼子一、竹下守夫:《民事诉讼法》,白绿铉译,法律出版社 1995 年版。

[200] [日] 近江幸治:《担保物权法》,祝娅、王卫军、房兆融译,法律出版社 2000 年版。

[201] [日] 金泽良雄:《当代经济法》,刘瑞复译,辽宁人民出版社 1988 年版。

[202] [日] 棚濑孝雄:《纠纷的解决与审判制度》,中国政法大学出版社 2004 年版。

[203] [日] 三月章:《日本民事诉讼法》,汪一凡译,五南图书出版股份有限公司 1997 年版。

[204] [日] 我妻荣:《新订担保物权法》,申政武、封涛、郑芙蓉译,中国法制出版社 2008 年版。

[205] [日] 我妻荣:《债权在近代法中的优越地位》,王书江、张雷译,中国大百科全书出版社 1999 年版。

[206] [日] 小岛武司:《诉讼制度改革的法理与实证》,陈刚等译,法律出版社 2001 年版。

[207] [日] 新堂幸司:《新民事诉讼法》,林剑锋译,法律出版社 2008 年版。

[208] [日] 中村英郎:《新民事诉讼法讲义》,陈刚、林剑锋、郭美松译,法律出版社 2001 年版。

[209] [日] 竹下守夫:《日本民事执行法理论与实务研究》,刘荣军、张卫平译,重庆大学出版社 1994 年版。

[210] [英] F. H. 劳森、伯纳德·冉得:《英国财产法导论》,曹培译,法律出版社 2009 年版。

[211] [英] 梅因:《古代法》,沈景一译,商务印书馆 1995 年版。

[212] [英] 哈特:《法律的概念》,张文显等译,中国大百科全书出版社 1996 年版。

[213] [英] 约翰·希克斯:《经济史理论》,厉以平译,商务印书馆 2011 年版。

[214] Alan Watson, *The Spirit of Roman Law*, University of Georgia Press, 1995.

[215] ArthurEngeleman and others, *A History of Continental Civil Procedure*, in Robert Wyness Millar (trans. and ed.), Little Brown & Company, 1927.

[216] Bernard Schwartz andH. W. R. Wade, *Legal Control of Government: Administrative Law in Britain and the United states*, Clarendon Press, 1972.

[217] C. H. van Rhee, *Civil Procedure: An Academic Subject*, Heirbaut, D. Lambrecht, 1998.

[218] Ernest Metzger (ed.), *A Companion to Justinian's Institutes*, Cornell University Press, 1998.

[219] Eva Steiner, *French Law: A Comparative Approach*, Oxford University Press, 2010.

[220] Gerard McCormack, *Secured Credit under English and American Law*, Cambridge University Press, 2004.

[221] Louis F. DelDuca, etc, *Secured transactions Under the Uniform Commercial Code and Inter-*

national Commerce, Cincinnati, Anderson Publishing Co, 2002.
[222] Lynn M. LoPucki & Elizabeth Warren, *Secured Credit: A Systems Approach*, 5th ed., Aspen Publishers, 2006.
[223] Oliver Wendell Holmes, *The Common Law*, Brown and Company, 1881.
[224] PAUAi, *The Law of Secured Finance: A International Survey of Security Interests over Personal Property*, Oxford University Press, 2002.
[225] Philip R Wood, *Comparative Law of Security and Guarantees*, Sweet & Maxwell, 1995.
[226] Richard. A. Posner, *Economic Analysis of Law*, Little, Brown and Company, 1977.
[227] R. H. Coase, *The Firm, the Market and the Law*, The University of Chicago Press, 1988.

论文类

[1] 蔡虹："非讼程序的理论思考与立法完善"，载《华中科技大学学报（社会科学版）》2004年第3期。

[2] 蔡晖："抵押权的实现程序：直接申请执行，还是提起诉讼？"，载《人民法院报》2007年7月5日。

[3] 陈刚、程丽庄："我国民事诉讼的法律效力制度再认识"，载《法律科学（西北政法大学学报）》2010年第6期。

[4] 陈刚："论我国民事诉讼抗辩制度的体系化建设"，载《中国法学》2014年第5期。

[5] 陈刚："日本民事诉讼法上诚实信义原则之解读"，载《清华法学》2012年第6期。

[6] 陈刚："法系意识在民事诉讼法学研究中的重要意义"，载《法学研究》2012年第5期。

[7] 陈刚、林剑锋："论现代型诉讼对传统民事诉讼理论的冲击"，载《云南法学》2000年第4期。

[8] 陈桂明、刘田玉："民事诉讼法学的发展维度——一个时段性分析"，载《中国法学》2008年第1期。

[9] 陈桂明、赵蕾："比较与分析：我国非讼程序构架过程中的基本问题"，载《河北法学》2010年第7期。

[10] 陈桂明、赵蕾："中国特别程序论纲"，载《法学家》2010年第6期。

[11] 陈晓军、李琪："股权质押中的几个特殊问题"，载《法律适用》2004年第11期。

[12] 陈星、李喜莲："我国实现担保物权程序之性质新探"，载《贵州社会科学》2018年第11期。

[13] 程啸："论抵押权的预告登记"，载《中外法学》2017年第2期。

[14] 程啸："民法典物权编担保物权制度的完善"，载《比较法研究》2018年第2期。

[15] 程啸："论抵押权的实现程序"，载《中外法学》2012年第6期。

[16] 程啸:"现行法中抵押权实现制度的一些缺陷及完善",载《法学杂志》2005 年第 3 期。

[17] 戴伟民、宋彪:"担保物权实现中确定债权数额应有程序保障——浙江安吉法院裁定平安银行杭州分行诉中科迈高公司担保物权纠纷案",载《人民法院报》2013 年 7 月 4 日。

[18] 戴玉龙:"强制管理之于不动产执行的困惑与突破——兼论债权实现与被执行人生存权之平衡",载《法律适用》2008 年第 11 期。

[19] 邓辉辉、向忠诚:"既判力理论视角下的民事裁定再审范围研究",载《社会科学家》2017 年第 12 期。

[20] 邓辉辉:"非讼案件本质和范围的域外考察及启示",载《吉首大学学报（社会科学版）》2009 年第 3 期。

[21] 邓辉辉:"论诉讼法理与非讼法理从二元分离适用论到交错适用论的发展",载《广西社会科学》2010 年第 6 期。

[22] 邓辉辉:"民事非讼程序基本问题研究",载《经济与社会发展》2009 年第 9 期。

[23] 丁海湖、田飞:"当前经济形势下金融审判理念及相关实务问题分析",载《法律适用》2014 年第 2 期。

[24] 丁亮华:"论抵押权之非诉执行实现——《物权法》第 195 条第 2 款的解释论展开",载《法学家》2013 年第 4 期。

[25] 董学立:"中国动产担保物权制度评析",载《中国金融》2019 年第 7 期。

[26] 董学立:"动产担保物权法静态规范缺陷研究",载《中国海商法研究》2018 年第 2 期。

[27] 范雪飞:"论质权的优先受偿效力",载《学术论坛》2010 年第 4 期。

[28] 方芳:"破产程序中担保物权受限制之合理性探讨",载《吉首大学学报（社会科学版）》2011 年第 6 期。

[29] 房绍坤:"论我国民法典物权编立法中的外部体系协调",载《政治与法律》2018 年第 10 期。

[30] 房绍坤:"论民法典物权编与总则编的立法协调",载《法学评论》2019 年第 1 期。

[31] 房绍坤:"抵押权立法三题",载《广州大学学报（社会科学版）》2005 年第 12 期。

[32] 费安玲、龙云丽:"论应收账款质权之实现",载《河南大学学报（社会科学版）》2009 年第 4 期。

[33] 冯玉军:"法律的交易成本分析",载《法制与社会发展》2001 年第 6 期。

[34] 高民智:"关于实现担保物权案件程序的理解与适用",载《人民法院报》2012 年 12 月 9 日。

[35] 高圣平:"担保物权实行途径之研究——兼及民事诉讼法的修改",载《法学》2008

年第 2 期。

[36] 高圣平："动产抵押登记的审查责任——基于裁判分歧的分析和展开"，载《法学评论》2018 年第 1 期。

[37] 高圣平、罗帅："不动产抵押权优先受偿范围研究——基于裁判分歧的分析和展开"，载《法律科学（西北政法大学学报）》2017 年第 6 期。

[38] 高圣平："民法典担保物权制度修正研究——以《民法典各分编（草案）》为分析对象"，载《江西社会科学》2018 年第 10 期。

[39] 高圣平："动产抵押登记的法理——以《动产抵押登记办法》的修改为中心"，载《法学》2016 年第 2 期。

[40] 高圣平："抵押权实现途径之研究——兼评《中华人民共和国物权法（草案）》第 220 条"，载《浙江社会科学》2005 第 2 期。

[41] 高圣平："担保物权的行使期间研究——以《物权法》第 202 条为分析对象"，载《华东政法大学学报》2009 年第 1 期。

[42] 高圣平："担保物权编：经济发展的推进器"，载《法制日报》2007 年 3 月 25 日。

[43] 韩静茹："民事程序权利救济机制的建构原理初探"，载《现代法学》2015 年第 5 期。

[44] 韩苏琳："如何实现应收账款担保物权"，载《银行家》2007 年第 5 期。

[45] 郝振江："德日非讼程序审理对象介评"，载《国家检察官学院学报》2012 年第 5 期。

[46] 郝振江："法国法中的非讼程序及对我国的启示"，载《河南财经政法大学学报》2012 年第 2 期。

[47] 郝振江："非讼裁判的效力与变更"，载《国家检察官学院学报》2014 年第 2 期。

[48] 郝振江："论非讼程序在我国的重构"，载《法学家》2011 年第 4 期。

[49] 郝振江："论非讼程序的功能"，载《中外法学》2011 年第 4 期。

[50] 郝振江："论非讼事件审判的程序保障"，载《法学评论》2014 年第 1 期。

[51] 郝振江："论我国非讼程序的完善——聚焦于民诉法特别程序的'一般规定'"，载《华东政法大学学报》2012 年第 4 期。

[52] 郝振江："非讼程序的未来走向：自足、独立与开放"，载《人民法院报》2012 年 2 月 22 日。

[53] 郝振江："制定非讼事件法 调整国家监护性介入"，载《中国社会科学报》2014 年 1 月 8 日。

[54] 何文燕："诉与诉的标的若干问题探析"，载《湘潭大学学报（哲学社会科学版）》1999 年第 1 期。

[55] 何文燕、廖永安："民事诉讼目的之界定"，载《法学评论》1998 年第 5 期。

[56] 何文燕、刘波："我国当事人陈述制度之检讨与重构——兼评民诉法《修改建议稿（第三稿）及立法理由》第十七章"，载《法律科学（西北政法学院学报）》2007年第2期。

[57] 何文燕、梁宏辉："诉讼实施能力初论"，载《湘潭大学学报（哲学社会科学版）》2010年第4期。

[58] 何文燕："我国民事诉讼立法回顾与评析"，载《公民与法（法学版）》2009年第12期。

[59] 胡仁智、付子堂："当代社会矛盾法律调处机制的完善"，载《江苏社会科学》2010年第6期。

[60] 黄毅："实现抵押权特别程序研究——兼论《民事诉讼法》第196、197条之适用"，载《天中学刊》2014年第2期。

[61] 黄志雄："实现担保物权案件的执行救济"，载《人民法院报》2013年8月14日。

[62] 黄忠顺："论有财产担保的债权之强制执行——以有抵押物担保的债权之强制执行为中心"，载《法律适用》2018年第15期。

[63] 季伟明："论《物权法》中留置权制度的解释适用与立法再完善"，吉林大学2013年博士学位论文。

[64] 蒋平："抵押权实现的非讼程序类型化考察"，载《天中学刊》2017年第1期。

[65] 姜群："完善我国担保物权的实现程序"，载《中国民事诉讼法学研究会2014年年会暨新修改民事诉讼法适用理论与实务研讨会论文集》（上卷），四川成都，2014年11月。

[66] 姜世明："非讼程序主体论——以关系人为中心"，载《法学杂志》2010年第147期。

[67] 江苏省高级人民法院民一庭课题组："新形势下合同法研究若干问题思考"，载《法律适用》2014年第5期。

[68] 金殿军："请求法院拍卖、变卖担保财产的法律问题"，载《法学》2010年第1期。

[69] 李保军、周振超："特殊动产质权的实现途径"，载《人民司法》2012年第12期。

[70] 李浩："非诉讼权利实现机制的发展与完善——对先行调解程序、调解协议的司法确认程序、实现担保物权程序、督促程序的解读"，载《检察日报》2012年9月12日。

[71] 李宏玉："担保物权特别程序能否适用公告送达"，载《江苏法制报》2013年8月1日。

[72] 李嘉宁："论商法的原则和精神——从商事法律关系的基本特征谈起"，载《河南科技大学学报（社会科学版）》2009年第1期。

[73] 李莉："登记公示型动产担保物权人权利研究"，对外经济贸易大学2014年博士学位

论文。

[74] 李林启："形式审查抑或实质审查：实现担保物权案件审查标准探析"，载《政治与法律》2014 年第 11 期。

[75] 李林启："我国实现担保物权非讼程序及适用——兼评新《民事诉讼法》第 196、197 条之规定"，载《湘潭大学学报（哲学社会科学版）》2014 年第 4 期。

[76] 李林启："论实现担保物权案件中适用调解的必要性"，载《求索》2014 年第 9 期。

[77] 李林启："我国实现担保物权的程序性质"，载《湖南科技大学学报（社会科学版）》2015 年第 3 期。

[78] 李林启："按件抑或按数额：实现担保物权案件申请费用交纳标准考察"，载《湘潭大学学报（哲学社会科学版）》2018 年第 4 期。

[79] 李林启："实现担保物权非讼程序价值实证分析"，载《湖南社会科学》2018 年第 2 期。

[80] 李林启："论实现担保物权非讼许可裁定的效力"，载《湘潭大学学报（哲学社会科学版）》2016 年第 6 期。

[81] 李林启、李焱："实现担保物权案件中被申请人异议及其处理探析——以河南省相关司法裁判案例为样本"，载《河南财经政法大学学报》2019 年第 1 期。

[82] 李林启、李焱："论实现担保物权案件中被申请人异议及其救济——以河南省为分析样本"，载《政法学刊》2018 年第 6 期。

[83] 李林启："实现担保物权案件执行的规范化及其救济——基于全国各地 1685 例实现担保物权案件的实证分析"，载《西部法学评论》2019 年第 2 期。

[84] 李林启："实现担保物权非讼程序运行现状实证分析——基于全国各地 459 例实现担保物权案件的考察"，载《河南工程学院学报（社会科学版）》2017 年第 2 期。

[85] 李林启："论未经登记的动产抵押权人作为实现担保物权案件申请主体的适格性"，载《黑龙江省政法管理干部学院学报》2019 年第 2 期。

[86] 李林启："我国担保物权实现机制立法演进的分析"，载《湘江青年法学》2015 年第 2 期。

[87] 李林启："论实现担保物权案件执行管辖规则的完善"，载《西部学刊》2019 年第 1 期。

[88] 李林启："论实现担保物权案件中适用调解的正当性"，载何文燕教授七十华诞祝贺文集编委会（中国）编：《诉讼与社会正义》，湘潭大学出版社 2013 年版。

[89] 李群华："信贷创新中实现担保物权的制约因素"，载《中国金融》2010 年第 1 期。

[90] 李蓉："科学技术与证据裁判：一种历史进路的研究"，载《湖南大学学报（社会科学版）》2013 年第 5 期。

[91] 李蓉、胡宇清："心证如何形成——以问题解决心理学为研究进路"，载《湖南师范

大学社会科学学报》2011 年第 1 期。

[92] 李蓉："民事审判方式改革成本论"，载《当代法学》1999 年第 1 期。

[93] 李嵩誉："农地产权融资担保实现的法律保障"，载《郑州大学学报（哲学社会科学版）》2010 年第 2 期。

[94] 李相波："新民事诉讼法适用中的相关问题"，载《国家检察官学院学报》2014 年第 2 期。

[95] 李相波："实现担保物权程序适用中的相关法律问题——以新《民事诉讼法》第 196 条、第 197 条为中心"，载《法律适用》2014 年第 8 期。

[96] 李珏："动产抵押研究"，吉林大学 2013 年博士学位论文。

[97] 李祖华："论物权法关于抵押权的实现——以民事强制执行为视角"，载《社会科学家》2009 年第 7 期。

[98] 梁慧星："合同法第二百八十六条的权利性质及其适用"，载《山西大学学报（哲学社会科学版）》2001 年第 3 期。

[99] 梁慧星："是优先权还是抵押权——合同法第 286 条的权利性质及其适用"，载《中国律师》2001 年第 10 期。

[100] 廖中洪："制定单行《民事非讼程序法》的建议与思考"，载《现代法学》2007 年第 3 期。

[101] 廖永安："关于错案责任追究制度的反思"，载《江苏社会科学》1999 年第 3 期。

[102] 廖永安："我国民事诉讼中弱势群体保护论纲"，载《河南省政法管理干部学院学报》2007 年第 1 期。

[103] 廖永安："论诉的利益"，载《法学家》2005 年第 6 期。

[104] 廖永安、何四海："民事诉讼当事人异议的法理分析"，载《法学杂志》2012 年第 12 期。

[105] 廖永安、颜杨："我国民事执行检察监督的科学定位与制度设计"，载《湘潭大学学报（哲学社会科学版）》2010 年第 6 期。

[106] 廖永安、黎藜："论民事诉讼法与民事实体法的关系——以消费者权益保护诉讼为考察对象"，载《北方法学》2008 年第 1 期。

[107] 廖永安、李林启："司法诚信建设论纲"，载《烟台大学学报（哲学社会科学版）》2014 年第 4 期。

[108] 凌蔚、邱小华："佛山禅城：庭前调处实现担保物权案"，载《人民法院报》2013 年 4 月 19 日。

[109] 林方健："浅议执行程序存在的几个问题及对策"，载《福建法学》2002 年第 3 期。

[110] 刘保玉："完善我国质权制度的建议"，载《现代法学》2017 年第 6 期。

[111] 刘保玉："第三人担保的共通规则梳理与立法规定的完善"，载《江西社会科学》

2018年第10期。

[112] 刘福龙、刘宏光："抵押权实现的非讼程序之适用"，载《人民法院报》2013年1月23日。

[113] 刘贵祥："案外人异议之诉的功能定位与裁判范围"，载《人民法院报》2014年6月4日。

[114] 刘贵祥："《物权法》关于担保物权的创新及审判实务面临的问题（下）"，载《法律适用》2007年第9期。

[115] 刘海渤："民事非讼审判程序初探"，载《中国法学》2004年第3期。

[116] 刘竞元："登记对抗下的物权变动及其对抗性问题研究"，华东政法大学2012年博士学位论文。

[117] 刘璐："诉讼案件非讼化审理研究——兼谈对新《民事诉讼法》第133条第1项的一点看法"，载《法律适用》2014年第5期。

[118] 刘璐："实现担保物权案件特别程序的适用范围——从实体法与程序法交错的视角"，载《山东社会科学》2015年第5期。

[119] 刘平："去存法典化：应收账款质权之路径反思与制度重塑"，载《交大法学》2018年第4期。

[120] 刘生国："抵押权制度的变迁——从《担保法》到《物权法》"，载《太平洋学报》2007年第8期。

[121] 刘晏晶、雷贵优："浅议特别程序在商业银行实现担保物权中的运用"，载《金融理论与实践》2014年第7期。

[122] 龙卫球："法律主体概念的基础性分析（下）——兼论法律的主体预定理论"，载《学术界》2000年第4期。

[123] 龙卫球："物权法定原则之辨：一种兼顾财产正义的自由论视角"，载《比较法研究》2010年第6期。

[124] 龙云丽："抵押权自力实现之问题研究"，载《学术交流》2007年第8期。

[125] 龙云丽："抵押权实现方式之思考——以比较法视角为出发点"，载《黑龙江省政法管理干部学院学报》2007年第5期。

[126] 罗越明、卫东亮："《物权法》抵押权强制实现制度的性质及适用"，载《法律适用》2008年第10期。

[127] 梅贤明、朱忠宝："厦门海事法院依据新民诉法审结首例申请实现海运货物留置权案"，载《人民法院报》2013年9月16日。

[128] 米健："附个立法理由书如何——从德国学者对我国物权法草案的意见谈起"，载《法制日报》2005年8月24日。

[129] 倪寿明："诉讼制度的发展与程序观念的强化"，载《人民司法》2012年第19期。

[130] 倪知良、李江英："实现担保物权民事裁定的救济途径"，载《上海法治报》2014年6月11日。

[131] 牛娟娟："总结担保创新实践 服务经济金融发展——《物权法》担保物权司法解释专题座谈会综述"，载《金融时报》2010年6月2日。

[132] 欧超荣、叶知年："论我国应收账款质权制度之优化"，载《东南学术》2014年第6期。

[133] 潘剑锋："中国民事审判程序体系之科学化革新——对我国民事程序及其相互关系的反思"，载《政法论坛》2012年第5期。

[134] 潘剑锋："2012年《民事诉讼法》修改述评"，载《中国法律》2012年第5期。

[135] 彭熙海："论重复抵押中抵押权的实现"，载《湘潭大学学报（哲学社会科学版）》2014第2期。

[136] 彭熙海："民法的社会本位观"，载《求索》2004年第8期。

[137] 彭熙海、吴波："论我国抵押期间制度"，载《律师世界》2003年第4期。

[138] 彭熙海、李林启："论民事连带责任司法裁判理念"，载《求索》2011年第8期。

[139] 齐树洁、韩宝、陈利红："新民事诉讼法的理解与适用——中国民事诉讼法学研究会2013年年会综述"，载《河南财经政法大学学报》2014年第2期。

[140] 齐树洁、邹郁卓："我国家事诉讼特别程序的构建"，载《厦门大学学报（哲学社会科学版）》2014年第2期。

[141] 秦炳辉："论实现担保物权案件的申请、受理与审查"，载《山东审判》2013年第5期。

[142] 冉崇高、代贞奎："直接请求法院拍卖、变卖担保物的程序设定"，载《人民法院报》2007年9月14日。

[143] 任重："担保物权实现的程序标的：实践、识别与制度化"，载《法学研究》2016年第2期。

[144] 任宗理、方圆："执行异议案件办理中存在的问题及建议——从广东高院2013年办理执行复议案件的角度分析"，载《人民司法》2014年第15期。

[145] 苏力："关于能动司法"，载《法律适用》2010年第Z1期。

[146] 孙永军："诉讼事件非讼化新探"，载《现代法学》2014年第1期。

[147] 谭艳芳："实现担保物权能否只起诉抵押人之一"，载《江苏法制报》2014年10月17日。

[148] 汤维建："我国民事诉讼法学的现代化转向"，载《清华法学》2013年第5期。

[149] 唐梦、孙楠、卢柱平："涉案金额近4亿1个月审结——南海法院发出佛山首份实现担保物权民事裁定"，载《南方日报》2013年5月17日。

[150] 王国征："'法的价值'与'法的价值取向'概念研究述评"，载《东方论坛》2009

年第 6 期。

[151] 王国征:"合同成立、合同有效和合同生效的证明责任分配——兼评《关于民事诉讼证据的若干规定》第 5 条第 1 款第 1 句",载《湘潭大学学报(哲学社会科学版)》2013 年第 2 期。

[152] 王国征:"浅议完善我国共同被告地域管辖制度——兼析我国《民事诉讼法》第 22 条第 3 款",载《青岛海洋大学学报(社会科学版)》2002 年第 1 期。

[153] 王国征:"民事诉讼法与民法关系辨析",载《东方论坛》2001 年第 4 期。

[154] 王利明:"抵押权若干问题的探讨",载《法学》2000 年第 11 期。

[155] 王利明:"经济全球化与物权法的国际化",载《国家检察官学院学报》2005 年第 6 期。

[156] 王利明:"收费权质押的若干问题探讨",载《法学杂志》2007 年第 2 期。

[157] 王利明:"物权法定原则",载《北方法学》2007 年第 1 期。

[158] 王明华:"担保物权实现程序适用中的若干问题",载《人民司法》2013 年第 15 期。

[159] 王明华:"实现担保物权案件中的当事人范围与实现条件",载《山东审判》2013 年第 1 期。

[160] 王明华、孙心佩:"担保物权实现程序中被申请人异议之诉的确立",载《人民司法》2014 年第 7 期。

[161] 王明华:"论担保物权的实现",山东大学 2014 年博士学位论文。

[162] 王一兵:"论建筑工程承包人的法定抵押权——对《合同法》第 286 条的理解和探讨",载《当代法学》2002 年第 11 期。

[163] 王志建、崔建勋:"浅议对若干民事裁定及非讼程序的检察监督",载《人民检察》2010 年第 17 期。

[164] 吴勇奇:"实现担保物权程序并不适用于船舶担保物权的实现",载《人民法院报》2013 年 11 月 20 日。

[165] 吴光荣:"规范冲突与规范选择:后物权法时代的担保法律制度及其适用",载《法律适用》2014 年第 8 期。

[166] 毋爱斌:"实现担保物权非讼许可裁定的文本分析——基于北京、重庆、广东三地法院的考察",载《法律科学(西北政法大学学报)》2014 年第 5 期。

[167] 毋爱斌:"民事执行拍卖制度研究",西南政法大学 2013 年博士学位论文。

[168] 吴兆祥:"新民事诉讼法出台的背景及其重大影响",载《中国法律》2012 年第 5 期。

[169] 吴哲:"实现担保物权特别程序审查原则研究",载《政法学刊》2015 年第 4 期。

[170] 奚晓明:"面贯彻落实民事诉讼法修改决定全",载《人民司法》2012 年第 21 期。

[171] 肖建国、陈文涛："论抵押权实现的非讼程序构建"，载《北京科技大学学报（社会科学版）》2011 年第 1 期。

[172] 肖建国："回应型司法下的程序选择与程序分类——民事诉讼程序建构与立法的理论反思"，载《中国人民大学学报》2012 年第 4 期。

[173] 肖建国："执行程序修订的价值共识与展望——兼评《民事诉讼法修正案》的相关条款"，载《法律科学（西北政法大学学报）》2012 年第 6 期。

[174] 肖建国："论担保物权的强制执行"，载《人民法院报》2001 年 6 月 11 日。

[175] 肖建国："新原则新制度将写入《民事诉讼法》"，载《中国社会科学报》2012 年 8 月 29 日。

[176] 谢在全："担保物权制度的成长与蜕变"，载《法学家》2019 年第 1 期。

[177] 邢嘉栋："实现不动产抵押担保物权之问题与思考"，载《人民法院报》2013 年 5 月 8 日。

[178] 邢嘉栋："民诉法新增实现担保物权特别程序的适用——江苏南京鼓楼法院裁定国信担保公司对朱松-实现担保物权案"，载《人民法院报》2013 年 3 月 21 日。

[179] 许德风："担保物权在破产程序中的实现论"，载《环球法律评论》2011 年第 3 期。

[180] 徐洁："担保物权功能论"，西南政法大学 2004 年博士学位论文。

[181] 许俊强："适用非讼程序实现船舶抵押权——厦门海事法院裁定中信银行厦门分行申请实现船舶抵押权案"，载《人民法院报》2014 年 8 月 7 日。

[182] 许士宦："非讼事件法修正后程序保障之新课题"，载《月旦法学杂志》2005 年第 125 期。

[183] 徐同远："论出质人请求质权人及时行使质权——以《中华人民共和国物权法》第 220 条为中心的探讨"，载《私法研究》（第 10 卷），法律出版社 2011 年版。

[184] 徐同远："担保物权论：体系构成与范畴变迁"，中国政法大学 2011 年博士学位论文。

[185] 许社民、赵军："申请与实现担保物权特别程序的适用"，载《江苏法制报》2014 年 9 月 11 日。

[186] 徐双桂、揭春龙："申请实现担保物权案件的十个问题"，载《人民法院报》2013 年 11 月 6 日。

[187] 徐一楠："强制执行拍卖的性质研究"，载《江苏社会科学》2014 年第 5 期。

[188] 杨开湘、姚丽雅："论司法过程对法律漏洞的填补"，载《中南大学学报（社会科学版）》2003 年第 6 期。

[189] 杨开湘："法官自由裁量权论纲"，载《法律科学（西北政法大学学报）》1997 年第 2 期。

[190] 杨开湘："论诉讼的程序偏差——基于诉讼程序运行的初步考察"，载《华东政法学

院学报》2001 年第 3 期。

[191] 杨宁、吴惺惺:"跨越实体与程序——担保物权实现特别程序评析",载《理论界》2013 年第 7 期。

[192] 杨群、李锴:"抵押权的实现不能及其救济",载《江西社会科学》2002 年第 10 期。

[193] 杨言军:"非讼程序实现抵押权的若干问题思考——以《物权法》第 195 条和新民诉法第 196、197 条展开分析",载《法律适用》2013 年第 7 期。

[194] 杨永清、赵晋山:"新《民事诉讼法》之法院应对",载《法律适用》2012 年第 11 期。

[195] 姚傑:"应收账款质押通知的法律研究",载《国家检察官学院学报》2018 年第 2 期。

[196] 姚勇刚、周兢:"实现担保物权特别程序应以形式审查为原则",载《人民司法》2013 年第 14 期。

[197] 叶梅、乙增武:"实现担保物权案当事人可举证",载《检察日报》2013 年 4 月 24 日。

[198] 叶知年、余秋萍:"担保物权实现之非讼程序探讨",载《贵州警官职业学院学报》2014 年第 3 期。

[199] 尹田:"抵押权效力若干问题研究",载《河南财经政法大学学报》2013 年第 1 期。

[200] 尹伟民:"抵押权公力实现的程序保障",载《烟台大学学报(哲学社会科学版)》2009 年第 2 期。

[201] 殷成国:"担保物权实现环境协调性调查与优化路径",载《河南金融管理干部学院学报》2008 年第 1 期。

[202] 余建华、罗洁、金姗姗:"债务人不履行还款义务 债权人可实现担保物权",载《人民法院报》2013 年 6 月 7 日。

[203] 余建华、孟焕良、鹿轩:"浙江发出首份实现担保物权民事裁定书",载《人民法院报》2013 年 1 月 11 日。

[204] 余能斌、范中超:"论法定抵押权——对《合同法》第 286 条之解释",载《法学评论》2002 年第 1 期。

[205] 俞晓飞:"应以非讼程序作为抵押权实现的前提",载《江苏法制报》2008 年 2 月 28 日。

[206] 袁定波:"经济形势致民间借贷纠纷速增",载《法制日报》2013 年 9 月 17 日。

[207] 翟寅生:"新《民事诉讼法》视野下的船舶抵押权实现程序",载《中国海商法研究》2013 年第 3 期。

[208] 张卫平:"对民事诉讼法学贫困化的思索",载《清华法学》2014 年第 2 期。

[209] 张文显："联动司法：诉讼社会境况下的司法模式"，载《法律适用》2011年第1期。

[210] 张先明："最高法院召开修改后民诉法实施问题座谈会"，载《人民法院报》2012年12月25日。

[211] 张晓娟："私力救济还是公力救济——动产担保物权实现途径探讨"，载《学术论坛》2010年第10期。

[212] 张晓娟："交易安全与效率视野下动产担保物权实现方式之变革"，载《湖北社会科学》2008年第5期。

[213] 张雪阳："论抵押权的实现"，载《东北财经大学学报》2014年第1期。

[214] 张显伟、杜承秀："制度与实践的悖离——司法确认人民调解协议制度的反思"，载《广西民族大学学报（哲学社会科学版）》2013年第2期。

[215] 张自合："论担保物权实现的程序"，载《法学家》2013年第1期。

[216] 张自合："非讼程序研究"，中国人民大学2011年博士学位论文。

[217] 章武生："非讼程序的反思与重构"，载《中国法学》2011年第3期。

[218] 赵蕾："对新民诉法实现担保物权案的解读与预测"，载《东方法学》2013年第4期。

[219] 浙江省高级人民法院民二庭课题组："审理实现担保物权案件若干实务问题探析"，载《法律适用》2014年第2期。

[220] 钟伟珩："建设工程价款优先受偿权若干疑难问题分析（之一）"，载《建筑时报》2013年2月4日。

[221] 朱阁："实现担保物权案件特别程序的适用研究"，载《法律适用》2014年第8期。

[222] 朱亚平、朱琴梅："担保物权在民事执行程序中的完善"，载《人民司法》2008年第23期。

[223] 庄加园："动产抵押的登记对抗原理"，载《法学研究》2018年第5期。

[224] 庄诗岳："实现担保物权非讼程序研究"，载《福建法学》2016年第4期。

[225] 庄诗岳："实现担保物权强制执行程序研究"，载《南方论刊》2017年第1期。

[226] 庄诗岳："实现担保物权程序之立法论研究"，载《广东开放大学学报》2016年第4期。

[227] 最高人民法院："2010—2013年人民法院维护消费者权益状况"，载《人民法院报》2014年3月16日。

[228] ［意大利］马西米利亚诺·文奇："论留置权制度的历史发展——罗马法、意大利法与中国法之比较"，李云霞译，载《厦门大学学报（哲学社会科学版）》2013年第2期。

[229] Gerard McCormack, "Personal Property Security Law Reform in England and Canada",

Journal of Business Law, March Issue, 2002.
[230] Richard. A. Posner, "The Economic Approach to Law", *Texas Law Review*, Vol. 53, 1975.
[231] Roscoe Pound, "The Scope and Purpose of Sociological Jurisprudence", *Harvard Law Review*, Vol. 25, 1912.
[232] William M. Landes & Richard A. Posner, "The Private Enforcement of Law", *Journal of Legal Studies*, Vol. 4, 1975.

后 记

本书是国家社科基金年度一般项目《实现担保物权非讼程序实证研究》（项目编号：15BFX162，结项证书号：20200659）的最终成果，是河南师范大学博士启动课题《担保物权实现制度研究》（项目编号：qd15104）的最终成果。

高效、快捷、低成本的实现制度是实现担保物权的关键，是成熟担保物权制度的基本支柱之一，是世界各个国家和地区担保法律制度立法共同追求的重要目标。2012年《民事诉讼法》明确规定了实现担保物权的程序规则，依非讼法理，该程序规定属于非讼程序。实现担保物权非讼程序有机衔接了实体法和程序法的相关规定，确立了我国实现担保物权的非讼模式，是我国民事诉讼立法上的一大进步，也是我国担保物权实现中程序机制的又一重大创新。实现担保物权非讼程序在司法实践中的适用，极大地缩短了实现担保物权案件的审理时间，降低了担保物权人实现担保物权的成本，便利了担保物权人权利的快速实现，节约了原本有限的司法资源，充分发挥了立法的引领和推动作用，体现了以民为本、立法为民的立法宗旨与理念。然而，在实现担保物权非讼程序的适用过程中，各方主体也遇到不少问题，存在诸多困惑，影响了该程序效用的发挥。正是基于此，笔者申报并获批了国家社会科学基金年度一般项目《实现担保物权非讼程序实证研究》。

十八届四中全会通过的《中共中央关于全面推进依法治国若干重大问题的决定》，将实现公正司法作为全面推进依法治国总目标之一。党的十九大报告进一步指出，全面依法治国，必须推进公正司法。公正是法治的生命线，实现公正司法，体现在司法机关的权力运行过程中，落脚于具体案件的诉讼活动中。保证实现担保物权案件在司法实践中的规范性、严谨性、一致性，必须具备两个前提条件：一是充分的理论研究，二是扎实的实证研究。成熟的理论研究可以为实现担保物权案件的处理提供宏观的理论指导；而实证研究则是发现司法实践中的问题、找出司法运行中的症结的最直接、最有效方法。正如有学者所指出的，法律的生命不止在于逻辑，更在于经验。本书针对当前司法实践中问题较多而实证研究又非常缺乏的实现担保物权非讼程序展开深入的实证调查研究，通过实证研究揭示我国实现担保物权非讼程序的真实运行现状、发现司法实践中存在的真正问题，并对问题的原因进行分析，找出其真正的症结所在，在此基础上为实现担保物权非讼程序的进一步完善提出具体的建议。

中国政法大学出版社丁春晖老师对本书的出版给予了大力支持，在此表示衷心感谢。感谢新乡学院赵宾教授对我的关心及对本书写作、出版的关注及指导。感谢各位作者的辛勤付出，使得本书能够顺利出版。感谢我的家人，我今天能够取得一点成绩，离不开他们的鼓励与支持。

本书的写作大纲由我拟定，并负责全书的最后统稿与审定工作。本书初稿的具体撰写分工如下（以本书章节先后为序）：

第一章：李林启（河南师范大学法学院）、张　艳（新乡学院马克思主义学院）

第二章：李林启、郜　洁（新乡学院马克思主义学院）

第三章：李林启、姚　艳（新乡学院马克思主义学院）

第四章：李林启、温双双（新乡市中级人民法院）

第五章：李林启、贾敬严（新乡经开投资集团有限公司）

第六章：李林启、李　焱（河南省驼人医疗科技有限公司）

第七章：李林启、王　萌（河南科技学院马克思主义学院、林州市合涧镇二中）

第八章：李林启、孙晓阳（河南师范大学法学院）

第九章：李林启、陈　勇（新乡学院马克思主义学院）

附　录：李林启、贾敬严、李　焱

因时间紧迫、能力所限，本书难免存在不足之处，恳请学界同仁、读者诸君批评指正。

李林启

2020 年 4 月 21 日于原阳·盛世佳苑

附录 1

河南省各地基层人民法院审结实现担保物权案件基本信息[*]

(按受理法院升序排列)

序号	受理法院	所属中院	审判组织	申请人	被申请人	是否债务人	担保物权种类	担保物	标的额（万元）	标的额范围	审理期限（天）	裁定时间	裁判结果	是否收费	收费名义	收费数额（元）	收费标准
1	安阳县人民法院	5	1	3	1	0	2	2	500.00	1	22	0	1	1	2	100.00	1
2	博爱县人民法院	8	1	1	1	0	2	1	100.00	1	27	0	1	0	0	0.00	0
3	博爱县人民法院	8	1	1	1	0	2	1	100.00	1	27	0	1	0	0	0.00	0
4	博爱县人民法院	8	1	3	2	2	0	0	0.00	0	0	0	2	1	2	50.00	2
5	川汇区人民法院	14	2	3	2	1	5	6	3000.00	3	19	0	1	1	3	100.00	1

[*] 表中各变量数值信息如下：所属中院：1-郑州市中级人民法院，2-开封市中级人民法院，3-洛阳市中级人民法院，4-平顶山市中级人民法院，5-安阳市中级人民法院，6-鹤壁市中级人民法院，7-新乡市中级人民法院，8-焦作市中级人民法院，9-濮阳市中级人民法院，10-许昌市中级人民法院，11-漯河市中级人民法院，12-三门峡市中级人民法院，13-商丘市中级人民法院，14-周口市中级人民法院，15-驻马店市中级人民法院，16-南阳市中级人民法院，17-信阳市中级人民法院，18-济源市中级人民法院，19-郑州铁路运输法院；审判组织：1-独任审判，2-合议庭；申请人：1-自然人，2-企业法人，3-金融机构，4-典当行，5-担保公司，6-小额贷款公司，7-其他；被申请人：0-自然人和企业法人，1-自然人，2-企业法人，3-其他；被申请人是否债务人：0-否，1-是，2-未载明；担保物权种类：0-未载明，1-动产抵押，2-不动产抵押，3-权利抵押，4-浮动抵押，5-最高额抵押，6-动产、不动产混合担保，7-动产、权利混合担保，8-不动产、权利混合担保，9-其他；担保物：0-未载明，1-房产，2-商铺，3-机器设备，4-权利，5-土地使用权，6-房产和土地使用权，7-百货、电器等；标的额范围：0-未载明，1-0~2000万元，2-2000~3000万元，3-3000万元以上；裁定时间：0-2015年2月4日及以后，1-2015年2月4日前；裁判结果：1-支持，2-驳回，3-撤诉，4-其他；是否收费：0-否，1-是；收费名义：0-无，1-未交按撤诉，2-案件受理费，3-案件申请费，4-案件受理费减半，5-诉讼费，6-诉讼费减半，7-案件申请费减半，8-案件申请费、财产保全费，9-案件受理费、财产保全费，10-退还案件受理费；收费标准：0-无，1-按件收取，2-按件减半收取，3-按标的额收取，4-按标的额减半收取。

续表

序号	受理法院	所属中院	审判组织	申请人	被申请人	是否债务人	担保物权种类	担保物	标的额（万元）	标的额范围	审理期限（天）	裁定时间	裁判结果	是否收费	收费名义	收费数额（元）	收费标准
6	川汇区人民法院	14	1	3	2	1	2	7	1770.00	1	24	0	1	1	3	100.00	1
7	川汇区人民法院	14	2	3	2	1	2	1	1800.00	1	67	0	1	0	0	0.00	0
8	登封市人民法院	19	2	1	1	1	3	4	2200.00	2	41	0	1	0	0	0.00	0
9	管城回族区人民法院	1	1	1	1	1	2	1	100.00	1	0	0	1	1	5	16 851.00	3
10	管城回族区人民法院	1	1	1	1	1	2	1	160.00	1	0	0	1	1	5	22 098.00	3
11	管城回族区人民法院	1	1	1	1	1	2	2	350.00	1	0	0	1	1	5	40 554.00	3
12	管城回族区人民法院	1	1	1	1	1	2	1	90.00	1	0	0	1	1	5	12 794.00	3
13	管城回族区人民法院	1	1	3	0	1	1	6	24.00	1	23	0	2	0	0	0.00	0
14	管城回族区人民法院	1	1	1	1	1	2	1	160.00	1	0	0	1	0	00	0.00	0
15	红旗区人民法院	7	1	3	1	1	5	1	32.00	1	173	0	1	0	0	0.00	0
16	红旗区人民法院	7	1	3	1	1	5	1	32.00	1	153	0	1	0	0	0.00	0
17	红旗区人民法院	7	1	6	2	0	5	1	255.45	1	15	0	1	0	0	0.00	0
18	红旗区人民法院	7	1	6	2	0	5	1	255.45	1	15	0	1	0	0	0.00	0
19	红旗区人民法院	7	1	1	2	1	2	1	350.00	1	24	0	2	0	0	0.00	0
20	红旗区人民法院	7	2	5	1	1	2	1	400.00	1	63	0	1	0	0	0.00	0
21	红旗区人民法院	7	1	1	1	1	2	1	400.00	1	0	0	1	0	0	0.00	0
22	华龙区人民法院	9	1	3	1	2	0	0	0.00	0	0	0	3	1	2	50.00	1
23	华龙区人民法院	9	1	3	1	2	0	0	0.00	0	0	0	3	0	0	0.00	0
24	华龙区人民法院	9	1	3	1	2	0	0	0.00	0	0	0	3	1	2	50.00	1
25	华龙区人民法院	9	1	3	1	0	0	0	0.00	0	0	0	3	1	2	50.00	1
26	华龙区人民法院	9	1	3	1	2	0	0	0.00	0	0	0	3	0	0	0.00	0
27	华龙区人民法院	9	1	3	1	2	0	0	0.00	0	0	0	3	1	2	50.00	1
28	华龙区人民法院	9	1	3	1	2	0	0	0.00	0	0	0	3	1	2	50.00	1
29	华龙区人民法院	9	1	3	1	2	0	0	0.00	0	0	0	3	1	2	50.00	1
30	滑县人民法院	5	1	1	1	1	2	6	37.00	1	25	1	1	0	0	0.00	0
31	滑县人民法院	5	1	1	1	1	2	1	400.00	1	15	1	1	0	0	0.00	0
32	滑县人民法院	5	1	3	1	0	5	1	630.00	1	42	1	1	0	0	0.00	0

附录1 河南省各地基层人民法院审结实现担保物权案件基本信息

续表

序号	受理法院	所属中院	审判组织	申请人	被申请人	是否债务人	担保物权种类	担保物	标的额（万元）	标的额范围	审理期限（天）	裁定时间	裁判结果	是否收费	收费名义	收费数额（元）	收费标准
33	辉县市人民法院	7	2	3	1	0	2	1	63.26	1	17	1	1	1	3	5000.00	1
34	辉县市人民法院	7	1	1	1	1	2	1	150.00	1	29	1	2	0	0	0.00	0
35	辉县市人民法院	7	1	1	1	1	2	1	160.00	1	29	1	2	0	0	0.00	0
36	辉县市人民法院	7	1	3	2	0	3	4	200.00	1	15	1	2	0	0	0.00	0
37	辉县市人民法院	7	2	3	1	0	2	1	502.21	1	10	0	1	1	2	5000.00	3
38	辉县市人民法院	7	2	4	1	0	2	1	590.00	1	20	1	1	1	3	5000.00	1
39	辉县市人民法院	7	1	1	1	1	2	2	700.00	1	17	0	1	1	3	5000.00	1
40	辉县市人民法院	7	1	1	1	1	2	2	700.00	1	17	0	1	1	3	5000.00	1
41	辉县市人民法院	7	2	1	1	0	5	1	4200.00	3	11	1	1	1	3	5000.00	1
42	辉县市人民法院	7	2	3	1	0	5	2	1500.00	1	19	1	1	1	3	5000.00	1
43	辉县市人民法院	7	1	1	1	2	2	1	130.00	1	6	0	1	1	3	5000.00	1
44	辉县市人民法院	7	1	1	1	1	2	1	25.00	1	14	0	2	0	0	0.00	0
45	辉县市人民法院	7	2	4	1	0	2	1	500.00	1	20	0	2	0	0	0.00	0
46	辉县市人民法院	7	2	3	2	0	3	4	500.00	1	15	1	2	0	0	0.00	0
47	辉县市人民法院	7	1	2	1	1	2	1	120.00	1	13	0	2	1	3	500.00	1
48	辉县市人民法院	7	2	3	1	1	7	1	750.00	1	25	0	1	1	3	33 949.00	3
49	辉县市人民法院	7	2	3	2	2	0	0	0.00	0	29	1	3	0	0	0.00	0
50	辉县市人民法院	7	1	1	1	2	0	0	0.00	0	0	0	3	1	4	2500.00	4
51	吉利区人民法院	3	2	1	1	1	2	1	21.00	1	26	0	2	1	2	100.00	1
52	济源市人民法院	18	1	3	1	1	2	1	10.89	1	30	0	1	1	2	500.00	1
53	济源市人民法院	18	1	3	1	1	2	1	15.51	1	19	1	1	1	2	500.00	1
54	济源市人民法院	18	1	3	1	0	2	1	18.13	1	27	1	1	1	2	500.00	1
55	济源市人民法院	18	1	3	1	1	2	1	23.00	1	30	0	1	1	2	500.00	1
56	济源市人民法院	18	1	3	1	0	2	6	28.00	1	21	0	1	1	2	500.00	1
57	济源市人民法院	18	1	6	1	0	2	1	38.00	1	21	0	1	1	2	500.00	1
58	济源市人民法院	18	1	3	1	1	2	1	45.00	1	13	0	1	1	2	500.00	1
59	济源市人民法院	18	1	2	2	0	1	3	152.18	1	28	0	1	1	2	500.00	1

续表

序号	受理法院	所属中院	审判组织	申请人	被申请人	是否债务人	担保物权种类	担保物	标的额（万元）	标的额范围	审理期限（天）	裁定时间	裁判结果	是否收费	收费名义	收费数额（元）	收费标准
60	济源市人民法院	18	1	5	2	1	0	0	153.00	1	25	0	1	1	2	500.00	1
61	济源市人民法院	18	1	6	1	0	2	4	170.00	1	26	0	1	1	2	500.00	1
62	济源市人民法院	18	1	3	1	0	2	1	189.84	1	19	0	1	1	2	500.00	1
63	济源市人民法院	18	1	5	2	1	1	3	245.10	1	30	0	1	1	2	500.00	1
64	济源市人民法院	18	1	5	1	1	2	1	9.80	1	30	0	1	1	3	500.00	1
65	济源市人民法院	18	1	3	1	2	2	1	200.00	1	30	0	2	1	2	500.00	1
66	济源市人民法院	18	1	5	2	1	1	3	426.84	1	29	0	2	1	2	500.00	1
67	济源市人民法院	18	1	3	1	1	1	3	426.84	1	29	0	1	1	2	500.00	1
68	济源市人民法院	18	1	3	1	2	0	0	0.00	0	0	0	3	1	4	250.00	2
69	济源市人民法院	18	1	3	1	0	0	0	0.00	0	0	0	3	1	4	250.00	2
70	济源市人民法院	18	1	6	2	0	0	0	0.00	0	0	0	3	1	4	250.00	2
71	济源市人民法院	18	1	2	2	0	0	0	0.00	0	0	0	3	1	4	250.00	2
72	济源市人民法院	18	1	3	1	1	2	1	26.27	1	15	0	1	1	2	500.00	1
73	济源市人民法院	18	1	3	1	1	1	1	45.58	1	19	1	1	1	2	500.00	1
74	济源市人民法院	18	1	3	1	0	0	1	64.60	1	27	0	1	1	2	500.00	1
75	郏县人民法院	4	1	3	2	2	0	0	0.00	0	0	0	3	1	4	50.00	2
76	涧西区人民法院	3	1	1	1	1	2	1	20.00	1	10	0	1	1	3	4300.00	3
77	涧西区人民法院	3	1	1	1	1	2	1	20.00	1	10	0	1	1	3	4300.00	1
78	涧西区人民法院	3	1	1	0	1	2	1	20.00	1	10	0	1	1	3	4300.00	3
79	涧西区人民法院	3	1	1	1	1	2	1	34.00	1	0	0	1	1	3	6400.00	3
80	涧西区人民法院	3	1	1	1	1	2	1	50.00	1	9	0	1	1	3	8800.00	1
81	涧西区人民法院	3	1	1	1	1	2	1	70.00	1	7	0	1	1	3	10 800.00	3
82	涧西区人民法院	3	1	1	1	1	2	1	95.00	1	7	0	4	1	3	13 300.00	3
83	涧西区人民法院	5	1	1	1	1	2	1	95.00	1	7	0	1	1	3	13 300.00	3
84	涧西区人民法院	3	1	3	1	1	2	1	292.00	1	14	0	1	1	3	12 319.00	3
85	涧西区人民法院	3	1	3	2	1	2	1	490.00	1	27	0	1	1	3	45 154.00	3
86	涧西区人民法院	3	1	3	1	1	2	1	80.00	1	0	0	4	1	3	12 319.00	3

附录1　河南省各地基层人民法院审结实现担保物权案件基本信息

续表

序号	受理法院	所属中院	审判组织	申请人	被申请人	是否债务人	担保物权种类	担保物	标的额（万元）	标的额范围	审理期限（天）	裁定时间	裁判结果	是否收费	收费名义	收费数额（元）	收费标准
87	解放区人民法院	8	1	3	1	0	2	1	13.00	1	0	0	2	1	5	1607.00	3
88	金水区人民法院	1	1	4	1	2	2	1	30.00	1	0	0	1	1	2	7204.00	3
89	金水区人民法院	1	2	1	1	0	2	1	120.00	1	252	1	1	1	2	100.00	1
90	金水区人民法院	1	2	1	1	0	2	1	120.00	1	252	1	1	1	2	100.00	1
91	金水区人民法院	1	1	1	1	1	2	1	120.00	1	194	1	1	1	2	100.00	1
92	金水区人民法院	1	2	1	1	0	2	1	120.00	1	194	1	1	1	2	100.00	1
93	金水区人民法院	1	1	3	0	1	2	1	1000.00	1	29	0	1	1	2	89 338.00	3
94	金水区人民法院	1	1	1	1	1	2	1	1000.00	1	23	0	2	1	2	87 800.00	3
95	金水区人民法院	1	2	1	1	2	2	1	230.00	1	196	1	1	1	2	100.00	1
96	金水区人民法院	1	2	1	1	2	2	1	255.00	1	196	1	1	1	2	100.00	1
97	金水区人民法院	1	2	1	1	0	2	1	230.00	1	195	1	1	1	2	100.00	1
98	金水区人民法院	1	2	1	1	0	2	1	230.00	1	195	1	1	1	2	100.00	1
99	金水区人民法院	1	1	1	1	1	2	1	24.00	1	70	0	1	1	2	5126.00	3
100	金水区人民法院	1	1	3	1	2	0	0	0.00	0	0	0	2	0	0	0.00	0
101	金水区人民法院	1	1	5	1	2	0	0	0.00	0	0	0	1	2	0	10 11 662.00	3
102	金水区人民法院	1	1	1	1	2	0	0	0.00	0	0	0	3	0	0	0.00	0
103	金水区人民法院	1	1	3	1	2	0	0	0.00	0	0	0	1	0	0	0.00	0
104	兰考县人民法院	2	1	1	1	0	2	1	150.00	1	0	1	0	0	0.00	0
105	兰考县人民法院	2	1	3	1	1	2	1	230.00	1	0	1	0	0	0.00	0
106	兰考县人民法院	2	1	3	1	2	2	1	300.00	1	0	1	0	0	0.00	0
107	兰考县人民法院	2	1	1	2	0	2	6	1000.00	1	0	4	0	0	0.00	0
108	兰考县人民法院	2	1	1	2	2	0	0	0.00	0	0	3	1	2	50.00	2
109	老城区人民法院	3	1	6	1	1	2	1	30.00	1	27	0	1	1	3	3811.50	3
110	梁园区人民法院	13	1	3	1	1	2	1	37.00	1	8	0	1	0	0	0.00	0
111	梁园区人民法院	13	2	3	1	0	5	1	210.00	1	7	0	1	1	3	100.00	1
112	梁园区人民法院	13	2	3	1	0	5	1	210.00	1	7	0	1	1	3	100.00	1
113	梁园区人民法院	13	1	3	1	2	0	0	0.00	0	0	0	3	1	2	100.00	1

续表

序号	受理法院	所属中院	审判组织	申请人	被申请人	是否债务人	担保物权种类	担保物	标的额（万元）	标的额范围	审理期限（天）	裁定时间	裁判结果	是否收费	收费名义	收费数额（元）	收费标准
114	梁园区人民法院	13	1	3	1	2	0	0	0.00	0	0	0	3	1	2	100.00	1
115	梁园区人民法院	13	1	1	1	2	0	0	0.00	0	2	0	3	1	2	100.00	1
116	灵宝市人民法院	12	1	3	1	1	5	1	63.00	1	0	0	1	1	3	5119.00	3
117	龙安区人民法院	5	1	3	2	1	2	6	274.00	1	27	0	1	1	3	14 133.00	3
118	鲁山县人民法院	4	1	2	2	0	2	1	2008.73	2	0	0	2	1	3	62 475.00	3
119	鲁山县人民法院	4	1	3	1	1	2	1	0.00	0	0	0	3	1	5	6050.00	3
120	鹿邑县人民法院	14	1	3	1	1	2	1	260.00	1	2	0	1	1	2	100.00	1
121	鹿邑县人民法院	14	1	1	1	2	1	1	0.00	0	0	0	1	1	3	6900.00	3
122	栾川县人民法院	3	2	4	2	0	2	1	1000.00	1	21	0	1	1	5	46 800.00	3
123	栾川县人民法院	3	1	2	1	1	0	0	0.00	0	0	0	3	0	0	0.00	0
124	洛龙区人民法院	3	2	3	1	1	5	1	1300.00	1	0	0	1	1	3	99 800.00	3
125	洛龙区人民法院	3	2	3	1	0	5	1	70.76	1	22	0	1	1	3	11 035.00	3
126	洛阳高新区人民法院	3	2	3	1	1	2	1	35.00	1	53	0	1	1	2	3624.00	3
127	孟州市人民法院	8	1	1	2	1	1	3	208.00	1	25	0	1	1	2	500.00	1
128	孟州市人民法院	8	1	1	1	1	1	3	215.00	1	25	1	1	1	2	500.00	1
129	孟州市人民法院	8	1	1	1	1	1	3	215.00	1	25	1	1	1	2	500.00	1
130	孟州市人民法院	8	1	1	1	1	1	3	635.00	1	25	0	1	1	2	500.00	1
131	孟州市人民法院	8	1	1	1	1	1	3	687.48	1	25	0	1	1	2	200.00	1
132	泌阳县人民法院	8	1	1	2	1	1	6	15.00	1	16	0	1	0	0	0.00	0
133	内乡县人民法院	16	1	1	1	1	2	1	80.00	1	9	0	1	0	0	0.00	0
134	内乡县人民法院	16	1	1	1	1	2	1	80.00	1	10	0	1	0	0	0.00	0
135	内乡县人民法院	16	1	1	1	0	2	1	245.00	1	18	0	1	0	0	0.00	0
136	内乡县人民法院	16	1	1	1	0	2	1	245.40	1	18	0	1	0	0	0.00	0
137	内乡县人民法院	16	1	3	1	1	2	1	20.00	1	10	1	1	0	0	0.00	0
138	宁陵县人民法院	13	1	1	1	2	0	0	0.00	0	0	0	3	0	0	0.00	0
139	濮阳县人民法院	9	2	1	1	1	2	1	35.00	1	48	0	2	1	2	100.00	1
140	濮阳县人民法院	9	2	1	2	0	1	3	200.00	1	59	0	1	0	0	0.00	0

附录1 河南省各地基层人民法院审结实现担保物权案件基本信息

续表

序号	受理法院	所属中院	审判组织	申请人	被申请人	是否债务人	担保物权种类	担保物	标的额（万元）	标的额范围	审理期限（天）	裁定时间	裁判结果	是否收费	收费名义	收费数额（元）	收费标准
141	淇滨区人民法院	6	1	1	1	0	2	1	40.00	1	26	0	4	1	3	100.00	1
142	淇滨区人民法院	6	2	3	1	2	0	0	0.00	0	0	1	3	0	0	0.00	0
143	沁阳市人民法院	8	2	3	2	0	3	4	18.00	1	29	1	1	0	0	0.00	0
144	沁阳市人民法院	8	2	3	1	1	2	2	37.00	1	22	1	2	0	0	0.00	0
145	沁阳市人民法院	8	2	3	1	1	2	2	37.00	1	22	1	2	0	0	0.00	0
146	沁阳市人民法院	8	2	2	2	0	2	1	300.00	1	18	1	1	0	0	0.00	0
147	沁阳市人民法院	8	2	2	2	0	2	1	300.00	1	18	1	1	0	0	0.00	0
148	沁阳市人民法院	8	2	3	1	0	2	1	48.00	1	29	1	2	0	0	0.00	0
149	沁阳市人民法院	8	2	3	2	0	5	5	1100.00	1	27	0	2	0	0	0.00	0
150	沁阳市人民法院	8	2	3	2	1	2	1	1100.00	1	27	1	2	0	0	0.00	0
151	沁阳市人民法院	8	2	1	1	1	2	1	55.00	1	30	1	2	0	0	0.00	0
152	沁阳市人民法院	8	2	5	2	1	1	3	250.00	1	28	1	2	0	0	0.00	0
153	清丰县人民法院	9	1	1	1	1	2	1	30.00	1	21	1	2	0	0	0.00	0
154	汝阳县人民法院	3	1	3	0	1	0	0	200.00	1	10	0	2	1	3	25 800.00	3
155	汝阳县人民法院	3	1	3	1	1	2	1	200.00	1	10	0	1	1	3	25 800.00	3
156	汝阳县人民法院	3	1	3	1	1	2	1	200.00	1	17	0	2	1	3	25 800.00	3
157	山城区人民法院	6	1	1	3	0	0	0	0.00	0	0	2	0	0	0	0.00	0
158	山阳区人民法院	8	1	3	1	0	2	1	30.00	1	9	0	1	1	3	300.00	1
159	山阳区人民法院	8	1	3	1	0	2	1	40.00	1	0	0	1	1	3	300.00	1
160	山阳区人民法院	8	1	3	1	0	2	1	45.00	1	9	0	1	1	3	300.00	1
161	山阳区人民法院	8	1	3	1	0	2	1	70.00	1	24	0	1	0	0	0.00	0
162	山阳区人民法院	8	1	3	1	0	2	1	100.00	1	8	0	1	1	2	300.00	1
163	山阳区人民法院	8	1	3	1	0	2	1	100.00	1	8	0	1	1	2	300.00	1
164	山阳区人民法院	8	1	3	1	1	5	1	180.00	1	12	0	1	1	2	300.00	1
165	山阳区人民法院	8	1	3	1	0	2	1	320.00	1	7	0	1	1	3	300.00	1
166	山阳区人民法院	8	1	5	2	1	1	3	0.00	0	41	1	2	1	3	300.00	1
167	山阳区人民法院	8	1	3	1	2	0	0	0.00	0	0	0	3	1	3	150.00	2

续表

序号	受理法院	所属中院	审判组织	申请人	被申请人	是否债务人	担保物权种类	担保物	标的额（万元）	标的额范围	审理期限（天）	裁定时间	裁判结果	是否收费	收费名义	收费数额（元）	收费标准
168	山阳区人民法院	8	1	1	1	0	2	1	0.00	0	27	0	3	0	0	0.00	0
169	山阳区人民法院	8	1	1	1	2	0	0	0.00	0	0	0	3	0	0	0.00	0
170	陕县人民法院	12	1	3	1	1	2	1	14.00	1	18	0	1	0	0	0.00	0
171	陕县人民法院	12	1	3	1	1	2	1	14.00	1	18	0	1	0	0	0.00	0
172	陕县人民法院	12	1	3	1	1	5	1	15.00	1	27	0	1	0	0	0.00	0
173	陕县人民法院	12	1	3	1	1	2	1	34.00	1	22	0	1	0	0	0.00	0
174	陕县人民法院	12	1	1	2	1	1	3	300.00	1	13	1	1	0	0	0.00	0
175	陕县人民法院	12	1	3	2	0	1	1	800.00	1	12	0	1	0	0	0.00	0
176	陕县人民法院	12	1	3	1	1	5	5	1600.00	1	29	0	1	0	0	0.00	0
177	陕县人民法院	12	1	3	1	2	0	0	0.00	0	0	0	3	0	0	0.00	0
178	陕县人民法院	12	1	3	1	2	0	0	0.00	0	0	0	3	0	0	0.00	0
179	陕县人民法院	12	1	3	1	2	0	0	0.00	0	0	0	3	0	0	0.00	0
180	陕县人民法院	12	1	3	1	2	0	0	0.00	0	0	0	3	0	0	0.00	0
181	陕县人民法院	12	1	3	1	2	0	0	0.00	0	0	0	3	0	0	0.00	0
182	陕县人民法院	12	1	3	1	2	0	0	0.00	0	0	0	3	0	0	0.00	0
183	陕县人民法院	12	1	3	1	2	0	0	0.00	0	0	0	3	0	0	0.00	0
184	陕县人民法院	12	1	3	1	2	0	0	0.00	0	0	1	3	0	0	0.00	0
185	陕县人民法院	12	1	3	1	2	0	0	0.00	0	0	0	3	0	0	0.00	0
186	陕县人民法院	12	1	3	1	2	0	0	0.00	0	0	0	3	0	0	0.00	0
187	商城县人民法院	13	1	1	1	2	0	0	0.00	0	0	0	3	0	0	0.00	0
188	上街区人民法院	1	2	3	1	1	2	1	9.20	1	22	1	1	0	0	0.00	0
189	上街区人民法院	1	2	3	1	1	2	1	9.20	1	22	1	1	0	0	0.00	0
190	上街区人民法院	1	2	3	1	1	2	1	15.10	1	148	1	4	0	0	0.00	0
191	上街区人民法院	1	1	3	1	1	2	1	18.00	1	196	0	1	1	2	3969.00	3
192	上街区人民法院	1	2	1	0	1	5	1	0.00	0	145	0	2	1	10	14 393.00	3
193	上街区人民法院	1	2	3	1	2	0	0	0.00	0	0	1	3	0	00	0.00	0
194	社旗县人民法院	16	1	3	2	2	0	0	0.00	0	0	0	3	1	10	113897.00	3

附录1 河南省各地基层人民法院审结实现担保物权案件基本信息

续表

序号	受理法院	所属中院	审判组织	申请人	被申请人	是否债务人	担保物权种类	担保物	标的额（万元）	标的额范围	审理期限（天）	裁定时间	裁判结果	是否收费	收费名义	收费数额（元）	收费标准
195	睢县人民法院	13	1	1	1	2	0	0	0.00	0	0	0	3	1	2	100.00	1
196	汤阴县人民法院	5	1	1	1	1	2	1	25.00	1	20	0	1	0	0	0.00	0
197	汤阴县人民法院	5	1	3	1	0	2	1	2.00	1	25	0	2	1	2	300.00	1
198	宛城区人民法院	16	2	2	2	0	2	1	5200.00	3	0	0	1	0	0	0.00	0
199	卫滨区人民法院	7	1	3	1	1	2	1	4.68	1	13	0	1	1	2	485.00	3
200	卫滨区人民法院	7	1	3	1	1	2	1	5.00	1	23	0	1	1	2	554.00	3
201	卫滨区人民法院	7	1	3	1	1	2	1	5.30	1	13	0	1	1	2	485.00	3
202	卫滨区人民法院	7	1	3	1	1	2	1	11.00	1	23	0	1	1	2	1671.00	3
203	卫滨区人民法院	7	1	3	1	1	2	1	12.46	1	25	0	1	1	2	1457.00	3
204	卫滨区人民法院	7	1	3	1	1	2	1	14.70	1	25	0	1	1	2	1439.00	3
205	卫滨区人民法院	7	1	3	1	1	2	1	44.00	1	25	0	1	1	2	4047.00	3
206	卫滨区人民法院	7	1	4	1	1	2	1	150.00	1	33	0	1	1	2	17 400.00	3
207	卫滨区人民法院	7	2	2	2	0	5	1	497.49	1	25	0	1	1	2	145 272.00	3
208	尉氏县人民法院	2	1	1	1	1	2	1	50.00	1	0	0	1	1	3	8800.00	3
209	尉氏县人民法院	2	1	1	1	1	2	1	250.00	1	10	0	1	1	2	11 800.00	3
210	尉氏县人民法院	2	1	1	1	1	2	1	250.00	1	10	0	1	1	2	11 800.00	3
211	魏都区人民法院	10	1	1	1	2	0	0	0.00	0	0	0	3	0	0	0.00	0
212	魏都区人民法院	10	1	3	1	1	5	1	29.00	1	17	0	1	1	2	100.00	1
213	魏都区人民法院	10	1	3	1	1	5	1	31.00	1	28	0	1	1	3	2983.00	3
214	魏都区人民法院	10	1	3	1	1	5	1	31.00	1	28	0	1	1	3	2983.00	3
215	魏都区人民法院	10	1	3	1	1	5	1	45.00	1	16	0	1	1	2	100.00	1
216	魏都区人民法院	10	1	3	1	0	2	1	45.00	1	5	0	1	1	2	4054.00	3
217	魏都区人民法院	10	1	3	1	0	2	1	55.00	1	12	0	1	1	2	4655.00	3
218	魏都区人民法院	10	1	3	1	0	2	1	55.00	1	12	0	1	1	2	4655.00	3
219	魏都区人民法院	10	1	3	1	1	2	1	70.00	1	24	0	1	1	2	5400.00	1
220	魏都区人民法院	10	1	3	1	0	5	1	80.00	1	54	0	2	1	3	5729.00	1
221	魏都区人民法院	10	1	3	1	1	2	1	195.00	1	23	0	1	1	2	100.00	1

续表

序号	受理法院	所属中院	审判组织	申请人	被申请人	是否债务人	担保物权种类	担保物	标的额（万元）	标的额范围	审理期限（天）	裁定时间	裁判结果	是否收费	收费名义	收费数额（元）	收费标准
222	魏都区人民法院	10	2	3	1	1	2	1	200.00	1	0	1	1	0	0	0.00	0
223	魏都区人民法院	10	1	3	1	1	5	1	380.00	1	28	0	1	1	3	19 416.00	3
224	魏都区人民法院	10	2	3	1	0	5	1	499.84	1	0	1	1	0	0	0.00	0
225	魏都区人民法院	10	2	3	2	0	2	1	6500.00	3	28	0	2	1	3	220 885.00	3
226	魏都区人民法院	10	1	1	1	1	2	1	20.00	1	27	0	2	0	0	0.00	0
227	魏都区人民法院	10	1	1	1	1	2	1	20.00	1	27	0	1	1	3	2158.00	3
228	魏都区人民法院	10	1	3	1	1	2	1	45.00	1	13	0	1	1	3	3521.00	3
229	魏都区人民法院	10	1	1	1	0	2	1	14.00	1	7	0	1	0	0	0.00	0
230	魏都区人民法院	10	2	1	1	0	2	1	14.00	1	7	0	1	0	0	0.00	0
231	魏都区人民法院	10	1	3	1	0	5	1	39.00	1	24	0	1	1	3	433.50	3
232	魏都区人民法院	10	1	1	1	2	0	0	0.00	0	0	0	3	0	0	0.00	0
233	温县人民法院	8	2	3	1	2	0	0	0.00	0	0	0	3	0	0	0.00	0
234	温县人民法院	8	2	3	2	1	6	5	2000.00	2	20	0	1	0	0	0.00	0
235	温县人民法院	8	2	1	2	0	0	0	0.00	0	0	0	3	0	0	0.00	0
236	温县人民法院	8	1	1	2	0	0	0	0.00	0	0	0	3	0	0	0.00	0
237	温县人民法院	8	2	3	1	2	0	0	0.00	0	0	0	3	0	0	0.00	0
238	温县人民法院	8	1	2	2	0	0	0	0.00	0	0	0	3	0	0	0.00	0
239	温县人民法院	8	1	3	2	0	0	0	0.00	0	0	0	3	0	0	0.00	0
240	文峰区人民法院	5	1	3	1	0	0	0	0.00	0	0	0	3	1	7	50.00	1
241	文峰区人民法院	5	1	3	1	0	0	0	0.00	0	0	0	3	1	7	50.00	1
242	舞钢市人民法院	4	2	1	1	0	2	1	147.25	1	20	1	1	1	3	9821.00	3
243	舞钢市人民法院	4	2	1	2	1	2	1	121.60	1	22	1	1	1	3	8529.00	3
244	舞钢市人民法院	4	2	1	2	1	2	1	90.25	1	22	1	1	1	3	6949.00	3
245	舞钢市人民法院	4	2	1	2	1	2	2	45.60	1	22	1	1	1	3	4454.00	3
246	舞钢市人民法院	4	2	1	2	1	2	2	112.10	1	22	1	1	1	3	8050.00	3
247	舞钢市人民法院	4	2	3	2	1	5	5	779.13	1	50	0	1	1	3	33 197.00	3
248	西峡县人民法院	16	1	3	2	2	0	0	0.00	0	0	1	3	0	0	0.00	0

附录1 河南省各地基层人民法院审结实现担保物权案件基本信息

续表

序号	受理法院	所属中院	审判组织	申请人	被申请人	是否债务人	担保物权种类	担保物	标的额(万元)	标的额范围	审理期限(天)	裁定时间	裁判结果	是否收费	收费名义	收费数额(元)	收费标准
249	西峡县人民法院	16	2	1	1	1	2	1	100.00	1	29	0	4	0	0	0.00	0
250	西峡县人民法院	16	2	3	2	2	0	0	0.00	0	0	0	3	0	0	0.00	0
251	西峡县人民法院	16	1	1	1	2	0	0	0.00	0	0	0	3	0	0	0.00	0
252	息县人民法院	17	1	3	1	1	5	1	20.00	1	18	0	1	0	0	0.00	0
253	襄城县人民法院	10	1	3	1	1	2	1	32.00	1	28	0	1	0	0	0.00	0
254	襄城县人民法院	10	1	3	1	1	2	1	32.00	1	28	0	1	0	0	0.00	0
255	新安县人民法院	3	1	5	2	0	5	4	300.00	1	29	0	2	0	0	0.00	0
256	新乡县人民法院	7	1	3	2	1	2	7	390.00	1	21	1	1	0	0	0.00	0
257	新郑市人民法院	1	2	3	1	0	5	1	150.00	1	0	0	1	1	3	18 300.00	3
258	新郑市人民法院	1	2	3	1	1	2	1	900.00	1	44	0	1	1	2	76 550.00	3
259	许昌县人民法院	10	2	3	2	1	2	5	1500.00	1	59	0	2	1	2	100.00	1
260	鄢陵县人民法院	10	1	1	1	1	2	1	160.00	1	18	0	1	1	2	6400.00	3
261	鄢陵县人民法院	10	2	3	1	0	2	1	195.00	1	25	0	1	0	0	0.00	0
262	鄢陵县人民法院	10	2	3	1	1	2	1	230.00	1	8	1	1	0	0	0.00	0
263	鄢陵县人民法院	10	2	3	1	0	2	2	450.00	1	62	0	1	0	0	0.00	0
264	鄢陵县人民法院	10	2	3	1	1	2	1	500.00	1	17	0	1	0	0	0.00	0
265	鄢陵县人民法院	10	1	1	1	1	2	1	50.00	1	17	0	1	1	2	6900.00	3
266	鄢陵县人民法院	10	2	3	1	1	2	1	195.00	1	18	0	1	0	0	0.00	0
267	郾城区人民法院	11	1	1	1	1	2	1	56.00	1	6	1	1	0	0	0.00	0
268	郾城区人民法院	11	1	1	1	1	2	1	62.00	1	6	1	1	0	0	0.00	0
269	郾城区人民法院	11	1	3	1	2	0	0	0.00	0	0	1	3	0	0	0.00	0
270	郾城区人民法院	11	1	3	1	2	0	0	0.00	0	0	3	1	6	50.00	2	
271	义马市人民法院	12	1	1	1	0	3	4	110.00	1	16	0	1	1	2	4900.00	1
272	义马市人民法院	12	2	3	2	1	2	2	1400.00	1	28	0	2	1	2	103 915.00	3
273	义马市人民法院	12	1	1	1	2	0	0	0.00	0	0	0	3	0	0	0.00	0
274	驿城区人民法院	15	1	1	1	1	2	1	169.21	1	0	0	2	0	0	0.00	0
275	驿城区人民法院	15	1	3	1	0	2	1	2800.00	2	0	0	1	0	0	0.00	0

续表

序号	受理法院	所属中院	审判组织	申请人	被申请人	是否债务人	担保物权种类	担保物	标的额（万元）	标的额范围	审理期限（天）	裁定时间	裁判结果	是否收费	收费名义	收费数额（元）	收费标准
276	驿城区人民法院	15	1	3	1	0	2	1	2800.00	2	0	0	1	0	0	0.00	0
277	驿城区人民法院	15	1	3	1	1	2	1	90.00	1	0	0	2	0	0	0.00	0
278	驿城区人民法院	15	1	3	1	1	2	1	300.00	1	0	0	2	0	0	0.00	0
279	驿城区人民法院	15	1	3	1	1	2	1	300.00	1	0	0	2	0	0	0.00	0
280	驿城区人民法院	15	1	3	1	1	2	1	400.00	1	0	0	2	0	0	0.00	0
281	驿城区人民法院	15	1	3	1	1	2	0	400.00	1	0	0	2	0	0	0.00	0
282	驿城区人民法院	15	1	3	0	1	2	1	500.00	1	0	0	2	0	0	0.00	0
283	驿城区人民法院	15	1	3	1	1	2	1	500.00	1	0	0	2	0	0	0.00	0
284	荥阳市人民法院	1	2	3	2	1	2	1	28.00	1	0	0	1	0	0	0.00	0
285	荥阳市人民法院	1	2	3	2	1	5	6	1000.00	1	0	0	1	1	3	83 606.00	3
286	荥阳市人民法院	1	1	3	1	0	2	1	10.00	1	5	0	1	1	3	1593.77	3
287	荥阳市人民法院	1	1	5	2	2	0	0	0.00	0	0	0	3	0	0	0.00	0
288	禹州市人民法院	10	1	3	1	1	2	1	19.40	1	76	0	3	1	3	100.00	1
289	禹州市人民法院	10	2	3	1	1	5	1	24.00	1	22	0	1	1	3	2450.00	3
290	禹州市人民法院	10	1	3	1	2	0	2	5	2300.00	2	23	0	1	1	3	0.00	0
291	禹州市人民法院	10	1	3	1	1	2	0	0.00	0	0	0	3	1	3	100.00	1
292	柘城县人民法院	13	1	3	1	1	2	1	20.00	1	10	0	1	1	2	100.00	1
293	柘城县人民法院	13	1	3	1	1	2	1	20.00	1	0	0	1	1	2	100.00	1
294	郑州高新区人民法院	1	1	3	1	1	2	1	17.00	1	0	1	1	1	2	3164.00	3
295	郑州高新区人民法院	1	1	3	1	1	2	1	17.40	1	0	0	1	1	2	3628.00	3
296	郑州高新区人民法院	1	1	3	1	1	5	1	18.00	1	0	1	1	0	0	0.00	0
297	郑州高新区人民法院	1	1	3	1	1	5	1	18.00	1	0	1	1	0	0	0.00	0
298	郑州高新区人民法院	1	1	3	1	1	2	1	23.00	1	0	0	1	1	2	4642.00	3
299	郑州高新区人民法院	1	1	3	1	1	2	1	29.00	1	0	0	1	1	2	5584.00	3
300	郑州高新区人民法院	1	1	3	1	1	2	1	29.00	1	0	0	1	1	2	5584.00	3
301	郑州高新区人民法院	1	1	3	1	1	2	1	29.00	1	36	1	2	0	0	0.00	0
302	郑州高新区人民法院	1	1	3	1	1	2	1	33.00	1	1	1	1	1	3	2357.00	3

附录1 河南省各地基层人民法院审结实现担保物权案件基本信息

续表

序号	受理法院	所属中院	审判组织	申请人	被申请人	是否债务人	担保物权种类	担保物	标的额（万元）	标的额范围	审理期限（天）	裁定时间	裁判结果	是否收费	收费名义	收费数额（元）	收费标准
303	郑州高新区人民法院	1	2	1	1	1	2	1	37.30	1	0	0	1	1	2	7605.00	3
304	郑州高新区人民法院	1	1	3	1	1	2	1	37.50	1	0	1	1	0	0	0.00	0
305	郑州高新区人民法院	1	1	3	1	1	5	1	40.00	1	0	1	1	1	2	6153.00	3
306	郑州高新区人民法院	1	1	3	1	1	2	1	41.78	1	0	1	1	0	0	0.00	0
307	郑州高新区人民法院	1	1	3	1	1	5	1	46.00	1	0	1	1	1	2	8554.00	3
308	郑州高新区人民法院	1	1	3	1	1	2	1	46.00	1	0	1	1	1	2	8199.00	3
309	郑州高新区人民法院	1	1	3	1	0	2	1	58.00	1	0	1	1	0	0	0.00	0
310	郑州高新区人民法院	1	1	3	1	1	2	1	58.00	1	0	1	1	0	0	0.00	0
311	郑州高新区人民法院	1	1	3	1	1	2	1	58.00	1	0	1	1	0	0	0.00	0
312	郑州高新区人民法院	1	1	1	1	1	2	1	65.00	1	0	1	1	1	2	10 986.00	3
313	郑州高新区人民法院	1	1	3	1	1	2	1	66.00	1	0	1	1	1	2	9191.00	3
314	郑州高新区人民法院	1	1	3	1	1	5	1	70.00	1	0	1	1	1	3	11 201.00	3
315	郑州高新区人民法院	1	1	1	1	1	2	1	70.00	1	0	1	1	1	2	13 604.00	3
316	郑州高新区人民法院	1	1	3	1	1	5	1	70.00	1	0	1	1	1	3	11 201.00	3
317	郑州高新区人民法院	1	1	1	1	1	5	1	75.00	1	0	0	4	1	2	14 489.00	3
318	郑州高新区人民法院	1	1	1	1	1	5	1	80.00	1	0	1	1	1	3	12 249.00	3
319	郑州高新区人民法院	1	2	1	1	1	5	1	80.00	1	0	0	1	1	2	12 395.00	3
320	郑州高新区人民法院	1	1	3	1	1	5	1	85.00	1	0	1	1	1	2	12 710.00	3
321	郑州高新区人民法院	1	2	3	1	1	5	1	110.00	1	0	1	1	0	0	0.00	0
322	郑州高新区人民法院	1	1	3	1	0	5	1	112.00	1	0	1	1	1	2	14 017.00	3
323	郑州高新区人民法院	1	1	3	1	1	5	1	115.00	1	0	1	1	1	3	15 751.00	3
324	郑州高新区人民法院	1	1	3	1	1	5	1	115.00	1	0	1	1	1	2	15 907.00	3
325	郑州高新区人民法院	1	1	3	1	1	5	1	115.00	1	0	0	1	1	2	15 893.00	3
326	郑州高新区人民法院	1	1	3	1	1	5	1	120.00	1	0	1	1	0	0	0.00	0
327	郑州高新区人民法院	1	1	3	1	1	5	1	130.00	1	0	1	1	1	2	17 294.00	3
328	郑州高新区人民法院	1	1	3	1	1	5	1	130.00	1	0	1	1	1	2	17 294.00	3
329	郑州高新区人民法院	1	1	3	1	1	5	1	130.00	1	0	1	1	1	2	17 165.00	3

续表

序号	受理法院	所属中院	审判组织	申请人	被申请人	是否债务人	担保物权种类	担保物	标的额（万元）	标的额范围	审理期限（天）	裁定时间	裁判结果	是否收费	收费名义	收费数额（元）	收费标准
330	郑州高新区人民法院	1	1	1	1	1	2	1	130.00	1	0	0	1	1	2	17 370.00	3
331	郑州高新区人民法院	1	1	3	1	0	2	1	130.00	1	0	1	1	0	0	0.00	0
332	郑州高新区人民法院	1	1	3	1	1	5	1	146.00	1	0	1	2	0	0	0.00	0
333	郑州高新区人民法院	1	2	3	1	1	5	1	150.00	1	0	1	1	0	0	0.00	0
334	郑州高新区人民法院	1	1	1	1	1	1	1	160.00	1	0	1	1	1	2	19 990.00	3
335	郑州高新区人民法院	1	1	1	1	1	1	1	160.00	1	0	1	1	1	2	19 990.00	3
336	郑州高新区人民法院	1	1	3	1	1	2	1	185.00	1	0	1	1	1	2	22 080.00	3
337	郑州高新区人民法院	1	1	3	1	1	2	1	190.00	1	0	0	1	1	2	22 186.00	3
338	郑州高新区人民法院	1	1	3	2	0	5	1	281.00	1	0	1	1	0	0	0.00	0
339	郑州高新区人民法院	1	1	3	1	1	1	1	370.00	1	0	1	4	0	0	0.00	0
340	郑州高新区人民法院	1	1	1	1	1	1	1	400.00	1	0	0	1	1	2	52 225.00	3
341	郑州高新区人民法院	1	1	1	1	1	1	1	800.00	1	0	1	1	1	2	69 480.00	3
342	郑州高新区人民法院	1	1	1	1	1	1	1	800.00	1	0	1	1	1	2	69 480.00	3
343	郑州高新区人民法院	1	1	3	2	1	1	1	900.00	1	0	1	1	0	0	0.00	0
344	郑州高新区人民法院	1	1	3	2	1	5	7	900.00	1	0	1	1	0	0	0.00	0
345	郑州高新区人民法院	1	1	3	1	0	2	1	380.00	1	29	0	1	1	3	19 416.00	3
346	郑州高新区人民法院	1	1	3	1	0	2	1	380.00	1	29	0	1	1	3	19 416.00	3
347	郑州高新区人民法院	1	1	3	1	1	2	1	300.00	1	0	1	1	1	2	24 700.00	3
348	郑州高新区人民法院	1	2	3	1	1	5	1	25.00	1	0	1	1	0	0	0.00	0
349	郑州高新区人民法院	1	1	3	1	0	5	1	300.57	1	0	1	2	0	0	0.00	0
350	郑州高新区人民法院	1	1	1	1	1	2	1	170.00	1	0	0	2	0	0	0.00	0
351	郑州高新区人民法院	1	2	1	1	1	2	1	350.00	1	0	1	1	0	0	0.00	0
352	郑州高新区人民法院	1	1	1	1	1	2	1	35.00	1	0	1	1	0	0	0.00	0
353	郑州高新区人民法院	1	1	3	1	0	2	1	300.57	1	0	1	2	0	0	0.00	0
354	郑州高新区人民法院	1	1	3	1	1	2	1	87.99	1	0	0	1	1	2	14 291.00	3
355	郑州高新区人民法院	1	1	3	1	0	2	1	70.00	1	0	1	1	0	0	0.00	0
356	郑州高新区人民法院	1	1	3	1	0	2	1	55.00	1	0	1	1	0	0	0.00	0

附录1 河南省各地基层人民法院审结实现担保物权案件基本信息

续表

序号	受理法院	所属中院	审判组织	申请人	被申请人	是否债务人	担保物权种类	担保物	标的额（万元）	标的额范围	审理期限（天）	裁定时间	裁判结果	是否收费	收费名义	收费数额（元）	收费标准
357	郑州高新区人民法院	1	1	3	1	1	5	1	25.00	1	0	1	1	0	0	0.00	0
358	郑州高新区人民法院	1	1	3	1	1	5	1	65.00	1	0	0	1	0	0	0.00	0
359	郑州高新区人民法院	1	1	3	1	1	5	1	91.24	1	0	0	1	1	2	13 361.00	3
360	郑州高新区人民法院	1	1	3	1	0	2	1	70.00	1	0	1	1	0	0	0.00	0
361	郑州高新区人民法院	1	1	1	1	1	1	1	35.00	1	0	1	1	0	0	0.00	0
362	郑州高新区人民法院	1	1	5	2	0	5	1	934.05	1	0	1	1	0	0	0.00	0
363	郑州高新区人民法院	1	2	1	1	1	1	1	350.00	1	0	1	1	0	0	0.00	0
364	郑州高新区人民法院	1	1	3	2	0	2	1	281.00	1	0	1	1	0	0	0.00	0
365	郑州高新区人民法院	1	2	1	1	1	1	1	150.00	1	0	1	1	1	3	19 046.00	3
366	郑州高新区人民法院	1	1	1	1	1	5	1	370.00	1	0	1	1	0	0	0.00	0
367	郑州高新区人民法院	1	1	1	1	1	1	1	200.00	1	0	1	1	0	0	0.00	0
368	郑州高新区人民法院	1	1	3	1	1	2	1	60.00	1	22	1	1	0	0	0.00	0
369	郑州高新区人民法院	1	1	3	1	0	2	1	150.00	1	0	1	1	1	2	19 145.00	3
370	郑州高新区人民法院	1	1	3	1	1	5	1	85.00	1	0	1	1	1	2	13 757.00	3
371	郑州高新区人民法院	1	1	3	1	1	2	1	27.00	1	0	1	1	0	0	0.00	0
372	郑州高新区人民法院	1	1	3	1	2	0	0	0.00	0	0	1	2	0	0	0.00	0
373	郑州高新区人民法院	1	1	1	1	2	0	0	0.00	0	0	1	2	0	0	0.00	0
374	郑州高新区人民法院	1	1	3	1	2	0	0	0.00	0	0	0	3	0	0	0.00	0
375	郑州高新区人民法院	1	1	1	1	2	0	0	0.00	0	30	1	2	0	0	0.00	0
376	郑州高新区人民法院	1	1	1	1	2	0	0	0.00	0	30	1	3	0	0	0.00	0
377	郑州高新区人民法院	1	1	1	1	2	0	0	0.00	0	36	1	2	0	0	0.00	0
378	郑州高新区人民法院	1	1	1	1	2	0	0	0.00	0	36	1	2	0	0	0.00	0
379	郑州高新区人民法院	1	1	3	1	2	0	0	0.00	0	36	1	2	0	0	0.00	0
380	郑州高新区人民法院	1	1	1	1	2	0	0	0.00	0	30	0	2	0	0	0.00	0
381	郑州高新区人民法院	1	1	3	1	2	0	0	0.00	0	28	1	2	1	2	17 432.00	3
382	郑州高新区人民法院	1	1	3	1	2	0	0	0.00	0	28	1	2	0	0	0.00	0
383	郑州高新区人民法院	1	1	3	1	1	0	0	0.00	0	30	1	2	0	0	0.00	0

续表

序号	受理法院	所属中院	审判组织	申请人	被申请人	是否债务人	担保物权种类	担保物	标的额（万元）	标的额范围	审理期限（天）	裁定时间	裁判结果	是否收费	收费名义	收费数额（元）	收费标准
384	郑州高新区人民法院	1	1	3	1	2	0	0	0.00	0	29	0	2	0	0	0.00	0
385	郑州高新区人民法院	1	1	3	1	2	0	0	0.00	0	11	1	2	0	0	0.00	0
386	郑州高新区人民法院	1	1	3	1	2	0	0	0.00	0	27	0	2	0	0	0.00	0
387	郑州高新区人民法院	1	1	1	1	2	0	0	0.00	0	0	0	2	0	0	0.00	0
388	郑州高新区人民法院	1	1	1	1	2	0	0	0.00	0	0	0	2	0	0	0.00	0
389	郑州高新区人民法院	1	1	1	1	2	0	0	0.00	0	0	0	2	0	0	0.00	0
390	郑州高新区人民法院	1	1	1	1	2	0	0	0.00	0	0	0	2	0	0	0.00	0
391	郑州高新区人民法院	1	1	1	2	2	0	0	0.00	0	0	0	2	0	0	0.00	0
392	郑州高新区人民法院	1	1	3	1	2	0	0	0.00	0	30	1	2	0	0	0.00	0
393	郑州高新区人民法院	1	1	3	1	2	0	0	0.00	0	36	1	2	0	0	0.00	0
394	郑州高新区人民法院	1	1	3	1	2	0	0	0.00	0	30	1	2	0	0	0.00	0
395	郑州高新区人民法院	1	1	3	1	2	0	0	0.00	0	0	1	2	0	0	0.00	0
396	郑州高新区人民法院	1	1	3	1	1	2	1	17.40	1	0	0	1	1	2	3628.00	3
397	郑州高新区人民法院	1	1	3	1	1	2	1	42.00	1	0	1	1	0	0	0.00	0
398	郑州高新区人民法院	1	1	3	1	0	2	1	50.00	1	0	0	1	0	0	0.00	0
399	郑州高新区人民法院	1	1	3	1	1	2	1	51.00	1	0	0	1	0	0	0.00	0
400	郑州高新区人民法院	1	1	3	1	1	1	1	115.00	1	0	1	1	1	3	15 751.00	3
401	中原区人民法院	1	2	1	1	1	2	1	50.00	1	55	0	1	0	0	0.00	0

附录 2

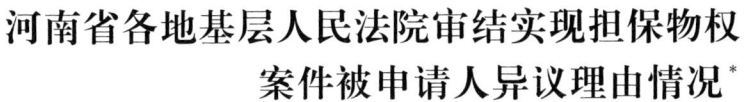

河南省各地基层人民法院审结实现担保物权案件被申请人异议理由情况*

（按受理法院升序排列）

序号	受理法院	被申请人有无异议	1：申请人主体不合格	2：被申请人主体不合格	3：主债务有瑕疵	4：利息、违约金、律师费等异议	5：担保物权存在瑕疵	6：担保物存在问题	7：侵害其他债权人的合法权益	8：适用程序异议	9：其他
1	安阳县人民法院	0	0	0	0	0	0	0	0	0	0
2	博爱县人民法院	0	0	0	0	0	0	0	0	0	0
3	博爱县人民法院	0	0	0	0	0	0	0	0	0	0
4	博爱县人民法院	2	0	0	0	0	0	0	0	0	0
5	川汇区人民法院	0	0	0	0	0	0	0	0	0	0
6	川汇区人民法院	1	0	0	0	0	1	1	0	0	0
7	川汇区人民法院	1	0	0	0	0	0	0	0	0	1
8	登封市人民法院	0	0	0	0	0	0	0	0	0	0
9	管城回族区人民法院	0	0	0	0	0	0	0	0	0	0
10	管城回族区人民法院	0	0	0	0	0	0	0	0	0	0
11	管城回族区人民法院	0	0	0	0	0	0	0	0	0	0
12	管城回族区人民法院	1	0	0	1	0	0	0	0	0	1

* 表中各变量数值信息如下：被申请人有无异议：0-无异于，1-有异议，2-未载明；异议理由部分：0-无，1-有。

续表

序号	受理法院	被申请人有无异议	1：申请人主体不合格	2：被申请人主体不合格	3：主债务有瑕疵	4：利息、违约金、律师费等异议	5：担保物权存在瑕疵	6：担保物存在问题	7：侵害其他债权人的合法权益	8：适用程序异议	9：其他
13	管城回族区人民法院	2	0	0	0	0	0	0	0	0	0
14	管城回族区人民法院	2	0	0	0	0	0	0	0	0	0
15	红旗区人民法院	0	0	0	0	0	0	0	0	0	0
16	红旗区人民法院	0	0	0	0	0	0	0	0	0	0
17	红旗区人民法院	0	0	0	0	0	0	0	0	0	0
18	红旗区人民法院	0	0	0	0	0	0	0	0	0	0
19	红旗区人民法院	0	0	0	0	0	0	0	0	0	0
20	红旗区人民法院	1	0	0	0	0	1	0	0	0	1
21	红旗区人民法院	2	0	0	0	0	0	0	0	0	0
22	华龙区人民法院	2	0	0	0	0	0	0	0	0	0
23	华龙区人民法院	2	0	0	0	0	0	0	0	0	0
24	华龙区人民法院	2	0	0	0	0	0	0	0	0	0
25	华龙区人民法院	2	0	0	0	0	0	0	0	0	0
26	华龙区人民法院	2	0	0	0	0	0	0	0	0	0
27	华龙区人民法院	2	0	0	0	0	0	0	0	0	0
28	华龙区人民法院	2	0	0	0	0	0	0	0	0	0
29	华龙区人民法院	2	0	0	0	0	0	0	0	0	0
30	滑县人民法院	0	0	0	0	0	0	0	0	0	0
31	滑县人民法院	0	0	0	0	0	0	0	0	0	0
32	滑县人民法院	0	0	0	0	0	0	0	0	0	0
33	辉县市人民法院	0	0	0	0	0	0	0	0	0	0
34	辉县市人民法院	0	0	0	0	0	0	0	0	0	0
35	辉县市人民法院	0	0	0	0	0	0	0	0	0	0

附录2 河南省各地基层人民法院审结实现担保物权案件被申请人异议理由情况

续表

序号	受理法院	被申请人有无异议	1：申请人主体不合格	2：被申请人主体不合格	3：主债务有瑕疵	4：利息、违约金、律师费等异议	5：担保物权存在瑕疵	6：担保物存在问题	7：侵害其他债权人的合法权益	8：适用程序异议	9：其他
36	辉县市人民法院	0	0	0	0	0	0	0	0	0	0
37	辉县市人民法院	0	0	0	0	0	0	0	0	0	0
38	辉县市人民法院	0	0	0	0	0	0	0	0	0	0
39	辉县市人民法院	0	0	0	0	0	0	0	0	0	0
40	辉县市人民法院	0	0	0	0	0	0	0	0	0	0
41	辉县市人民法院	0	0	0	0	0	0	0	0	0	0
42	辉县市人民法院	1	0	0	0	0	0	0	0	0	1
43	辉县市人民法院	1	0	0	1	0	0	0	0	0	0
44	辉县市人民法院	1	0	0	0	0	0	0	0	0	1
45	辉县市人民法院	1	0	0	0	0	0	1	0	0	1
46	辉县市人民法院	1	0	0	1	0	0	0	0	0	0
47	辉县市人民法院	1	0	0	0	1	0	0	0	0	0
48	辉县市人民法院	1	0	0	0	0	1	0	0	0	0
49	辉县市人民法院	2	0	0	0	0	0	0	0	0	0
50	辉县市人民法院	2	0	0	0	0	0	0	0	0	0
51	吉利区人民法院	0	0	0	0	0	0	0	0	0	0
52	济源市人民法院	0	0	0	0	0	0	0	0	0	0
53	济源市人民法院	0	0	0	0	0	0	0	0	0	0
54	济源市人民法院	0	0	0	0	0	0	0	0	0	0
55	济源市人民法院	0	0	0	0	0	0	0	0	0	0
56	济源市人民法院	0	0	0	0	0	0	0	0	0	0
57	济源市人民法院	0	0	0	0	0	0	0	0	0	0
58	济源市人民法院	0	0	0	0	0	0	0	0	0	0

续表

序号	受理法院	被申请人有无异议	1：申请人主体不合格	2：被申请人主体不合格	3：主债务有瑕疵	4：利息、违约金、律师费等异议	5：担保物权存在瑕疵	6：担保物存在问题	7：侵害其他债权人的合法权益	8：适用程序异议	9：其他
59	济源市人民法院	0	0	0	0	0	0	0	0	0	0
60	济源市人民法院	0	0	0	0	0	0	0	0	0	0
61	济源市人民法院	0	0	0	0	0	0	0	0	0	0
62	济源市人民法院	0	0	0	0	0	0	0	0	0	0
63	济源市人民法院	0	0	0	0	0	0	0	0	0	0
64	济源市人民法院	1	0	0	1	0	0	0	0	0	0
65	济源市人民法院	1	0	0	0	0	0	0	0	0	1
66	济源市人民法院	1	1	1	1	1	1	1	0	0	0
67	济源市人民法院	1	1	1	1	1	1	0	1	0	0
68	济源市人民法院	2	0	0	0	0	0	0	0	0	0
69	济源市人民法院	2	0	0	0	0	0	0	0	0	0
70	济源市人民法院	2	0	0	0	0	0	0	0	0	0
71	济源市人民法院	2	0	0	0	0	0	0	0	0	0
72	济源市人民法院	2	0	0	0	0	0	0	0	0	0
73	济源市人民法院	2	0	0	0	0	0	0	0	0	0
74	济源市人民法院	2	0	0	0	0	0	0	0	0	0
75	郏县人民法院	0	0	0	0	0	0	0	0	0	0
76	涧西区人民法院	0	0	0	0	0	0	0	0	0	0
77	涧西区人民法院	0	0	0	0	0	0	0	0	0	0
78	涧西区人民法院	0	0	0	0	0	0	0	0	0	0
79	涧西区人民法院	0	0	0	0	0	0	0	0	0	0
80	涧西区人民法院	0	0	0	0	0	0	0	0	0	0
81	涧西区人民法院	0	0	0	0	0	0	0	0	0	0

附录2　河南省各地基层人民法院审结实现担保物权案件被申请人异议理由情况

续表

序号	受理法院	被申请人有无异议	1：申请人主体不合格	2：被申请人主体不合格	3：主债务有瑕疵	4：利息、违约金、律师费等异议	5：担保物权存在瑕疵	6：担保物存在问题	7：侵害其他债权人的合法权益	8：适用程序异议	9：其他
82	涧西区人民法院	0	0	0	0	0	0	0	0	0	0
83	涧西区人民法院	0	0	0	0	0	0	0	0	0	0
84	涧西区人民法院	0	0	0	0	0	0	0	0	0	0
85	涧西区人民法院	1	0	0	0	0	0	1	0	0	1
86	涧西区人民法院	1	0	1	0	1	0	1	0	0	0
87	解放区人民法院	0	0	0	0	0	0	0	0	0	0
88	金水区人民法院	0	0	0	0	0	0	0	0	0	0
89	金水区人民法院	0	0	0	0	0	0	0	0	0	0
90	金水区人民法院	0	0	0	0	0	0	0	0	0	0
91	金水区人民法院	0	0	0	0	0	0	0	0	0	0
92	金水区人民法院	0	0	0	0	0	0	0	0	0	0
93	金水区人民法院	0	0	0	0	0	0	0	0	0	0
94	金水区人民法院	0	0	0	0	0	0	0	0	0	0
95	金水区人民法院	1	0	1	1	1	0	0	1	0	1
96	金水区人民法院	1	0	1	1	1	0	0	1	0	1
97	金水区人民法院	1	0	1	1	1	0	0	1	0	0
98	金水区人民法院	1	0	1	1	0	0	0	1	0	0
99	金水区人民法院	1	0	0	1	0	0	0	0	0	0
100	金水区人民法院	2	0	0	0	0	0	0	0	0	0
101	金水区人民法院	2	0	0	0	0	0	0	0	0	0
102	金水区人民法院	2	0	0	0	0	0	0	0	0	0
103	金水区人民法院	2	0	0	0	0	0	0	0	0	0
104	兰考县人民法院	0	0	0	0	0	0	0	0	0	0

续表

序号	受理法院	1：被申请人有无异议	2：申请人主体不合格	3：被申请人主体不合格	4：主债务有瑕疵	5：利息、违约金、律师费等异议	6：担保物权存在瑕疵	7：担保物存在问题	8：侵害其他债权人的合法权益	9：适用程序异议	其他
105	兰考县人民法院	0	0	0	0	0	0	0	0	0	0
106	兰考县人民法院	0	0	0	0	0	0	0	0	0	0
107	兰考县人民法院	1	0	0	0	1	0	0	0	0	0
108	兰考县人民法院	2	0	0	0	0	0	0	0	0	0
109	老城区人民法院	0	0	0	0	0	0	0	0	0	0
110	梁园区人民法院	0	0	0	0	0	0	0	0	0	0
111	梁园区人民法院	0	0	0	0	0	0	0	0	0	0
112	梁园区人民法院	0	0	0	0	0	0	0	0	0	0
113	梁园区人民法院	2	0	0	0	0	0	0	0	0	0
114	梁园区人民法院	2	0	0	0	0	0	0	0	0	0
115	梁园区人民法院	2	0	0	0	0	0	0	0	0	0
116	灵宝市人民法院	0	0	0	0	0	0	0	0	0	0
117	龙安区人民法院	0	0	0	0	0	0	0	0	0	0
118	鲁山县人民法院	1	0	0	1	0	1	0	0	1	0
119	鲁山县人民法院	2	0	0	0	0	0	0	0	0	0
120	鹿邑县人民法院	0	0	0	0	0	0	0	0	0	0
121	鹿邑县人民法院	2	0	0	0	0	0	0	0	0	0
122	栾川县人民法院	0	0	0	0	0	0	0	0	0	0
123	栾川县人民法院	2	0	0	0	0	0	0	0	0	0
124	洛龙区人民法院	0	0	0	0	0	0	0	0	0	0
125	洛龙区人民法院	1	0	0	0	0	1	0	0	0	0
126	洛阳高新区人民法院	2	0	0	0	0	0	0	0	0	0
127	孟州市人民法院	0	0	0	0	0	0	0	0	0	0

附录2 河南省各地基层人民法院审结实现担保物权案件被申请人异议理由情况

续表

序号	受理法院	被申请人有无异议	1：申请人主体不合格	2：被申请人主体不合格	3：主债务有瑕疵	4：利息、违约金、律师费等异议	5：担保物权存在瑕疵	6：担保物存在问题	7：侵害其他债权人的合法权益	8：适用程序异议	9：其他
128	孟州市人民法院	0	0	0	0	0	0	0	0	0	0
129	孟州市人民法院	0	0	0	0	0	0	0	0	0	0
130	孟州市人民法院	0	0	0	0	0	0	0	0	0	0
131	孟州市人民法院	0	0	0	0	0	0	0	0	0	0
132	泌阳县人民法院	0	0	0	0	0	0	0	0	0	0
133	内乡县人民法院	0	0	0	0	0	0	0	0	0	0
134	内乡县人民法院	0	0	0	0	0	0	0	0	0	0
135	内乡县人民法院	0	0	0	0	0	0	0	0	0	0
136	内乡县人民法院	0	0	0	0	0	0	0	0	0	0
137	内乡县人民法院	1	0	1	0	0	0	0	0	0	0
138	宁陵县人民法院	2	0	0	0	0	0	0	0	0	0
139	濮阳县人民法院	0	0	0	0	0	0	0	0	0	0
140	濮阳县人民法院	0	0	0	0	0	0	0	0	0	0
141	淇滨区人民法院	1	0	0	0	0	0	0	0	0	1
142	淇滨区人民法院	2	0	0	0	0	0	0	0	0	0
143	沁阳市人民法院	0	0	0	0	0	0	0	0	0	0
144	沁阳市人民法院	0	0	0	0	0	0	0	0	0	0
145	沁阳市人民法院	0	0	0	0	0	0	0	0	0	0
146	沁阳市人民法院	0	0	0	0	0	0	0	0	0	0
147	沁阳市人民法院	0	0	0	0	0	0	0	0	0	0
148	沁阳市人民法院	1	0	1	0	1	1	0	0	0	1
149	沁阳市人民法院	1	0	0	1	1	1	0	0	1	0
150	沁阳市人民法院	1	0	0	0	1	1	0	0	1	0

续表

序号	受理法院	被申请人有无异议	1：申请人主体不合格	2：被申请人主体不合格	3：主债务有瑕疵	4：利息、违约金、律师费等异议	5：担保物权存在瑕疵	6：担保物存在问题	7：侵害其他债权人的合法权益	8：适用程序异议	9：其他
151	沁阳市人民法院	1	0	0	0	1	0	0	0	0	0
152	沁阳市人民法院	1	0	0	0	0	0	1	0	0	0
153	清丰县人民法院	0	0	0	0	0	0	0	0	0	0
154	汝阳县人民法院	0	0	0	0	0	0	0	0	0	0
155	汝阳县人民法院	1	0	0	0	0	0	1	0	0	0
156	汝阳县人民法院	1	0	0	0	1	0	0	0	0	0
157	山城区人民法院	1	0	0	0	0	0	0	0	1	1
158	山阳区人民法院	0	0	0	0	0	0	0	0	0	0
159	山阳区人民法院	0	0	0	0	0	0	0	0	0	0
160	山阳区人民法院	0	0	0	0	0	0	0	0	0	0
161	山阳区人民法院	0	0	0	0	0	0	0	0	0	0
162	山阳区人民法院	0	0	0	0	0	0	0	0	0	0
163	山阳区人民法院	0	0	0	0	0	0	0	0	0	0
164	山阳区人民法院	0	0	0	0	0	0	0	0	0	0
165	山阳区人民法院	0	0	0	0	0	0	0	0	0	0
166	山阳区人民法院	1	0	0	1	1	1	0	0	0	0
167	山阳区人民法院	2	0	0	0	0	0	0	0	0	0
168	山阳区人民法院	2	0	0	0	0	0	0	0	0	0
169	山阳区人民法院	2	0	0	0	0	0	0	0	0	0
170	陕县人民法院	0	0	0	0	0	0	0	0	0	0
171	陕县人民法院	0	0	0	0	0	0	0	0	0	0
172	陕县人民法院	0	0	0	0	0	0	0	0	0	0
173	陕县人民法院	0	0	0	0	0	0	0	0	0	0

附录2 河南省各地基层人民法院审结实现担保物权案件被申请人异议理由情况

续表

序号	受理法院	被申请人有无异议	1：申请人主体不合格	2：被申请人主体不合格	3：主债务有瑕疵	4：利息、违约金、律师费等异议	5：担保物权存在瑕疵	6：担保物存在问题	7：侵害其他债权人的合法权益	8：适用程序异议	9：其他
174	陕县人民法院	0	0	0	0	0	0	0	0	0	0
175	陕县人民法院	0	0	0	0	0	0	0	0	0	0
176	陕县人民法院	1	0	0	0	0	0	1	0	0	1
177	陕县人民法院	2	0	0	0	0	0	0	0	0	0
178	陕县人民法院	2	0	0	0	0	0	0	0	0	0
179	陕县人民法院	2	0	0	0	0	0	0	0	0	0
180	陕县人民法院	2	0	0	0	0	0	0	0	0	0
181	陕县人民法院	2	0	0	0	0	0	0	0	0	0
182	陕县人民法院	2	0	0	0	0	0	0	0	0	0
183	陕县人民法院	2	0	0	0	0	0	0	0	0	0
184	陕县人民法院	2	0	0	0	0	0	0	0	0	0
185	陕县人民法院	2	0	0	0	0	0	0	0	0	0
186	陕县人民法院	2	0	0	0	0	0	0	0	0	0
187	商城县人民法院	2	0	0	0	0	0	0	0	0	0
188	上街区人民法院	0	0	0	0	0	0	0	0	0	0
189	上街区人民法院	0	0	0	0	0	0	0	0	0	0
190	上街区人民法院	0	0	0	0	0	0	0	0	0	0
191	上街区人民法院	0	0	0	0	0	0	0	0	0	0
192	上街区人民法院	1	1	1	1	1	1	1	0	0	1
193	上街区人民法院	2	0	0	0	0	0	0	0	0	0
194	社旗县人民法院	2	0	0	0	0	0	0	0	0	0
195	睢县人民法院	0	0	0	0	0	0	0	0	0	0
196	汤阴县人民法院	0	0	0	0	0	0	0	0	0	0

续表

序号	受理法院	被申请人有无异议	1：申请人主体不合格	2：被申请人主体不合格	3：主债务有瑕疵	4：利息、违约金、律师费等异议	5：担保物权存在瑕疵	6：担保物权存在问题	7：侵害其他债权人的合法权益	8：适用程序异议	9：其他
197	汤阴县人民法院	1	0	0	0	0	0	0	0	1	0
198	宛城区人民法院	2	0	0	0	0	0	0	0	0	0
199	卫滨区人民法院	0	0	0	0	0	0	0	0	0	0
200	卫滨区人民法院	0	0	0	0	0	0	0	0	0	0
201	卫滨区人民法院	0	0	0	0	0	0	0	0	0	0
202	卫滨区人民法院	0	0	0	0	0	0	0	0	0	0
203	卫滨区人民法院	0	0	0	0	0	0	0	0	0	0
204	卫滨区人民法院	0	0	0	0	0	0	0	0	0	0
205	卫滨区人民法院	0	0	0	0	0	0	0	0	0	0
206	卫滨区人民法院	0	0	0	0	0	0	0	0	0	0
207	卫滨区人民法院	0	0	0	0	0	0	0	0	0	0
208	尉氏县人民法院	0	0	0	0	0	0	0	0	0	0
209	尉氏县人民法院	0	0	0	0	0	0	0	0	0	0
210	尉氏县人民法院	0	0	0	0	0	0	0	0	0	0
211	魏都区人民法院	0	0	0	0	0	0	0	0	0	0
212	魏都区人民法院	0	0	0	0	0	0	0	0	0	0
213	魏都区人民法院	0	0	0	0	0	0	0	0	0	0
214	魏都区人民法院	0	0	0	0	0	0	0	0	0	0
215	魏都区人民法院	0	0	0	0	0	0	0	0	0	0
216	魏都区人民法院	0	0	0	0	0	0	0	0	0	0
217	魏都区人民法院	0	0	0	0	0	0	0	0	0	0
218	魏都区人民法院	0	0	0	0	0	0	0	0	0	0
219	魏都区人民法院	0	0	0	0	0	0	0	0	0	0

附录2 河南省各地基层人民法院审结实现担保物权案件被申请人异议理由情况

续表

序号	受理法院	被申请人有无异议	1：申请人主体不合格	2：被申请人主体不合格	3：主债务有瑕疵	4：利息、违约金、律师费等异议	5：担保物权存在瑕疵	6：担保物存在问题	7：侵害其他债权人的合法权益	8：适用程序异议	9：其他
220	魏都区人民法院	0	0	0	0	0	0	0	0	0	0
221	魏都区人民法院	0	0	0	0	0	0	0	0	0	0
222	魏都区人民法院	0	0	0	0	0	0	0	0	0	0
223	魏都区人民法院	0	0	0	0	0	0	0	0	0	0
224	魏都区人民法院	0	0	0	0	0	0	0	0	0	0
225	魏都区人民法院	0	0	0	0	0	0	0	0	0	0
226	魏都区人民法院	1	0	1	1	0	1	0	0	0	0
227	魏都区人民法院	1	0	0	0	0	0	0	0	0	1
228	魏都区人民法院	1	0	0	0	0	0	0	0	0	1
229	魏都区人民法院	1	0	0	0	1	0	0	0	0	0
230	魏都区人民法院	1	0	0	0	1	0	0	0	0	0
231	魏都区人民法院	1	0	0	0	0	1	0	0	0	1
232	魏都区人民法院	2	0	0	0	0	0	0	0	0	0
233	温县人民法院	0	0	0	0	0	0	0	0	0	0
234	温县人民法院	0	0	0	0	0	0	0	0	0	0
235	温县人民法院	2	0	0	0	0	0	0	0	0	0
236	温县人民法院	2	0	0	0	0	0	0	0	0	0
237	温县人民法院	2	0	0	0	0	0	0	0	0	0
238	温县人民法院	2	0	0	0	0	0	0	0	0	0
239	温县人民法院	2	0	0	0	0	0	0	0	0	0
240	文峰区人民法院	2	0	0	0	0	0	0	0	0	0
241	文峰区人民法院	2	0	0	0	0	0	0	0	0	0
242	舞钢市人民法院	1	0	0	0	0	1	1	1	0	0

续表

序号	受理法院	被申请人有无异议	1：申请人主体不合格	2：被申请人主体不合格	3：主债务有瑕疵	4：利息、违约金、律师费等异议	5：担保物权存在瑕疵	6：担保物存在问题	7：侵害其他债权人的合法权益	8：适用程序异议	9：其他
243	舞钢市人民法院	1	0	0	0	0	1	0	0	0	1
244	舞钢市人民法院	1	0	0	1	0	1	0	0	0	1
245	舞钢市人民法院	1	0	0	0	0	0	0	0	0	1
246	舞钢市人民法院	1	0	0	0	1	0	0	0	0	1
247	舞钢市人民法院	2	0	0	0	0	0	0	0	0	0
248	西峡县人民法院	0	0	0	0	0	0	0	0	0	0
249	西峡县人民法院	1	0	0	0	1	0	0	0	0	0
250	西峡县人民法院	2	0	0	0	0	0	0	0	0	0
251	西峡县人民法院	2	0	0	0	0	0	0	0	0	0
252	息县人民法院	0	0	0	0	0	0	0	0	0	0
253	襄城县人民法院	1	0	0	0	0	0	0	0	0	1
254	襄城县人民法院	1	0	0	0	0	0	0	1	0	0
255	新安县人民法院	2	0	0	0	0	0	0	0	0	0
256	新乡县人民法院	0	0	0	0	0	0	0	0	0	0
257	新郑市人民法院	0	0	0	0	0	0	0	0	0	0
258	新郑市人民法院	0	0	0	0	0	0	0	0	0	0
259	许昌县人民法院	2	0	0	0	0	0	0	0	0	0
260	鄢陵县人民法院	0	0	0	0	0	0	0	0	0	0
261	鄢陵县人民法院	0	0	0	0	0	0	0	0	0	0
262	鄢陵县人民法院	0	0	0	0	0	0	0	0	0	0
263	鄢陵县人民法院	0	0	0	0	0	0	0	0	0	0
264	鄢陵县人民法院	0	0	0	0	0	0	0	0	0	0
265	鄢陵县人民法院	2	0	0	0	0	0	0	0	0	0

附录2 河南省各地基层人民法院审结实现担保物权案件被申请人异议理由情况

续表

序号	受理法院	被申请人有无异议	1：申请人主体不合格	2：被申请人主体不合格	3：主债务有瑕疵	4：利息、违约金、律师费等异议	5：担保物权存在瑕疵	6：担保物存在问题	7：侵害其他债权人的合法权益	8：适用程序异议	9：其他
266	鄢陵县人民法院	2	0	0	0	0	0	0	0	0	0
267	郾城区人民法院	0	0	0	0	0	0	0	0	0	0
268	郾城区人民法院	0	0	0	0	0	0	0	0	0	0
269	郾城区人民法院	2	0	0	0	0	0	0	0	0	0
270	郾城区人民法院	2	0	0	0	0	0	0	0	0	0
271	义马市人民法院	0	0	0	0	0	0	0	0	0	0
272	义马市人民法院	1	0	0	1	0	0	1	0	0	1
273	义马市人民法院	2	0	0	0	0	0	0	0	0	0
274	驿城区人民法院	0	0	0	0	0	0	0	0	0	0
275	驿城区人民法院	0	0	0	0	0	0	0	0	0	0
276	驿城区人民法院	0	0	0	0	0	0	0	0	0	0
277	驿城区人民法院	1	0	0	1	0	0	0	0	0	0
278	驿城区人民法院	2	0	0	0	0	0	0	0	0	0
279	驿城区人民法院	2	0	0	0	0	0	0	0	0	0
280	驿城区人民法院	2	0	0	0	0	0	0	0	0	0
281	驿城区人民法院	2	0	0	0	0	0	0	0	0	0
282	驿城区人民法院	2	0	0	0	0	0	0	0	0	0
283	驿城区人民法院	2	0	0	0	0	0	0	0	0	0
284	荥阳市人民法院	0	0	0	0	0	0	0	0	0	0
285	荥阳市人民法院	0	0	0	0	0	0	0	0	0	0
286	荥阳市人民法院	1	0	0	0	0	0	0	0	0	1
287	荥阳市人民法院	2	0	0	0	0	0	0	0	0	0
288	禹州市人民法院	0	0	0	0	0	0	0	0	0	0

续表

序号	受理法院	被申请人有无异议	1：申请人主体不合格	2：被申请人主体不合格	3：主债务有瑕疵	4：利息、违约金、律师费等异议	5：担保物权存在瑕疵	6：担保物存在问题	7：侵害其他债权人的合法权益	8：适用程序异议	9：其他
289	禹州市人民法院	0	0	0	0	0	0	0	0	0	0
290	禹州市人民法院	1	0	1	1	0	1	0	0	1	0
291	禹州市人民法院	2	0	0	0	0	0	0	0	0	0
292	柘城县人民法院	1	0	0	0	0	0	1	0	0	0
293	柘城县人民法院	1	0	0	0	0	0	1	0	0	0
294	郑州高新区人民法院	0	0	0	0	0	0	0	0	0	0
295	郑州高新区人民法院	0	0	0	0	0	0	0	0	0	0
296	郑州高新区人民法院	0	0	0	0	0	0	0	0	0	0
297	郑州高新区人民法院	0	0	0	0	0	0	0	0	0	0
298	郑州高新区人民法院	0	0	0	0	0	0	0	0	0	0
299	郑州高新区人民法院	0	0	0	0	0	0	0	0	0	0
300	郑州高新区人民法院	0	0	0	0	0	0	0	0	0	0
301	郑州高新区人民法院	0	0	0	0	0	0	0	0	0	0
302	郑州高新区人民法院	0	0	0	0	0	0	0	0	0	0
303	郑州高新区人民法院	0	0	0	0	0	0	0	0	0	0
304	郑州高新区人民法院	0	0	0	0	0	0	0	0	0	0
305	郑州高新区人民法院	0	0	0	0	0	0	0	0	0	0
306	郑州高新区人民法院	0	0	0	0	0	0	0	0	0	0
307	郑州高新区人民法院	0	0	0	0	0	0	0	0	0	0
308	郑州高新区人民法院	0	0	0	0	0	0	0	0	0	0
309	郑州高新区人民法院	0	0	0	0	0	0	0	0	0	0
310	郑州高新区人民法院	0	0	0	0	0	0	0	0	0	0
311	郑州高新区人民法院	0	0	0	0	0	0	0	0	0	0

附录2　河南省各地基层人民法院审结实现担保物权案件被申请人异议理由情况

续表

序号	受理法院	被申请人有无异议	1：申请人主体不合格	2：被申请人主体不合格	3：主债务有瑕疵	4：利息、违约金、律师费等异议	5：担保物权存在瑕疵	6：担保物存在问题	7：侵害其他债权人的合法权益	8：适用程序异议	9：其他
312	郑州高新区人民法院	0	0	0	0	0	0	0	0	0	0
313	郑州高新区人民法院	0	0	0	0	0	0	0	0	0	0
314	郑州高新区人民法院	0	0	0	0	0	0	0	0	0	0
315	郑州高新区人民法院	0	0	0	0	0	0	0	0	0	0
316	郑州高新区人民法院	0	0	0	0	0	0	0	0	0	0
317	郑州高新区人民法院	0	0	0	0	0	0	0	0	0	0
318	郑州高新区人民法院	0	0	0	0	0	0	0	0	0	0
319	郑州高新区人民法院	0	0	0	0	0	0	0	0	0	0
320	郑州高新区人民法院	0	0	0	0	0	0	0	0	0	0
321	郑州高新区人民法院	0	0	0	0	0	0	0	0	0	0
322	郑州高新区人民法院	0	0	0	0	0	0	0	0	0	0
323	郑州高新区人民法院	0	0	0	0	0	0	0	0	0	0
324	郑州高新区人民法院	0	0	0	0	0	0	0	0	0	0
325	郑州高新区人民法院	0	0	0	0	0	0	0	0	0	0
326	郑州高新区人民法院	0	0	0	0	0	0	0	0	0	0
327	郑州高新区人民法院	0	0	0	0	0	0	0	0	0	0
328	郑州高新区人民法院	0	0	0	0	0	0	0	0	0	0
329	郑州高新区人民法院	0	0	0	0	0	0	0	0	0	0
330	郑州高新区人民法院	0	0	0	0	0	0	0	0	0	0
331	郑州高新区人民法院	0	0	0	0	0	0	0	0	0	0
332	郑州高新区人民法院	0	0	0	0	0	0	0	0	0	0
333	郑州高新区人民法院	0	0	0	0	0	0	0	0	0	0
334	郑州高新区人民法院	0	0	0	0	0	0	0	0	0	0

续表

序号	受理法院	1：申请人主体不合格	2：被申请人主体不合格	3：主债务有瑕疵	4：利息、违约金、律师费等异议	5：担保物权存在瑕疵	6：担保物存在问题	7：侵害其他债权人的合法权益	8：适用程序异议	9：其他
335	郑州高新区人民法院	0	0	0	0	0	0	0	0	0
336	郑州高新区人民法院	0	0	0	0	0	0	0	0	0
337	郑州高新区人民法院	0	0	0	0	0	0	0	0	0
338	郑州高新区人民法院	0	0	0	0	0	0	0	0	0
339	郑州高新区人民法院	0	0	0	0	0	0	0	0	0
340	郑州高新区人民法院	0	0	0	0	0	0	0	0	0
341	郑州高新区人民法院	0	0	0	0	0	0	0	0	0
342	郑州高新区人民法院	0	0	0	0	0	0	0	0	0
343	郑州高新区人民法院	0	0	0	0	0	0	0	0	0
344	郑州高新区人民法院	0	0	0	0	0	0	0	0	0
345	郑州高新区人民法院	1	0	0	1	0	0	0	0	0
346	郑州高新区人民法院	1	0	0	1	0	0	0	0	0
347	郑州高新区人民法院	1	0	0	0	0	0	0	1	1
348	郑州高新区人民法院	1	0	0	0	0	0	0	1	1
349	郑州高新区人民法院	1	0	0	0	0	0	0	1	1
350	郑州高新区人民法院	1	0	0	1	0	1	0	0	0
351	郑州高新区人民法院	1	0	0	1	0	1	0	1	1
352	郑州高新区人民法院	1	0	1	0	0	0	0	1	0
353	郑州高新区人民法院	1	0	0	0	0	0	0	0	1
354	郑州高新区人民法院	1	0	0	0	0	0	0	0	1
355	郑州高新区人民法院	1	0	0	0	1	0	0	0	0
356	郑州高新区人民法院	1	0	0	1	1	0	0	0	0
357	郑州高新区人民法院	1	0	0	0	1	0	0	0	0

附录2 河南省各地基层人民法院审结实现担保物权案件被申请人异议理由情况

续表

序号	受理法院	被申请人有无异议	1：申请人主体不合格	2：被申请人主体不合格	3：主债务有瑕疵	4：利息、违约金、律师费等异议	5：担保物权存在瑕疵	6：担保物存在问题	7：侵害其他债权人的合法权益	8：适用程序异议	9：其他
358	郑州高新区人民法院	1	0	0	0	1	0	0	0	0	0
359	郑州高新区人民法院	1	1	0	0	1	0	0	0	1	0
360	郑州高新区人民法院	1	0	0	0	1	0	0	0	0	0
361	郑州高新区人民法院	1	0	1	1	1	1	0	0	1	0
362	郑州高新区人民法院	1	0	1	1	0	0	0	0	0	0
363	郑州高新区人民法院	1	0	0	0	0	1	0	0	0	1
364	郑州高新区人民法院	1	0	0	0	1	0	0	0	0	0
365	郑州高新区人民法院	1	0	0	1	1	0	0	0	0	0
366	郑州高新区人民法院	1	0	0	1	0	0	0	0	1	0
367	郑州高新区人民法院	1	0	1	1	1	0	0	0	0	0
368	郑州高新区人民法院	1	0	1	0	0	0	0	0	0	0
369	郑州高新区人民法院	1	0	0	0	0	0	0	0	0	1
370	郑州高新区人民法院	1	0	0	0	1	0	0	0	0	1
371	郑州高新区人民法院	1	0	0	0	1	0	0	0	0	0
372	郑州高新区人民法院	2	0	0	0	0	0	0	0	0	0
373	郑州高新区人民法院	2	0	0	0	0	0	0	0	0	0
374	郑州高新区人民法院	2	0	0	0	0	0	0	0	0	0
375	郑州高新区人民法院	2	0	0	0	0	0	0	0	0	0
376	郑州高新区人民法院	2	0	0	0	0	0	0	0	0	0
377	郑州高新区人民法院	2	0	0	0	0	0	0	0	0	0
378	郑州高新区人民法院	2	0	0	0	0	0	0	0	0	0
379	郑州高新区人民法院	2	0	0	0	0	0	0	0	0	0
380	郑州高新区人民法院	2	0	0	0	0	0	0	0	0	0

续表

序号	受理法院	被申请人有无异议	1：申请人主体不合格	2：被申请人主体不合格	3：主债务有瑕疵	4：利息、违约金、律师费等异议	5：担保物权存在瑕疵	6：担保物存在问题	7：侵害其他债权人的合法权益	8：适用程序异议	9：其他
381	郑州高新区人民法院	2	0	0	0	0	0	0	0	0	0
382	郑州高新区人民法院	2	0	0	0	0	0	0	0	0	0
383	郑州高新区人民法院	2	0	0	0	0	0	0	0	0	0
384	郑州高新区人民法院	2	0	0	0	0	0	0	0	0	0
385	郑州高新区人民法院	2	0	0	0	0	0	0	0	0	0
386	郑州高新区人民法院	2	0	0	0	0	0	0	0	0	0
387	郑州高新区人民法院	2	0	0	0	0	0	0	0	0	0
388	郑州高新区人民法院	2	0	0	0	0	0	0	0	0	0
389	郑州高新区人民法院	2	0	0	0	0	0	0	0	0	0
390	郑州高新区人民法院	2	0	0	0	0	0	0	0	0	0
391	郑州高新区人民法院	2	0	0	0	0	0	0	0	0	0
392	郑州高新区人民法院	2	0	0	0	0	0	0	0	0	0
393	郑州高新区人民法院	2	0	0	0	0	0	0	0	0	0
394	郑州高新区人民法院	2	0	0	0	0	0	0	0	0	0
395	郑州高新区人民法院	2	0	0	0	0	0	0	0	0	0
396	郑州高新区人民法院	2	0	0	0	0	0	0	0	0	0
397	郑州高新区人民法院	2	0	0	0	0	0	0	0	0	0
398	郑州高新区人民法院	2	0	0	0	0	0	0	0	0	0
399	郑州高新区人民法院	2	0	0	0	0	0	0	0	0	0
400	郑州高新区人民法院	2	0	0	0	0	0	0	0	0	0
401	中原区人民法院	2	0	0	0	0	0	0	0	0	0

附录3

河南省各地基层人民法院审结实现担保物权案件审查内容情况*

(按受理法院升序排列)

序号	受理法院	1：主合同效力	2：主合同期限	3：主合同履行情况	4：担保物权是否有效设立	5：担保财产的范围	6：被担保的债权范围	7：被担保的债权是否已届清偿期	8：是否损害他人合法权益	9：被申请人异议的审查	10：利害关系人异议的审查	11：其他
1	安阳县人民法院	1	1	1	1	1	1	1	0	0	0	0
2	博爱县人民法院	0	0	1	1	1	1	1	0	0	0	0
3	博爱县人民法院	0	0	1	1	1	1	1	0	0	0	0
4	博爱县人民法院	0	0	0	0	0	0	0	0	0	0	0
5	川汇区人民法院	1	1	1	1	1	1	1	0	0	0	1
6	川汇区人民法院	1	1	1	1	1	1	1	1	1	0	0
7	川汇区人民法院	1	1	1	1	1	1	1	0	0	0	0
8	登封市人民法院	0	0	0	0	0	0	0	0	0	0	0
9	管城回族区人民法院	1	1	1	1	1	1	1	0	0	0	0
10	管城回族区人民法院	1	1	1	1	1	1	1	0	0	0	0
11	管城回族区人民法院	1	1	1	1	1	1	1	0	0	0	0
12	管城回族区人民法院	1	1	1	1	1	1	1	0	1	0	0
13	管城回族区人民法院	0	0	0	0	0	0	0	0	0	0	1

* 表中各变量数值信息如下：审查内容各部分：0-未审查，1-审查。

续表

序号	受理法院	1：主合同效力	2：主合同期限	3：主合同履行情况	4：担保物权是否有效设立	5：担保财产的范围	6：被担保的债权范围	7：被担保的债权是否已届清偿期	8：是否损害他人合法权益	9：被申请人异议的审查	10：利害关系人异议的审查	11：其他
14	管城回族区人民法院	1	1	1	1	1	1	1	0	0	0	0
15	红旗区人民法院	1	1	1	1	1	1	1	0	0	0	0
16	红旗区人民法院	1	1	1	1	1	1	1	0	0	0	0
17	红旗区人民法院	1	1	1	1	1	1	1	0	0	0	0
18	红旗区人民法院	1	1	1	1	1	1	1	0	0	0	0
19	红旗区人民法院	1	1	1	1	1	1	1	0	0	0	1
20	红旗区人民法院	1	1	1	1	1	1	1	0	1	0	0
21	红旗区人民法院	1	1	1	1	1	1	1	0	0	0	1
22	华龙区人民法院	0	0	0	0	0	0	0	0	0	0	1
23	华龙区人民法院	0	0	0	0	0	0	0	0	0	0	0
24	华龙区人民法院	0	0	0	0	0	0	0	0	0	0	0
25	华龙区人民法院	0	0	0	0	0	0	0	0	0	0	0
26	华龙区人民法院	0	0	0	0	0	0	0	0	0	0	0
27	华龙区人民法院	0	0	0	0	0	0	0	0	0	0	0
28	华龙区人民法院	0	0	0	0	0	0	0	0	0	0	0
29	华龙区人民法院	0	0	0	0	0	0	0	0	0	0	1
30	滑县人民法院	1	1	1	1	1	1	1	0	0	0	0
31	滑县人民法院	1	0	0	1	1	0	0	0	0	0	0
32	滑县人民法院	1	1	1	1	1	1	1	0	0	0	0
33	辉县市人民法院	1	1	1	1	1	1	1	0	0	0	0
34	辉县市人民法院	0	0	0	0	0	0	0	0	0	0	1
35	辉县市人民法院	0	0	0	0	0	0	0	0	0	0	1
36	辉县市人民法院	1	0	1	1	1	1	0	0	0	0	0

附录3 河南省各地基层人民法院审结实现担保物权案件审查内容情况

续表

序号	受理法院	1：主合同效力	2：主合同期限	3：主合同履行情况	4：担保物权是否有效设立	5：担保财产的范围	6：被担保的债权范围	7：被担保的债权是否已届清偿期	8：是否损害他人合法权益	9：被申请人异议的审查	10：利害关系人异议的审查	11：其他
37	辉县市人民法院	1	1	1	1	1	1	1	0	0	0	0
38	辉县市人民法院	1	1	1	1	1	1	1	0	0	0	0
39	辉县市人民法院	0	0	1	1	1	1	1	0	0	0	0
40	辉县市人民法院	1	1	1	1	1	1	1	0	0	0	0
41	辉县市人民法院	1	1	1	1	1	1	1	0	0	0	0
42	辉县市人民法院	1	1	1	1	1	1	1	0	1	0	0
43	辉县市人民法院	1	0	0	1	0	0	0	0	0	0	0
44	辉县市人民法院	1	0	1	1	1	0	1	0	1	0	0
45	辉县市人民法院	1	1	1	1	1	1	1	1	0	1	0
46	辉县市人民法院	1	1	1	1	1	1	1	0	1	0	0
47	辉县市人民法院	1	1	1	1	1	0	1	0	0	0	0
48	辉县市人民法院	1	1	1	1	1	1	1	0	1	0	0
49	辉县市人民法院	0	0	0	0	0	0	0	0	0	0	0
50	辉县市人民法院	0	0	0	0	0	0	0	0	0	0	0
51	吉利区人民法院	0	0	0	0	0	0	0	0	0	0	0
52	济源市人民法院	0	0	0	0	0	0	0	0	0	0	0
53	济源市人民法院	0	0	0	0	0	0	0	0	0	0	0
54	济源市人民法院	0	0	0	0	0	0	0	0	0	0	0
55	济源市人民法院	1	1	1	1	1	1	1	0	0	0	0
56	济源市人民法院	0	0	0	0	0	0	0	0	0	0	0
57	济源市人民法院	0	0	0	0	0	0	0	0	0	0	0
58	济源市人民法院	0	0	0	0	0	0	0	0	0	0	0
59	济源市人民法院	0	0	0	0	0	0	0	0	0	0	0

续表

序号	受理法院	1：主合同效力	2：主合同履行情况	3：主合同期限	4：担保物权是否有效设立	5：担保财产的范围	6：被担保的债权范围	7：被担保的债权是否已届清偿期	8：是否损害他人合法权益	9：被申请人异议的审查	10：利害关系人异议的审查	11：其他
60	济源市人民法院	0	0	0	0	0	0	0	0	0	0	0
61	济源市人民法院	0	0	0	0	0	0	0	0	0	0	0
62	济源市人民法院	0	0	0	0	0	0	0	0	0	0	0
63	济源市人民法院	0	0	0	0	0	0	0	0	0	0	0
64	济源市人民法院	1	1	1	1	1	1	1	0	1	0	0
65	济源市人民法院	0	0	0	0	0	0	0	0	1	0	0
66	济源市人民法院	0	0	0	0	0	0	0	0	0	0	0
67	济源市人民法院	0	0	0	0	0	0	0	0	0	0	0
68	济源市人民法院	0	0	0	0	0	0	0	0	0	0	0
69	济源市人民法院	0	0	0	0	0	0	0	0	0	0	0
70	济源市人民法院	0	0	0	0	0	0	0	0	0	0	0
71	济源市人民法院	0	0	0	0	0	0	0	0	0	0	0
72	济源市人民法院	0	0	0	0	0	0	0	0	0	0	0
73	济源市人民法院	0	0	0	0	0	0	0	0	0	0	0
74	济源市人民法院	0	0	0	0	0	0	0	0	0	0	0
75	郏县人民法院	0	0	0	0	0	0	0	0	0	0	0
76	涧西区人民法院	1	1	1	1	1	1	1	0	0	0	0
77	涧西区人民法院	1	1	1	1	1	1	1	0	0	0	0
78	涧西区人民法院	1	1	1	1	1	1	1	0	0	0	0
79	涧西区人民法院	1	1	1	1	1	1	1	0	0	0	0
80	涧西区人民法院	1	1	1	1	1	1	1	0	0	0	0
81	涧西区人民法院	1	1	1	1	1	1	1	0	0	0	0
82	涧西区人民法院	1	1	1	1	1	1	1	0	0	0	0

附录3 河南省各地基层人民法院审结实现担保物权案件审查内容情况

续表

序号	受理法院	1：主合同效力	2：主合同期限	3：主合同履行情况	4：担保物权是否有效设立	5：担保财产的范围	6：被担保的债权范围	7：被担保的债权是否已届清偿期	8：是否损害他人合法权益	9：被申请人异议的审查	10：利害关系人异议的审查	11：其他
83	涧西区人民法院	1	1	1	1	1	1	1	0	0	0	0
84	涧西区人民法院	1	1	1	1	1	1	1	0	0	0	0
85	涧西区人民法院	1	1	1	1	1	1	1	0	1	0	0
86	涧西区人民法院	1	1	1	1	1	1	1	0	1	0	0
87	解放区人民法院	1	1	1	1	1	1	1	0	0	0	1
88	金水区人民法院	1	1	1	1	1	1	1	0	0	0	0
89	金水区人民法院	1	1	1	1	1	1	1	0	0	0	0
90	金水区人民法院	1	1	1	1	1	1	1	0	0	0	0
91	金水区人民法院	1	1	1	1	1	1	1	0	0	0	0
92	金水区人民法院	1	1	1	1	1	1	1	0	0	0	0
93	金水区人民法院	1	1	1	1	1	1	1	0	0	0	0
94	金水区人民法院	0	0	0	0	0	0	0	0	0	0	1
95	金水区人民法院	1	1	1	1	1	1	1	1	1	0	0
96	金水区人民法院	1	1	1	1	1	1	1	0	0	0	0
97	金水区人民法院	1	0	1	1	1	1	1	0	1	0	0
98	金水区人民法院	1	1	1	1	1	1	1	0	0	0	0
99	金水区人民法院	1	1	1	1	1	1	1	0	0	0	0
100	金水区人民法院	0	0	0	0	0	0	0	0	0	0	0
101	金水区人民法院	0	0	0	0	0	0	0	0	0	0	0
102	金水区人民法院	0	0	0	0	0	0	0	0	0	0	0
103	金水区人民法院	0	0	0	0	0	0	0	0	0	0	0
104	兰考县人民法院	1	1	1	1	1	1	1	0	0	0	0
105	兰考县人民法院	1	1	1	1	1	1	1	0	0	0	0

续表

序号	受理法院	1：主合同效力	2：主合同履行情况	3：担保物权是否有效设立	4：担保财产的范围	5：被担保的债权范围	6：被担保的债权是否已届清偿期	7：是否损害他人合法权益	8：被申请人异议的审查	9：利害关系人异议的审查	10：其他
106	兰考县人民法院	1	1	1	1	1	1	0	0	0	0
107	兰考县人民法院	1	1	1	1	1	1	0	1	0	0
108	兰考县人民法院	0	0	0	0	0	0	0	0	0	0
109	老城区人民法院	1	1	1	1	1	1	0	0	0	0
110	梁园区人民法院	1	0	1	1	1	1	0	0	0	0
111	梁园区人民法院	0	0	0	0	0	0	0	0	0	0
112	梁园区人民法院	0	0	1	1	1	0	1	0	0	0
113	梁园区人民法院	0	0	0	0	0	0	0	0	0	0
114	梁园区人民法院	0	0	0	0	0	0	0	0	0	0
115	梁园区人民法院	0	0	0	0	0	0	0	0	0	0
116	灵宝市人民法院	1	1	1	1	1	1	0	0	0	0
117	龙安区人民法院	1	1	1	1	1	1	0	0	0	0
118	鲁山县人民法院	1	1	1	1	1	1	0	1	0	0
119	鲁山县人民法院	0	0	0	0	0	0	0	0	0	0
120	鹿邑县人民法院	1	1	1	1	1	1	0	0	0	0
121	鹿邑县人民法院	0	0	0	0	0	0	0	0	0	1
122	栾川县人民法院	0	0	1	1	1	0	0	0	0	1
123	栾川县人民法院	0	0	0	0	0	0	0	0	0	0
124	洛龙区人民法院	1	1	1	1	1	1	0	0	0	0
125	洛龙区人民法院	1	1	1	1	1	1	1	1	0	0
126	洛阳高新区人民法院	1	0	1	1	1	1	0	0	0	0
127	孟州市人民法院	1	1	1	1	1	0	0	0	0	0
128	孟州市人民法院	1	1	1	1	1	1	0	0	0	0

附录3 河南省各地基层人民法院审结实现担保物权案件审查内容情况

续表

序号	受理法院	1：主合同效力	2：主合同期限	3：主合同履行情况	4：担保物权是否有效设立	5：担保财产的范围	6：被担保的债权范围	7：被担保的债权是否已届清偿期	8：是否损害他人合法权益	9：被申请人异议的审查	10：利害关系人异议的审查	11：其他
129	孟州市人民法院	1	1	1	1	1	1	1	0	0	0	0
130	孟州市人民法院	1	1	1	1	1	1	1	0	0	0	0
131	孟州市人民法院	1	1	1	1	1	1	1	0	0	0	0
132	泌阳县人民法院	1	0	1	1	1	0	1	0	0	0	0
133	内乡县人民法院	1	1	1	1	1	1	1	0	0	0	0
134	内乡县人民法院	1	1	1	1	1	1	1	0	0	0	0
135	内乡县人民法院	1	0	1	1	1	0	1	0	0	0	0
136	内乡县人民法院	1	0	0	1	1	1	1	0	0	0	0
137	内乡县人民法院	1	1	1	1	1	1	1	0	1	0	0
138	宁陵县人民法院	0	0	0	0	0	0	0	0	0	0	0
139	濮阳县人民法院	1	1	1	1	1	1	1	0	0	0	1
140	濮阳县人民法院	0	0	1	1	1	1	1	0	0	0	0
141	淇滨区人民法院	0	0	0	0	0	0	0	0	0	0	0
142	淇滨区人民法院	0	0	0	0	0	0	0	0	0	0	0
143	沁阳市人民法院	1	1	1	1	1	1	1	0	0	0	0
144	沁阳市人民法院	1	1	1	1	1	1	1	0	0	0	0
145	沁阳市人民法院	1	1	1	1	1	1	1	0	0	0	0
146	沁阳市人民法院	1	1	1	1	1	1	1	0	0	0	0
147	沁阳市人民法院	1	1	1	1	1	1	1	0	0	0	0
148	沁阳市人民法院	1	1	1	1	1	1	1	0	1	0	0
149	沁阳市人民法院	1	1	1	1	1	1	1	0	0	0	0
150	沁阳市人民法院	1	1	1	1	1	1	1	0	0	0	0
151	沁阳市人民法院	1	1	1	1	1	1	1	0	1	0	0

续表

序号	受理法院	1：主合同效力	2：主合同期限	3：主合同履行情况	4：担保物权是否有效设立	5：担保财产的范围	6：被担保的债权范围	7：被担保的债权是否已届清偿期	8：是否损害他人合法权益	9：被申请人异议的审查	10：利害关系人异议的审查	11：其他
152	沁阳市人民法院	1	1	1	1	1	1	1	1	1	0	0
153	清丰县人民法院	1	1	1	1	1	1	1	0	0	0	1
154	汝阳县人民法院	1	0	0	0	0	0	0	0	0	0	1
155	汝阳县人民法院	1	1	1	1	1	1	1	0	1	0	0
156	汝阳县人民法院	1	1	1	1	1	1	1	0	1	0	0
157	山城区人民法院	0	0	0	0	0	0	0	1	0	1	0
158	山阳区人民法院	1	1	1	1	1	1	1	0	0	0	0
159	山阳区人民法院	1	1	1	1	1	1	1	0	0	0	0
160	山阳区人民法院	1	1	1	1	1	1	1	0	0	0	0
161	山阳区人民法院	1	1	1	1	1	1	1	0	0	0	0
162	山阳区人民法院	1	1	1	0	0	1	0	0	0	0	0
163	山阳区人民法院	1	1	1	1	1	1	1	0	0	0	0
164	山阳区人民法院	1	1	1	0	0	1	0	0	0	0	0
165	山阳区人民法院	1	1	1	1	1	1	1	0	0	0	0
166	山阳区人民法院	0	0	0	0	0	0	0	0	0	0	0
167	山阳区人民法院	0	0	0	0	0	0	0	0	0	0	0
168	山阳区人民法院	0	0	0	0	0	0	0	0	0	0	0
169	山阳区人民法院	0	0	0	0	0	0	0	0	0	0	0
170	陕县人民法院	0	0	0	1	1	0	1	0	0	0	0
171	陕县人民法院	0	0	1	1	0	1	0	0	0	0	0
172	陕县人民法院	1	1	1	1	1	1	1	0	0	0	0
173	陕县人民法院	1	1	1	1	1	1	0	0	0	0	0
174	陕县人民法院	1	1	1	1	1	1	1	0	0	0	0

附录3 河南省各地基层人民法院审结实现担保物权案件审查内容情况

续表

序号	受理法院	1：主合同效力	2：主合同期限	3：主合同履行情况	4：担保物权是否有效设立	5：担保财产的范围	6：被担保的债权范围	7：被担保的债权是否已届清偿期	8：是否损害他人合法权益	9：被申请人异议的审查	10：利害关系人异议的审查	11：其他
175	陕县人民法院	1	1	1	1	1	1	1	0	0	0	0
176	陕县人民法院	1	1	1	1	1	1	1	0	1	0	0
177	陕县人民法院	0	0	0	0	0	0	0	0	0	0	1
178	陕县人民法院	0	0	0	0	0	0	0	0	0	0	0
179	陕县人民法院	0	0	0	0	0	0	0	0	0	0	0
180	陕县人民法院	0	0	0	0	0	0	0	0	0	0	0
181	陕县人民法院	0	0	0	0	0	0	0	0	0	0	0
182	陕县人民法院	0	0	0	0	0	0	0	0	0	0	0
183	陕县人民法院	0	0	0	0	0	0	0	0	0	0	0
184	陕县人民法院	0	0	0	0	0	0	0	0	0	0	0
185	陕县人民法院	0	0	0	0	0	0	0	0	0	0	0
186	陕县人民法院	0	0	0	0	0	0	0	0	0	0	1
187	商城县人民法院	0	0	0	0	0	0	0	0	0	0	0
188	上街区人民法院	1	1	1	1	1	1	1	0	0	0	0
189	上街区人民法院	1	1	1	1	1	1	1	0	0	0	0
190	上街区人民法院	1	1	1	1	1	1	1	0	0	0	0
191	上街区人民法院	1	1	1	1	1	1	1	0	0	0	0
192	上街区人民法院	0	0	0	0	0	0	0	0	1	0	0
193	上街区人民法院	0	0	0	0	0	0	0	0	0	0	0
194	社旗县人民法院	0	0	0	0	0	0	0	0	0	0	0
195	睢县人民法院	0	0	0	0	0	0	0	0	0	0	0
196	汤阴县人民法院	1	1	1	1	0	0	1	0	0	0	0
197	汤阴县人民法院	0	0	0	0	0	0	0	0	1	0	0

续表

序号	受理法院	1：主合同效力	2：主合同期限	3：主合同履行情况	4：担保物权是否有效设立	5：担保财产的范围	6：被担保的债权范围	7：被担保的债权是否已届清偿期	8：是否损害他人合法权益	9：被申请人异议的审查	10：利害关系人异议的审查	11：其他
198	宛城区人民法院	1	1	1	1	1	1	1	0	0	0	0
199	卫滨区人民法院	1	0	1	0	0	0	1	0	0	0	0
200	卫滨区人民法院	1	1	1	1	1	1	0	0	0	0	0
201	卫滨区人民法院	1	1	1	0	1	0	1	0	0	0	0
202	卫滨区人民法院	1	0	1	0	0	0	0	0	0	0	0
203	卫滨区人民法院	1	1	1	1	1	1	1	0	0	0	0
204	卫滨区人民法院	1	1	1	0	1	0	1	0	0	0	0
205	卫滨区人民法院	1	0	1	1	0	0	0	0	0	0	0
206	卫滨区人民法院	1	0	1	1	0	0	0	0	0	0	0
207	卫滨区人民法院	0	0	0	1	1	1	1	0	0	0	0
208	尉氏县人民法院	1	1	1	1	1	1	1	0	0	0	0
209	尉氏县人民法院	1	1	1	1	1	1	1	0	0	0	0
210	尉氏县人民法院	1	1	1	1	1	1	1	0	0	0	0
211	魏都区人民法院	0	0	0	0	0	0	0	0	0	0	0
212	魏都区人民法院	1	1	1	1	1	1	1	0	0	0	0
213	魏都区人民法院	1	1	1	1	1	1	1	0	0	0	0
214	魏都区人民法院	1	1	1	1	1	1	1	0	0	0	0
215	魏都区人民法院	1	1	1	1	1	1	1	0	0	0	0
216	魏都区人民法院	1	1	1	1	1	1	1	0	0	0	0
217	魏都区人民法院	1	1	1	1	1	1	1	0	0	0	0
218	魏都区人民法院	1	1	1	1	1	1	1	0	0	0	0
219	魏都区人民法院	1	1	1	1	1	1	1	0	0	0	0
220	魏都区人民法院	1	1	1	1	1	1	1	0	0	0	0

附录3 河南省各地基层人民法院审结实现担保物权案件审查内容情况

续表

序号	受理法院	1：主合同效力	2：主合同期限	3：主合同履行情况	4：担保物权是否有效设立	5：担保财产的范围	6：被担保的债权范围	7：被担保的债权是否已届清偿期	8：是否损害他人合法权益	9：被申请人异议的审查	10：利害关系人异议的审查	11：其他
221	魏都区人民法院	1	1	1	1	1	1	1	0	0	0	0
222	魏都区人民法院	1	1	1	1	1	1	1	0	0	0	0
223	魏都区人民法院	1	1	1	1	1	1	1	0	0	0	0
224	魏都区人民法院	1	1	1	1	1	1	1	0	0	0	0
225	魏都区人民法院	1	1	1	1	1	1	1	0	0	0	1
226	魏都区人民法院	1	1	1	1	1	1	1	0	1	0	0
227	魏都区人民法院	1	1	1	1	1	1	1	0	0	0	0
228	魏都区人民法院	1	1	1	1	1	1	1	0	0	0	0
229	魏都区人民法院	1	1	1	1	1	1	1	0	1	0	0
230	魏都区人民法院	1	1	1	1	1	1	1	0	1	0	0
231	魏都区人民法院	1	1	1	1	1	1	1	0	0	0	0
232	魏都区人民法院	0	0	0	0	0	0	0	0	0	0	0
233	温县人民法院	0	0	0	0	0	0	0	0	0	0	0
234	温县人民法院	1	1	1	1	1	1	1	0	0	0	0
235	温县人民法院	0	0	0	0	0	0	0	0	0	0	0
236	温县人民法院	0	0	0	0	0	0	0	0	0	0	0
237	温县人民法院	0	0	0	0	0	0	0	0	0	0	0
238	温县人民法院	0	0	0	0	0	0	0	0	0	0	0
239	温县人民法院	0	0	0	0	0	0	0	0	0	0	0
240	文峰区人民法院	0	0	0	0	0	0	0	0	0	0	1
241	文峰区人民法院	0	0	0	0	0	0	0	0	0	0	1
242	舞钢市人民法院	1	1	1	1	1	1	1	1	1	1	0
243	舞钢市人民法院	1	1	1	1	1	1	1	0	1	1	0

续表

序号	受理法院	1：主合同效力	2：主合同履行情况	3：担保物权是否有效设立	4：担保财产的范围	5：被担保的债权范围	6：被担保的债权是否已届清偿期	7：是否损害他人合法权益	8：被申请人异议的审查	9：利害关系人异议的审查	10：其他	11
244	舞钢市人民法院	1	1	1	1	1	1	1	0	1	0	0
245	舞钢市人民法院	1	1	1	1	1	1	1	0	1	0	0
246	舞钢市人民法院	1	1	1	1	1	1	1	0	1	0	0
247	舞钢市人民法院	1	1	0	1	1	1	1	0	0	0	0
248	西峡县人民法院	0	0	0	0	0	0	0	0	0	0	0
249	西峡县人民法院	1	1	1	1	1	1	1	0	0	0	0
250	西峡县人民法院	0	0	0	0	0	0	0	0	0	0	0
251	西峡县人民法院	0	0	0	0	0	0	0	0	0	0	0
252	息县人民法院	1	1	1	1	1	1	1	0	0	0	0
253	襄城县人民法院	1	1	1	1	1	1	1	1	1	0	0
254	襄城县人民法院	1	1	1	1	1	1	1	0	1	0	0
255	新安县人民法院	0	0	0	0	0	0	0	0	0	0	1
256	新乡县人民法院	0	0	1	1	1	1	1	0	0	0	0
257	新郑市人民法院	1	1	1	1	1	1	1	0	0	0	0
258	新郑市人民法院	1	1	1	1	1	1	1	0	0	0	0
259	许昌县人民法院	0	0	0	0	0	0	0	0	0	0	1
260	鄢陵县人民法院	1	1	1	1	1	1	1	0	0	0	0
261	鄢陵县人民法院	0	0	1	1	1	1	1	0	0	0	0
262	鄢陵县人民法院	1	1	1	1	1	1	1	0	0	0	0
263	鄢陵县人民法院	1	1	1	1	1	1	1	0	0	0	0
264	鄢陵县人民法院	0	1	1	1	1	1	1	0	0	0	0
265	鄢陵县人民法院	1	1	1	1	1	1	1	0	0	0	0
266	鄢陵县人民法院	0	0	0	1	1	0	1	0	0	0	0

附录3 河南省各地基层人民法院审结实现担保物权案件审查内容情况

续表

序号	受理法院	1：主合同效力	2：主合同期限	3：主合同履行情况	4：担保物权是否有效设立	5：担保财产的范围	6：被担保的债权范围	7：被担保的债权是否已届清偿期	8：是否损害他人合法权益	9：被申请人异议的审查	10：利害关系人异议的审查	11：其他
267	郾城区人民法院	1	0	1	1	1	1	1	0	0	0	0
268	郾城区人民法院	1	0	1	1	1	1	1	0	0	0	0
269	郾城区人民法院	0	0	0	0	0	0	0	0	0	0	0
270	郾城区人民法院	0	0	0	0	0	0	0	0	0	0	0
271	义马市人民法院	1	1	1	1	1	1	1	1	1	1	1
272	义马市人民法院	1	1	1	1	1	1	1	0	1	0	0
273	义马市人民法院	0	0	0	0	0	0	0	0	0	0	1
274	驿城区人民法院	0	0	0	0	0	0	0	0	0	0	0
275	驿城区人民法院	1	1	1	1	1	1	1	0	0	0	0
276	驿城区人民法院	1	1	1	1	1	1	1	0	0	0	0
277	驿城区人民法院	1	1	1	1	1	1	1	0	1	1	0
278	驿城区人民法院	0	0	0	0	0	0	0	0	0	0	0
279	驿城区人民法院	0	0	0	0	0	0	0	0	0	0	0
280	驿城区人民法院	0	0	0	0	0	0	0	0	0	0	0
281	驿城区人民法院	0	0	0	0	0	0	0	0	0	0	0
282	驿城区人民法院	0	0	0	0	0	0	0	0	0	0	0
283	驿城区人民法院	0	0	0	0	0	0	0	0	0	0	0
284	荥阳市人民法院	1	1	1	1	1	1	1	0	0	0	1
285	荥阳市人民法院	1	1	1	1	1	1	1	0	0	0	0
286	荥阳市人民法院	1	0	1	1	0	0	1	0	1	0	0
287	荥阳市人民法院	0	0	0	0	0	0	0	0	0	0	0
288	禹州市人民法院	0	0	0	0	0	0	0	0	0	0	0
289	禹州市人民法院	1	1	1	1	1	1	1	0	0	0	0

续表

序号	受理法院	1：主合同效力	2：主合同期限	3：主合同履行情况	4：担保物权是否有效设立	5：担保财产的范围	6：被担保的债权范围	7：被担保的债权是否已届清偿期	8：是否损害他人合法权益	9：被申请人异议的审查	10：利害关系人异议的审查	11：其他
290	禹州市人民法院	1	1	1	1	1	1	1	0	1	0	0
291	禹州市人民法院	0	0	0	0	0	0	0	0	0	0	0
292	柘城县人民法院	1	1	1	1	1	1	1	0	0	0	0
293	柘城县人民法院	1	1	1	1	1	1	1	0	1	0	0
294	郑州高新区人民法院	1	1	1	1	1	1	1	0	0	0	0
295	郑州高新区人民法院	1	1	1	1	1	1	1	0	0	0	0
296	郑州高新区人民法院	1	1	1	1	1	1	1	0	0	0	0
297	郑州高新区人民法院	1	1	1	1	1	1	1	0	0	0	0
298	郑州高新区人民法院	1	1	1	1	1	1	1	0	0	0	0
299	郑州高新区人民法院	1	1	1	1	1	1	1	0	0	0	0
300	郑州高新区人民法院	1	1	1	1	1	1	1	0	0	0	0
301	郑州高新区人民法院	0	0	0	0	0	0	0	0	0	0	0
302	郑州高新区人民法院	1	1	1	1	1	1	1	0	0	0	0
303	郑州高新区人民法院	1	1	1	1	1	1	1	0	0	0	0
304	郑州高新区人民法院	1	1	1	1	1	1	1	0	0	0	0
305	郑州高新区人民法院	1	1	1	1	1	1	1	1	1	1	1
306	郑州高新区人民法院	1	1	1	1	1	1	1	0	0	0	0
307	郑州高新区人民法院	1	1	1	1	1	1	1	0	0	0	0
308	郑州高新区人民法院	1	1	1	1	1	1	1	0	0	0	0
309	郑州高新区人民法院	1	1	1	1	1	1	1	0	0	0	0
310	郑州高新区人民法院	1	1	1	1	1	1	1	0	0	0	0
311	郑州高新区人民法院	1	1	1	1	1	1	1	0	0	0	0
312	郑州高新区人民法院	1	1	1	1	1	1	1	0	0	0	0

附录3 河南省各地基层人民法院审结实现担保物权案件审查内容情况

续表

序号	受理法院	1：主合同效力	2：主合同期限	3：主合同履行情况	4：担保物权是否有效设立	5：担保财产的范围	6：被担保的债权范围	7：被担保的债权是否已届清偿期	8：是否损害他人合法权益	9：被申请人异议的审查	10：利害关系人异议的审查	11：其他
313	郑州高新区人民法院	1	1	1	1	1	1	1	0	0	0	0
314	郑州高新区人民法院	1	1	1	1	1	1	1	0	0	0	0
315	郑州高新区人民法院	1	1	1	1	1	1	1	0	0	0	0
316	郑州高新区人民法院	1	1	1	1	1	1	1	0	0	0	0
317	郑州高新区人民法院	1	1	1	1	1	1	1	0	0	0	1
318	郑州高新区人民法院	1	1	1	1	1	1	1	0	0	0	0
319	郑州高新区人民法院	1	1	1	1	1	1	1	0	0	0	0
320	郑州高新区人民法院	1	1	1	1	1	1	1	0	0	0	0
321	郑州高新区人民法院	1	1	1	1	1	1	1	0	0	0	0
322	郑州高新区人民法院	1	1	1	1	1	1	1	0	0	0	0
323	郑州高新区人民法院	1	1	1	1	1	1	1	0	0	0	0
324	郑州高新区人民法院	1	1	1	1	1	1	1	0	0	0	0
325	郑州高新区人民法院	1	1	1	1	1	1	1	0	0	0	0
326	郑州高新区人民法院	1	1	1	1	1	1	1	0	0	0	0
327	郑州高新区人民法院	1	1	1	1	1	1	1	0	0	0	0
328	郑州高新区人民法院	1	1	1	1	1	1	1	0	0	0	0
329	郑州高新区人民法院	1	1	1	1	1	1	1	0	0	0	0
330	郑州高新区人民法院	1	1	1	1	1	1	1	1	0	0	0
331	郑州高新区人民法院	1	1	1	1	1	1	1	0	0	0	0
332	郑州高新区人民法院	1	1	1	1	1	1	1	0	0	0	0
333	郑州高新区人民法院	1	1	1	1	1	1	1	0	0	0	0
334	郑州高新区人民法院	1	1	1	1	1	1	1	0	0	0	1
335	郑州高新区人民法院	1	1	1	1	1	1	1	0	0	0	0

续表

序号	受理法院	1：主合同效力	2：主合同期限	3：主合同履行情况	4：担保物权是否有效设立	5：担保财产的范围	6：被担保的债权范围	7：被担保的债权是否已届清偿期	8：是否损害其他人合法权益	9：被申请人异议的审查	10：利害关系人异议的审查	11：其他
336	郑州高新区人民法院	1	1	1	1	1	1	1	0	0	0	0
337	郑州高新区人民法院	1	1	1	1	1	1	1	0	0	0	0
338	郑州高新区人民法院	1	1	1	1	1	1	1	0	0	0	0
339	郑州高新区人民法院	1	1	1	1	1	1	1	0	0	0	0
340	郑州高新区人民法院	1	1	1	1	1	1	1	0	0	0	1
341	郑州高新区人民法院	1	1	1	1	1	1	1	0	0	0	0
342	郑州高新区人民法院	1	1	1	1	1	1	1	0	1	0	0
343	郑州高新区人民法院	1	1	1	1	1	1	1	0	0	0	0
344	郑州高新区人民法院	1	1	1	1	1	1	1	0	0	0	0
345	郑州高新区人民法院	1	1	1	1	1	1	1	0	0	0	0
346	郑州高新区人民法院	1	1	1	1	1	1	1	0	0	0	0
347	郑州高新区人民法院	1	1	1	1	1	1	1	0	1	0	0
348	郑州高新区人民法院	1	1	1	1	1	1	1	0	0	0	0
349	郑州高新区人民法院	0	0	0	0	0	0	0	0	1	1	0
350	郑州高新区人民法院	0	0	0	0	0	0	0	0	0	0	1
351	郑州高新区人民法院	1	1	1	1	1	1	1	0	1	0	0
352	郑州高新区人民法院	1	1	1	1	1	1	1	0	1	0	0
353	郑州高新区人民法院	0	0	0	0	0	0	0	0	0	0	0
354	郑州高新区人民法院	1	1	1	1	1	1	1	0	1	1	0
355	郑州高新区人民法院	1	1	1	1	1	1	1	0	1	0	0
356	郑州高新区人民法院	1	1	1	1	1	1	1	0	1	0	0
357	郑州高新区人民法院	1	1	1	1	1	1	1	0	1	0	1
358	郑州高新区人民法院	1	1	1	1	1	1	1	0	1	0	0

附录3　河南省各地基层人民法院审结实现担保物权案件审查内容情况

续表

序号	受理法院	1：主合同效力	2：主合同期限	3：主合同履行情况	4：担保物权是否有效设立	5：担保财产的范围	6：被担保的债权范围	7：被担保的债权是否已届清偿期	8：是否损害他人合法权益	9：被申请人异议的审查	10：利害关系人异议的审查	11：其他
359	郑州高新区人民法院	1	1	1	1	1	1	1	0	0	0	0
360	郑州高新区人民法院	1	1	1	1	1	1	1	0	1	0	0
361	郑州高新区人民法院	1	1	1	1	1	1	1	1	1	1	0
362	郑州高新区人民法院	0	0	0	1	1	1	1	0	1	0	0
363	郑州高新区人民法院	1	1	1	1	1	1	1	0	1	0	0
364	郑州高新区人民法院	1	1	1	1	1	1	1	0	1	0	0
365	郑州高新区人民法院	1	1	1	1	1	1	1	1	1	1	1
366	郑州高新区人民法院	1	1	1	1	1	1	1	0	1	0	0
367	郑州高新区人民法院	1	1	1	1	1	1	1	0	1	0	0
368	郑州高新区人民法院	1	1	1	1	1	1	1	0	1	0	0
369	郑州高新区人民法院	1	1	1	1	1	1	1	0	0	0	0
370	郑州高新区人民法院	1	1	1	1	1	1	1	0	1	0	0
371	郑州高新区人民法院	1	1	1	1	1	1	1	0	1	0	0
372	郑州高新区人民法院	0	0	0	0	0	0	0	0	0	0	1
373	郑州高新区人民法院	0	0	0	0	0	0	0	0	0	0	1
374	郑州高新区人民法院	0	0	0	0	0	0	0	0	0	0	0
375	郑州高新区人民法院	0	0	0	0	0	0	0	0	0	0	0
376	郑州高新区人民法院	0	0	0	0	0	0	0	0	0	0	1
377	郑州高新区人民法院	0	0	0	0	0	0	0	0	0	0	0
378	郑州高新区人民法院	0	0	0	0	0	0	0	0	0	0	0
379	郑州高新区人民法院	0	0	0	0	0	0	0	0	0	0	0
380	郑州高新区人民法院	0	0	0	0	0	0	0	0	0	0	0
381	郑州高新区人民法院	0	0	0	0	0	0	0	0	0	0	0

续表

序号	受理法院	1：主合同效力	2：主合同期限	3：主合同履行情况	4：担保物权是否有效设立	5：担保财产的范围	6：被担保的债权范围	7：被担保的债权是否已届清偿期	8：是否损害他人合法权益	9：被申请人异议的审查	10：利害关系人异议的审查	11：其他
382	郑州高新区人民法院	0	0	0	0	0	0	0	0	0	0	0
383	郑州高新区人民法院	0	0	0	0	0	0	0	0	0	0	0
384	郑州高新区人民法院	0	0	0	0	0	0	0	0	0	0	0
385	郑州高新区人民法院	0	0	0	0	0	0	0	0	0	0	1
386	郑州高新区人民法院	0	0	0	0	0	0	0	0	0	0	0
387	郑州高新区人民法院	0	0	0	0	0	0	0	0	0	0	0
388	郑州高新区人民法院	0	0	0	0	0	0	0	0	0	0	0
389	郑州高新区人民法院	0	0	0	0	0	0	0	0	0	0	0
390	郑州高新区人民法院	0	0	0	0	0	0	0	0	0	0	0
391	郑州高新区人民法院	0	0	0	0	0	0	0	0	0	0	1
392	郑州高新区人民法院	0	0	0	0	0	0	0	0	0	0	0
393	郑州高新区人民法院	0	0	0	0	0	0	0	0	0	0	0
394	郑州高新区人民法院	0	0	0	0	0	0	0	0	0	0	0
395	郑州高新区人民法院	0	0	0	0	0	0	0	0	0	0	0
396	郑州高新区人民法院	1	1	1	1	1	1	1	0	0	0	0
397	郑州高新区人民法院	1	1	1	1	1	1	1	0	0	0	0
398	郑州高新区人民法院	1	1	1	1	1	1	1	0	0	0	0
399	郑州高新区人民法院	1	1	1	1	1	1	1	0	0	0	0
400	郑州高新区人民法院	1	1	1	1	1	1	1	0	0	0	0
401	中原区人民法院	0	0	0	0	0	0	0	0	0	0	0